DIE HÄLFTE DES HIMMELS

Frauen aus 3 Jahrhunderten

SIGNAL
ANTHOLOGIE

Gisela Klemt-Kozinowski
Rosemarie Wildermuth (Hrsg.)

DIE HÄLFTE DES HIMMELS

Frauen aus 3 Jahrhunderten

SIGNAL-VERLAG
BADEN-BADEN

Schutzumschlagentwurf: Christian Kühnel, Kauffenheim (France)

CIP-Titelaufnahme der Deutschen Bibliothek

Die Hälfte des Himmels : Frauen aus 3 Jahrhunderten / Hrsg.
Gisela Klemt-Kozinowski; Rosemarie Wildermuth
Baden-Baden : Signal-Verl., 1989
(Signal-Anthologie)
ISBN 3-7971-0277-1
NE: Klemt-Kozinowski / Wildermuth [Hrsg.]

1. und 2. Kapitel herausgegeben von Frau Dr. Rosemarie Wildermuth (Jahrgang 1929)
3. und 4. Kapitel herausgegeben von Frau Gisela Klemt-Kozinowski (Jahrgang 1956)

Anschrift:
Signal-Verlag GmbH & Co. KG, Postfach 2226, 7570 Baden-Baden

Satz, Gestaltung und Druck: Mittelbadischer Zeitungsverlag GmbH, 7580 Bühl
Buchbinderarbeiten: Großbuchbinderei J. Spinner, 7583 Ottersweier

Printed in Germany

Inhalt

1. Vernunft und Gefühl

2. Aufbegehren

Romantikerinnen – eigenwillig, unromantisch

Ob ein Weib soll Bücher schreiben?

Broterwerb und Wohltätigkeit

„Hilfe, die Emanzipierten!“

Die bürgerliche Frauenbewegung

3. Selbständige Schritte und der Rückschlag 1933

1
Vernunft und Gefühl

„Als eine Frau lesen lernte, trat die Frauenfrage in die Welt", sagte eine Schriftstellerin Ende des 19. Jahrhunderts, Marie von Ebner-Eschenbach, und sie verlegte diesen Zeitpunkt bewußt zurück in eine unbestimmte Vergangenheit.

Selbständige Frauen hat es in der Tat schon immer gegeben, in Ritterburgen, Handwerksbetrieben und Nonnenklöstern. Im 10. Jahrhundert schrieb Roswitha von Gandersheim Dramen in lateinischer Sprache (ein Literaturpreis für Frauen ist heute nach ihr benannt). Im 16. Jahrhundert – zur Zeit des Hexenwahns – praktizierte in der freien Reichsstadt Ulm eine „Junkfrau Agatha Streicherin" als Ärztin; Kaiser Maximilian II. zählte zu ihren Patienten. Und 1701 kehrte die Malerin und Kupferstecherin Maria Sibylla Merian nach abenteuerlicher Seereise aus Surinam zurück, die Mappe gefüllt mit Studien zu ihrem später weltberühmten Werk über tropische Insekten.

Geniale Künstlerinnen und Wissenschaftlerinnen blieben Einzelfälle, gewiß, aber sie bewiesen, daß Frauen durchaus mit Männern konkurrieren und Herausragendes leisten konnten. Erst in der Aufklärungszeit änderte sich die Lage grundsätzlich. Alle sollten nun teilhaben am Fortschritt des menschlichen Geistes, auch das weibliche Geschlecht und selbst die niederen Stände. So wurde die vom Adel längst geübte Praxis, auch Mädchen im Lesen und Schreiben und womöglich auch in einer Fremdsprache zu unterrichten und sie für die schönen Künste zu begeistern, vom Bürgertum begierig aufgegriffen. Den Frauen dämmerte allmählich, was man ihnen jahrhundertelang vorenthalten hatte – Bildung. Sie fingen an zu lesen, sie wollten mitreden können, sie entdeckten ihren eigenen Kopf.

Im frühen 18. Jahrhundert sind die Anfänge einer Entwicklung faßbar, die in der zweiten Hälfte des 19. Jahrhunderts als Frauenbewe-

gung Gestalt gewann. Immer noch sind es Einzelne, die ihren eigenen Weg suchen, doch jetzt sind es viele Einzelne.
Zusammen mit dem bürgerlichen Selbstbewußtsein entfaltet sich das der Frauen. Wohlbehütete Töchter pochen plötzlich auf ihre Gefühle und bäumen sich gegen die bewährte Tradition auf, nach der die Eltern einen Bräutigam auswählen. Noch gerät die Autorität der Väter und Männer nicht ins Wanken, aber sie wird zunehmend in Frage gestellt. Bei diesem Befreiungsprozeß spielte das Lesen ohne Frage eine herausragende Rolle, die Aneignung von Wissen und Welt durch Lesen. Frauen tauschten ihre Gedanken aus und pflegten Freundschaften, bevorzugt sogar mit klugen Männern, von denen sie lernen konnten, und sie übten sich in der Kunst des Briefeschreibens. Damals kamen bei jungen Mädchen auch die Stammbücher (Poesie-Alben) in Mode, deren Gelegenheitsverse treue Spiegel ihrer jeweiligen Zeit sind.
Eine beachtliche Anzahl von „gelehrten Frauen" nötigte den Männern Respekt ab – und flößte ihnen gleichzeitig Angst ein. Als in der zweiten Jahrhunderthälfte das Pendel von der verstandeskalten Aufklärung zurückschwang zum Gefühlskult der Empfindsamkeit, betonten sie, erleichtert, das Einfühlungsvermögen und den natürlichen Liebreiz der Frauen; eine gewisse Bildung verstand sich in bürgerlichen Kreisen mittlerweile von selbst, davon sollten sie besser kein Aufhebens machen. Die Klassik ging noch einen Schritt weiter: Sie betete die Frau an und hob sie aufs Podest der Tugendwächterin, da war sie wieder unschädlich.

„Ehret die Frauen! Sie flechten und weben
Himmlische Rosen ins irdische Leben,
Flechten der Liebe beglückendes Band",

dichtete Schiller 1795. Und die meisten scheinen sich in dieser verklärten Rolle wiedererkannt und wohlgefühlt zu haben.

Rufen wir uns noch ein paar allgemeine Fakten ins Gedächtnis: 1740 erbte Maria Theresia den österreichisch-ungarischen Thron; sie hatte 16 Kinder, schaffte die Folter ab und verlor im Siebenjährigen Krieg Schlesien an Preußen. – Die deutschen Fürsten regierten absolut, bauten sich prächtige Barock- oder Rokokoschlösser und scherten sich wenig um das Wohl ihrer Untertanen. – Dem Luxus der Höfe stand die bitterste Armut der unteren Schichten gegenüber; nicht die Frauen fühlten sich von den Männern unterdrückt, sondern die Kleinen von den Großen. – Die meisten Bauern lebten noch in Leibeigenschaft. – Die Führung eines bäuerlichen oder bürgerlichen Haushalts erforderte von der Frau Umsicht und Geschick. Sie mußte sich ums Vieh kümmern, das Gesinde beaufsichtigen und oft die Finanzen regeln; sie mußte Mägde und Knechte mit verköstigen, spinnen, weben und nähen – kurz, von ihrem Können hing das Auskommen der Familie ebenso ab wie von den Einnahmen des Mannes. Ihre Aufgaben als Hausfrau und Mutter füllten sie aus, sie war mit ihrem Leben zufrieden.
Die Angehörigen der einzelnen, noch streng getrennten Stände konnte man schon an ihrer Kleidung erkennen: Kleiderordnungen schrie-

ben Stoffart und Schnitt genau vor. Ein Bürger- oder Bauernmädchen durfte zum Beispiel keinen Reifrock tragen, von einer Perücke ganz zu schweigen. – 1763 führte Friedrich II. in Preußen die allgemeine Schulpflicht für Jungen und Mädchen ein. – 1775 wurde in Deutschland die letzte Hexe hingerichtet. – Jede Reise – in Kutschen auf holprigen Straßen – gestaltete sich zum Abenteuer, alleinreisenden Frauen machte die Willkür der Kutscher noch zusätzlich zu schaffen. – 1783 unternahmen zwei Franzosen in einer Montgolfiere die erste Luftreise, sie dauerte 25 Minuten. – Die medizinische Versorgung war, dem damaligen Wissensstand entsprechend, miserabel, die Säuglingssterblichkeit sehr hoch – und die Ergebung in Gottes Ratschluß groß. – Die Kirchen nährten die Hoffnung auf ein besseres Jenseits, um die Zukurzgekommenen über die Unzulänglichkeiten ihres Daseins hinwegzutrösten. Georg Christoph Lichtenberg, ein Satiriker der Aufklärungszeit, meinte dazu nüchtern: „Keine Erfindung ist wohl dem Menschen leichter geworden als die eines Himmels."

Alles will jetzt lesen, selbst Garderobenmädchen, Kutscher und Vorreiter nicht ausgenommen. [. . .] Gelehrte und Ungelehrte, Handelsleute, Handwerker, Ökonomen, Militärpersonen, Alte und Junge, männliches und weibliches Geschlecht sucht einen Teil der Zeit mit Lesen auszufüllen.

Aus: Johann Georg Krünitz, „Ökonomisch-technologische Enzyklopädie“, Band 77, Berlin 1799

Gerade so gescheit wie die Männer

Bibliothek für die Frauenspersonen

BODMER UND BREITINGER

In der ersten Hälfte des 18. Jahrhunderts nahm die Zahl der unterhaltenden Zeitschriften sprunghaft zu, sie befriedigten ein neuerwachtes Lesebedürfnis und zugleich die pädagogischen Interessen der Aufklärung. Die Überzeugung, daß Erziehung alles vermag, führte zu einer stärkeren Beachtung der Mädchenerziehung. Da Frauen ja unzweifelhaft Verstand besaßen, gestand man ihnen jetzt eine bessere Ausbildung und ein gewisses Maß an Gelehrsamkeit zu. Höhere Mädchenschulen existierten nicht, Hauslehrer konnten sich nur Reiche leisten, da blieben zur Wissensvermittlung nur Bücher – und eben die neuen Moralischen Wochenschriften und Jugendzeitschriften, die eher erschwinglich waren. Schon die Titel verraten die veränderte Einstellung (wobei die Verleger das weibliche Publikum sicher auch aus ökonomischen Gründen ansprachen): „Die vernünftigen Tadlerinnen" (1725/26, herausgegeben von Joh. Chr. Gottsched), „Die Matrone" (1728–1730), „Die vor sich und ihre Kinder sorgfältige Mutter" (1731), „Für Hamburgs Töchter" (1768), „Für deutsche Mädchen" (1781). Die Leserinnen gehörten dem aufstrebenden Bürgertum an, das in seinen Lebensgewohnheiten, wie in der Mode, dem Adel nacheiferte.
Die beiden Schweizer Gelehrten Johann Jakob Bodmer (1698–1783) und Johann Jakob Breitinger (1701–1776) gaben 1721–23 „Die Discourse der Mahlern" heraus, eine Moralische Wochenschrift, die 1746 in 2., stark veränderter Auflage unter dem Titel „Die Mahler Der Sitten" erschien. Im 76. Blatt der Neuauflage legen sie ihre fortschrittlichen Ansichten einer Freundin Orilla in den Mund. Durch Lektüre wollen die Frauen ihr Bildungsdefizit selbst ausgleichen. Die anspruchsvolle Empfehlungsliste nennt 65 Titel, u. a. von Opiz, Cervantes, Defoe, Milton, Platon, Plutarch, Voltaire. Ganz selbstverständlich gehen die Autoren davon aus, daß die jungen Damen französische Bücher im Original lesen können, und auf ein Verzeichnis „verbotener Bücher" verzichten sie, weil der weibliche Geschmack noch unverbildet und folglich in der Lage sei, moralisch Anstößiges selbst zu erkennen. Der Gedanke, daß die Neugier die anerzogene Tugendhaftigkeit besiegen könnte, scheint sie nicht beunruhigt zu haben. – Der Anfang des Aufsatzes:

Orilla, die ernsthafteste von dem lernensbegierigen Kleeblatt meiner Freundinnen, erinnerte mich neulich an mein getanes Versprechen, daß ich das Verzeichnis einer Bibliothek für das Frauenzimmer ausfertigen wollte, und bat mich mit dringenden Gründen, die Erfüllung desselben nicht länger aufzuschieben. Sie sagte bei dieser Gelegenheit unter anderem, das männliche Geschlecht wäre nur allzu sorgfältig, dem weiblichen die Mittel zu entziehen, durch welche es eine genauere Einsicht in die menschlichen Geschäfte und die Treibräder derselben bekommen könnte; das Buch der Wissenschaften wäre ihm verschlossen worden; man hätte das Vorurteil schier allgemein gemacht, die Gelehrtheit wäre den Leuten von ihrem Geschlechte schädlich, sie machte ein Frauenzimmer ruhmrätig und lächerlich; sie hielte es von den nötigen Geschäften ab; denn sie wären nur dazu geboren, daß sie den Männern kochten, waschten, nähten, bei ihnen schliefen, und wenn es hoch käme, mit ihnen tändelten; ihr Geschmack, meinte man, wäre vollkommen genug, wenn er durch eine fertige Empfindung, wie durch einen sechsten Sinn, von der Gestalt einer Palatine oder Volante [Ausschnittsumrandung oder eines Kleiderbesatzes] richtig urteilte. Orilla beklagte sich insbesondere über einen gewissen jungen moralischen Skribenten, der in einem Sittenbuche so unbillig mit ihrem Geschlechte verfahren wäre, daß er eine Tochter für untüchtig zum heiraten erkläret hätte, wofern sie viel Werks von Büchern und Lesen machte. Er hätte das Urteil über sie ausgesprochen, eine Frauensperson, die verheiratet ist, oder sich verheiraten will, sollte die Bücher in Frieden und Ruhe lassen, diejenigen aber, die außer der Ehe bleiben wollen, sollten sich wohl auf die Wissenschaften legen dürfen. Ich gebe zwar zu, sagte sie, daß ein Gelehrter in dem Verstande, wie dieser Name öfters entweiht wird, und ein Pedant, oder ein Scharlatan, nahe miteinander verwandt sind: Aber das ist nicht meine Meinung, daß wir den Kopf zu einem Magazin unnützlicher, und auf gut Glück zusammengeplackter Wörter, Namen und Sätze machen, oder daß wir triefende Augen, blasse Wangen, blöden Magen, Eigensinn, mürrisches Wesen, und Kalmäuserei [Pedanterie] erstudieren wollen. Ich will nicht, daß die Personen meines Geschlechtes es weiter treiben, als daß sie aus den Büchern geistreiche und angenehme Freundinnen, Bräute und Ehefrauen werden. Ich räume gern ein, daß eine Pedantin ein lächerliches Tier sei, wiewohl man auch gestehen muß, daß sie eine würdige Gesellschaft für einen Pedant sei. Die Männer werfen uns öfters vor, daß unsere Unterredungen nur Bagatellen betreffen, und sie selber haben doch Schuld daran, indem sie uns alle Mittel abschneiden, die Kräfte des Verstandes und des Witzes hervorzurufen und durch die Übung stärker und fertiger zu machen.

Vielleicht, fuhr Orilla nach einer kleinen Pause fort, hat dieses Verfahren der Mannspersonen mit uns eine ganz politische Ursache. Sie fürchten vielleicht, wenn wir es in der Wissenschaft der menschlichen Händel auf einen gewissen Grad gebracht hätten, so würden wir Ansprüche auf öffentliche und obrigkeitliche Ämter und Bedienungen machen, wir würden fordern, daß die Männer uns an den Geschäften, die den Staat und die Gerichte betreffen, Anteil geben, und uns zu ihnen in die Rats- und Gerichts-Säle aufnehmen sollten. Wenn sie diese Furcht hegen, so wollen wir ihnen alle Sicherheit geben, so sie verlangen können, daß wir uns dieser Vorrechte der Regierung auf ewig begeben. Wir sind damit vergnügt, daß wir über die Herzen herrschen, unser Ehrgeiz erstreckt sich nicht weiter, und die ehrsüchtigsten unter uns haben ihre Absicht erreicht, sobald man sie liebenswürdig findet. Ich darf darum, nicht in meinem Namen allein, sondern in dem gemeinen Namen des weiblichen Geschlechtes bezeugen, daß derjenige von uns keinen Befehl dazu gehabt, der jüngst in einem öffentlichen Brief hat behaupten wollen, es wäre nur ein unbegründetes Vorurteil, welches verhinderte, die vornehmsten und wichtigsten Bedienungen den Frauenspersonen anzuvertrauen. Wir wissen, daß es uns an der Kunst mangelt, uns zu verstellen, daß wir zu aufrichtig, zu offenherzig, und außer Stande sind, unsere Gedanken lange zu verbergen. Wir sind zu empfindlich, als daß wir uns bei allem, was mit dem absonderlichen Nutzen des Herren, der uns in seinen Geschäften verschickte, keine genaue Verbindung hat, gleichgültig aufführen könnten. Und wir wollen die Männer nicht der Unanständigkeit aussetzen, daß sie, wenn sie neben uns Gehör erteilen, oder zum gemeinsamen Besten raten sollten, heimlich ihre Beisitzerinnen anblicken, oder einige verliebte Seufzer ausstoßen würden, anstatt dem nachzudenken, was sie reden wollten, oder einen Absatz der Rede zu schließen.
Ich nehme in einem vertraulichen Umgange mit meinen drei Freundinnen den trefflichen Schatz ihrer Verstandes- und Gemütsgaben, welche durch keinen Nachteil oder Mangel der gewöhnlichen Auferziehung, noch durch ungleiche Vorurteile, haben unterdrückt werden mögen, je mehr und mehr wahr. Was für Mittel die Mannspersonen gebraucht haben mögen, ihr Geschlecht in der Unwissenheit zu behalten, damit es sich nicht aus der Niedrigkeit und Untertänigkeit, zu welcher sie es verurteilt haben, herausschwünge, haben bei diesen großmütigen Töchtern nichts verfangen, sie feige und niederträchtig zu machen. Und ich habe solche Proben von ihren natürlichen Talenten des Verstandes und des Witzes gesehen, welche mir zu erkennengegeben haben, wie wenig das ist, was die Männer diesfalls von Natur zum voraus haben.

Ich will dir Unterricht geben

JOHANN WOLFGANG GOETHE

Goethe (1749–1832) studiert in Leipzig und erteilt seiner Schwester Cornelia, die mit ihm zusammen in allen Fächern unterrichtet worden war und der er sich innig verbunden fühlte, in teils launigem, teils pedantischem Ton Ratschläge. Diese Belehrungen veranschaulichen, was man in einem gebildeten Hause von einem Mädchen erwartete. Ganz ernst scheint Cornelia die Besserwisserei ihres 18jährigen Bruders nicht genommen zu haben (ihre Briefe sind nicht erhalten, es läßt sich nur aus seinen späteren Reaktionen schließen); sie dachte wohl für sich, was Goethe erst im Rückblick aufgeht: daß er sich „sogleich beim ersten akademischen Unterricht für sehr klug und weise gehalten". Um diese Zeit beginnt sie ein Tagebuch zu führen, in französischer Sprache. Die dichterischen Versuche ihres Bruders begleitet sie mit Verständnis und Aufmerksamkeit.
Cornelia Goethe (1750–1777) konnte ihr Wissen – wie Dorothea Schlözer (siehe S. 50) und viele andere begabte, sorgfältig ausgebildete Töchter zur Zeit der Aufklärung – nicht in eine befriedigende Lebensaufgabe umsetzen, entsprechende Möglichkeiten gab es noch nicht. Zerbrach sie daran? Wollte sie dem Bruder nacheifern? – Es gelang ihr nicht, aus dem damaligen Rollenbild der Frau auszubrechen: 1773 heiratet sie den Juristen Johann Georg Schlosser. Von Anfang an fühlt sich Cornelia in ihrer Ehe unausgefüllt, unglücklich; sie wird krank und stirbt kurz nach der Geburt ihrer zweiten Tochter.

Leipzig, 12. Oktober 1767. Gewiß Schwester, du verdienst einen recht langen Brief. Ich habe heute frühe alles durchgelesen, was du mir dieses Jahr über geschrieben hast, und finde, daß ich Ursache habe, sehr beschämt zu sein. Ich will auch die heutigen Vorlesungen versäumen, und mich mit dir unterhalten, obgleich Gellert [Dichter und Professor für Moral, Poesie und Beredsamkeit] dieses Amt heute mir verrichten wird. Zuvörderst muß ich von deinen Ausarbeitungen reden, von denen ich bisher, auf eine etwas unhöfliche Weise, sehr stille geschwiegen habe. Ich muß dich notwendig loben, und glaube, daß du viel Gutes denken und schreiben würdest, wenn deine Einbildungskraft, deine Art, eine Geschichte zu betrachten, und deine Erzählungsart in eine andre, aber doch nicht sehr veränderte Richtung gebracht würden. Ich kann mich hierüber nicht deutlicher erklären, ohne äußerst weitläufig zu werden, habe Geduld, bis ich zu euch komme, da will ich dir hierin, wie in verschiedenen andern Wissenschaften Unterricht geben, die ich nur für dich, und wenige Mädchen gesammelt habe. Dieses nur kann ich dir einstweilen sagen; ich finde, daß deine Ideen über die meisten Gegenstände noch sehr brouilliert [verworren] sind. Du hast zwar feine Empfindungen, wie jedes Frauenzimmer, das dir ähnlich ist, aber sie sind zu leicht gefühlt und zu wenig überlegt. Ferner sagst du manchmal Dinge, die ich mit aller meiner Mädchenkenntnis nicht debrouillieren [entwirren] kann, wie sie ein Mädchen sagen kann. Ferner merke ich, daß verschiedne Lektüren deinen Geschmack in verschiednen Din-

gen merklich verdorben haben, der denn wie der meisten Frauenzimmer Geschmack bigarriert [buntscheckig] wie ein Harlekinskleid ist, deswegen wollte ich dich bitten, das Jahr über, das wir noch voneinander sein werden, so wenig als möglich zu lesen, viel zu schreiben; allein nichts als Briefe, und das wenn es sein könnte, wahre Briefe an mich, die Sprachen immer fort zu treiben, und die Haushaltung, wie nicht weniger die Kochkunst zu studieren, auch dich zum Zeitvertreibe auf dem Klaviere wohl zu üben, denn dieses sind alles Dinge, die ein Mädchen, die meine Schülerin werden soll, notwendig besitzen muß (die Sprachen ausgenommen, die du als einen besondern Vorzug besitzest).
Ferner verlange ich, daß du dich im Tanzen perfektionierst, die gewöhnlichsten Kartenspiele lernst, und den Putz mit Geschmack wohl verstehest. Diese letzten Erfordernisse werden dir von so einem strengen Moralisten wie ich bin, äußerst seltsam vorkommen, zumal da mir alle dreie fehlen; allein sei ohne Sorgen, und lerne sie nur, den Gebrauch und den Nutzen davon sollst du schon erfahren; doch dieses muß ich dir nur gleich sagen, ich verlange nicht nur, daß du, (besonders die beiden ersten), im geringsten nicht lieben, sondern vielmehr fliehen sollst, demohngeachtet aber mußt du sie wohl wissen. Wirst du nun dieses alles, nach meiner Vorschrift, getan haben, wenn ich nach Hause komme, so garantiere ich meinen Kopf, du sollst in einem kleinen Jahre das vernünftigste, artigste, angenehmste, liebenswürdigste Mädchen, nicht nur in Frankfurt, sondern im ganzen Reiche sein. Denn unter uns, draußen bei euch residiert die Dummheit ganz feste noch. Ist das nicht ein herrliches Versprechen! Ja, Schwester, und ein Versprechen, das ich halten kann und will. Und sage, wenn ich bei meinem hiesigen Aufenthalt auch nichts gelernt hätte, als so ein großes Werk auszuführen, würde ich nicht ein großer Mann sein? Mittlerweile hofmeistre ich hier an meinen Mädchen, und mache allerhand Versuche, manchmal gerät's, manchmal nicht.

Die vortrefflichste Erziehung

Sophie von La Roche

1731–1807; geb. Gutermann. Mit der „Geschichte des Fräuleins von Sternheim" (1771) schrieb sie den ersten deutschen Frauenroman. Die Leserinnen bewunderten die Heldin, die sich in der intriganten Welt des Hofes mutig behauptet und aus allen Prüfungen rein hervorgeht; so wünschten oder träumten sie zu sein, und das erklärt den enormen Erfolg dieses Buches. Sophie von La Roche, die später unter dem Titel „Pomona für Teutschlands Töchter" (1783/84) eine pädagogische Zeitschrift herausgab, hatte bewußt ein Vorbild für die Mädchenerziehung geschaffen. Ihre eigenen

beiden Töchter allerdings drängte sie, wie es üblich war, in Vernunftehen. Die Freiheit ihrer Sternheim gestand sie ihnen nicht zu.
Der zweite Ausschnitt aus dem Briefroman zeigt, daß Sophie von La Roche sich nicht nur in Adelskreisen und im gehobenen Bürgertum, aus dem sie stammte, auskannte, sondern auch die Armut sah, die sozialen Gegensätze. Aber sie rüttelt nicht an der bestehenden Ständeordnung, sie akzeptiert sie. Das Fräulein von Sternheim entwirft den Plan einer Dienstmädchen-Schule und übt sich in der Tugend der Wohltätigkeit; Fürsorge war außerhalb der eigenen vier Wände damals und noch weit ins 19. Jahrhundert hinein das einzige Feld, auf dem Frauen sich aktiv betätigen konnten. Ihr Bekenntnis zur Menschenliebe (III.) steht am Ende des Romans.

I.

Seine Gemahlin hatte ihm eine Tochter gegeben, welche sehr artig heranwuchs und von ihrem neunten Jahr an (da Oberst von Sternheim das Unglück hatte, ihre Mutter in einem Wochenbette zugleich mit dem neugeborenen Sohne zu verlieren) der Trost ihres Vaters und seine einzige Freude auf Erden war. [. . .]
Die alte Frau von P., von Kummer über den frühen Tod ihres Sohnes beinahe ganz niedergedrückt, nahm ihren Wohnplatz bei dem Herrn von Sternheim [ihrem Schwiegersohn] und diente dem jungen Fräulein zur Aufsicht. Der Oberste machte ihr durch seine ehrerbietige Liebe und sein Beispiel der geduldigsten Unterwerfung viele Erleichterung in ihrem Gemüte. Der edeldenkende Pfarrer und seine Töchter waren beinahe die einzige Gesellschaft, in welcher sie Vergnügen fanden. Gleichwohl genoß das Fräulein von Sternheim die vortrefflichste Erziehung für ihren Geist und für ihr Herz. Eine Tochter des Pfarrers, die mit ihr gleiches Alter hatte, wurde ihr zugegeben, teils einen Wetteifer im Lernen zu erregen, teils zu verhindern, daß die junge Dame nicht in ihrer ersten Jugend lauter düstre Eindrücke sammeln möchte, welches bei ihrer Großmutter und ihrem Vater leicht hätte geschehen können. Denn beide weinten oft über ihren Verlust, und dann führte Herr von Sternheim das zwölfjährige Fräulein bei der Hand zu dem Bildnis ihrer Mutter und sprach von ihrer Tugend und Güte des Herzens mit solcher Rührung, daß das junge Fräulein kniend bei ihm schluchzte und oft zu sterben wünschte, um bei ihrer Frau Mutter zu sein. Dieses machte den Obersten fürchten, daß ihre empfindungsvolle Seele einen zu starken Hang zu melancholischer Zärtlichkeit bekommen und durch eine allzusehr vermehrte Reizbarkeit der Nerven unfähig werden möchte, Schmerzen und Kummer zu ertragen. Daher suchte er sich selbst zu bemeistern und seiner Tochter zu zeigen, wie man das Unglück tragen müsse, welches die Besten am empfindlichsten rührt; und weil das Fräulein eine große Anlage von Verstand zeigte, beschäftigte er diesen mit der Philosophie nach allen ihren Teilen, mit der Geschichte und den Sprachen, von denen sie die englische zur Vollkommenheit lernte. In der Musik brachte sie es, auf der Laute und im Singen, zur Vollkommenheit. Das Tanzen, soviel eine Dame

davon wissen sollte, war eine Kunst, welche eher von ihr eine Vollkommenheit erhielt, als daß sie dem Fräulein welche hätte geben sollen; denn nach dem Ausspruch aller Leute gab die unbeschreibliche Anmut, welche die junge Dame in allen ihren Bewegungen hatte, ihrem Tanzen einen Vorzug, den der höchste Grad der Kunst nicht erreichen konnte.

Sophie von La Roche, Kupferstich 1799.

Neben diesen täglichen Übungen, erlernte sie mit ungemeiner Leichtigkeit alle Frauenzimmerarbeiten, und von ihrem sechzehnten Jahre an bekam sie auch die Führung des ganzen Hauses, wobei ihr die Tag- und Rechnungsbücher ihrer Frau Mutter zum Muster gegeben wurden. Angeborne Liebe zur Ordnung und zum tätigen Leben, erhöht durch eine enthusiastische Anhänglichkeit für das Andenken ihrer Mutter, deren Bild sie in sich erneuern wollte, brachten sie auch in diesem Stücke zu der äußersten Vollkommenheit. Wenn man ihr von ihrem Fleiß und von ihren Kenntnissen sprach, war ihre bescheidene Antwort: willige Fähigkeiten, gute Beispiele und liebreiche Anführungen haben mich so gut gemacht, als tausend andre auch sein könnten, wenn sich alle Umstände so zu ihrem Besten vereinigt hätten wie bei mir.

II.

Mein Onkel hat eine Halbschwester in dem Damenstift zu G., die er wegen einem reichen Erbe, so ihr zugefallen ist, zum Besten seiner Kinder zu gewinnen sucht. Und aus dieser Ursache mußte meine Tante mit ihren beiden Söhnen die Reise zu ihr machen. Sie nahm mich mit und verschaffte mir dadurch einen Teil des Vergnügens, für welches ich am empfindlichsten bin, abwechselnde Szenen der Natur und Kunst in ihren mannigfaltigen Abänderungen zu betrachten. Wäre es auch nichts als der Anblick der auf- und niedergehenden Sonne gewesen, so würde ich diese Ausflucht von D. geliebt haben; aber ich sah mehr. Der Weg, den wir zurückzulegen hatten, zeigte mir ein großes Stück unsers deutschen Bodens und darin manchmal ein rauhes stiefmütterliches

Land; welches von seinen leidenden geduldigen Einwohnern mit abgezehrten Händen angebaut wurde.
Zärtliches Mitleiden, Wünsche und Segen erfüllten mein Herz, als ich ihren sauren Fleiß und die traurigen, doch gelaßnen Blicke sah, mit welchen sie den Zug unsrer zwoen Chaisen betrachteten. Die Ehrerbietung, mit der sie uns als Günstlinge der Vorsicht grüßten, hatte etwas sehr Rührendes für mich, und ich suchte durch Gegenzeichen meiner menschlichen Verbrüderung mit ihnen, und auch durch einige Stücke Gelds, die ich den Nächsten an unserm Wege ungebeten zuwarf, ihnen einen guten Augenblick zu schaffen. Besonders gab ich armen Weibern, die bei ihrer Arbeit hie und da ein Kind auf dem Felde sitzen hatten. Ich dachte, meine Tante macht eine Reise zum verhofften Vorteil ihrer Söhne, und diese Frau verrichtet zum Besten der ihrigen eine kümmerliche Arbeit; ich will diese Mutter auch eine unerwartete Güte genießen lassen.
Der reitende Bediente erzählte uns dann die Freude der armen Leute und den Dank, den sie uns nachriefen.

III.

Meine Kenntnisse [. . .] sollen dem Dienste der Menschenliebe geweihet sein, sie zum Glück derer, die um mich leben und zu Ausspähung jedes kleinen, jedes verborgenen Jammers meiner Nebenmenschen zu verwenden, um bald große, bald kleine liebreiche Hilfe ausfindig zu machen. *Kenntnisse des Geistes, Güte des Herzens* – die Erfahrung hat mir bis an dem Rande meines Grabes bewiesen, daß ihr *allein* unsere wahre irdische Glückseligkeit ausmachet! An euch stützte meine Seele sich, als der Kummer sie der Verzweiflung zuführen wollte. Ihr sollt die Pfeiler meines Glückes werden.

Gefährliche Roman-Lektüre

Heinrich Leopold Wagner

Die Mädchen sollten sich bilden und lesen – aber nur „nützliche" Bücher, und die mit Maßen. Gewarnt wurden sie immer wieder vor der „Lesewut", vor allem einer hemmungslosen Roman-Lektüre. Romane dienten ja nur der oberflächlichen Unterhaltung, sie hielten also von wichtigeren Beschäftigungen (im Haushalt!) ab. Noch mehr befürchteten die Eltern, „schlechte" Romane könnten ihre Töchter sittlich verderben. Wie gängig diese Ansicht war, belegt eine Szene aus dem 1. Akt von Wagners (1747–1779) Trauerspiel „Die Kindermörderin" (1776), die unmittelbar nach der Verführung spielt. Der flotte Leutnant hatte Evchen Humbrechts Mutter vorsorglich ein Schlafpulver in den Punsch geschüttet.

Evchen *(stürzt aus dem Nebenzimmer heraus, auf ihre Mutter hin):* Mutter! Rabenmutter! schlaf, – schlaf ewig! – deine Tochter ist zur Hure gemacht. *(fällt schluchzend ihrer Mutter auf die Brust; der Leutnant geht ein paarmal die Stub auf und ab, endlich stellt er sich vor sie.)*

von Gröningseck: So wollen Sie denn gar nicht Raison annehmen, Mademoiselle? – wollen sich selbst für Teufels Gewalt prostituieren? – alle Welt wissen lassen, was jetzt unter uns ist?

Evchen *(richtet sich auf, bedeckt aber das Gesicht mit dem Schnupftuch):* Fort, fort! Henkersknecht! – Teufel in Engelsgestalt!

von Gröningseck: Sie haben Romane gelesen, wie's scheint? – Ewig schade wär's ja, wenn Sie nicht selbst eine Heldin geworden wären. *(geht wieder auf und ab.)*

Evchen: Spott nur, Ehrenschänder, spott nur! – Ja, ich hab Romane gelesen, las sie, um euch Ungeheuer kennenzulernen, mich vor euren Ränken hüten zu können – und dennoch! Gott! Gott! – dein Schlaf ist nicht natürlich, Mutter! jetzt merk ich's.

von Gröningseck: Ums Himmelswillen, so komm doch zu dir! – du bist ja nicht die erste.

Evchen: Die du zu Fall gebracht hast? – bin ich's nicht – nicht die erste? o sag mir's noch einmal.

von Gröningseck: Nicht die erste, sag ich, die Frau wurde, eh sie getraut war. – Von dem jetzigen Augenblick an bist du die Meinige; ich schwur's schon in der Kammer, und wiederhol's hier bei allem, was heilig ist.

Schon der Umgang mit Mannspersonen unmittelbar nach dem Lesen der Romane ist bedenklich, geschweige mit solchen, für welche ihr Herz eingenommen ist. Es versteht sich also auch, daß ich das gemeinschaftliche Lesen unter zwei Personen verschiedenen Geschlechts nicht für ratsam halte.

Aus der Wochenschrift: „Für deutsche Mädchen", 1. Band, 1781

Von der Bescheidenheit

Christian Gotthilf Salzmann

Empfindsamkeit und Sturm und Drang, die Gegenbewegungen gegen den Vernunftkult der Aufklärung, drängten die Frauen vom kaum betretenen Weg zur Selbständigkeit wieder ab. Sie lebten mehr aus dem Gefühl heraus als der Mann, seien mehr Natur- als Verstandeswesen, hieß es nun, ihre Anmut und Liebenswürdigkeit müsse alles Wissen überstrahlen. Geistreich durfte eine Frau schon sein, aber beileibe nicht geistig überlegen, zumindest sollte sie's nicht zeigen. Und folglich wurde den Mädchen mit neuem Nachdruck Demut und Bescheidenheit gepredigt.
So auch in einer „Sammlung kleiner Erzählungen aus den besten Kinderschriften, Eltern, Lehrern und Kinderfreunden gewidmet vom Joseph Miller" (Brünn 1788). Der Herausgeber hat in seinem Erziehungsbüchlein belehrende Beispiele zusammengestellt, „so daß jeder Vater, jeder Lehrer, auch der Landmann mit leichter Mühe ein Geschichtchen zur Beförderung der Eltern-, Menschen- und Gottesliebe, der Geduld, Steuerung des Eigensinns, der Spielsucht, der Trägheit, des unnötigen Putzes, usw. so oft er es nötig hätte, finden könnte". Mütter kommen in der ganzen Vorrede nicht vor. – Aus § 19 ein Beitrag des Pädagogen Salzmann (1744–1811):

Lottchen hatte vor allen ihren Freundinnen gar große Vorzüge. Sie war sehr schön, hatte einen vortrefflichen Wuchs, eine reizende Gesichtsbildung und eine gesunde, muntere Farbe. Weil ihre Eltern reich waren, so kauften sie ihr auch immer schöne Kleider. Das sind aber alles Kleinigkeiten gegen ihre übrigen Eigenschaften. Sie hatte einen vortrefflichen Verstand und ein vorzüglich gutes Gedächtnis. Wenn man sie etwas lehren wollte, so begriff sie es bald, und wenn sie etwas gelesen hatte, so behielt sie es so gut, daß sie es beinahe von Wort zu Wort hersagen konnte. Alle weiblichen Arbeiten brauchte sie nur ein- oder zweimal zu sehen, so hatte sie auch schon dieselben gefaßt und konnte sie nachmachen. Auf diese Art wurde sie bald die klügste und geschickteste aus allen ihren Gespielinnen. Sie wußte die Städte der entferntesten Länder so gut herzunennen wie die Dörfer, die um ihr Vaterland lagen, und kannte die Menschen, Tiere und Gewächse von Asien, Afrika und Amerika beinahe so gut als diejenigen, die in ihrem Geburtsort waren. Sie spielte das Klavier sehr gut und sang dazu ganz vortrefflich. Daß sie auch nähen und stricken konnte und wußte, wie man eine gute Mahlzeit zubereiten müsse, versteht sich von selbst.
Bei allen dem würde sie sehr unglücklich gewesen sein, wenn sie ihre Vorzüge bei jeder Gelegenheit hätte sehen lassen und davon gesprochen hätte. Man würde sie beneidet und verspottet haben, wenigstens hätten sich gewiß ihre Gespielinnen geschämt, daß sie nicht eben so schön, klug und geschickt wären; sie hätten sich von ihr entfernt und ungern mit ihr gespielt. Das tat sie aber nicht – sie war bescheiden. Wenn sie Besuch von Mädchen bekam, deren

Eltern nicht so reich wie die ihrigen waren, so hütete sie sich sehr, daß sie nicht ihre besten Kleider anzog. Sie wählte immer einen Anzug, der nicht teurer als die Kleider ihrer Freundinnen war. Sobald sie ankamen, lief sie ihnen mit offenen Armen entgegen, umarmte und küßte sie und ließ sie selbst die Spiele vorschlagen, mit denen sie ihre Zeit vertreiben wollten. Sie ließ gar nicht merken, daß sie mehr als andere wisse, sondern gab ihnen vielmehr Gelegenheit, ihre eigenen Geschicklichkeiten zu zeigen. Wenn denn eine von ihren Freundinnen einen Strumpf sehen ließ, den sie verfertigt, oder ein Kleidungsstück, das sie genähet hatte, wenn sie ein Stückchen spielte und sang, so war Lottchen sehr aufmerksam, nahm sich sehr in acht, daß sie das Fehlerhafte nicht spottete, und bewunderte und lobte alles, was zu loben war.
Das gefiel nun allen Kindern gar zu wohl. Sie befanden sich wohl bei ihr, hatten sie lieb und wollten gern mit ihr umgehen und spielen. Und doch wußten alle sehr gut, wie viele Vorzüge Lottchen vor ihnen habe, und lobten sie bei jeder Gelegenheit.

An die Tugend

Aus: „Leipziger Wochenblatt für Kinder", 9. Band (1774)

Holde Tugend!
Leite mich in meiner Jugend!
Lasse mich nur ganz allein
Schön durch deine Bildung sein!

Meinem Leben
Kannst nur du die Würde geben!
Denn ein schönes Angesicht
Gibt des Herzens Würde nicht.

Ohne Tugend
Welk ich schon in meiner Jugend!
Holde Göttin, leite mich:
Jeder Pulsschlag sei für dich!

Vor dem Ehestand

Mittel zum Vergnügen

JOHANNA CHARLOTTE UNZER
(1724–1782)

Schwestern! wollt ihr wissen,
Wie ich mich vergnüge,
Daß ich immer scherze,
Daß ich immer singe,
Daß ich auch im Winter,
Wenn auch schon die Rosen
Unser Haupt nicht krönen,
Doch noch immer scherze?
Macht's wie ich, und liebet!
Doch liebt nicht nur Männer:
Liebet auch die Tugend;
Liebet schöne Bücher;
Stimmet auch die Saiten,
Dichtet schöne Lieder;
Singet von der Liebe!
Liebt ihr aber Männer;
O! so liebt nur einen,
Liebet ihn recht zärtlich,
Scherzt mit eurem Freunde:
So seid ihr recht glücklich!

Von Gott selbst einander bestimmt

Luise Adelgunde Victorie Kulmus

1713–1762. Französisch und Englisch erlernte die Tochter des Danziger Arztes Kulmus schon früh, und dazu erhielt sie Privatunterricht in Geographie und Geschichte. Ihre Bildung vertiefte der Dichter und Gelehrte Johann Christoph Gottsched (1700–1766), den sie 1735 heiratete. Als Aufklärer vertrat er in seinen Schriften die Meinung, man dürfe die Frauenzimmer nicht nur zum Hausfrauenberuf erziehen, sondern könne sie durch nützliche Lektüre zu den Wissenschaften hinleiten. Wie recht er hatte, bewies alsbald seine Frau: die „Gottschedin" übersetzte mit Witz und dramatischem Talent englische und französische Stücke, schrieb selbst Lustspiele (siehe S. 47) und unterstützte ihren Mann in seinem Kampf gegen den barocken Sprachschwulst. – Aus einem Verlobungsbrief der Einundzwanzigjährigen:

Danzig, 22. September 1734. Ich bin niemals durch Zwang zur Tugend genötigt worden; man hat mir ihre Vortrefflichkeit und ihren Wert sehr lebhaft vorgestellt; ihr zu folgen aber, hat man meiner eigenen Wahl überlassen. Indessen ist mir dieselbe immer so unendlich schätzbar vorgekommen, daß ich sie aus eigenem freien Willen erwählet. Ich hatte mir fest vorgesetzt, alles Ungemach, was ihr und ihren treuen Nachfolgern oft zu begegnen pfleget, lieber zu ertragen, als daß ich auf eine lasterhafte Art glücklich zu sein, hätte erwählen sollen. Die Tugend führet die, so sich ihr überlassen, und ganz zu eigen geben, auf den besten Weg; sie zeiget ihnen Glückseligkeiten, die, wenn sie nicht so sehr in die Augen fallen, dennoch von längerer Dauer sind, als alle flüchtige, scheinbare Güter dieser Welt. Ich nehme hierbei unsere Freundschaft zum Zeugen. So herrlich hat zuletzt das Ende derselben werden müssen. Unsere Wünsche sind erfüllt. Jetzt liegt es nur noch an mir, Ihnen, mein auserwählter Freund, ein Herz völlig zu übergeben, das Ihnen die Vorsehung schon zugedacht hat, und welches durch mancherlei Proben Ihrer Liebe würdig gemacht worden ist. Ich bin fest überzeugt, daß wir beide von Gott selbst einander bestimmt sind. Ich schließe dieses sowohl aus der wunderbaren Art, die unsere Bekanntschaft veranlasset, als auch aus dem geheimen freudigen Verlangen, damit ich immer gewünschet, Ihnen auf ewig anzugehören.

Nun, im Namen Gottes, verspreche ich mich Ihnen, mein teuerster und bester Freund, auf mein ganzes Leben mit dem festen Vorsatz, Sie über alles in der Welt zu lieben, und Ihnen treu zu sein, bis in den Tod. Bei der Fortsetzung Ihrer Liebe wird mir alles Leiden erträglich sein, und in meinem Gemüte keine Veränderung verursachen können.

Mitgift

Liebesheiraten blieben im 18. Jahrhundert Ausnahmen, die Eltern hielten für ihre 17-, 18jährigen Töchter Ausschau nach einem geeigneten Bräutigam – unter den Gesichtspunkten einer guten Versorgung und der gesellschaftlichen Stellung. Selbstverständlich sollten auch die Söhne nicht unter ihrem Stand heiraten, und je größer die Mitgift war, desto willkommener die Braut. Welche Bedeutung die Standesgegensätze noch hatten, trotz aller aufklärerischen Bemühungen, veranschaulichen unzählige unglückliche Liebesgeschichten der zeitgenössischen Literatur, stellvertretend sei nur an Schillers Trauerspiel „Kabale und Liebe" (1784) erinnert.
Auch Handwerker und Bauern achteten darauf, daß der Besitz gemehrt wurde. Eheverträge zählen die Aussteuer der Frau genau auf, vom Bargeld übers Bettzeug bis hin zum letzten Strumpf. – Das Heiratsbeibringen einer Bäuerin aus Magolsheim auf der Schwäbischen Alb, die 1757 vor den Traualtar trat, bestand in der Sparte „Weibskleider" aus folgenden Stücken:

3 neue schwarz-braune und grünzeugene Röck
3 schwarze Wilflingröck [W.: dicker, strapazierfähiger Stoff]
2 blaue dito [desgleichen, ebenso]
2 grüne dergl.
1 alter Rock
1 neu blauer Unterrock
3 schwarz und blau zeugene Schürz
3 schwarz leinene Schürz
4 blaue Schürz
1 alter dito
2 neue schwarz tüchene Bieblen [Stoffjäckchen in Boleroform]
1 neu braun zeugenes Bieblen
1 schwarzes zeugenes dito
2 schwarze leinene Bieblen
1 braun rotes Mieder
1 hellrotes dito
1 mittelm. rotes Mieder
1 grünes dito
2 alte Mieder
5 Fürstecker [Miederlatz]
24 weiße Goller [Schulterkragen]
1 neu seidener Flor [Halsbinde]
1 Augstein Nuster [Jett-Halskette]
2 neu seidene Hauben
4 cottonene Hauben [baumwollene]
1 alte dito
8 weiße abgenähte und einfache Hauben
2 Schleier
1 rot Paar wollene Strümpf
2 Paar weißwollene dito
1 Paar baumwollene Strümpf
3 Paar leinene dito
18 Hemmeter [Hemden]
1 neu Paar Schuh
1 mittelm. Paar dito
1 Paar Pelzstößerlen [Pulswärmer]
1 silberner Fingerring

Heimliche Liebe

Margarethe Elisabeth Milow

1748–1794; geb. Hudtwalcker. Die Hamburger Pastorenfrau hinterließ als Vermächtnis für ihren Mann und ihre Kinder eine Lebensbeschreibung. Breiten Raum nimmt ihre erste, nie vergessene Liebe zu Octav ein, dem mittellosen Bürogehilfen ihres Vaters. Ihre Eltern planten für sie eine bessere Partie und setzten sie gehörig unter Druck. Als sie drohen, Octav aus dem Haus zu jagen, fügt sie sich. „Ich antwortete nicht, aber mein Entschluß ward gefaßt, Milow zu nehmen, mein Glück meinen Eltern aufzuopfern. Ob ich recht gehandelt? Nach allen Versicherungen und Schwüren, die ich Octav getan? Ob ich recht gehandelt gegen Milow, daß ich ihm nicht meine ganze Geschichte erzählte?“

Dieser 30. Juni [1768] nun, Kinder, war die Quelle vieles Unglücks, ich tat einen Schritt, oh prägt ihn Euch tief, tief mit allen seinen schrecklichen Folgen in Eure Seele, Kinder, und laßt das unglückliche Schicksal Eurer Mutter wenigstens *das Gute* haben, oh ich würde alle meine Leiden segnen, wenn's das hätte, Euch vor dem ersten Schritt von dem guten, graden Wege der Tugend zurückzuhalten, wenn man noch kann, es noch nicht zu spät ist. Doch keine Deklamation, *sehen* sollt Ihr, das wird mehr wirken.
Ich war also mit Hannchen allein zu Hause, und war schwach genug, Octav zu fragen, ob er nicht des schönen Wetters wegen nach Tische mit uns im Jungfernstieg gehen wollte. Unschuld versteckt sich nicht, kann sich vor jedem sehen lassen, aber ich? ich war's nicht, ich brauchte eines Schleiers, damit mich niemand sehen möchte. Und doch, oh ich fühle noch diese Angst eines bösen Gewissens; wie mir das Herz schlug, jeder, der mir begegnete, der mich nur ansah, von dem glaubte ich erkannt zu sein. Das war der *erste* Schritt, heimliches Ausgehen mit dem, den ich liebte; noch ward er mit Zittern getan, noch sagte das Gewissen laut, noch *ohne* Entschuldigung; du handelst unrecht, tust Sünde. Oh wer mir das vor einem Jahr gesagt hätte, daß es so weit mit mir kommen würde. Ich blieb nur eine kurze Zeit, die Angst meines Herzens war zu groß, ich zielte nach Hause, warf mich in mein Bette und tiefe Tränen der Reue, die aus dem Innersten meines Herzens kamen, waren die ganze Nacht Zeugen meiner Angst, aber vermochten sie nicht zu löschen.
Den andern Tag, den Tag vor Marientag, kamen meine Schwestern des Frisierens wegen nach Hause. Sie erfuhren alles gleich von Hannchen, und ich mochte meine Augen nicht aufschlagen. Nun triumphierten diese Mädchen über ihre schwache Schwester, spotteten ihrer, die sonst ihr *Muster* gewesen, sie so oft zurückgehalten hatte. Ich konnte und wagte es nicht, mich zu verteidigen, schwieg stille, bat sie nur aufzuhören und weder meinen Eltern, noch meinem Bruder etwas zu sagen.

Octav und ich mieden uns den ganzen Tag, bei Tische wagten wir kaum, uns anzusehen. Des andern Tags, wie er mittags nach dem Garten kam, sah ich seine Wangen blaß von Tränen, unser ganzes schreckliches Schicksal hatte ihn geahndet. Er sah mich mit trüber, finstrer Wehmut an. Zwei Tage nachher war Waisenkindertag und ich blieb auf dem Garten.

Auch kam der neue Hering an, wir sahen uns also fast in einer Woche nicht wieder. Die folgende Woche fing nun alles wieder seinen Gang an, ich allein mit meiner Schwester zu Hause. Alle Gelegenheit also zu fallen, war für mich da. Oh ich hätte beten sollen, da ich mir nicht anders helfen konnte, hätte mein ganzes Herz meiner Mutter entdecken, mit Tränen der Reue mich in ihre Arme werfen sollen. Aber nein, meine Mutter war immer sehr strenge gegen mich, ich fürchtete sie also wohl mehr, als ich sie liebte? nein, das nicht, Kinder. Ich liebte sie unaussprechlich, wenn sie so oft bei mir saß, wünschte ich sie umarmen, aus voller Seele an meine Brust drücken zu können, aber sie war nicht so gegen mich von ganzer Seele Mutter, wie sie's gegen die andern war. Sie war ernst, zurückhaltend strenge, bei den kleinsten Versehen böse, und daher war mein Herz nicht kindlich gegen sie, denn Furcht ist nicht in der Liebe.

So hätte ich mich denn noch meinem Bruder, den ich so von ganzer Seele liebte, entdecken können? Ja wohl, Kinder; aber auch den fürchtete ich. Wie ich so ganz gut war, hatte ich nichts vor ihm geheim, konnte mein ganzes Herz ihm ausschütten, aber jetzt? was sollte das jeden Sonnabend tiefer gefallene Mädchen ihm sagen? Doch jeden Schritt sollt ihr wissen.

Den ersten Abend wie ich wieder allein mit Trutchen war, bat Octav sie, doch mit ihm im Jungfernstieg zu gehen. Sie konnte es nun, ohne ihn zu beleidigen, nicht abschlagen, da ich, ihr Muster, es getan. Übrigens wagte *sie nichts* dabei. Wir gingen also wieder hin. Ich zwar auch mit Angst, mit klopfendem Herzen, entdeckt zu werden, aber diese Angst verschwand mit jedem Abend mehr, und zuletzt wagte ich's sogar, *ohne* Schleier hinzugehn. Kurz, dieser Gang nach dem Jungfernstieg ward jeden Abend, anfangs nur bei gutem, nachher auch bei schlechtem Wetter vorgenommen. Warum aber bleiben wir nicht zu Hause? um bei einander zu sein, und weil mein Geschick doch noch so gut war, die Unschicklichkeit einzusehen, wenn er auf unserm Zimmer gewesen wäre. Ich auch so beim Spazieren an seinem Arm hing, oh, wie war dann da, das alles, Welt und Zukunft vergessende Mädchen an seinem Arm so selig. Welch eine Stunde der Wonne war das für mich, wie freute ich mich den ganzen langen Tag auf diese Stunde. Lange hieß unsre Empfindung Freundschaft, wir wagten nicht, sie Liebe zu nennen und sie war's doch im höchsten ersten Grade, so hoch, so stark, so edel, daß sie Tugend gewesen wäre, wenn sie hätte von Eltern erlaubte Liebe werden können. Kein unkeuscher niedriger

Gedanke, dessen wir uns hätten schämen dürfen, stieg in unsrer Seele auf, wie sich die Engel, wie wenige Edle sich auf dieser Erde lieben, so liebten wir uns, und doch war diese reine, edle, hohe Liebe Sünde, war Unrecht, weil sie heimlich war, wir mit Gewißheit wußten, daß meine Eltern sie nie zugeben würden und weil die beste, edelste, reinste Liebe, wenn nicht Ehe ihr Ziel ist und sein kann, ihrer Natur nach schlechterdings fällt, von ihrer Höhe, ihrem Adel oft in einer schwachen Stunde fällt.

Wir taumelten also so fort, vergaßen die ganze übrige Welt um uns herum. Einmal fuhren wir in einer Schute mit noch mehreren, denn weil immer eine meiner Schwestern mit war, so gesellten sich mehrere zu uns, hier ward der erste heilige Kuß der Liebe gegeben, dem so viele folgten. Dieser Kuß war uns Verlobung vor Gott, der Mond und die Sterne waren Zeugen, und wir versicherten uns, daß nur der Tod uns trennen sollte. So ging die Woche hin. Sonnabends mußte ich dann nach dem Garten. Welche Öde da für mich, die Gesellschaft meiner Eltern, meines Bruders, der mir sonst so alles war, *nichts*: welche Einsamkeit, wie mir sogar mein Bruder zur Last, weil ich seinen ausspähenden, forschenden Blick fürchtete. Kam dann der Mond, der war unser Rendezvous; vorher war die Stunde bestimmt, wo wir ihn *zugleich* ansehn wollten und aneinander denken, welche Torheit, da wir doch an *nichts anderes* dachten. [. . .]

Es war eine alte Näherin die Zeit über, daß unsre Mutter auf dem Garten gewesen war, immer im Hause gewesen, und diese ward Verräterin unserer heimlichen Spaziergänge. Wir wurden also, ohne daß wir es wußten, genau beobachtet, man konnte aber nichts entdecken, denn Liebe lehrte uns vorsichtig sein. Aber Gottes Wille war's, wir sollten entdeckt werden, und es geschah. Unter dem Vorwand, das Zimmer, [das vergrößert wurde], die Tapeten zu besehen, gingen wir immer gleich nach Tische nach hinten. Wir sahen, sprachen uns wenigstens etwas. So auch den 9. September.

Octav blieb fast diesen ganzen Nachmittag da, und ich schlich auch, so oft ich konnte, von meiner Arbeit hin. Nach dem Tee gingen wir gemeiniglich, bis Licht angesteckt wurde, noch eine Viertelstunde in unsere Zimmer. So auch nun, doch ich, ich ging nach der weißen Türe. Papa, der Octav beinahe den ganzen Nachmittag vermißt hatte, und auch den Bau besehen wollte, kommt dahin, er hört jemanden sprechen, steht still, horcht, und hört die Stimme seiner Tochter, nicht laut sprechen, sondern flüstern. Wir hörten etwas, weil's aber plötzlich wieder stille war, glaubten wir, wir hätten uns geirrt und fahren in unserm Gespräche fort, das dann immer so einerlei, und doch uns so lieb war. Wie ich zurückgehe, sehe ich meinen Vater, seine ernste Stimme, finstrer Blick, und da seine Stimme. Oh, keine, zu keiner Zeit keine, ist meinen Ohren furchtbarer gewesen, wie diese! Und was er sagte? Oh, das waren Schwerter durch das Innerste meiner Seele. Ich konnte vor Schreck nicht antworten. Wäre ich in die Hände eines Mörders gefallen, ich hätte mich so nicht erschrocken, wie nun vor meinem Vater. Ich zitterte und wankte hinauf. Die Zeit war aber schon verstrichen und ich mußte hinunter nach meiner Mutter Zimmer. Die Knie wankend, das Gesicht glühend, am ganzen Leibe zitternd, kam ich in dem Zimmer meiner Mutter an, wo zu großem Glücke noch kein Licht angesteckt war. Ich konnte wenigstens sitzen gehen und meine Arbeit nehmen, ohne bemerkt zu werden. Aber es kam Licht, Finsternis, Schatten des Todes wären mit lieber gewesen. Ich verbarg das Gesicht so tief ich konnte in meinem Busen, konnte vor Zittern der Hände keinen Stich tun, die Knie schlugen aneinander, die Zähne klapperten. Wie alles saß und in Ordnung war, ward ich bemerkt. Jede fragte, mein Gott, was fehlt dir, bist du krank? Mama stand auf, besah mich, machte mir die Brust offen, die feuerrot wie das Gesicht war, und das Herz schlug ihr sichtlich entgegen. Ich stammelte, daß ich nicht wohl sei. Man gab mir Pulver. Da ward Licht in der Küche gefordert; unter dem Vorwande, es möchte besser werden, wenn ich aufstände, ging ich hinunter, es zu kriegen. Octav begegnete mir auf der Diele wie ein Rasender. Ich sagte ihm bloß im Vorbeigehen: „Papa hat alles gehört." Papa kam um 7 des Abends einmal gemeiniglich hierauf. So auch nun. Mama sagte ihm, sie glaubte, ich sei krank, weil ich eine so außerordentliche Hitze habe, und der Puls mir ungewöhnlich schlage. Er antwortete nichts, sah mich an. Ich konnte seinen Blick nicht aushalten. So brachte ich nun drei Stunden zu, in meiner Angst, die gewiß kein Verurteilter, wenn er zum Richtplatz geht, empfinden kann. Mein Bruder erzählte nach Tische, Papa sei ins Kontor gekommen mit einem ernsten Gesichte. Octav eine Viertelstunde später mit der Miene eines Rasenden, so daß er und der andere sich vor ihm entsetzt hätten. Er habe vor Zittern nicht schreiben können. Papa habe ihn ein paar Mal angesehn, nichts gesagt. Eine Totenstille habe den Abend im Kontor geherrscht. So kamen wir zu Tische, Schwestern und alle Brüder voller Erwartung und Angst. Octav sah wütend aus, war ich bange, so ward ich's noch sehr. Ehe er kam, sagte Mama zu Papa: „Es ist Mittwoch ein Ausruf von Seidenzeug auf dem Börsensaal, wir haben Betchen doch solange ein Kleid versprochen, soll ich nicht mit ihr hinfahren und eins kaufen." Papa antwortete ihr nichts, sah mich aber mit dem bittersten Blick an und sagte sachte zu mir: „Die Dirne, ja der will ich!" Kinder, ich habe viel meine Lebtage gelitten, Angst einer Sterbenden, einer Gebärenden, Angst zu Wasser, Angst in Krankheiten, Eurer, meiner Kinder, wenn Ihr mit dem Tode ranget, aber dieser Angst, dieser Empfindung, wie der Blick meines Vaters mich durchdrang, ich nicht weinen durfte und konnte, dieser und der folgenden Tage und Nächte ist keine in meinem Leben je gleich gekommen.

Der große Vorteil des Mannes

SOPHIE VON LA ROCHE

Die Gesetze der Sitten fordern, daß der Mann, der eine Frau wünscht, zuerst reden, zuerst seine Gesinnungen eröffnen muß, und ganz natürlich den großen darin liegenden Vorteil benutzt, unter allen jungen Mädchen, wo er sich umsehen kann, zu wählen: da geschieht nun wirklich oft, daß entweder die Tochter, oder Verwandte, manchmal auch Umstände des Vermögens, seine Wünsche verzögern, oder gar zernichten; davon wird nun immer auch gesprochen, und glücklich Vermählte reden mit inniger Zufriedenheit von der Geschichte ihrer Verbindung.

Aus: „Briefe an Lina", 1. Band, Leipzig 1785

Aus dem Stammbuch einer jungen Braut – 1786/87

Groß und heilig ist des Freundes Pflicht!
Zähle Deines Stammbuchs Blättchen nicht;
Prüfe, ob wir denken, was wir schrieben,
Zähle nur die Herzen, die Dich lieben!

Ihre wahre Freundin Lotte Haugin

Durch die Welt, – durch eine Welt wie diese,
geh' munter fort zur Ewigkeit,
sie ist's nicht wert, so eine Welt wie diese,
daß man ihr eine Träne weint.

Liebe Deine Freundin auch in der Entfernung.
Wilhelmine Oelmeckerin

Es ist der Tugend höchster Triumph, wenn selbst das Laster
Ehrfurcht für sie empfindet.

Zum Andenken von Ihrer Freundin Weisserin

Die Kürze des Lebens ist das beste Geschenk der Natur.

Weißer

Vom Vater verstoßen

Gottfried August Bürger

Tugend (= sittliche Vollkommenheit) ist ein zentraler Begriff der Aufklärung, das Wort hatte noch nicht einen faden Beigeschmack wie heute. In der Mädchenerziehung nahm die Tugend, verstanden als Bewahrung der Unschuld, einen besonders hohen Stellenwert ein. Die Ermahnungen zur Tugend wurden untermalt von abschreckenden Beispielen gefallener Mädchen oder gar Kindsmörderinnen, denen die Todesstrafe drohte. Um diese verzweifelten Frauen zu verstehen, muß man wissen, daß uneheliche Kinder nicht nur moralisch mit einem Makel behaftet, sondern auch rechtlich benachteiligt waren; sie konnten z. B. nicht in Zünfte eintreten.
Der Sturm und Drang nahm sich dieses Themas mit sozialkritischer Vehemenz an und erkannte den eigentlichen Schuldigen immer im Mann, meistens einem Adligen, der seinen Schwur brach. Goethe erlebte 1772 in Frankfurt mit, wie die Kindsmörderin Susanna Margaretha Brandt durch das Schwert öffentlich hingerichtet wurde – als Gretchen im „Faust" erregt sie noch heute unser Mitgefühl. Heinrich Leopold Wagner schrieb „Die Kindermörderin" (siehe S. 19) und Friedrich Schiller ein Gedicht „Die Kindesmörderin" (1781) mit den Versen: „Weh! Vom Arm des falschen Manns umwunden/Schlief Luisens Tugend ein."
In Bürgers (siehe S. 55) Ballade „Des Pfarrers Tochter von Taubenhain", die als Bänkelsängerlied weite Verbreitung fand, wird die von dem Junker von Falkenstein verführte Kindsmörderin aufs Rad geflochten. Mit drakonischen Erziehungsmaßnahmen hatte ihr Vater auf die „Schande" reagiert (Strophe 18–20):

Der Vater, ein harter und zorniger Mann,
Schalt laut die arme Rosette:
„Hast du dir erbuhlt für die Wiege das Kind,
So hebe dich mir aus den Augen geschwind
Und schaff' auch den Mann dir ins Bette!"

Er schlang ihr fliegendes Haar um die Faust;
Er hieb sie mit knotigen Riemen.
Er hieb, das schallte so schrecklich und laut!
Er hieb ihr die samtene Lilienhaut
Voll schwellender blutiger Striemen.

Er stieß sie hinaus in der finstersten Nacht
Bei eisigem Regen und Winden.
Sie klimmt am dornigen Felsen empor
Und tappt sich fort bis an Falkensteins Tor,
Dem Liebsten ihr Leid zu verkünden.

Ich kann es keinem Mädchen verdenken, wenn sie sich in ihrer Wahl eines Gemahls nicht nach dem Willen der Eltern richtet. Soll sie etwas, das sie so oft im Spiegel beschaut, woran sie so oft poliert und geputzt hat, dessen Auszierung, Pflege und Erhaltung so lange ihre einzige Sorge gewesen ist, soll sie das jemandem hingeben, den sie nicht leiden kann?

Der Vater: Mein Töchterchen, du weißt, Salomo sagt: „Wenn dich die bösen Buben locken, so folge ihnen nicht."
Die Tochter: Aber Papa, was muß ich denn tun, wenn mich die guten Buben locken?

Georg Christoph Lichtenberg (1742–1799)

Vignette aus einem Liebesroman, 1777.

Aus dem Stammbuch einer jungen Braut – 1786/87

Wie Saiten Harmonie, so sanft und rein
Mög' Dein Gefühl, Dein ganzes Leben sein.
Und Deinem Herzen gleich besaitet,
Sei einst des besten Jünglings Herz,
Der Dich durchs Leben leitet.

Lotte Stäudlin

An meine Jungfer Braut

CHRISTIAN HAGMAIER

„Mein Christian Hagmaiers, Stadt- und Amtschreibers in Waiblingen, offenherzige und grundredliche Willens-Meynung an meine Jungfer Braut Maria Christiana Müllerin“, lautet der genaue Titel eines Privatdrucks aus dem Jahr 1779. In scherzhafter Form, aber doch nachdrücklich, wirft der sparsame Schwabe seiner Auserwählten ihre Verschwendungs- und Putzsucht vor. Sie stammte aus einem wohlhabenden Pfarrhaus.

Ich Oberschreiber Christian,
Zu Waiblingen in Schwaben –
Ich Witwer – will bis Fabian [20. Januar]
In loco Hochzeit haben:
Du schöne, frische Jungfer Braut,
Nicht halb so alt, als meine Haut!
Komm, höre meine Lehre!

O Kind! mein erstes Hochzeits-Fest
War meiner Jugend Grenze.
Da gab ich mir den letzten Rest
Durch polnisch wilde Tänze:
Durch Sätze, die kein Rehbock macht:
Und war, noch vor der Hochzeits-Nacht,
Im Stand zerrißner Hosen.

Nun, damals war mein letzter Satz!
Die Zeit macht alles eitel!
Zwar spickte sich Dein lieber Schatz
Den Körper – wie den Beutel!
Doch Speck ist Speck und keine Kraft,
Und Fabian gibt seinen Saft
Den Bäumen – nicht den Storren.

Kurz, Braut! es ist im Schwaben-Kreis,
Vielleicht im Kreis der Erden,
Kein Mann, der so zu hausen weiß:
Und Du – mußt anders werden;
Denn wisse, Du Verschwenderin!
Nicht nach der Ökonomen Sinn
Ist Dein Geschenk gewesen.

Ein Zitzpigesch. Warum von Zitz [feiner Kattun]
Für einen alten Freier?
Wie wohlfeil gibt der Biber [Flanell] Hitz!
Der Zitz ist kalt! wie teuer!
Zu allem Glück fand mein Geschmack
Was Guts daran – den großen Sack:
Ich brauche Platz zum Füllen.

Wohlan! Mich alten Mann so frisch,
Als möglich ist, zu sparen:
Nimm Biber, Fries und Calwerplüsch,
Und nicht papierne Waren;
Um mich zu stärken, schenk mir ein
Von Deines Vaters mittlerm Wein:
Der Gute wird versilbert.

Auch gib, so viel ich essen kann –
Doch höchstens nur bei Gästen
Was Guts! – Du siehst's dem Amtsbauch an,
Wie stark Kartoffeln mästen!
Kaffee – wenn mein Geburtstag ist,
Weil, leider! zweier Welten Zwist
Den braunen Trank verteuert.

Von Reutlingen, nicht von Brabant,
Nimm Deine Spitzen-Ballen.
Und weg vom Kopf mit allem Tand!
Zum Nuster [Halskette] nimm Korallen;
Den Hals zu decken, krausen Flor,
Zum Staatsschuh, Kalbfell: und auf's Ohr
Nichts, oder Messing-Schlangen.

Kurz: Flieh die Moden dieser Welt,
Und höre meine Gründe!
Denn Pracht und Moden kosten Geld,
Und darum sind sie Sünde.
Und selbst bei der Kalender-Schau
Gefällt mir mehr die Kloster-Frau,
Als die geputzte Jungfer.

Unsere Empfindungen hören nie auf

LUISE MEJER

1746–1786. – Frauen, die nicht heirateten und über kein Vermögen verfügten, mußten sehen, daß sie sich in der Familie oder bei Bekannten irgendwie nützlich machen konnten oder als Gesellschafterinnen ihren Unterhalt fanden. Die leidvollen Erfahrungen solcher Abhängigkeiten sammelte Luise über viele Jahre hinweg, ohne bitter zu werden. Sie hatte früh ihre Eltern und sieben Geschwister verloren; ihre Mutter starb nach der Geburt des 10. Kindes. In der Verwandtschaft pflegte Luise Kranke und Sterbende, bis sie schließlich selbst leidend wurde. Durch Lektüre bildete sie sich weiter.

1785 heiratete sie Heinrich Christian Boie (siehe S. 42), mit dem sie schon seit 1777 korrespondiert und dessen Heiratsantrag sie einmal abgewiesen hatte. Nun war ihre Gesundheit wiederhergestellt. Obwohl sie vorrangig Haushaltungs- und Dienstbotenfragen erörtern muß, schwingen in den Brautbriefen unnachahmlich ihre Empfindungen mit. Vor allen „schätzbaren Frauenzimmern", meinte Adolf von Knigge (siehe S. 53) einmal, habe Luise ein „heller, nüchterner Verstand" in Verbindung mit der „Feinheit echten Gefühls" ausgezeichnet.

In Osterrode im Harz kümmert sie sich um das Kind ihrer kranken Schwägerin. Die Frau des Hausarztes, Caroline Böhmer (siehe S. 72), scheint sich in der Abgeschiedenheit nicht gerade glücklich zu fühlen.

Osterrode, 9. Mai 1784. Ich möchte Dir recht viel auf Deinen Brief sagen, mir war unbeschreiblich wohl danach. Um ihn zu lesen, ging ich gestern nach Tisch an den Fluß, der so klar über kleine Steine dahinrollt. Die Lerche sang, der Geruch von Veilchen duftete mir entgegen. Ich war so in mich gekehrt, daß der Wind meinen Hut in den Fluß warf und schnell mit ihm forteilte. Ich freute mich, daß es Dein Brief nicht war, und blieb sitzen. Nach einiger Zeit begegneten mir zwei Weiber, denen sagte ich meinen Unfall und ich bekam meinen Hut wieder.

Ich sehe zu meinem wahren Erstaunen, daß Du ganz eingerichtet und allerliebst eingerichtet bist. Du allein hast so alles besorgt – und ich? Heute aber sage ich Dir nichts von Ökonomie, ich habe keine Zeit dazu.

15. Mai 1784. Ich war eben im Begriff, mit dem Kinde nach dem Garten zu gehen, als mir Deine Briefe gebracht wurden. O Boie, kaum konnte mir die Amme mit dem Kinde folgen, so eilte ich vor Ungeduld, ich schickte die Wärterin dann zu Haus, legte den Jungen ins Gras, schloß den Garten zu, und nun öffnete ich das Paket und sah den Ring an, er ist außerordentlich schön, aber Dein Haar ist doch das schönste daran. Boie, der Ring hat eine magische Kraft. Ich sank neben dem Kinde ins Gras, es lächelte mich an, es war mir, als ob das Kind und die ganze Natur sich mit mir freuten. Nach und nach fing ich an zu denken, und da ward mein Gefühl lauter Wunsch, Dich in dem Augenblick zu sehen. Willst Du dieses Gefühl für Dank annehmen? Ich glaube, Du wirst es tun.

17. Mai 1784. Die Jungfer Fiandt ist als Haushälterin für Dich gemietet auf Michaelis. [. . .] Nun glaub ich, wenn Du noch ein Mädchen mietest zu der groben Arbeit in der Küche, Holz und Wasser holen, Reinmachen, Jäten im Garten etc. – die Haushälterin scheut auch keine Arbeit – so wäre der weiblichen Geschöpfe genug; denn ich übernehme, wie sich's von selbst versteht, das Departement der Nähnadel *ganz,* und Du weißt, daß ich zu meinem Anziehen, Putz etc. keiner Hilfe bedarf. Die Fiandten ist keine Haushälterin aus der vornehmeren Klasse, sie ist wie eine Sklavin gehalten worden, und sehnt sich nach einer besseren Begegnung. Ich werde manches von ihr lernen, damit, wenn sie Dein Haus verläßt (sie hat einen Bräutigam), Du ihre Abwesenheit nicht zu sehr empfindest.
Ich freue mich Deines Gartens, Deiner Bäume, alles dessen, was Dein ist.

18. Mai 1784. Wenn Du mich nur ganz kennst! Ich fürchte mich immer für versteckte Eigenheiten, die ich selbst nicht weiß, und die Dir unangenehm sein könnten. Schone mich nur nicht aus Zärtlichkeit. Doch ich habe Dein Versprechen. [. . .]
Der gute Jessen dauert mich doch, er ist gewiß nicht glücklich. Ich hab's nie begreifen können, wie die Versorgung einem Mädchen so am Herzen liegen kann. Gern hätte ich mich in ein Kloster sperren lassen, aber zu heiraten wie doch die mehrsten Menschen heiraten, wäre der Tod jedes guten Gefühls meiner Seele gewesen. Ich kann Dir nie genug danken für die Entwicklung meines ganzen Selbst. Du hast mein Herz gebildet, das nichts war als unschuldig. Das zu ernten, was Du in meiner Seele zum Emporkeimen gesäet hast, soll, denk' ich, Dein Leben so versüßen, wie Dein Garten Dich freuet, der ganz Deiner Hände Werk ist. [. . .]
Die Mejern schenkt uns ein weißes Teeservice. – Ich bitte Dich um eins von Deinen Hemdern, das Dir um Hals und Arme gut paßt, und eine Deiner best passenden Halsbinden. Ich bekomme Leinen für Dich, mein Bester, zu hübschen Hemdern. [. . .]
Boie, wie kamst Du zu allen den Erinnerungen an vorige Zeiten? Aber lies meine Briefe nicht wieder, bis ich bei Dir bin, dann will ich Dir sagen, was ich hie und da empfand. Unsre Briefe müssen wir ordnen, daß ich darin blättern kann, so oft ich will, und ich werde oft wollen.

24. Mai 1784. Die Sorge für Deine Gesundheit vertraue *mir* nur an, aber ich fordere, wie die Ärzte, unbedingten Gehorsam. Seufze nicht über die Ketten des Ehestandes, es hilft nichts. „Das allerbeste Weib bleibt doch des Mannes ärgste Plage."
Sechzehn Spargelbeete sind doch sehr viel. Aber schön! Wenn Du Dir Hühner anschaffst, so nimm doch lauter weiße. In meiner Kindheit hatte ich das Federvieh zu besorgen, da waren mir schon die weißen so lieb. [. . .]

Denk doch des Abends von sechs bis sieben an mich. Das ist meine Spazierstunde. Die Natur in ihrer jetzigen Schönheit haucht mir eine süße Wehmut ins Herz. Sag einmal, ist Dir auch wohl so? oder ist das nur eine Empfindung der weiblichen Seele? Ich baue keine Luftschlösser noch Feengebäude, aber hell und milde wie die Morgen- und Abendkühle im jetzigen Frühling sind alle meine Empfindungen.

22. Juli 1784. Deinen Ring trage ich täglich. Er wurde sehr bewundert. Gut, daß Du nicht nach Celle kommen willst im Herbst. Ich gestehe Dir frei, ich kann Dich nicht wieder wegfahren sehn. Bitte, bitte, nicht wieder sehn, eh ich nicht mit Dir fahren kann. [...]
Der Dr. Böhmer war mit seiner Caroline am Montag hier. Der Mann ist unbeschreiblich vergnügt, sie nicht; sie klagte über die Harz-Nation. Er bat mich so dringend, auf acht Tage ihn zu besuchen, um seine Frau zu trösten, daß es mir leid ist, es abzusagen. Am Sonntag fahren wir zu ihnen nach Clausthal, den Abend wieder zurück.

2. August 1784. Ich war sehr vergnügt mit Böhmers. Gesagt hab ich beiden unsre Verbindung. Caroline nahm wirklich Anteil daran. Die Nachricht kam ihr aber unerwartet, dem Doktor nicht, der hatt' es immer gewünscht, wie er sagte. Der ganze Tag war hübsch. Die Böhmer würde Dich interessieren, lieber Boie. Die Kunst in ihrem Charakter ist sehr fein.

4. August 1784. Gestern morgen hab ich sechs Hemder für Dich zugeschnitten. Gern hätt' ich zwölf gehabt, aber vorerst konnte ich kein Leinen bekommen.
Daß Du mein Bett dem Sekretär nicht geben willst, machte mich lächeln. Guter Boie! Glaub ja nicht, daß mir etwas entschlüpft, das mir Deine Zärtlichkeit zeigt. Wenn es nicht Liebe ist, die unsre Herzen füllt, bin ich der Liebe nicht gut. Berauschung ist Taumel und hört auf. Unsre Empfindungen hören nie auf. Ich umarme Dich tausendmal für das, was Du davon sagst. – Hast Du in dem Briefe von unsrer Mutter wohl bemerkt, daß sie mich am Ende „Du" nennt? Das tönt mir süß.

Bill, Bill komm zurück

Karoline von Dacheröden

1766–1829. Eben ist ihr Bräutigam, Wilhelm von Humboldt (siehe S. 60), nach sechs glücklichen gemeinsamen Wochen abgereist. Sie heirateten im folgenden Jahr, ihre Ehe galt als besonders harmonisch. Varnhagen von Ense (siehe S. 86) sagte über Karoline: „Mit größerer Grazie war noch niemand verheiratet, völlige Freiheit gebend und nehmend." Von ihren acht Kindern starben drei früh.

14. September 1790. Wie hast Du mich verlassen können? wie Dich trennen von Deinem eigenen Leben? Lebst Du noch, Bill, oder ist Dein Herz in die tote Erstarrung des meinen versunken? Weh, ich habe Dich und mich betrogen. Ich habe auf Kräfte gerechnet, die der letzte Hauch Deines Mundes verweht, Dein letzter Kuß vernichtet hat. Ich habe Dich aus meinen Armen gelassen – mein eigen Dasein habe ich mir entwandt! – O, Bill, Bill komm zurück – ich trag es nicht – Du weißt ja, daß mein Herz viel tragen kann, aber dies – ach verzeih, verzeih, meine Sinne sind verwirrt, meine Seele ist mir entrissen – diese Dumpfheit – mir ist, als fühlt ich mich langsam vernichtet. – Ich kann nicht weinen. Meine Augen sind trocken und brennen fürchterlich. Wie sie Dich nicht mehr sahen, versiegten auch die lindernden Tränen. –

Aus dem Stammbuch einer jungen Braut – 1786/87

Was Freundinnen auf Bitten schreiben,
Schreibt meine Hand (das Herz gebietet ihr)
Unaufgefordert, Freundin, Dir:
Ich liebe Dich! – O möchtest Du mich lieben!

Von Deiner wahren Freundin Friderike Knißlin

Wer einen Kopf hat, dem kann der Hut nie fallen.

Haben Sie die Güte bei Lesung dieser Zeilen sich zuweilen
zu erinnern Ihres ganz gehorsamsten Freundes und Dieners
Hahn, Leutnant und Auditor

Geburt und Tod

Stichwörter

Aus: „Nutzbares, galantes und curiöses Frauenzimmer-Lexicon“, Frankfurt und Leipzig 1739

Dame

Heißet so viel, als eine Frau von Kondition, oder vornehmen Standes und Ranges.

Dirne

Heißet an etlichen Orten so viel, als ein junges gemeines Weibesbild oder Mägdlein.

Frau oder Weib

Ist eine verehlichte Weibes-Person, so ihres Mannes Willen und Befehl unterworfen, die Haushaltung führet, und in selbiger ihrem Gesinde zu befehlen hat. Es mag auch selbige noch so geringen Standes und Herkommens sein, so tritt sie doch zugleich mit in die Würde ihres Mannes, genießet gleiche Jura mit ihm und kann vor keinem andern Ort belanget werden, als wo ihr Mann hingehöret.

Frauenzimmer

Heißet überhaupt dasjenige schöne und edle Geschlechte, so dem männlichen entgegen gesetzet wird.

Frauenzimmer-Bibliothek

Bücher, welche zum Christentum, Unterhaltung der Gottesfurcht, zu einer wohlgesetzten Konduite [Betragen] und einem ehrbaren Lebens-Wandel dienen.

Fräulein

Ist ein junges und noch unvermähltes Frauenzimmer, so von adeligen Eltern geboren worden.

Gevatter oder Paten

Heißen diejenigen Personen, die das kleine Kind aus der Taufe heben und sich dabei als Zeugen gebrauchen lassen. Insgemein sind deren nur drei, die Adeligen aber, wie auch Offiziere und gemeine Soldaten bitten derer, so viel sie wollen.

Hure oder Kokotte

Ist eine liederliche Vettel und geiles Weibes-Bild, welches ihren Leib um einen leichtfertigen Gewinst, allem unzüchtigen Manns-Volk sonder Unterschied Tag und Nacht preisgibt, oder verheuret, wie einige das Wort daher ableiten, und Hurerei nennen, wenn sich zwei ledige Personen aus Wollust zusammentun.

Huren-Kind

Ist ein außer der Ehe erzeugtes Kind.

Huren-Kind aus der Taufe heben

Ist ein alter Weiber-Aberglaube, da einige meinen, daß, wenn ein Kind zum erstenmal bei einem Huren-Kinde zu Gevatter stünde, müßte es unfehlbar glücklich in der Welt sein.

Kinder-Mutter oder Heb-Amme, auch Wehmutter, Wehefrau

Ist ein ehrbares, betagtes, wohlerfahrnes und von der Obrigkeit vermöge eines gewissen Eides eingesetztes und approbiertes Weib, welches auf Erfordern den in der Geburt arbeitenden Weibern mit Rat und Tat beistehen, an die Hand gehen, und die Kinder vorsichtig und behutsam von selbigen nehmen, durchs erste Bad reinigen, zur Taufe tragen und noch einige Tage hernach beschicken muß.

Sechswöchnerin oder Kind-Betterin

Heißet dasjenige Weib, so nach geschehener Entbindung der Geburt oder Niederkunft sich drei Wochen lang in dem Wochen-Bette, drei Wochen aber außer demselbigen, also zusammen sechs Wochen lang in ihrer Wochen-Stube reinlich und nett ausgeputzt und angekleidet aufhält, den Gevatter- und Wochen-Besuch binnen solcher Zeit annimmt und gebräuchlichermaßen abwartet.

Weiber-Regiment

Ist eine von den herrschsüchtigen und hochmütigen Weibern wider die göttlichen Rechte, Genes. III,16 [„er soll dein Herr sein"] Kor. XI,3 [„der Mann aber ist des Weibes Haupt"] und den Wohlanstand angemaßte Herrschaft über Männer.

Vorahnung

META KLOPSTOCK

1728–1758; geb. Moller. 1754 heiratete die Hamburger Kaufmannstochter nach dreijähriger Verlobungszeit den berühmten „Messias"-Dichter Friedrich Gottlieb Klopstock (1724–1803). Französisch, Englisch, Italienisch und Latein konnte sie, und seine unleserlichen Manuskripte schrieb sie für den Drucker ins reine. Aus ihren impulsiven Briefen an Klopstock tritt uns eine junge Frau entgegen, die Realitätssinn mit Witz verband und nicht nur im Glauben stark war. – Sie starb bei der Geburt eines toten Sohnes. In der Verzweiflung wurde noch eine Operation vorgenommen, die sie bei vollem Bewußtsein ertragen mußte.
Die Geburtshilfe lag in der Hand von Hebammen, nur bei komplizierten chirurgischen Fällen zogen sie Wundärzte hinzu. Die ersten Hebammenschulen waren 1751 in Berlin und Göttingen gegründet worden. Zu Beginn des 19. Jahrhunderts eröffneten die Universitäten allgemein gynäkologische Institute mit theoretischem und praktischem Unterricht. Drei Hebammen hatten sich schon zuvor einen Namen gemacht: die brandenburgische Hofwehmutter Justine Siegmundin mit ihrem „Hebammenlehrbuch" (1756), Regine von Siebold geb. Henning (1771–1849), der 1815 die medizinische Doktorwürde verliehen wurde, und ihre Tochter Charlotte Heiland (1788–1859), die 1817 mit einer Arbeit „Über die Schwangerschaft außerhalb der Gebärmutter" promovierte. Entscheidend ging die Müttersterblichkeit erst in der zweiten Hälfte des 19. Jahrhunderts zurück, nachdem Semmelweis die Ursache des Kindbettfiebers erkannt hatte.

10. September 1758. Du mußt nicht denken, Süßer, daß dies etwas weiter bedeutet, als daß ich *so leicht* sterben, als leben kann; und daß ich mich, auf beides, gefaßt mache. Denn ich lasse mich gewiß nicht darauf ein, etwas von beiden auszumachen. Wenn ich nach den *Umständen* schließen wollte; so wäre viel mehr Wahrscheinlichkeit für Leben, als für Tod. Aber ich bin sehr ruhig zu jedem von beiden. Was Gott will. Ich erstaune manchmal selbst über die Gelassenheit, die ich die ganze Schwangerschaft über gehabt habe, da ich doch so glückselig in dieser Welt bin! O was ist unsre Religion! Was muß die Ewigkeit sein, von der wir so wenig wissen, und unsre Seele so viel fühlt! Mehr als ein Leben mit Klopstock! Es scheint mir jetzt nicht so schwer, dich und dein Kind zu verlassen, als ehmals, und daher fürchte ich oft, daß ich diese Ruhe noch wieder verlieren kann; ob sie gleich schon acht Monate gedauret hat, und in dem Anfange der beiden vorigen Schwangerschaften auch war. Ich weiß wohl, daß alle Stunden nicht gleich sind, und vor allem *die letzten*. Denn der Tod einer Wöchnerin ist nichts weniger, als ein leichter Tod. Doch laß die letzten Stunden keinen Eindruck auf dich machen. Du weißt zu sehr, wie viel der Körper da auf die Seele wirkt. – Nun, Gott mag mir geben, was er will; ich bin immer glücklich, ein ferneres Leben mit dir – oder ein Leben mit *Ihm!* Aber wirst du mich auch so leicht verlassen können, als ich dich? da du nur in *dieser* Welt bleibst, und in einer Welt *ohne mich!* Du weißt, ich hab immer gewünscht, die Nachbleibende zu sein, weil ich wohl weiß, daß dies das schwerste ist. Doch vielleicht will Gott, daß du es sein sollst, und vielleicht hast du mehr Kräfte. Ach denke nur, wo ich hingehe! und so sehr *Sünder* dies von einander gewiß sein können, kannst du gewiß sein, daß ich *dahin* gehe. *So* kann das Gefühl eines Christen nicht trügen! Und da folgst du mir nach, dein Kind auch. Und da lieben wir uns fort, die Liebe, die gewiß nicht zum Aufhören gemacht war, *unsre* Liebe! Und so lieben wir auch unser Kind! Im Anfange wird der Anblick des Kindes dich vielleicht traurig machen; doch nachher muß es dir ein großer Trost sein, ein Kind von mir nachzubehalten. Es ist mir, wenn ich's nachlasse, so gar lieber, eins nachzulassen als keins, ob ich gleich wohl weiß, daß fast alle Leute hierin anders denken, als ich. Doch warum sollte ich anders denken? Vertraue ich's nicht dir und *Gott* an? Ob es gleich mit der sanftesten Ruhe ist, daß ich hiervon spreche; so will ich doch aufhören. Denn vielleicht macht es dich zu traurig, ob du mir gleich die Erlaubnis dazu gegeben hast. Ach, ich danke dir für diese süße Erlaubnis. Mein Herz wünschte es so sehr, und ich möchte es doch *deinetwegen* nicht tun. – Doch ich will aufhören.

Meine Luise ist nicht mehr

HEINRICH CHRISTIAN BOIE

1744–1806. Literat und Jurist, Herausgeber des Göttinger „Musenalmanachs" und der Monatsschrift „Das Deutsche Museum"; seit 1781 Landvogt in Süderdithmarschen. Verheiratet mit Luise geb. Mejer (siehe S. 35). Der Brief ist an den Dichter Johann Heinrich Voß gerichtet.

Meldorf, 16. Juli 1786. Welch eine ganz andre Nachricht hab ich Euch zu geben, als die wir erwarteten! Wär' sie nur erst aus der Feder! Meine – unsre Luise ist nicht mehr. Kaum Ihr habt von dem unendlichen Jammer einen Begriff, in den ich versunken bin. Betet mit mir zu Gott, daß er mich bald zu ihr bringe, oder mir Kraft gebe zu tragen, was ich allein nicht kann. Ich schreibe mit zitternder Feder, muß Euch aber selbst schreiben, so sauer es mir wird.

Dienstag Abend gingen die Wehen an. Ich ward zu Bett geschickt, konnte aber nicht schlafen, mehr aus freudiger Erwartung, als aus banger. Gegen Morgen gings erst recht an, aber kaum ward gegen Abend der Kopf des Kindes sichtbar. Luise arbeitete die ganze Nacht, aber widrige Krämpfe hinderten immer die Wehen zu wirken. Der Arzt war die ganze Zeit da. Donnerstag

Morgen ward der Accoucheur [Geburtshelfer] geholt. Die Hoffnung ward immer größer, gegen Abend war der Kopf fast ganz heraus. Luise litt fürchterlich, ich hörte ihr Geschrei, durfte nicht hinein, weil sie's immer verbot. Plötzlich sank sie in Todesohnmacht, und alle vorige Arbeit war umsonst. Sie erwachte wieder, verlangte eine Incision [Einschnitt], die geschah und sehr gut ablief. Der Arzt verlangte nun Ruhe für sie, und gegen Morgen wurden neue Wehen erwartet. Sie kamen nicht, das Kind starb in ihr, sie ward mit von dem Todesschauer ergriffen, und als ich kam, kannte sie mich nicht mehr, röchelte und starb. – Ich wäre, glaub ich, ihr gleich nachgefolgt, hätte man mir nicht die Ader geöffnet. Seitdem geh ich umher, weine und habe keine Tränen. [...] Morgen früh soll sie zur Ruhe gebracht werden. Ob ich mitgehen kann, weiß ich noch nicht. Das Kind war groß und gesund, zu groß und gesund für sie. Ich ahnde, daß es angewachsen gewesen ist – vielleicht an den innerlichen Schaden, von dem wir sie ganz geheilt glaubten – und daher nicht hat geboren werden können. O, warum wußte oder ahndete ich das nicht vorher? Sie wäre mir heilig gewesen wie eine Schwester!

Gesetzt, es werden jetzt 1000 Menschen geboren, so sterben davon 24 gleich in der Geburt selbst; das Geschäft des Zahnens nimmt ihrer 50 mit; Konvulsionen und andere Kinderkrankheiten in den ersten zwei Jahren 277; die Blattern reiben ihrer 80 bis 90 auf, die Masern 10. Sind es Weibspersonen, so sterben davon 8 im Kindbett.

Aus: Christoph Wilhelm Hufeland, „Makrobiotik oder die Kunst, das menschliche Leben zu verlängern“, Jena 1796

Wieder ein Mädchen

REBEKKA CLAUDIUS

1754–1832; geb. Behn, Tochter eines Zimmermanns. Mit 18 Jahren heiratete sie den volkstümlichen Dichter Matthias Claudius (1740–1815) und schenkte ihm in glücklicher Ehe viele Kinder – nicht nur Mädchen, wie man nach diesem Brief an Ernestine Voß vermuten könnte. Claudius hat seine schöne blonde Frau und die Kinder, „unser Schatz und Reichtum“, immer wieder besungen. Anrührend sind seine Verse zur Silberhochzeit: „Ich danke Dir mein Wohl, mein Glück in diesem Leben./Ich war wohl klug, daß ich Dich fand ...“

1791. Liebe Voß, grade den Tag, als ich an Sie schreiben wollte, um Ihrer Schwiegermutter den Brief mitzugeben, kam mein kleines Mädchen an, flink und rasch.

Gott gebe Ihnen eine solche Entbindung und Wochenbett als ich bis itzo habe, das wünsche ich Ihnen von ganzer Seele. Die Nacht vom 1. aufn 2. September hatte ich unbedeutende Schmerzen bis gegen Morgen, um 5 stand mein Mann auf, um mir Tee zu machen, er glaubte es sei Erkältung. Ich stand auch auf und fing an zu kramen, gegen 10 zeigte es sich, daß es bald ernst werden würde, da wurde die alte Harten geholt, und mit dem Schlag 12 war's Mädchen da. Eine gute halb Stunde war freilich bitterlich sauer, aber Gott Lob, daß sie so kurz war. Mein Mann mußte diesmal bei mir bleiben, weil noch niemand da war als meine Mutter und die Alte, Heuers wurde erst geholt. Ein Jungen hab ich garnicht vermutet, also mir auch nicht gewundert, als wieder ein Mädchen kam. Ich habe herzlich einen gewünscht, bin aber doch recht fröhlich und danke Gott, daß es so ist als es ist.
Es ist ein großes freundliches blauäugiges Mädchen, hat langes Haar. Haben Sie nur guten Mut, es geht mit Ihnen, will's Gott, ebenso gut diesmal. [...]
Daß mein Brief so schlecht geschrieben ist, nehmen Sie nicht übel, ich liege ins Bett und der Kopf ist mir so hohl und die Augen tun mir weh und die Hand zittert, ich wollte doch gern schreiben, hernach möchte nichts daraus werden fürs erste.
Mein Mädchen heißt Augusta Ernestine Wilhelmine, die Gräfin Augusta Stolberg hat sie selbst zur Taufe gehalten.

Die Mutter bei der Wiege

MATTHIAS CLAUDIUS

Schlaf, süßer Knabe, süß und mild!
Du deines Vaters Ebenbild!
Das bist du; zwar dein Vater spricht,
Du habest seine Nase nicht.

Nur eben itzo war er hier
Und sah dir ins Gesicht,
Und sprach: „Viel hat er zwar von mir,
Doch meine Nase nicht."

Mich dünkt es selbst, sie ist zu klein,
Doch muß es seine Nase sein;
Denn wenn's nicht seine Nase wär,
Wo hättst du denn die Nase her?

Schlaf, Knabe, was dein Vater spricht,
Spricht er wohl nur im Scherz;
Hab immer seine Nase nicht,
Und habe nur sein Herz!

Dem jungen Weltbürger

Katharina Elisabeth Goethe

1731–1808; geb. Textor. Goethe schrieb, er habe „Vom Mütterchen die Frohnatur/ Und Lust zu fabulieren" geerbt. Ihre temperamentvollen Briefe verraten, daß sie dem Leben immer die besten Seiten abgewann und sich herzlich wenig um Konventionen scherte. Mochte ganz Weimar über Goethes wilde Ehe mit Christiane Vulpius die Nase rümpfen, sie nahm seinen „Bettschatz" mit offenen Armen auf. Hier gratuliert sie ihrer Enkelin Louise Nicolovius geb. Schlosser (älteste Tochter von Goethes Schwester Cornelia, siehe S. 15) zum ersten Kind.

5. April 1796. Nun danket alle Gott! Mit Herzen Mund und Händen, der große Dinge tut – Ja wohl – an Euch, an mir mir, an uns allen hat Er sich auf[s] neue als den manifestiert, der freundlich ist und dessen Güte ewiglich währet – gelobet seie Sein heiliger Name, Amen. Lieben Kinder! Gott segne Euch in Eurem neuen Stand! Der Vater und Mutter Name ist ehrwürdig – O! Was für Freuden warten Eurer – und glückliches Knäbelein! Die Erziehung solcher vortrefflichen Eltern und Großeltern zu genießen – wie sorgfältig wirst Du, mein kleiner Liebling, nach Leib und Seele gepflegt werden – wie frühe wird guter Same in Dein junges Herz gesät werden – wie bald alles, was das schöne Ebenbild Gottes was Du an Dir trägst verunzieren könnte, ausgerottet sein – Du wirst zunehmen an Alter – Weisheit und Gnade, bei Gott und den Menschen.

Die Urgroßmutter kann zu allem diesem Guten nichts beitragen, die Entfernung ist zu groß – sei froh, lieber Johann Georg Eduard, die Urgroßmutter kann keine Kinder erziehen, schickt sich gar nicht dazu – tut ihnen allen Willen, wenn sie lachen und freundlich sind, und prügelt sie wann sie greinen, oder schiefe Mäuler machen, ohne auf den Grund zu gehen – warum sie lachen – warum sie greinen – Aber lieb will ich Dich haben, mich herzlich Deiner freuen – Deiner vor Gott ofte und viel gedenken – Dir meinen urgroßmütterlichen Segen geben – ja das kann, das werde ich.

Nun habe ich dem jungen Weltbürger deutlich gesagt – was er von mir zu erwarten hat, jetzt mit Euch, meinen lieben großen Kindern noch ein paar Worte. Meinen besten Dank für Eure mir so viele und teure Briefe – sie tun meinem Herzen immer wohl und machen mich überaus glücklich – besonders die Nachricht, daß das Päckchen wohl angekommen wäre (denn darüber hatte ich große Besorgnis), machte mich sehr froh – denn denkt nur!! wenn der Urgroßmutter ihr Machwerk, worüber die gute Matrone so manchen lieben langen Tag gesessen und geklöppelt hat, wäre verloren gegangen, oder zu spät gekommen, das wäre mir gar kein Spaß gewesen – aber so, gerade zu rechter

Zeit, vier Tage (denn ich guckte gleich in Kalender) zuvor ehe das Knäbelein ankam, das war charmant.
Der kleine Junge hat mir den Kopf vor lauter Freude so verrückt, daß die eigentliche Gratulation, die doch nach der ordentlichen Ordnung zu Anfang stehen sollte, jetzt hintennach kommt – bedeutet aber eben so viel, und geht eben so aus dem Herzen. Gott! Lasse Euch Freude und Wonne in großem Maß an Eurem Kindlein erleben – Es sei Eure Stütze auch in Eurem Alter – Es seie Euch das, was Ihr Euren Eltern und der Großmutter seid, das ist der beste Wunsch, besser weiß ich keinen.
Liebe Frau Gevatterin! (der Titel macht mir großen Spaß), wenn dieses zu Ihren Händen kommt, da ist sie wieder frisch und flink – aber höre Sie, seie Sie's nicht gar zu sehr – gehe Sie nicht zu frühe in die April-Luft, denn der hat seine Nücken wie die alte Gertraudt im „Wandsbecker Boten". Bleibe Sie hübsch in ihrem Kämmerlein bis der Mai kommt – damit kein Katarrh und Husten Sie beschweren möge – nun ich hoffe Sie wird guten Rat annehmen.
Nun lieber Herr Gevatter! Tausend Dank nochmals für alle Eure Liebe – für Eure schönen Briefe (der Louise ihre mit eingeschlossen), für die gute herzerfreuende Nachricht – für die Gevatterschaft, für alles Liebes und Gutes, womit Ihr schon so manchmal mein Herz erfreut habt – Gott! Lohne Euch dafür – Behaltet mich lieb – Ihr lebt und schwebt in dem Herzen derjenigen die ist und bleibt

Eure treue Groß- und Urgroßmutter Goethe

Gelehrte Frauenzimmer

Zeigen, daß wir klüger sind als sie

Luise Adelgunde Victorie Gottsched

In Bibelkreisen legten evangelische Frauen selbständig die Heilige Schrift aus – und zogen dadurch wohl eher Spott als Bewunderung auf sich. Das focht sie aber wenig an, standen sie doch mit ihrem Gewissen unmittelbar vor Gott.
Die Gottschedin (siehe S. 24), selbst eine „gelehrte Frau", baute in ihre Komödie „Die Pietisterey im Fischbein-Rocke" (1736 anonym erschienen) ein Streitgespräch dreier Betschwestern über die Definition des Begriffs „Wiedergeburt" ein. Sie wollte mit ihrer Satire die Frömmler und Frömmlerinnen treffen, nicht ihre Geschlechtsgenossinnen; schon durch die Namen entlarvt sie die Typen. – Der Anfang der Szene IV, 1:

Frau Glaubeleichtin: Ich höre, daß meine Tochter Dorchen etwas krank ist, aber es sind nur Kopfschmerzen. Luischen hat auch etwas zu tun. Wir wollen uns aber deswegen nicht stören lassen, sondern mit unsern Gottseligen Gesprächen den Anfang machen.
Frau Zankenheimin: Es ist mir was eingefallen. Ich meine, wir könnten uns einen Menschen halten, der unsere Unterredungen in ein Buch trüge. Das würde der Kirche ein nützliches Werk sein, daraus könnten die dunkelsten Theologischen Streitigkeiten entschieden werden.
Frau Glaubeleichtin: Das ist ein unvergleichlicher Einfall!
Frau Seufzerin: Das wäre freilich schön! Die Kirche würde nicht nur viel Nutzen, sondern auch viel Ehre davon haben: Denn wir müßten unsere Namen darunter setzen.
Frau Zankenheimin: Freilich. Ich habe den Titel darzu schon fertig. Er soll heißen: Sammlung auserlesener Streitigkeiten über die schwersten Religions-Artikel, den Doktoren der Heiligen Schrift, und den Theologischen Fakultäten zum Nutzen und Unterricht heraus gegeben, von denen Frauen: Glaubeleichtin, Seufzerin und Zankenheimin.
Frau Seufzerin: Das ist allerliebst! Aber unsere Herren müßten das Werk erst durchlesen.
Frau Zankenheimin: Freilich, aber nur die rechten eifrigen Prediger: Denn die andern sind Dummköpfe, die wissen nichts von hohen Sachen.

FRAU GLAUBELEICHTIN: Das ist gewiß ein schöner Vorschlag: Wir müssen ihn noch heute ins Werk richten. Aber welchen Punkt wollen wir zuerst vornehmen? Die Wittenberger haben wir schon längst unter die Bank disputiert. Die Gewalt der Geistlichen und die Kirchen-Ordnungen haben wir auch schon ausgemacht. Mich dünkt, wir sind jetzo bei dem Artikel von der Wiedergeburt.

FRAU SEUFZERIN: Ja! da sind wir geblieben.

FRAU GLAUBELEICHTIN: Nun, ich muß ihnen auch meine Gedanken sagen. Ich habe gehöret, daß noch kein einziger Theologus die Wiedergeburt recht erkläret habe: Und geben dieses für einen sehr schweren Artikel aus. Wir wollen uns also darübermachen, und diesen Herren zeigen, daß wir klüger sind als sie.

FRAU SEUFZERIN: O! das ist sehr schöne. Da werden wir die Sache in sein rechtes Licht setzen.

FRAU GLAUBELEICHTIN: Was sagen Sie darzu, Madame?

FRAU ZANKENHEIMIN: Ich lasse es mir gefallen. Das wird uns einen unsterblichen Namen machen.

Gelehrsamkeit steht unserm Geschlechte wohl an

DOROTHEA ERXLEBEN

1715–1762; geb. Leporin. Durch ihr Beispiel widerlegte sie das Vorurteil, daß Frauen nicht studieren und auf wissenschaftlichem Gebiet nichts leisten könnten: 1754 erlangte sie als erste Frau in Deutschland die medizinische Doktorwürde. Ihr Vater, Stadtphysikus in Quedlinburg, hatte sie in theoretischer und praktischer Medizin unterwiesen, gelegentlich vertrat sie ihn. Ihre Gedanken über das Frauenstudium veröffentlichte sie 1742 unter dem Titel: „Gründliche Untersuchung der Ursachen, die das weibliche Geschlecht vom Studiren abhalten, darin deren Unerheblichkeit gezeiget, und wie möglich, nöthig und nützlich es sey, daß dieses Geschlecht der Gelahrtheit sich befleisse, umständlich dargeleget wird von Dorotheen Christianen Leporinin."

Im selben Jahr heiratete sie einen verwitweten Pfarrer mit vier Kindern. Daß sie auch als Pfarrfrau Kranke versorgte, und das sogar mit erstaunlichem Erfolg, weckte den Neid der Quedlinburger Ärzte. Dorothea Erxleben wandte sich an den preußischen König Friedrich II., der ihr daraufhin seine bereits 1741 gegebene Zustimmung zum Medizinstudium bestätigte. Ihr „Vorsatz, nichts ohne Überlegung und nichts mit Überheblichkeit zu tun", brachte sie ans Ziel. 1755 erschien ihre Dissertation in deutscher Übersetzung: „Academische Abhandlung von der gar zu geschwinden und angenehmen, aber deswegen öfters unsichern Heilung der Krankheiten"; aus dem Anhang:

Ich, Dorothea Christiane Erxlebin, bin zu Quedlinburg am 13ten November des 1715ten Jahres geboren worden. [...] Die ersten Jahre meines Lebens brachte ich in großer Schwachheit und fast beständigen kränklichen Umständen zu: denn oft war eine Krankheit noch nicht völlig überstanden, wenn sich eine andere bereits wieder einfand. Dieser kränkliche Zustand machte mich so glücklich, daß ich von der zartesten Jugend an in allen denen Wissenschaften, dazu mein Alter fähig war, fleißig unterrichtet wurde. Da mein seliger Vater merkte, daß ich meine anhaltende Schwachheit viel gelassener ertrug, und kaum die Hälfte meiner Zufälle [Krankheiten] fühlte, wenn ich dabei dem Unterricht des älteren unter meinen Brüdern beiwohnen durfte. [...] Um dieser Ursachen willen wendete mein seliger Vater nicht nur selbst den äußersten Fleiß an meine Unterweisung, sondern er sorgte auch dafür, daß ich mit meinem Bruder zugleich von geschickten Lehrern nicht nur in Sprachen, sondern auch in nützlichen Wissenschaften fleißig unterwiesen wurde. Ich war um so viel williger, derselben fleißigen und getreuen Unterricht anzunehmen und mir auf das beste zu Nutze zu machen, je mehr ich glaubte, daß alle wohlgesitteten jungen Frauenspersonen in denen Studiis eben so fleißig, als in Dingen, die Haushaltung betreffend, müßten unterwiesen werden. Und weil ich urteile, daß die Gelehrsamkeit unserm Geschlechte nicht allein wohl anstehe, sondern auch Frauenspersonen nach derselben zu trachten verbunden wären, wurde ich niemals überdrüssig, mich unterrichten zu lassen. [...]

Ob ich gleich mit zunehmenden Jahren, nachdem sich mein Gesundheitszustand merklich gebessert, beständig viele häusliche Geschäfte zu verrichten hatte, welchen ich mich weder entziehen konnte noch wollte, so vermochten dennoch diese nicht, mich vom Studieren abzuziehen, und ich fand, daß es sehr wohl möglich sei, bei verschiedenen häuslichen Geschäften sowohl ein Buch mit Nutzen zu lesen, als auch den Unterricht des Lehrenden anzunehmen: daß aber auch dasjenige, was durch andere Geschäfte und Zerstreuungen wirklich im Studieren versäumet werden mußte, sich wieder einbringen lasse, wenn man seiner Bequemlichkeit etwas abzubrechen, sich nicht verdrießen lasse.

Dorothea Erxleben in der Dauerserie „Frauen der deutschen Geschichte", die seit 1986 von der Deutschen Bundespost herausgegeben wird.

Rund 30 Jahre nach Dorothea Erxleben, 1787, wurde Dorothea Schlözer (1770–1825) in Göttingen zur ersten Doktorin der Philosophie promoviert – aus Anlaß des 50. Gründungsjahrestages der Universität. Damit war das pädagogische Experiment ihres Vaters, eines Professors für Geschichte und Politik, gelungen: Mit der Erziehung seiner Tochter wollte er die unbegrenzte Bildungsfähigkeit des weiblichen Geschlechts beweisen. Beim öffentlichen Festakt durfte die Siebzehnjährige allerdings nicht anwesend sein, sie erlebte die Titelverleihung hinter einem Fenster versteckt als Zaungast mit. Auch ein Wirkungsraum wurde ihr mit der Ehrung nicht eröffnet. Das gelehrte Fräulein, das neben acht Sprachen auch Mathematik, Mineralogie und Kunstgeschichte beherrschte, heiratete den Lübecker Senator Matthäus Rodde, bekam drei Kinder und brillierte in der Gesellschaft. Ihr Leben mündete schließlich in die übliche Frauenbiographie, sie konnte ihre Gelehrsamkeit nicht wie die Quedlinburger Ärztin Dr. Erxleben zum Wohl anderer Menschen nützen.

Lebenslauf

ANNA LOUISA KARSCH

1722–1791; geb. Dürbach. Tochter eines Schankwirts. Ein Onkel nahm sie zu sich, unterrichtete sie und wollte ihr auch Latein beibringen. Als sie zehn Jahre alt war, holte ihre Mutter sie zurück: „Ich brauche sie künftig zur Wiege [zum Kinderhüten], und ich fürchte, sie wird verrückt im Kopfe werden, wenn sie fortfährt, Tag und Nacht über den Büchern zu liegen. Sie kann lesen und schreiben, dies ist alles, was ein Mädchen wissen muß! ... sie wird nicht studieren."
Ihre erste Ehe mit einem Tuchweber wurde nach elf Jahren getrennt, die zweite mit einem ständig betrunkenen Schneider verlief ebenso unglücklich. Die Karschin begann Gedichte zu schreiben, die Reime flogen ihr zu. Ein Gönner fand sich, der sie ins literarische Berlin einführte; man bewunderte ihr ungewöhnliches Naturtalent und honorierte ihre patriotischen Gesänge und ihre Huldigungsgedichte auf Fürstlichkeiten mit reichen Geschenken. Mit ihren Gelegenheitsversen verdiente sie den Lebensunterhalt für sich und ihre Kinder. 1763 erschienen ihre „Auserlesenen Gedichte". Als erste Frau wurde sie zum Ehrenmitglied der Wissenschaftlichen Gesellschaft der Universität zu Helmstedt ernannt. Selbstbewußt endet ein Gedicht: „Einst sterb ich! Doch mein Lied geht nicht zum Grabe mit!" Bedenkenswerter ist ihr Satz: „Mein Genie lag unter dem Steinhaufen der Mühseligkeiten."
Hinter dem Namen Belloise versteckt sich die Dichterin selbst; Elsen sind Erlen, der König ist Friedrich der Große.

Ich ward geboren ohne feierliche Bitte
Des Kirchspiels, ohne Priesterflehn
Hab ich in strohbedeckter Hütte
Das erste Tageslicht gesehn,
Wuchs unter Lämmerchen und Tauben
Und Ziegen bis ins fünfte Jahr,

Und lernt', an einen Schöpfer glauben,
Weil's Morgenrot so lieblich war,
So grün der Wald, so bunt die Wiesen,
So klar und silberschön der Bach!
Die Lerche sang für Belloisen,
Und Belloise sang ihr nach.
Die Nachtigall in Elsensträuchen
Erhub ihr süßes Lied, und ich
Wünscht ihr im Tone schon zu gleichen.
Hier fand ein alter Vetter mich
Und sagte: du sollst mit mir gehen.
Ich ging und lernte bald bei ihm
Die Bücher lesen und verstehen,
Die unsern Sinn zum Himmel ziehn.
Vier Sommer und vier Winter flogen
Zu sehr beflügelt uns vorbei;
Des Vetters Arm ward ich entzogen
Zu einer Bruderwiege neu.
Als ich den Bruder groß getragen,
Trieb ich drei Rinder auf die Flur,
Und pries in meinen Hirtentagen
Vergnügt die Schönheit der Natur.
Ward früh ins Ehejoch gespannet,
Trug's zweimal nacheinander schwer,
Und hätte mich wohl nicht ermannet,
Wenn's nicht den Musen eigen wär,
Im Unglück und in bittern Stunden
Dem beizustehn, der ihre Huld
Vor der Geburt schon hat empfunden.
Sie gaben mir Mut und Geduld,
Und lehreten mich Lieder dichten,
Mit kleinen Kindern auf dem Schoß.
Bei Weib- und Magd- und Mutterpflichten,
Bei manchem Kummer, schwer und groß,
Sang ich den König und die Schlachten,
Die Ihm und seiner Heldenschar
Unsterblichgrüne Kränze brachten,
Und hatte noch manch saures Jahr,
Eh frei von andrer Pflichten Drang
Mir Tage wurden zu Gesang!

Friedrich der Große hatte der Karschin 1763 eine Audienz gewährt und ihr ein Haus in Charlottenburg sowie 200 Taler Jahrespension versprochen. Der Traum zerschlug sich. Als sie den König nach zehn Jahren an sein Versprechen erinnerte, schickte er ihr zwei Taler. Sie wies das demütigende Geschenk stolz – und mutig – zurück:

Zwei Taler gibt kein großer König,
Ein solch Geschenk vergrößert nicht mein Glück,
Nein, es erniedert mich ein wenig,
Drum geb ich es zurück.

Den „gelehrten Frauen“ der Aufklärungszeit schwebte als höchstes Ziel geistige Selbständigkeit vor Augen, das Schritthalten mit dem Mann auf allen Gebieten der Wissenschaften und Künste. Wirtschaftlich standen sie damit – von Ausnahmen wie Sophie von La Roche und Dr. Dorothea Erxleben einmal abgesehen – noch lange nicht auf eigenen Füßen, Wissen allein macht nicht satt. Aber es gab im 18. Jahrhundert auch schon Vorläuferinnen der heutigen Managerinnen. Zum Beispiel die Neuberin, das ist die Schauspielerin und Theaterleiterin Friederike Caroline Neuber geb. Weißenborn (1697–1760), die mit einer eigenen Truppe quer durch Deutschland zog und den Hanswurst mit seinen primitiven Späßen von der Bühne verbannte. Oder die Handelsunternehmerin und Finanzfrau Karoline Kaulla (1739–1809), in deren Salon wir oben einen Blick werfen können: Am Tisch sitzend empfängt sie ihre Kunden. Die sorgfältig erzogene und überaus tüchtige Jüdin erhielt mit 29 Jahren ihr Patent als Hoffaktorin, d. h. sie wurde privilegierte Hoflieferantin der Fürsten zu Fürstenberg und kurz darauf auch des Herzogs von Württemberg. Ihr Handelsgeschäft, in das sie später ihren ältesten Bruder als Teilhaber aufnahm, erreichte seine höchste Blüte in der napoleonischen Zeit mit Heereslieferungen und Finanzierungsgeschäften. – Goldradierung von Goog, 1795.

Über den Umgang mit gelehrten Frauenzimmern

ADOLF VON KNIGGE

Der „Knigge“ ist für uns Inbegriff aller Benimmbücher. Dabei wollte der Freiherr von Knigge (1752–1796) keineswegs Regeln für anständiges Betragen aufstellen, als er 1788 sein Buch „Über den Umgang mit Menschen“ veröffentlichte, sondern die *Kunst* des Zusammenlebens lehren, vor allem Menschenkenntnis. Nach seinem Tod erschienen viele „durchgesehene“ und „neubearbeitete“ Auflagen, die seine Absicht verwässerten, zum Teil sogar verfälschten. So schreibt ein Herausgeber 1840: „Wenn der humoristische Verfasser hier und da seiner Laune zu sehr den Zügel schießen läßt und sich ... eine kleine Übertreibung oder Entstellung erlaubte; wenn er sich von einem Vorurteil, welches man *seiner* Zeit zugute halten muß, verleiten ließ, den französischen Gesellschaftston und die geselligen Tugenden der Franzosen auf Unkosten der Deutschen zu preisen, so tut dies im Ganzen dem Werte dieses Buches keinen Eintrag, da es nicht schwer ist, in diesen Stellen die Übertreibung zu erkennen und abzusondern“; er hat es sich „angelegen sein lassen, des Verfassers Bemerkungen in dieser Hinsicht zu berichtigen, und dessen Urteil zu mildern.“
Zu Anfang des Kapitels über die „Frauenzimmer“ (daraus hier Absatz 15) erklärt Knigge feierlich, er sei „kein Weiberfeind“, habe aber die „Verpflichtung, auch die Schwächen in Erwägung zu ziehen, denen man nachgeben, die man schonen muß, um in dem Umgange mit Frauenzimmern weder ungerecht, noch ihr Sklave zu werden“.

Ich muß gestehen, daß mich immer eine Art Fieberfrost befällt, wenn man mich in Gesellschaft einer Dame gegenüber oder an die Seite setzt, die große Ansprüche auf Schöngeisterei, oder gar auf Gelehrsamkeit macht. Wenn die Frauenzimmer doch nur überlegen wollten, wie viel mehr Interesse diejenigen unter ihnen erwecken, die sich einfach an die Bestimmung der Natur halten, und sich unter dem Haufen ihrer Mitschwestern durch treue Erfüllung ihres Berufs auszeichnen! Was hilft es ihnen, mit Männern in Fächern wetteifern zu wollen, denen sie nicht gewachsen sind, wozu ihnen mehrenteils die ersten Grundbegriffe fehlen, welche den Knaben schon von Kindheit an eingeprägt werden. Es gibt Damen, die, neben allen häuslichen und geselligen Tugenden, neben der edelsten Einfalt des Charakters und neben der Anmut weiblicher Schönheit, durch tiefe Kenntnisse, seltene Talente, feine Kultur, philosophischen Scharfsinn in ihren Urteilen und Bestimmtheit im Ausdrucke, Gelehrte vom Handwerk beschämen. Allein, wie geringe ist gottlob die Anzahl solcher Frauen! Und ist es nicht Pflicht, die eingebildeten weiblichen Genies abzuschrecken, auf Kosten ihrer eignen und der Männer Glückseligkeit nach einer Höhe zu streben, die so wenige erreichen?

Angelika Kauffmann in Rom.

Europäisches Ansehen genoß die Malerin Angelika Kauffmann (1741–1807), ein von seinem Vater ausgebildetes Wunderkind. Mit 21 Jahren wurde sie Mitglied der Akademie von Florenz, 1768 war sie maßgebend an der Gründung der Königlichen Akademie in London beteiligt, seit 1782 führte sie in Rom, verheiratet mit dem Maler Antonio Zucchi, ein großes Haus. Besonders ihre Porträts waren geschätzt. Nur bei Goethe (der bei ihr Zeichenunterricht nahm) hatte sie Pech, wie seinem Brief aus Rom vom 27. Juni 1787 zu entnehmen ist: „Angelika malt mich auch, daraus wird aber nichts. Es verdrießt sie sehr, daß es nicht gleichen und werden will. Es ist immer ein hübscher Bursche, aber keine Spur von mir."

Ob Angelika Kauffmann sich wohl in dem obigen Konterfei aus dem Jahr 1804 oder 1805 wiedererkannt hat? Es stammt von Luise Duttenhofer geb. Hummel (1776–1829), die auch gerne Malerin geworden wäre. Ihr blieb eine künstlerische Ausbildung versagt, sie verlegte sich deshalb aufs Scherenschneiden. Schattenbilder waren im ausgehenden 18. Jahrhundert als Zeitvertreib in Mode gekommen, man schenkte sich gegenseitig Porträtsilhouetten und klebte sie in die Stammbücher. Luise Duttenhofer schnitt ganze Szenen, ihre Kunstfertigkeit fand Anerkennung: Zweimal wurden ihre Werke in Stuttgart ausgestellt, über 1000 haben sich erhalten. Sie wagte sich auch an schwierige Themen, an Krankheit und Tod. Vier ihrer sieben Kinder starben früh, das erste kurz nach der Geburt in Rom.

Ein Schwabenmädchen

Elise Hahn-Bürger

1769–1833. Als „Schwabenmädchen“ ging Elise Hahn, die dritte Ehefrau des Dichters Gottfried August Bürger (1747–1794), in die Literaturgeschichte ein. Mit dem folgenden kecken Gedicht, 1789 in der Wochenschrift „Der Beobachter“ veröffentlicht, reizte sie Bürgers Neugier. Sie heirateten 1790, bekamen einen Sohn und wurden bereits nach anderthalb Jahren wieder geschieden. Bürger beschimpfte die 22 Jahre jüngere Elise, seine „poetische Liebe“, nun als „verschwenderisches, üppiges, heuchlerisches, verbuhltes und ehebrecherisches Weib“, das seine Hausfrauen- und Mutterpflichten vernachlässige. Sie, die ja literarischen Ehrgeiz besaß und sich von dieser Ehe wohl bessere Startchancen versprochen hatte, nahm alle Schuld auf sich, nur um schnell freizukommen. Ob das unter II. abgedruckte Geständnis aus ihrer oder Bürgers Feder stammt, muß offenbleiben. Das Gericht untersagte ihr zur Strafe, „eine zweite Verehelichung zu vollziehen“.
Die skandalumwitterte Elise Bürger ließ sich als Schauspielerin ausbilden und erlangte eine gewisse Berühmtheit. Schiller allerdings befand nach einem Weimarer Gastspiel, sie sei „eine armselige, herz- und geistlose Komödiantin von der ganz gemeinen Sorte, die durch ihre Ansprüche ganz unausstehlich wird“.
Neben Gedichten und Novellen schrieb Elise 16 Dramen, die wahrscheinlich zu Recht vergessen sind. Nur ihr Schwabenmädchen-Gedicht überlebte, weil der Adressat es in überarbeiteter Form unter dem Titel „Elise an Bürger“ in seine Werke aufnahm.

I.

O Bürger, Bürger, edler Mann,
Der Lieder singt, wie’s keiner kann,
Voll Geist und voll Gefühl!
Komm leihe mir zum Lobgesang
Entflossen aus des Herzens Drang
Dein Harfenspiel!

Mein Auge sah von Dir sonst nichts
Als nur den Abdruck des Gesichts,
Und dennoch – lieb’ ich Dich!
Denn Deine Seele, fromm und gut,
Und Deiner Lieder Kraft und Mut
Entzückten mich. [. . .]

Man sagt, Du sollst ein Witwer sein;
Kommt Dir die Lust zum Freien ein,
So komm heran!

Denn kämen tausend Freier her,
Und trügen Säcke Goldes schwer,
Und Bürger zeigte sich,
So gäb' ich sittsam ihm die Hand,
Und tauschte mit dem Vaterland,
Geliebter, Dich!

Drum kommt Dir mal das Freien ein,
So laß's ein Schwabenmädchen sein,
Und wähle immer mich!
Mit echter Schwaben-Redlichkeit,
Mit deutschem Sinn und Offenheit
liebt ferner Dich

Die Verfasserin.
. . . *Y* . . .

II.

Ich Endes Unterschriebne bekenne hiemit eigenhändig nach reiflicher Überlegung, frei und ungezwungen wie folgt:
Es hat mein bisheriger Ehemann, der Professor Gottfried August Bürger allhier [Göttingen], einen zwischen mir und einer fremden Mannsperson gepflogenen Briefwechsel auszuforschen und einiger Originalbriefe sich zu bemächtigen gewußt, welche ich von dieser Mannsperson empfangen und welche in einer Brieftasche befindlich gewesen, die ich beständig an meinem Leibe getragen habe. Da ich in diesen Briefen mit der Namensunterschrift – *Fritz* – mit *Du* angeredet, sein *Weib*, seine *Gattin* genannt und noch mit vielen anderen zärtlichen Namen belegt werde, [. . .] so hat mein bisheriger Ehemann mit Recht daraus geschlossen, daß ich die ihm schuldige eheliche Treue völlig verletzt – und die Ehe mit diesem fremden Mann völlig gebrochen habe, welches ich denn auch hiemit gerne eingestehe und daher mich für unwürdig erkläre, des Professor Bürgers Ehegattin ferner zu sein und zu heißen. Auf mein Bitten hat sich derselbe bequemt, mich nach dieser Entdeckung nicht sofort durch eine erhobene Ehescheidungs-Klage bei meiner persönlichen Anwesenheit auf mein ganzes Leben hin höchst unglücklich zu machen und zur Nennung des vollen Namens meines Verführers, welches zu unabsehlichen unglücklichen Folgen sein würde, zu nötigen. So wie nun der Professor Bürger gütig genug gewesen ist, mich fürs erste in der Stille und auf immer von hier reisen zu lassen, so willige ich ein, daß derselbe nach meiner Abreise die gerichtliche Ehescheidungs-Klage gegen mich erhebe, entsage daher allen den Angeklagten sonst zukommenden Ansprüchen überhaupt, so wie besonders der vorgängigen Kommunikation der Klage, Zitation meiner Person, die ohnehin nicht

erscheinen würde – der mündlichen oder schriftlichen weitern Erklärung, und versichere, daß ich mich ohne weitern Einwand einem sofort abzugebenden rechtlichen Urteil unterworfen haben will.
Da ich übrigens durch verwahrlosete Hauswirtschaft und übertriebenen Aufwand meinem bisherigen Ehemanne sehr nachteilig gewesen bin und derselbe noch überdies einen Sohn, namens Agathon, von mir zu erziehen hat: so will ich auf die Zurückforderung alles dessen, so ich ihm zugebracht (unter dem einzigen Vorbehalt meiner Leibwäsche und Leibkleider) hiemit gänzlich Verzicht tun.
Urkundlich habe ich diesen Revers eigenhändig ausgestellt, unterschrieben und mit eben dem Petschaft besiegelt, dessen ich mich bisher zu meinem verbotnen Briefwechsel bedient habe. Auch habe ich die Richtigkeit alles dessen durch zwei rechtschaffne Zeugen bestätigen lassen.

Göttingen, den 3. Februar 1792

Marie Christiane Elisabet Hahn
bisher verehelichte Bürger

Ob die Weiber so viel Vernunft haben als die Männer, mag ich nicht entscheiden; aber sie haben ganz gewiß nicht soviel Unvernunft.

Johann Gottfried Seume (1763–1810)

Idealbilder

Müssen wir denn schön sein?

GOTTHOLD EPHRAIM LESSING

1729–1781. – Eine junge Frau, die ihr Geschick resolut selbst in die Hand nimmt und sich ihren von engen Ehrbegriffen geblendeten Verlobten mit einer List zurückerobert, oder, wie sie selbst sagt, „ein sächsisches verlaufenes Fräulein, das sich ihm an den Kopf geworfen" – das ist Lessings „Minna von Barnhelm" (1763). Und ihre Kammerjungfer Franziska steht ihr in der Schlußszene mit der Frage „Herr Wachtmeister, braucht er keine Frau Wachtmeisterin?" nicht nach. Dieser sympathisch selbstbewußte Frauentyp ist uns aus Briefen bekannt (Luise Kulmus-Gottsched, Meta Moller-Klopstock, Luise Mejer-Boie), in der Literatur bleibt er Ausnahme. Mit Minna hat Lessing weniger das Idealbild seiner Zeit als eine Zukunftsvision der gleichberechtigten Frau auf die Lustspielbühne gestellt. – Die 7. Szene des 2. Aktes geht der ersten Wiederbegegnung der Liebenden nach dem Siebenjährigen Krieg voraus:

MINNA: ... Ich hab ihn, ich hab ihn! Ich bin glücklich! und fröhlich! Was kann der Schöpfer lieber sehen als ein fröhliches Geschöpf! *(Franziska kommt).* Bist du wieder da, Franziska? – Er jammert dich? Mich jammert er nicht. Unglück ist auch gut. Vielleicht, daß ihm der Himmel alles nahm, um ihm in mir alles wieder zu geben!

FRANZISKA: Er kann den Augenblick hier sein. – Sie sind noch in Ihrem Negligé, gnädiges Fräulein. Wie, wenn Sie sich geschwind ankleideten?

MINNA: Geh! ich bitte dich. Er wird mich von nun an öfter so, als geputzt sehen.

FRANZISKA: O, Sie kennen sich, mein Fräulein.

MINNA *(nach einem kurzen Nachdenken):* Wahrhaftig, Mädchen, du hast es wiederum getroffen.

FRANZISKA: Wenn wir schön sind, sind wir ungeputzt am schönsten.

MINNA: Müssen wir denn schön sein? – aber daß wir uns schön glauben, war vielleicht notwendig. – Nein, wenn ich ihm, ihm nur schön bin! – Franziska, wenn alle Mädchen so sind, wie ich mich jetzt fühle, so sind wir – sonderbare Dinger. – Zärtlich und stolz, tugendhaft und eitel, wollüstig und fromm. – Du wirst mich nicht verstehen. Ich verstehe mich wohl selbst nicht. – Die Freude macht drehend, wirblicht.

FRANZISKA: Fassen Sie sich mein Fräulein; ich höre kommen.

MINNA: Mich fassen? Ich sollte ihn ruhig empfangen?

Wie du meine eigne Hälfte bist

JOHANN WOLFGANG GOETHE

Der Liebesbrief ist an Charlotte von Stein (1742–1827; geb. von Schardt) gerichtet, die anteilnehmende Freundin, in deren Bann Goethe in seinen ersten Weimarer Jahren stand. Auch in seiner gewandelten, nun auf Harmonie bedachten (klassischen) Kunstauffassung ist ihr Einfluß spürbar; die „Iphigenie", ein Idealbild reiner Menschlichkeit, trägt ihre Züge. Charlotte war mit einem herzoglichen Stallmeister verheiratet, von ihren sieben Kindern überlebten drei. Ihre Briefe hat sie später von Goethe zurückgefordert und vernichtet. Erhalten blieben nur ein paar Zeilen aus der Zeit des Kennenlernens (1776): „Die Welt wird mir wieder lieb, ich hatte mich so los von ihr gemacht, wieder lieb durch Sie. Mein Herz macht mir Vorwürfe; ich fühle, daß ich Ihnen und mir Qualen zubereite. Vor einem halben Jahre war ich so bereit zu sterben, und ich bin's nicht mehr."

Eisenach, 28. Juni 1784. Nun wird es balde Zeit, liebe Lotte, daß ich wieder in deine Nähe komme, denn mein Wesen hält nicht mehr zusammen, ich fühle recht deutlich, daß ich nicht ohne dich bestehen kann. Der Ausschußtags Abschied ist signiert, nun kann es nicht lange mehr währen, ich rechne noch eine Woche, dann werde ich loskommen können. Das Wetter ist höchst elend, man kann nicht vor's Tor, und was innerhalb der Mauern von Schönheiten und Artigkeiten lebt, hat allenfalls nur einen augenblicklichen Reiz für mich und kann kaum das Regenwetter balancieren, geschweige einen so wesentlichen Mangel als der ist, den ich von Morgen bis zu Abend empfinde.
Ja, liebe Lotte, jetzt wird es mir erst deutlich, wie du meine eigne Hälfte bist und bleibst. Ich bin kein einzelnes, kein selbständiges Wesen. Alle meine Schwächen habe ich an dich angelehnt, meine weichen Seiten durch dich beschützt, meine Lücken durch dich ausgefüllt. Wenn ich nun entfernt von dir bin, so wird mein Zustand höchst seltsam. Auf einer Seite bin ich gewaffnet und gestählt, auf der andern wie ein rohes Ei, weil ich da versäumt habe mich

zu harnischen, wo du mir Schild und Schirm bist. Wie freue ich mich, dir ganz anzugehören. Und dich nächstens wieder zu sehen.
Alles lieb' ich an dir, und alles macht mich dich mehr lieben.
Der Eifer, wie du in Kochberg deine Haushaltung angreifst, von dem mir Stein mit Vergnügen erzählt, vermehrt meine Neigung zu dir, läßt mich deine innerlich tätige und köstliche Seele sehn. Lotte, bleibe mir, und was dich auch interessieren mag, liebe mich über alles . . .

Die Schönheit Deines Wesens

WILHELM VON HUMBOLDT

1767–1835. Gelehrter und Staatsmann, Gründer der Universität Berlin. Er lebte mit seiner Familie in Paris, Rom und Wien, zuletzt im Schlößchen Tegel bei Berlin. Befreundet mit Schiller und den meisten Geistesgrößen seiner Zeit. – Fünf Monate vor der Hochzeit schreibt er seiner Braut Karoline von Dacheröden diesen hingebungsvollen Brief.

Berlin, 19. Februar 1791. Einzig ist diese Zeit, Li. So nah unserm süßesten Glücke hat sie alle Wonnen bald erfüllter Hoffnung und alle Qual restloser Sehnsucht. Wohl nennst Du unsre Zukunft ein einziges Leben; dies ewig gleiche Ringen zwei gleichgestimmter Seelen, alles Höchste und Schönste zu erreichen. Denn so wird's doch in uns sein. Keine Stufe soll unerreicht, keine Blüte ungebrochen bleiben. Du fragst mich, ob ich es will, daß keine Stunde, kein Augenblick uns trenne? ach, Li, ob ich's will? Wenn ich mir denke, wie es mir war, wenn Du einmal hinausgingst diesen Sommer, wie mir das Herz so ängstlich klopfte, wie ich Gelegenheit suchte, aus der Stube zu kommen, und wie ich Dich suchte, durchs ganze Haus. Und wenn Du Dich nur anzogst des Mittags, wie die Stunde zögerte. Und des Morgens, eh Du kamst! – Ach! ich Glücklicher in jenen wonnereichen Tagen, wie ich mich damals fühlte, in welcher jugendlichen, schön aufblühenden Kraft! Wie ich empfand, daß der Reichtum, die himmlische Fülle Deines einzigen Wesens auf mich überströmte! Seit ich zum ersten Mal an Deiner Seite in der Laube saß, war das die erste, reinste Freude, die Du mir schenktest, daß ich mich gehoben, größer, besser fühlte durch Dich. Versenkt in die Schönheit Deines Wesens, bildsam auf jeden leisesten Wink, Dich anbetend und kindlich Dich liebend, so dacht ich mich am liebsten zu Dir. Wie ich Dich tiefer sah, wuchsen diese Gefühle; wie ich mehr durch Dich ward, erhielten sie mehr Stärke und Selbständigkeit;

wie ich ahndete, daß Du mich liebtest, ward ihnen alle Kraft des seligsten Genusses; wie ich nun weiß, daß Du nun eins bist mit mir, heben sie mich zu Höhen, die sonst kein Sterblicher erreicht. Aber immer bleibt sie sich gleich, diese Empfindung kindlicher Demut, reiner, anspruchsloser Anbetung Deiner Schönheit! Nie wird sie hinwelken, diese zarteste schönste Blüte, die Dein Odem hervorrief. Daß sie aufkeimen konnte in mir, das allein heiligt mein Wesen, das allein ist es, warum ich es wagen darf, Dich zu besitzen. Das Glück, das Du gibst, ist einzig, und nie fühlten Menschen von Menschen, was mein wird durch Dich; es ist niemand, niemand so glücklich als Bill! –

„Will unsere neuere Zeit ein schönes Stück in der Bildhauerkunst liefern, so muß es ein Mädchen sein", schrieb Georg Christoph Lichtenberg in einem Aphorismus über die Liebe. In der bildenden Kunst, der Architektur und der Mode schlägt das Vorbild der griechisch-römischen Antike fast noch stärker durch als in der Dichtung der deutschen Klassik. Schönheit, Ausgewogenheit, Zusammenklang von Körper und Geist, „edle Einfalt und stille Größe" (Winckelmann) sind die Stichwörter für ein Menschen- und Frauenbild, das nach der barocken Übersteigerung und den Verniedlichungen des Rokoko nun die Vollkommenheit im Einfachen entdeckt.
Johann Gottfried Schadow (1764–1850) vollendete 1797 diese Marmorgruppe der Kronprinzessin Luise von Preußen (1776–1810; geb. von Mecklenburg-Strelitz) und ihrer Schwester Friederike (rechts). Als Königin bewies die schöne Luise nach dem Sieg Napoleons, daß sie mehr Verstand, Mut und Weitblick besaß als ihr Mann Friedrich Wilhelm III., so unterstützte sie z. B. die Steinschen Reformen. Die jung verstorbene Königin, Mutter von zehn Kindern, wurde vom ganzen Volk geliebt; ein Luisenorden (für Verdienste in der Verwundeten- und Krankenpflege), eine Luisenstiftung (unentgeltliche Ausbildung von Erzieherinnen) und viele patriotisch angehauchte Luisen-Vereine hielten ihr Andenken bis ins 20. Jahrhundert hinein wach.

Diese geliebte, reine Liebe

Susette Gontard

1769–1802; geb. Borkenstein. – „Sie ist schön, wie Engel. Ein zartes geistiges himmlischreizendes Gesicht! Ach! ich könnte ein Jahrtausend lang in seeliger Betrachtung mich und alles vergessen, bei ihr, so unerschöpflich reich ist diese anspruchslose stille Seele in diesem Bilde! Majestät und Zärtlichkeit, und Fröhlichkeit und Ernst, und süßes Spiel und hohe Trauer und Leben und Geist alles ist in und an ihr zu Einem göttlichen Ganzen vereint", schrieb Friedrich Hölderlin (1770–1843) am 16. Februar 1797 an seinen Freund Neuffer über Susette, die Frau des Frankfurter Kaufmanns Gontard. Seit einem Jahr lebte er als Lehrer der Kinder in ihrem Haus, die geliebte Frau ist Urbild der Diotima in seinem Roman „Hyperion" (1797/99). Gontard zerstörte das Idyll, Hölderlin mußte im September 1798 das Haus verlassen.

Frankfurt, Ende September 1798. Ich muß Dir schreiben Lieber! Mein Herz hält das Schweigen gegen Dich länger nicht aus, nur noch einmal laß meine Empfindung sprechen vor Dir, dann will ich, wenn Du es besser findest, gerne, gerne, still sein.

Wie ist nun, seit Du fort bist, um und in mir alles so öde und leer, es ist als hätte mein Leben alle Bedeutung verloren, nur im Schmerz fühl ich es noch. –

Wie lieb ich nun diesen Schmerz, wenn er mich verlassen und es wieder dumpf in mir wird, wie such ich ihn mit Sehnsucht wieder, nur meine Tränen über unser Schicksal können mich noch freun. – Sie fließen auch reichlich, wenn ich abends, schon um neun Uhr, den Tag zu verkürzen, mit den Kindern zur Ruhe mich lege, wenn alles still ist und niemand mich sehen kann. Wie! dachte ich dann oft, soll künftig diese geliebte, reine Liebe wie Rauch verfliegen und sich auflösen, nirgends eine bleibende Spur zurücklassen? – Da kam der Wunsch in mich, noch durch geschriebene Worte, für Dich, ihr ein Monument zu errichten, das unauslöschlich die Zeit doch unverändert schonet. Wie möchte ich, mit glühenden Farben, bis auf ihre kleinsten Schattierungen, sie malen, und sie ergründen, die edle Liebe des Herzens, könnte ich nur Einsamkeit und Ruhe finden! So, beständig gestört zerrissen, kann ich nur stückweise sie fühlen, suche sie beständig, und doch ist sie ganz in mir! –

Im offnen, freien Feld ist es mir noch am besten, und ich sehne mich beständig hinaus, wo ich den lieben Feldberg sehe, der Dich *Böser* wie eine Wand *sanft* aufhält, daß Du mir nicht weiter entfliehest! – Komm ich aber wieder nach Hause, ist es nicht mehr wie sonst, sonst wurde es mir so wohl, wieder in Deine Nähe zu kommen, jetzt ist's als ginge ich in einen großen Kasten mich da einsperren zu lassen . . .

Die deutschen Klassiker, allen voran Schiller, verklärten die Frau zur Hüterin des Herdes und der Sitte – und verbannten sie damit auch in diesen engen Kreis. „Willst du genau erfahren, was sich ziemt, / So frage nur bei edlen Frauen an", sagt die Prinzessin in Goethes „Tasso" (1790). Schiller unterstreicht stets den Gegensatz der Geschlechter. Der nimmermüden Mutter und „züchtigen Hausfrau" aus dem 1799 vollendeten „Lied von der Glocke", das viele Generationen von Schülern auswendig lernen mußten, eiferten die Frauen des gebildeten Bürgertums noch jahrzehntelang nach.

Ludwig Richter (1803–1884) schuf diese süßliche Illustration zu Schillers „Lied von der Glocke" im Jahr 1857.

Aus dem Stammbuch einer Ulmerin – 1800/01

Froh zu sein, bedarf man wenig,
Und wer's ist, ist mehr als König.

Von einem aufrichtigen Freund, der gern und vergnügt in Gesellschaft artiger und heiterer Frauenzimmer ist.
Wilhelm Rau

Freundin! rudern Sie vorsichtig, denn es gibt der Klippen und Sandbänke so viele – !!!

Beigesetzt von Ihrem Freund Johann Anton Bruchez

Eine Rose ist genug, um daran zu riechen,
Ein Mädchen wie Du hinlänglich,
um an Ihrer Hand durchs Leben zu wandeln.

Dieses hofft und wünscht Einer, den Sie wohl kennen.
Geschrieben am letzten Tag, beim Abmarsch der französischen Truppen aus Ulm.

Sei Deiner Neigung Herr,
so wirst Du das Unglück besiegen.

Von einem Unbekannten, aber Ihrem Bruder aufrichtigen Freund.
F. R.

Die stille Tugend liebt den prächtigen Gedanken,
Gott ist und Gott wird sein, wenn ganze Welten wanken.

Zum Andenken von E. H.

Die Welt urteilet allemal anders, als wir handeln, und wir mögen uns entschließen, wozu wir wollen, so werden wir allemal getadelt werden.

Dies vom Stammvater

Säe in der Zeit: dann bist Du's wert, in der Ewigkeit zu ernten.

Zum Andenken von Louise Keller

Ohne Hoffnung ist der Mensch ein Unding.

Beigesetzt von Ihrer Freundin Friederike Spitzin

2

Aufbegehren

Mit der Französischen Revolution, vor genau 200 Jahren, begann ein neues Zeitalter – das bürgerliche. Frauen aller Schichten waren von der Umwälzung betroffen, einige griffen handelnd ein. Am 5. Oktober 1789 zog eine Schar Pariser Marktfrauen nach Versailles, um eine bessere Versorgung der Hauptstadt durchzusetzen, der Hunger hatte sie auf die Straße getrieben. Charlotte Corday, eine junge Adlige, ermordete den Revolutionär Marat, sie starb 1793 unter der Guillotine. Madame Roland, eine Republikanerin, gewann Einfluß im Führungskreis der Girondisten, sie starb 1793 unter der Guillotine. Olympe de Gouges forderte von der Nationalversammlung die politische Gleichberechtigung der Frau. „Die Frauen haben ein unbedingtes Recht auf die [Redner-] Tribüne, denn sie haben ja auch ein Recht aufs Schafott", soll sie gesagt haben; 1793 starb sie unter der Guillotine. Auch Königin Marie Antoinette, eine Tochter der Kaiserin Maria Theresia, starb 1793 unter der Guillotine.

Die Deutschen verfolgten die Ereignisse im Nachbarland Frankreich erst mit Sympathie, dann mit Entsetzen. Der Funke der Revolution sprang nicht über, abgesehen von der kurzen Episode der Mainzer Republik. Dennoch veränderte sich das politische und gesellschaftliche Klima deutlich. „Um 1800 treten Frauen, in den Berliner und Wiener Salons führend, gleichberechtigt, anerkannt mit intellektuellem Anspruch auf, man redet über emanzipierte Frauen, auch wenn man ein ‚Zuviel' (an Gelehrsamkeit etwa) abwehrt; seit den zwanziger Jahren spielt der Kult von Sängerinnen und Schauspielerinnen – Ausnahmen selbständiger Frauenexistenz – eine besondere Rolle, seit den dreißiger Jahren wächst die Zahl der Schriftstellerinnen enorm. In Vereinen – Wohltätigkeit, Fürsorge, Bildung, Kirche – gewinnen Frauen ein quasiöffentliches Betätigungsfeld; ein

neuer bürgerlich-weiblicher Beruf, der der Diakonisse, entsteht. Seit den vierziger Jahren ist – von Frankreich herkommend – ‚Emanzipation', die Unterdrückung der Frau und deren Aufhebung, ein Thema."
(Thomas Nipperdey)

Im März 1813 erging ein „Aufruf an die Frauen", allen Goldschmuck zur „Rettung des Vaterlandes" abzugeben. Die patriotische Begeisterung schlug zur Zeit der Befreiungskriege hohe Wellen: Viele leisteten freudig diesen Beitrag, Ketten aus Gußeisen und geflochtenen Haaren kamen groß in Mode. Einmal angesprochen, interessierten sich Bürgersfrauen fortan stärker für öffentliche Belange; ihre Gedanken umkreisten nicht mehr ausschließlich den häuslichen Lebensbereich und allenfalls noch die schönen Künste.

Die behagliche Kultur des Biedermeier konnte über krasse soziale Ungerechtigkeiten nicht hinwegtäuschen. Tatkräftige Frauen versuchten, durch Wohltätigkeitsaktionen verheerende Hungersnöte (1816/17 und 1847) und die Massenarmut etwas zu lindern, Folgen des Bevölkerungszuwachses und der beginnenden Industrialisierung. Natürlich erkannten sie auch die Probleme in ihren eigenen Reihen, das Elend unbemittelter alleinstehender Frauen, die nicht länger in einer Großfamilie Schutz fanden, sondern sich mühselig mit Handarbeiten, einer dilettantischen Schriftstellerei oder als Gouvernanten durchbringen mußten. Der Wunsch nach Unabhängigkeit und Selbstbestimmung, vorgelebt von den Romantikerinnen, breitete sich aus, junge Mädchen suchten Bildungs- und Erwerbsmöglichkeiten. Dahinter stand bei den meisten bittere Notwendigkeit, und so entwickelte sich allmählich ein weibliches Solidaritätsgefühl.

Von außen kamen neue Anstöße. Die Freiheitskämpfe der Griechen und Polen und die Juli-Revolution 1830 in Frankreich weckten Hoffnungen auf eine liberalere Gesellschaftsordnung. Aber erst die hautnah miterlebten politischen Auseinandersetzungen der Jahre 1848/49 ermutigten eine größere Anzahl von Frauen, endlich die anerzogene Bescheidenheit abzuwerfen und für ihre eigenen Rechte einzutreten. Freiheit für alle! lautete die Parole der Revolution, da wollten sie, „der Menschheit Hälfte", nicht ausgeschlossen bleiben. Selbst biedere Hausfrauen befaßten sich jetzt mit Politik, und die fortschrittlicheren besuchten Volksversammlungen und verlangten Gleichberechtigung.

Im Parlament der Paulskirche saßen keine Frauen, wählen und gewählt werden konnten sie in Deutschland erst 70 Jahre später. Das Aufbegehren gegen die Benachteiligung der Frau verankerte sich trotzdem im allgemeinen Bewußtsein – böse Karikaturen in der folgenden Restaurationsepoche beweisen das ebenso wie die vielen Schul- und Vereinsgründungen, die alleinstehenden Frauen Chancen im Berufsleben eröffnen sollten. Praktische und erreichbare Ziele wurden jetzt angestrebt, keine grundsätzlichen Veränderungen, und der Erfolg oder Mißerfolg hing oft von regionalen Gegebenheiten ab. Ein 1850 erlassenes reaktionäres Gesetz, das Frauen von der Mitgliedschaft in politischen Vereinen ausschloß, wurde zum Beispiel in Württemberg 1865, in Preußen aber erst 1908 wieder aufgehoben.

Viele der aufmüpfigen Frauen und „Emanzipierten", die im Vormärz die „Frauenfrage" aufgeworfen hatten, mußten emigrieren oder wandten sich anderen Aufgaben zu. Nur eine schlug von der 1848 errungenen Basis aus eine Brücke in die Zukunft: Louise Otto-Peters. „Wir haben noch keine Gewähr dafür", hatte sie schon 1847 gewarnt, „daß der Anteil, welchen die Frauen jetzt an den Zeitereignissen zu nehmen beginnen, nicht wie der, den sie 1813 nahmen, in sein früheres Nichts zurücksinke, sobald die Zeitereignisse minder gewaltig und weltbewegend sind als jetzt." Doch sie ließ sich durch die neuerliche politische Stagnation nicht entmutigen, sondern gab 1849–1852 eine „Frauenzeitung" heraus, mit der sie ihren Geschlechtsgenossinnen das Ideal „vom Selbststehen und Fortschreiten" vorzeichnete. 1865 lud sie, zusammen mit der Lehrerin Auguste Schmidt, Vertreterinnen von Wohltätigkeitsorganisationen sowie von Frauenbildungs- und Erwerbsvereinen zur ersten deutschen Frauenkonferenz nach Leipzig ein. Dort stellte Louise Otto-Peters sich auf die Tribüne (ohne das Schafott befürchten zu müssen!), gründete den „Allgemeinen Deutschen Frauenverein" und lenkte damit die verschiedenen Strömungen der Frauenbewegung in eine Bahn.

Die Trägerinnen der ersten, der sogenannten bürgerlichen Frauenbewegung wollten die Lebensbedingungen vor allem derjenigen Frauen verbessern, die nicht heiraten konnten. Daß die eigentliche Bestimmung der Frau im Familienkreis lag, in ihrer Mutterrolle, daran zweifelten sie nicht. Folglich standen bei der Berufssuche für Frauen der Mittelschicht die „weiblichen" Tätigkeitsfelder im Vordergrund: Kindererziehung, Mädchenunterricht, Krankenpflege und Sozialfürsorge. Keine dieser Pionierinnen dachte daran, Männer von ihren Arbeitsplätzen zu verdrängen oder gar die Geschlechterdifferenzen aufzuheben. Auch für das Frauenstimmrecht, ein Fernziel, machten sie sich noch nicht mit Nachdruck stark; die konfessionell geprägten Wohltätigkeitsvereine lehnten es sogar ab. Bürgerliche Frauen betreuten die Arbeiterinnen im Rahmen ihrer karitativen Dienste, fühlten sich aber kaum für deren politische Interessen zuständig. In den achtziger Jahren spaltete sich von der hier skizzierten gemäßigten Richtung eine radikalere ab; ungefähr gleichzeitig formierte sich die proletarische Frauenbewegung.

Freiheit! Gleichheit! Schwesterlichkeit?

Boppard, die Amazonenstadt

GEORG FORSTER

1754–1794. Weltreisender, Professor der Naturkunde in Kassel und Wilna, Bibliothekar in Mainz und, nach der Besetzung durch französische Revolutionstruppen, 1792/93 Führer der dortigen Republikaner; er starb als „Vaterlandsverräter" verfemt in Paris. – Begleitet von Alexander von Humboldt, war Forster 1790 rheinabwärts nach Flandern und Holland gefahren. Aus seiner Reisebeschreibung „Ansichten vom Niederrhein" (1791):

Boppard, 24. März 1790. Hier wärmen wir uns jetzt beim Schreiben mit Deinem russischen Tee und preisen die gütige Vorsorge, die uns damit beschenkte. Ohne ihn darbten wir in dieser Amazonenstadt, wo noch vor wenigen Tagen dreihundert Mann Exekutionstruppen den Mut der Weiber dämpfen mußten, die sich gegen eine mißverstandene Verordnung auflehnten und einigen Soldaten blutige Köpfe geschlagen hatten. Die militärische Gewalt hat jetzt die Oberhand über das schöne Geschlecht, das, nach einem Paar Gestalten, die an uns diesen Abend vorüberschwebten, zu urteilen, für ganz andere Kriege gebildet zu sein scheint.

Die Einführung einer Forstordnung hatte wiederholt zu Unruhen geführt, weil die Bürger ihre angestammten Rechte auf freies Brand- und Bauholz, Schweinemast im Wald etc. bedroht sahen. Durch die Französische Revolution, die in Deutschland von vielen enthusiastisch begrüßt wurde, erhielt der schwelende Streit mit dem Kurfürsten von Trier neue Nahrung. „Anfang 1790 wurde der Stadtrat von den Bürgern gezwungen, eine Erklärung zu unterschreiben, daß er zusammen mit der ganzen Bürgerschaft sich gegen die Forstordnung ausspreche und daß er sich mit aller Kraft gegen den Kurfürsten wehren wolle. Der Kurfürst schickte Militär nach Boppard. Zuerst eine verhältnismäßig kleine Truppe. Sie nahmen die entsprechenden Leute fest, schließlich saßen 27 Männer von Boppard, darunter der Ratsbürgermeister und mehrere Ratsverwandte, in Ehrenbreitstein auf der Festung. Am 18. März meldeten sich die Frauen zu Wort: sie stürmten zunächst den Kirchturm und läuteten mit zwei Glocken Sturm, dann drangen sie sogar in das Rathaus ein und sind, wie es im Protokoll heißt, die halbe Stiege hinaufgekommen. Die vom Kurfürsten entsandte Polizeitruppe griff während dieses Aufruhrs der Frauen ein. Es muß hart hergegangen sein, denn nicht weniger als drei Frauen trugen Verwundungen davon. Die Soldaten haben das Schlimmste verhindert und eine Reihe von Frauen festgesetzt. 16 Frauen wurden verhaftet und bestraft. Die meisten kamen mit einigen Wochen Zuchthaus davon. Elisabeth Kauth bekam zwei Jahre Zuchthaus aufgebrummt, weil sie nämlich als erste in den Glockenturm gestürmt und auch als erste in das Rathaus eingedrungen war. Sie hatte die Frauen, wie ausgesagt wurde, aufgefordert, die Sturmglocke zu läuten, damit Hilfe von auswärts komme. Zwei Jahre Zuchthaus bekam auch Margarete Scherer, und zwar weil sie gerufen hatte: ‚Wehrt euch, wehrt euch!' Tragisch ist das Geschick von Frau Neuhäusel, die einen Jäger an der Brust ergriffen und schwer beschimpft hatte. Sie war auch beteiligt an dem Sturm auf das Rathaus. Sie bekam fünf Jahre Zuchthaus. Dort wurde sie dann aber wahnsinnig." *(Alexander Stollenwerk)*

Leider gibt es von den Bopparder „Amazonen" kein Bild, deshalb sei mit diesem Kupferstich an einen ähnlichen Vorfall erinnert, der damals gerade 100 Jahre zurücklag. 1688 waren im Pfälzischen Erbfolgekrieg alle Festungen des Herzogtums Württemberg in die Hand französischer Truppen gefallen – mit Ausnahme von Schorndorf. Zwei hohe Beamte reisten aus Stuttgart an und übermittelten den Befehl zur Übergabe, der französische Gesandte hatte ihn von der Stuttgarter Regierung mit massiven Drohungen erzwungen. Aber die Schorndorfer Frauen dachten nicht daran, fremde Händel auf ihrem Rükken austragen zu lassen. Sie rotteten sich vor dem Rathaus zusammen und bedrängten die beiden Beamten. Ihre außergewöhnliche Protestaktion machte den Männern Mut: Schorndorf hielt der Belagerung weiter stand, die Franzosen mußten schließlich unverrichteter Dinge abziehen.

Sie sollen zu Bürgerinnen erzogen werden

THEODOR GOTTLIEB VON HIPPEL

1741–1796. Der Bürgermeister und Polizeidirektor von Königsberg ließ seine Bücher anonym erscheinen, er galt als Sonderling. Vielleicht, weil er sich – höchst modern anmutende – Gedanken über die Frauenfrage machte und bestritt, daß die Natur „das männliche Geschlecht mit wesentlichen körperlichen und geistigen Vorzügen vor dem weiblichen ausgestattet" habe. Nur wenige Männer faßten die von der Französischen Revolution ausgerufene Idee der Gleichheit damals so weit wie er: Nicht nur die Standesunterschiede sollten überwunden werden, sondern auch der Herrschaftsanspruch des Mannes.
Das Wort „Weib" gebraucht Hippel ohne verächtlichen Nebensinn. In seinem Werk „Über die bürgerliche Verbesserung der Weiber" (1792), d. h. ihre staatsbürgerliche Besserstellung, fordert er die Einbeziehung der Frauen ins politische und wissenschaftliche Leben. Daraus:

So lange die Weiber bloß *Privilegia* [Vor-, Sonderrechte] und nicht *Rechte* haben, so lange der Staat sie nur wie parasitische Pflanzen behandelt, die ihr bürgerliches Dasein und ihren Wert nur dem Manne verdanken, mit welchem das Schicksal sie paarte – wird nicht das Weib den großen Beruf der Natur: das Weib ihres Mannes, die Mutter ihrer Kinder, und, kraft dieser edlen Bestimmungen, ein Mitglied, eine Bürgerin, und nicht bloß eine Schutzverwandtin des Staates zu sein – nur immer sehr unvollkommen, und je länger je unvollkommener, erfüllen? Die Länge trägt die Last. Man gebe ihm [dem Weib] aber seine Rechte wieder, und man wird sehen, was es ist und was es werden kann!

Männer, laßt doch Menschen sein, die Gott zu Menschen schuf! Sie sind Bein von unserm Bein, und Fleisch von unserm Fleisch; und warum nicht Bürger wie wir? Warum nicht, da ihnen weder Sinn noch Kraft zu Bürgertugenden gebricht, und es bloß darauf ankommt, daß sie zu Bürgerinnen erzogen werden! Jetzt freilich, wie sie da sind, zum Spielzeug für Männer gemodelt, [. . .] jetzt würden sie kaum erträglich debütieren. Wer fordert dies aber von ihrem Kopfe und von ihren Händen? Sie sollen eben den Weg gehen, den wir gingen, eben die Wüsten betreten, die uns auf der Bahn beschwerlich wurden; nur durch Erziehung, Unterricht und Erfahrung sollen sie das Ziel erreichen, dessen sie so würdig sind.
Das Licht braucht beinahe acht Minuten, um von der Sonne zu uns zu kommen, und wir sehen die Veränderungen, die in der Sonne vorgehen, jedesmal

acht Minuten nachher. Pythagoras legte seinen Schülern zuvor Schweigen auf, ehe ihnen die philosophische Zunge gelöset ward. Dies mögen Fingerzeige für Männer und Weiber sein: für *diese,* um nicht auf Meisterrechte Ansprüche zu machen, ehe sie die Lehrlingsjahre zurückgelegt haben; für *jene,* von einem Geschlechte, das so lange vernachlässiget ward, nicht vor der Zeit Früchte zu fordern. [...]

Nicht im einzelnen Falle, in allen Fällen, nicht im einzelnen Menschen, sondern im Geschlechte, offenbaren sich die Ehre und der Zweck der Menschheit. – Woher jetzt der Unterschied in der Erziehung beider Geschlechter, der sich bei der Wiege anhebt und beim Leichenbrette endiget? Warum ein so wesentlicher Unterschied, als wären beide Geschlechter nicht Eines Herkommens, nicht Eines Stoffs, und nicht zu einerlei Bestimmung geboren? – Die Scheidewand höre auf! Man erziehe Bürger für den Staat, ohne Rücksicht auf den Geschlechtsunterschied.

Sitzung des Mainzer Jakobinerklubs im Akademiesaal des Kurfürstlichen Schlosses, November 1792 (lavierte Federzeichnung von Johann Jakob Hoch, 1750–1829). Der Klub war von 20 Mainzer Bürgern – Professoren, Studenten und Beamten – gegründet worden und zählte rund 500 Mitglieder aus allen Schichten. Die Zuschauer, unter ihnen etliche Frauen, sind durch Schranken abgetrennt; unter dem rechten Kronleuchter schäkert ein Pärchen: man sah, wie heute oft auch, Politik nicht eng.

Räuberformalitäten übt man an uns

Caroline Böhmer

1763–1809; geb. Michaelis. Die hellwache Göttinger Professorentochter, seit vier Jahren Witwe, zieht 1792 mit ihrer siebenjährigen Tochter nach Mainz und erlebt dort im Herbst den Einmarsch der französischen Revolutionstruppen. Täglich ist sie Gast im Hause Georg Forsters, sie besucht die Sitzungen des Jakobinerklubs und liest sich in die republikanische Ideenwelt hinein. In ihrem Drang nach persönlicher und geistiger Freiheit fühlt sie sich bestätigt und beflügelt, aber sie greift nicht aktiv ins politische Geschehen ein. Im Mainzer Jakobinerklub legte man auf die aktive Mitwirkung von Frauen ohnehin keinen Wert: In der Wahlordnung, die er für die Wahl zu einem Rheinischen Nationalkonvent entwirft, ist jeder über 21 Jahre wahlberechtigt – mit Ausnahme von Frauen, Hausknechten, Lakaien, Livreedienern und Ausländern.

Im Frühjahr 1793 wendet sich das Kriegsglück. Forster reist am 25. März mit einer Delegation nach Paris, und kurz darauf verläßt auch Caroline das bedrohte Mainz. Eine preußische Streife greift sie auf und bringt sie auf die Festung Königstein; ihre Bekanntschaft, gerüchteweise sogar Liebschaft mit Forster reicht als Verdachtsgrund aus. Die beiden Briefe aus der Gefangenschaft sind an das befreundete Ehepaar Louise und Friedrich Wilhelm Gotter gerichtet.

Königstein, 16. Mai 1793. Meine Lage wird täglich unleidlicher. Die wahre Beschaffenheit der Dinge begreift Ihr alle nicht, wie's scheint. Hier ist nur von willkürlichen Verfahren, von falschen Gerüchten die Rede. Geisel soll ich sein, *darum:* Mainzer Bürger sind als Geiseln nach Straßburg geführt – man sucht sie frei zu machen, ehe Mainz übergeht, um nicht da etwa Verbrecher entwischen lassen zu müssen. Man will die Weiber schrecken, denen man genaue Verbindungen, wenn auch nicht avouirte [eingestandene], mit französischen Bürgern zutraut. Mich soll Forster erlösen. Das *kann* F. nicht, und ich werd's nie von ihm fordern – denn wir stehn nicht in diesem Verhältnis.

Nachher wird man auf Schikanen zurückkommen – das nimmt Zeit weg – und indessen schmacht ich hier, in der nahen Abhängigkeit elender Menschen, denen jede Gefälligkeit mit Geld abgekauft werden muß. – Wir haben unsern braven Kommandanten verloren, und auf der Stelle die Wirkung davon empfunden. Ich hoffe dennoch jetzt auf eine günstige Wendung und nahe Befreiung. Hoff' ich zu viel – so ist's auch gut.

Es versteht sich, daß ich in keinem Verhör fremde Dinge einmischen werde noch eingemischt habe. Glauben Sie mir, wir benehmen uns männlicher, wie unglückliche Weiber gewöhnlich tun. Meine Ideen über dies ganze Wesen sind ziemlich klar. – Könnt ich nur ein zarteres Gefühl in mir betäuben, und über die Entweihung meines Namens hinweggehn! Hätt' ich die Rolle gespielt, die man mir schuld gibt, so würd ich dazu vermutlich Stirn genug haben. [...]

Lieber Gotter – sie sagen, man wolle mich *auf Bedingungen* frei geben, das ist also vermutlich Kaution, eine hübsche Freiheit hab ich da zu erwarten – jetzt an eisernen, dann an goldenen Ketten. Noch weiß ich nichts Offizielles.

Kronenberg, 15. Juni 1793. Dies ist späte Antwort, aber es ist eine. – Seit drei Wochen hab ich das Bett wenig verlassen können, denn der Geist ist willig, aber das Fleisch ist schwach. Ihr habt mir derweile erzkomisch gedünkt – Louise bildet sich ein, wenn ihr Herzogtum alle seine Kanonen abfeuert, so käm es doch wohl einer Mainzer Salve gleich, und Sie fertigen mich Gefangne, Bedrängte, Gemißhandelte mit einer Galanterie ab! Schöne Werke des Geistes und der Hände! Ja Memoriale, Suppliken [Erinnerungszeichen, Bittgesuche] und Strümpfe und Hemder für mein Kind! Gehen Sie hin, lieber Gotter, und sehn Sie den schrecklichen Aufenthalt, den ich gestern verlassen habe – atmen Sie die schneidende Luft ein, die dort herrscht – lassen Sie sich von dem durch die schädlichsten Dünste verpesteten Zugwind durchwehn – sehn Sie die traurigen Gestalten, die stundenweis in das Freie getrieben werden, um das Ungeziefer abzuschütteln, vor dem Sie dann Mühe haben, sich selbst zu hüten – denken Sie sich in einem Zimmer mit sieben andern Menschen, ohne einen Augenblick von Ruhe und Stille, und genötigt, sich stündlich mit der Reinigung dessen, was Sie umgibt, zu beschäftigen, damit Sie im Staube nicht vergehn – und dann ein Herz voll der tiefsten Indignation [Empörung] gegen die gepriesne Gerechtigkeit, die mit jedem Tage durch die Klagen Unglücklicher vermehrt wird, welche ohne Untersuchung dort schmachten, wie sie von ohngefähr aufgegriffen wurden – muß ich nicht über Euch lachen? Sie scheinen den Aufenthalt in Königstein für einen kühlen Sommertraum zu nehmen, und ich habe Tage da gelebt, wo die Schrecken und Angst und Beschwerden eines einzigen hinreichen würden, ein lebhaftes Gemüt zur Raserei zu bringen. Und doch war das Ungemach der Gegenwart nichts gegen die übrigen Folgen meines barbarischen Verhaftes.

Meine Gesundheit ist sehr geschwächt – aber wahrlich die innre Heiterkeit meiner Seele so wenig, daß ich heute den Mut habe, mich in einem eignen Zimmer, wo es Stühle gibt (seit dem 8. April sah ich nur hohe hölzerne Bänke), und an einem Ort, wo ich keine Gefangenenwärter und Wache mehr zu sehn brauche, glücklich zu fühlen, so heftig mein Kopf schmerzt und ein unaufhörlicher Husten, der ganz anhaltend geworden ist, mich plagt.

Sie werden vielleicht schon erfahren haben, daß der Kurfürst (auf sehr dringende Vorstellungen hin, die ihr Gewicht haben konnten) uns die Wahl zwischen zwei kleinen Städtchen ließ, um dort Orts Arrest ohne Bewachung zu haben. Wir wählten dieses Städtchen, das nur eine Stunde von Königstein und zwei von Frankfurt liegt.

Der Gesichtspunkt, uns als Geiseln zu behandeln, ist fest gefaßt, und von persönlicher Schuld nicht die Rede. Wir haben uns endlich an unsre Regierung gewandt und ihren Schutz begehrt, auch an den König von Preußen. – Diese bedingte Freiheit kann mir nicht genügen – ich muß vom Schauplatz abtreten können. Ist diese Erleichterung, die das wenigste ist, was man tun konnte, wenn Königstein nicht mein Grab werden sollte, Befreiung? Wer gibt mir Ersatz für diese schrecklichen Monate, für öffentliche Beschimpfungen, die ich nie verdienen konnte, für den Verlust meiner liebsten Hoffnungen? – Sie sprechen von Formalitäten, die setzen Anklage, Verteidigung, Untersuchung voraus – wo fand dergleichen statt? Räuberformalitäten übt man an uns – und Sie tun nicht wohl im deutschen Eifer einer Nation ausschließend das Räuberhandwerk zuzueignen. Mir müssen Sie es wenigstens nicht sagen, die ich 160 Gefangne sah, welche durch deutsche Hände gingen, geplündert, bis auf den Tod geprügelt worden waren, und ohngeachtet die wenigsten von ihnen den Franken [Franzosen] wirklich angehangen hatten, jetzt der deutschen Großmut fluchen mußten. Königstein bildet eifrige Freiheitssöhne – alles, was sich noch von Kraft in diesen Armen regt, lehnt sich gegen dies Verfahren auf. Ich kann es begreifen, daß man scharf straft, aber daß ganz Unschuldige ohne alles Verhör so lange jammern müssen, da die Mainzer Regierung Mainz nicht wieder einzunehmen [die Stadt wurde von preußischen Truppen belagert und fiel am 23. Juli 1793], sondern Muße genug für die Übung der Gerechtigkeit hat – das ist unverantwortlich und sehr unpolitisch.

Verzeihen Sie meine Lebhaftigkeit um so eher, lieber Gotter, da sie Eurer Freundschaft kein unwillkommner Beweis sein muß, daß die Härte des Schicksals mich nicht in den Staub gedrückt hat. [...]

Ich umarme Louise und Wilhelmine – seid ja nicht bös auf mich, lieben Leute – ich lache die Großen aus, und verachte sie, wenn ich tief vor ihnen suppliziere [nachdrücklich bitte], aber ich bin wahrhaftig nur eine gute Frau, und keine Heldin. Ein Stück meines Lebens gäb ich jetzt darum, wenn ich nicht auf immer, wenigstens in Deutschland, aus der weiblichen Sphäre der Unbekanntheit gerissen wäre.

Am 5. Juli 1793 kommt Caroline endgültig frei, was sie einer Bittschrift ihres Bruders an den König von Preußen zu verdanken hat. Sie ist schwanger, Vater ihres unehelichen Sohnes, der im November in der Nähe von Leipzig zur Welt kommt und mit eineinhalb Jahren stirbt, ist ein junger französischer Leutnant. Um ihre Witwenpension nicht zu verlieren, muß sie das Kind verheimlichen. 1796 geht sie eine Vernunftehe mit dem Literarhistoriker August Wilhelm Schlegel (1767–1845) ein. In Jena ist ihr Haus Mittelpunkt des Frühromantikerkreises; als Anregerin, Kritikerin und Gesprächspartnerin gibt die geistreiche und welterfahrene Caroline, die auch bei der Shakespeare-Übersetzung und der Herausgabe der Zeitschrift „Athenaeum" mitwirkt, der neuen literarischen Bewegung entscheidende Impulse. 1803 wird das Paar geschieden, Caroline heiratet den Philosophen Friedrich Wilhelm Joseph Schelling (1775–1854), diesmal ist es eine Liebesehe. „Madame Luzifer", wie Schiller sie halb abwertend, halb bewundernd nannte, hat ihr Lebensziel erreicht: „Göttern und Menschen zum Trotz will ich glücklich sein."

Romantikerinnen – eigenwillig, unromantisch

Ungebundenheit, die immer in mir war

CAROLINE BÖHMER-SCHLEGEL

Caroline ist typisch für die Frauen der Romantik, die keine weltabgewandten Schwärmerinnen waren, nicht „romantisch“ im heutigen Sinn, sondern eigenständige Persönlichkeiten; ihre Männer erkannten sie als gleichrangig an und schätzten ihr Urteil. Zwar handelte es sich zu Beginn des 19. Jahrhunderts nur um einen kleinen intellektuellen Kreis, aber in den folgenden Generationen wirkte das Beispiel dieser schöpferischen Frauen befreiend auf alle bürgerlichen Schichten. Die Biedermeierzeit mit ihrer moralischen Enge drehte das Rad wieder etwas zurück, vermochte aber die Ausbreitung der Frauenbewegung nicht grundsätzlich aufzuhalten. „Jetzt nachdem das Schicksal keines andern Wesens mehr mit dem meinigen verflochten ist, bin ich wohl berechtigt zu tun, was für mich das Rechte und Wahre ist, und auch ganz und gar nicht danach zu fragen, wie das nach außenhin aussehen mag“, schrieb Caroline am 18. Februar 1803 der Freundin Julie Gotter in bezug auf ihre Scheidung von August Wilhelm Schlegel. In politischen Angelegenheiten hat sie geschwiegen „im Glauben, daß, aller unsrer Vernunft zum Trotz, die Männer dieses doch besser verstehen“. Ein Eingeständnis, das ihre geistige Selbständigkeit nicht schmälert, sondern Fähigkeit zur Selbstkritik und eine hohe Gelassenheit bezeugt. – In einem Brief an den elf Jahre jüngeren Geliebten Friedrich Wilhelm Joseph Schelling, ihren späteren dritten Ehemann, deutet sie ihren inneren Werdegang an:

1801. Mittwoch früh. So wie Du in das Bewußtsein tratest, waren Deine Forderungen an das Schicksal die eines Herrschers, recht bestimmt, von keiner Einschränkung wissend, vielleicht dennoch beschränkt – Du wolltest ein ungetrübtes jugendliches Glück [...]. Wie ich in mir selbst erwachte, da machte es sich so, daß ich lange, lange glaubte, in der Wirklichkeit wäre das Glück niemals zu Hause, und nichts, was dem innern Dasein eigentlich entspräche. Und durch diese erste Erziehung bin ich immer ein wenig bescheiden geblieben. Die Resignation hat mir Tiefe gegeben, und die erste Liebe eine ganz unaussprechliche Heiterkeit, ob sie schon selbst fast nicht in die Wirklichkeit gehörte. Nun begnügst Du Dich, wenn es sein muß, jedoch in Bitterkeit, und ich in reicher Demut. Du kannst und sollst gar nicht sein wie ich – aber erkenne nur die Sache, wie sie steht von beiden Seiten, und nimm von mir an, was Dein edles Gemüt nicht bezwingen, aber besänftigen, trösten, beruhigen möchte.

Donnerstag. Spotte nur nicht, Du Lieber, ich war doch zur Treue geboren, ich wäre treu gewesen mein Lebenlang, wenn es die Götter gewollt hätten, und ungeachtet der Ahndung von Ungebundenheit, die immer in mir war, hat es mir die schmerzlichste Mühe gekostet untreu zu werden, wenn man das so nennen will, denn innerlich bin ich es niemals gewesen. Dieses Bewußtsein eben von innerlicher Treue hat mich oft böse gemacht, hat mir erlaubt mir wagend zu erlauben; ich kannte das ewige Gleichgewicht in meinem Herzen. Konnte mich etwas Niedreres vor dem Untergang bewahren in meinem gefahrvollen Leben als dieses Höchste? Und wenn ich mir Verzweiflung bereitet hätte in der Verzweiflung der von mir Geliebten – ja, ich würde im Schmerz darüber verzweifeln, im Gewissen nicht, niemals könnte ich wie Jacobi ausrufen: verlasse Dich nicht auf Dein Herz. Ich müßte mich verlassen auf mein Herz über Not und Tod hinaus, und hätte es mich in Not und Tod geleitet. Das ist *mein* unmittelbares Wissen, daß diese Sicherheit sicher ist, und könnte sie in mir zerbrochen werden, so müßte sogleich die Vernichtung eintreten, für mich nämlich. Denn eine Lehre ist das nicht und kann nicht mitgeteilt werden, eine unsichtbare Kirche wird es aber doch wohl sein. Du siehst, ich nehme es mit der Treue im Großen – aber gewiß nicht um Dir zu entschlüpfen, nur weil mir das so nahe liegt; insofern ich mir treu bin, bin ich es auch Dir.

Ich liebe die Weiblichkeit

Friedrich Schlegel

1772–1829; Bruder von August Wilhelm Schlegel. Seit 1804 verheiratet mit der Schriftstellerin Dorothea Veit geb. Mendelssohn (1763–1839), die sich seinetwegen scheiden ließ. Sein Roman „Lucinde" (1799) verkündet ein neues, freizügigeres Liebes- und Eheideal: Sinnliche und seelische Liebe werden als Einheit, die Partner als gleichberechtigt begriffen; Ziel ist „die Vollendung des Männlichen und Weiblichen zur vollen ganzen Menschheit". Der Romanplan entstand in den Jahren 1793/94 im Gedankenaustausch mit Caroline Böhmer, seiner ersten großen Liebe und späteren Schwägerin. Die ungewohnte, „frivole" (weil nicht mehr idealisierende) Darstellung der Frau und des Verhältnisses der Geschlechter zueinander verursachte einen Skandal, zumal die Zeitgenossen in den Hauptgestalten Julius und Lucinde den Autor und Dorothea Veit zu erkennen glaubten. Julius verkündet den Grundsatz, „die gesellschaftlichen Vorurteile, welche er bisher nur vernachlässigte, nun ausdrücklich zu verachten", und Schlegel bekam die Quittung: Wegen seiner „sittenverderblichen Schriften" wurde er 1800 aus Göttingen verbannt. – Aus „Lucinde":

Ganz anders würde es mit den Frauen sein. Unter ihnen gibt es keine Ungeweihten; denn jede hat die Liebe schon ganz in sich, von deren unerschöpflichem Wesen wir Jünglinge nur immer ein wenig mehr lernen und begreifen. Schon entfaltet, oder noch im Keime, das ist gleich viel. Auch das Mädchen weiß in ihrer naiven Unwissenheit doch schon alles, noch ehe der Blitz der Liebe in ihrem zarten Schoß gezündet, und die verschloßne Knospe zum vollen Blumenkelch der Lust entfaltet hat. Und wenn eine Knospe Gefühl hätte, würde nicht das Vorgefühl der Blume deutlicher in ihr sein, als das Bewußtsein ihrer selbst?
Darum gibt es in der weiblichen Liebe keine Grade und Stufen der Bildung, überhaupt nichts allgemeines; sondern so viel Individuen, so viel eigentümliche Arten. Kein Linné kann uns alle diese schönen Gewächse und Pflanzen im großen Garten des Lebens klassifizieren und verderben; und nur der eingeweihte Liebling der Götter versteht ihre wunderbare Botanik; die göttliche Kunst, ihre verhüllten Kräfte und Schönheiten zu erraten und zu erkennen, wann die Zeit ihrer Blüte sei und welches Erdreich sie bedürfen. Da wo der Anfang der Welt oder doch der Anfang der Menschen ist, da ist auch der eigentliche Mittelpunkt der Originalität, und kein Weiser hat die Weiblichkeit ergründet.
Eines zwar scheint die Frauen in zwei große Klassen zu teilen. Das nämlich, ob sie die Sinne achten und ehren, die Natur, sich selbst und die Männlichkeit: oder ob sie diese wahre innere Unschuld verloren haben, und jeden Genuß mit Reue erkaufen, bis zur bittern Gefühllosigkeit gegen innere Mißbilligung. Das ist ja die Geschichte so vieler. Erst scheuen sie die Männer, dann werden sie Unwürdigen hingegeben, welche sie bald hassen oder betrügen, bis sie sich selbst und die weibliche Bestimmung verachten. Ihre kleine Erfahrung halten sie für allgemein und alles andre für lächerlich; der enge Kreis von Roheit und Gemeinheit, in dem sie sich beständig drehen, ist für sie die ganze Welt, und es fällt ihnen gar nicht ein, daß es auch noch andre Welten geben könne. Für diese sind die Männer nicht Menschen, sondern bloß Männer, eine eigne Gattung, die fatal aber doch gegen die Langeweile unentbehrlich ist. Sie selbst sind denn auch eine bloße Sorte, eine wie die andre, ohne Originalität und ohne Liebe.
Aber sind sie unheilbar weil sie ungeheilt sind? Mir ist es so einleuchtend und klar, daß nichts unnatürlicher für eine Frau sei, als Prüderie (ein Laster an das ich nie ohne eine gewisse innerliche Wut denken kann) und nichts beschwerlicher als Unnatürlichkeit, daß ich keine Grenze bestimmen, und keine für unheilbar halten möchte. Ich glaube ihre Unnatur kann nie zuverlässig werden, wenn sie auch noch so viel Leichtigkeit und Unbefangenheit darin erlangt haben, bis zu einem Schein von Konsequenz und Charakter. Es bleibt doch nur Schein; das Feuer der Liebe ist durchaus unverlöschlich, und noch unter der tiefsten Asche glühen Funken.

Diese heilige Funken zu wecken, von der Asche der Vorurteile zu reinigen, und wo die Flamme schon lauter brennt, sie mit bescheidenem Opfer zu nähren; das wäre das höchste Ziel meines männlichen Ehrgeizes. Laß mich's bekennen, ich liebe nicht dich allein, ich liebe die Weiblichkeit selbst. Ich liebe sie nicht bloß, ich bete sie an, weil ich die Menschheit anbete, und weil die Blume der Gipfel der Pflanze und ihrer natürlichen Schönheit und Bildung ist. Es ist die älteste kindlichste einfachste Religion, zu der ich zurückgekehrt bin. Ich verehre als vorzüglichstes Sinnbild der Gottheit das Feuer; und wo gibts ein schöneres, als das was die Natur tief in die weiche Brust der Frauen verschloß?

Was „Lucinde" betrifft – ja was „Lucinde" betrifft! Oft wird mir es heiß und wieder kalt ums Herz, daß das Innerste so herausgeredet werden soll – was mir so heilig war, so heimlich, jetzt nun allen Neugierigen, allen Hassern preisgegeben. Umsonst sucht er [Friedrich Schlegel] mich durch den Gedanken zu stärken, daß Sie [Friedrich Schleiermacher] noch kühner wären als er. Ach, es ist nicht die Kühnheit, die mich erschreckt. Die Natur feiert auch die Anbetung des Höchsten in offnen Tempeln und durch die ganze Welt – aber die Liebe? – Ich denke aber wieder, alle diese Schmerzen werden vergehen mit meinem Leben und das Leben auch mit; und alles, was vergeht, sollte man nicht so hoch achten, daß man ein Werk darum unterließe, das **ewig** sein wird. Ja, dann erst wird die Welt es recht beurteilen, wenn alle diese Nebendinge wegfallen ...

Dorothea Veit
Berlin, 8. April 1799

Aus dem Stammbuch einer Kleinstädterin – 1810

Lieblicher glänzet die Rose, gehüllt in die sittsame Knospe,
Als wenn berstend ihr Herz senget der glühende Strahl;
Und in dem ernsten Gewande der Demut und frommen Verschämtheit
Suchet das Weise das Glück, welches das Leben verschönt.
Wahre dir – Freundin! – den Sinn, o wahre die himmlische Milde,
Einzige Waffe des Weibs ist sie im Kampfe der Welt.
Jene scheucht von dir den Schwarm der Sklaven des Lasters;
Diese schmückt mit dem Kranz freundlicher Myrte dein Haupt.

Erinnere Dich hiebei Deines väterlichen Freundes Friedrich D.

Auf eines Ungenannten Büste

SOPHIE MEREAU

Sophie Mereau

1770–1806; geb. Schubart. Der Jurist Friedrich Ernst Karl Mereau in Jena, den sie 1793 mehr aus Dankbarkeit als aus Liebe heiratet, unterstützt ihre schriftstellerischen Versuche und macht sie mit Schiller bekannt. 1791 veröffentlicht sie erste Gedichte, 1794 anonym den Roman „Das Blütenalter der Empfindung“; ein weiterer Roman, viele Erzählungen und Übersetzungen folgen, sie ist – auch als Herausgeberin von Almanachen und Taschenbüchern – produktiv und erfolgreich. Und freizügig in ihren Ansichten über Liebe und Ehe, im Leben wie in ihren Büchern. 1800 trennt sie sich von ihrem Mann, im folgenden Jahr werden sie geschieden. Sophie Mereau kann von ihren Honoraren leben. 1803 heiratet sie den Romanzen-Dichter Clemens Brentano (1778–1842), den Ungenannten des folgenden Sonetts. Wie sie es prophezeite, überdauerte Brentanos Ruhm; zu ihren Lebzeiten war ihr Name weit bekannter als seiner. Sie starb bei der Geburt ihres fünften Kindes.

Welch süßes Bild erschuf der Künstler hier?
Von welchem milden Himmelsstrich erzeuget?
Nennt keine Inschrift seinen Namen mir,
Da diese holde Lippe ewig schweiget?

Nach Hohem lebt im Auge die Begier,
Begeistrung auf die Stirne niedersteiget,
Um die, nur von der schönen Locken Zier
Geschmücket, noch kein Lorbeerkranz sich beuget.

Ein Dichter ist es. Seine Lippen prangen
Von Lieb’ umwebt, mit wundersel’gem Leben,
Die Augen gab ihm sinnend die Romanze,

Und schalkhaft wohnt der Scherz auf seinen Wangen,
Den Namen wird der Ruhm ihm einstens geben,
Das Haupt ihm schmückend mit dem Lorbeerkranze!

Scheidung – wann ich will!

AUGUSTE BUSSMANN-BRENTANO

„Auguste hat mich mit ihrem Wesen bereits mehrmals zur Verzweiflung gebracht. Zweimal hat sie mich geschlagen und mich endlich dahin gebracht, daß ich sie auch einmal gewalkt", klagte Clemens Brentano am 19. Oktober 1807 seinem Freund Achim von Arnim. Da war er knapp acht Wochen mit seiner zweiten Frau, Auguste Bußmann (1791–1832), verheiratet. Die Ehe wurde 1814 geschieden. 1817 heiratete Auguste den Frankfurter Bankier Ehrmann. Ihr Leben verlief fortan in geregelten Bahnen – scheinbar. „Aus nichtigem Anlaß" beging sie Selbstmord.
Auguste galt als exaltiert, Clemens hielt sie reif fürs Irrenhaus; ihre Familie lehnte es ab, sie wieder aufzunehmen, und riet ihm, sie in einem Kloster unterzubringen. Die beiden trennten sich mehrfach und versuchten zuletzt noch einmal in Landshut, miteinander auszukommen – es ging nicht. Schuld lag auf beiden Seiten. Für eine Achtzehnjährige in ziemlich verzweifelter Lage ist der folgende Brief an ihren Ehemann erstaunlich besonnen und selbstbewußt:

Landshut, 8. Januar 1808. Du bist gekommen, du hast mir einen Strom von Schlechtigkeiten gesagt, auf die ich schwieg, du hast mich mißhandelt, du jagst mich mit wahnsinnigen Reden zu deinem Zimmer hinaus, wohin ich seit langer Zeit zum erstenmal kam, dir ganz ruhig zu sagen, ich wäre schon längst entschlossen zu verreisen und dir dadurch eine Niedrigkeit mehr zu sparen. So geht es immer! Wenn ich frage, was denn meine Verbrechen sind, so heißt es: der Teufel ist in dir. Ja, es ist der Teufel, der mich alles ohne eine Klage von dir ertragen läßt, es ist der Teufel, der mich treibt, selbst meine Tränen vor dir zu verbergen, und da Fröhlichkeit Tollheit in meiner Lage wäre, wenigstens ruhig und gefaßt auf jede neue Schande von dir zu erscheinen. [. . .]
Noch halte ich dich für wahnsinnig – bin ich nicht überzeugt, daß dein *Herz* schlecht ist, ja, dann ist es wohl möglich, daß ich unsere Ehe trenne, aber laß es dir *gesagt sein:* es geschieht nur wann *ich* will! – Zu verreisen steht dir ja übrigens frei. – In allem bin ich dir unterworfen, in diesem habe ich meinen Willen und tue diese Erklärung nur, um deinen albernen Drohungen ein Ende zu machen. Du armer Mensch, was hast du mir denn noch zu nehmen? Was noch in meinem Herzen lebt, ist außer deiner Gewalt.
Das übrige, das hängt doch wohl von mir ab, was äußere Verhältnisse betrifft? Ich kann öffentlich klagen: daß du mich *verleumdest, ohne alle Ursache, manchmal aus Wahnsinn mißhandelst, daß du mich entweder ganz vernachlässigst, oder kränkst.* An Beweisen hiezu, obgleich du deine schönsten Seiten nur mir allein zeigst, kann es mir doch nicht fehlen, und von Menschen, die du schwer widerrufen kannst. –
Wie *deine* Anklagen vor einem Gerichte, wo es um mehr zu tun wäre, als zu fluchen, die schändlichsten Flüche mit rasenden Gebärden, Toben, Schlagen

zu begleiten, wie sie da lauten würden, das müßte wirklich merkwürdig sein! Du hast wohl auch das noch nicht bedacht. Übrigens, wenn ich einmal von dir scheiden will, so wird es auf meine Art sein, wie du es vermutlich nicht wünschest. Versetze dich doch einen Augenblick ins Gemüt einer Frau, die ihrer Pflicht gegen dich freigesprochen ist und bloß die Erinnerung deines Betragens übrig behält! – Dies ist die Antwort, welche dein Rasen vorhin nicht erlaubte –

Deine gehorsame Frau Auguste

Ich schaue mich am fröhlichsten in einem Produkt meines Geistes an

KAROLINE VON GÜNDERODE

1780–1806. In einem adeligen Damenstift in Frankfurt lebte und schrieb sie, beschäftigte sich mit Literatur, Geschichte und Schellings Naturphilosophie. Unter dem Pseudonym Tian gab sie „Gedichte und Phantasien" (1804) und „Poetische Fragmente" (1805) zum Druck, getrieben von der Sehnsucht, ihr „Leben in einer bleibenden Form auszusprechen". Eine bewußt schaffende Künstlerin also, keine Frau, die aus Gründen des Broterwerbs zu schreiben begann. Und doch erinnerte sich die Nachwelt kaum an ihre Werke, das Leben der Günderode wird stets von seinem Ende her gesehen: Sie erdolchte sich am Rhein, nachdem sie erfahren hatte, daß ihr Geliebter, der verheiratete Altertumsforscher Friedrich Creuzer, sich von ihr trennen wollte. Er scheint sich der ehrgeizigen Freundin auch nicht gewachsen gefühlt zu haben, wie aus einem Brief hervorgeht: „Weh man hat gar nicht mehr recht den Mut, Dich kindlich zu necken und in Liebe untertan zu machen (wie wir Männer doch wollen), wenn man solche Weisheit betrachtet. Du schreckst Deinen Eusebio [= Creuzer] ab. Wahrhaftig, Du mußt töricht sein, wenn ich komme, und durch liebendes Spiel mir Mut machen. Du mußt Dich Deiner Trefflichkeit entäußern – sonst kann ich ja bei Dir nicht froh werden." – Das im Januar 1806 abgeschlossene Buch „Melete" wurde erst 100 Jahre nach ihrem Tod veröffentlicht; Creuzer hatte das bereits verkaufte Manuskript nach dem Selbstmord der Günderode vom Verlag wieder zurückgefordert. Daraus ein „An Eusebio" gerichteter Text:

Oft bin ich mißmutig, und weiß nicht über wen ich es am meisten sein soll, ob über mich selbst, oder über diese Zeit, denn auch sie ist arm an begeisternden Anschauungen für den Künstler jeder Art; alles Große und Gewaltige hat sich an eine unendliche Masse, unter der es beinah verschwindet, ausgeteilt. Unselige Gerechtigkeit des Schicksals! Damit keiner prasse und keiner hungere, müssen wir uns alle in nüchterner Dürftigkeit behelfen. Ist es da auch noch ein

Wunder, wenn die Ökonomie in jedem Sinn und in allen Dingen zu einer so beträchtlichen Tugend herangewachsen ist. [. . .]
Rückwärts in schönre Tage laß uns blicken, die gewesen. Vielleicht sind wir eben jetzt auf einer Bildungsstufe angelangt, wo unser höchstes und würdigstes Bestreben sich dahin richten sollte, die großen Kunstmeister der Vorwelt zu verstehen, und mit dem Reichtum und der Fülle ihrer poesiereichen Darstellungen unser dürftiges Leben zu befruchten. Denn, abgeschlossen sind wir durch enge Verhältnisse von der Natur, durch engere Begriffe vom wahren Lebensgenuß, durch unsere Staatsformen von aller Tätigkeit im Großen. So fest umschlossen ringsum, bleibt uns nur übrig den Blick hinauf zu richten zum Himmel, oder brütend in uns selbst zu wenden. Sind nicht beinahe alle Arten der neuern Poesie durch diese unsere Stellung bestimmt? Liniengestalten entweder, die körperlos hinaufstreben im unendlichen Raum zu zerfließen, oder bleiche, lichtscheue Erdgeister, die wir grübelnd aus der Tiefe unsers Wesens herauf beschwören; aber nirgends kräftige, markige Gestalten. Der Höhe dürfen wir uns rühmen und der Tiefe, aber behagliche Ausdehnung fehlt uns durchaus. Wie Shakespeares Julius Cäsar möcht' ich rufen: „Bringt fette Leute zu mir, und die ruhig schlafen, ich fürchte diesen hagern Cassius." – Da ich nun selbst nicht über die Schranken meiner Zeit hinaus reiche, dünkt es dir nicht besser für mich, den Weg eigner poetischer Produktion zu verlassen, und ein ernsthaftes Studium der Poeten der Vorzeit und besonders des Mittelalters zu beginnen? Ich weiß zwar, daß es mir Mühe kosten wird, ich werde gleichsam einen Zweig aus meiner Natur herausschneiden müssen, denn ich schaue mich am fröhlichsten in einem Produkt meines Geistes an, und habe nur wahrhaftes Bewußtsein durch dieses Hervorgebrachte; aber um Etwas desto gewisser zu gewinnen, muß man stets ein Anderes aufgeben, das ist ein allgemeines Schicksal, und es soll mich nicht erschrecken. Eins aber hat mir stets das innerste Gemüt schmerzlich angegriffen, es ist dies: daß hinter jedem Gipfel sich der Abhang verbirgt; dieser Gedanke macht mir die Freude bleich in ihrer frischesten Jugend, und mischt in all mein Leben eine unnennbare Wehmut; darum erfreut mich jeder Anfang mehr als das Vollendete, und nichts berührt mich so tief als das Abendrot; mit ihm möcht' ich jeden Abend versinken in der gleichen Nacht, um nicht sein Verlöschen zu überleben. Glückliche! denen vergönnt ist zu sterben in der Blüte der Freude, die aufstehen dürfen vom Mahle des Lebens, ehe die Kerzen bleich werden und der Wein sparsamer perlt. Eusebio! wenn mir auch dereinst das freundliche Licht deines Lebens erlöschen sollte, o! dann nimm mich gütig mit, wie der göttliche Pollux den sterblichen Bruder, und laß mich gemeinsam mit dir in den Orkus gehen und mit dir zu den unsterblichen Göttern, denn nicht möcht' ich leben ohne dich, der du meiner Gedanken und Empfindungen liebster Inhalt bist, um den sich alle Formen und Blüten meines Seins herumwinden, wie das labyrinthische Geäder um das Herz, das sie all' erfüllt und durchglüht.

Eine große Freiheit erringen

Bettina Brentano

1785–1859. Bettina, eine Enkelin der Sophie von La Roche und Schwester Clemens Brentanos, irrlichtert als „Kobold", als grillenhaftes Kind durch die zeitgenössischen Beschreibungen, ihre Extravaganzen fielen selbst im freizügigen Kreis der Romantiker aus dem Rahmen. Freiheitsdrang und eine überbordende Phantasie steckten hinter ihrem absonderlichen Gehabe, mit dem sie oft gerade die vor den Kopf stieß, die sie abgöttisch verehrte: die Günderode, Goethe. 1811 heiratete sie den Schriftsteller Achim von Arnim (1781–1831). Zum Erstaunen aller kümmerte sie sich gewissenhaft um die Erziehung ihrer sieben Kinder und – bei stets knapper Kasse – um die Haushaltsführung. Aber sie bleibt auch in diesen eingeengten Verhältnissen sie selbst – geistreich, unangepaßt, ein Schreck der Berliner Gesellschaft.
Erst nach dem Tod ihres Mannes tritt Bettina von Arnim an die literarische Öffentlichkeit, zunächst als Herausgeberin von Arnims Werken und mit Briefsammlungen, in denen sie die Originale zum Teil willkürlich umschreibt und ihre Beziehungen zu den Dargestellten poetisch überhöht (1835 „Goethes Briefwechsel mit einem Kinde", 1840 „Die Günderode", 1844 „Clemens Brentanos Frühlingskranz"). Dann wagte sie sich aufs Feld der Politik mit den – in Bayern und Österreich verbotenen – Titeln „Dies Buch gehört dem König" (1843) und „Gespräche mit Dämonen" (1852). Vom preußischen König Friedrich Wilhelm IV. verlangte sie, er solle ein Volkskönig werden, sich der Not der Armen annehmen und statt des Berliner Doms lieber Hütten in Schlesien bauen. Ihre Sozialkritik ist in Dialoge und Träume verpackt, die sich heute nur schwer entschlüsseln lassen, damals aber, in der Zeit des Vormärz, richtig verstanden wurden: „Dies Buch gehört dem König, es gehört der Welt . . . Es ist eine Adresse der Zeit, von einem Weibe, einer mutigen Prophetin verfaßt ... Traurig genug, daß nur ein Weib das sagen durfte, was jeden Mann würde hinter Schloß und Riegel gebracht haben", schrieb Karl Gutzkow 1843. Vgl. auch S. 137.
Aus Bettinas Mädchenzeit zwei Briefe an die Günderode:

Juni 1804. Clemens schreibt mir immer, ich soll dichten, aber ich glaube, ich werde nie etwas Festes, Gesetztes hervorbringen können. Oft liege ich abends oder vielmehr nachts im Fenster und habe ganz herrliche Gedanken, wie es mir scheint; ich freue mich dann über mich selbst, meine Begeisterung begeistert mich sozusagen, aber da sind zwei einfältige Nachtigallen in unserer Straße, ich weiß nicht, ob sie eingesperrt sind oder irgendwo ihr Nestchen haben, die fangen gewöhnlich an, ihre liebenden, verliebten Lieder so leicht, so herrlich und ergötzlich her zu singen, wenn ich so mitten in meinem Dichten und Trachten bin, daß ich ganz alles vergesse und denke, du willst die Nachtigallen dichten lassen, du wirst doch des Menschen Ohr und Sinn nie so schön und herrlich erquicken können wie diese (denn etwas weniger Gutes als das Schönste und Beste hervorzubringen ist doch auch schlecht), und schlecht mag ich nicht schreiben.

Adieu, ich habe Dir da eine Menge vorgeschwätzt und bin sozusagen ganz in einen vertraulichen Ton gekommen, von dem ich doch nicht weiß, ob er gut aufgenommen wird.

Sommer 1804. Zu zeichnen habe ich auch wieder angefangen und wundere mich sehr, daß ich in der langen Zeit, wo ich nichts getan habe, nicht nur allein nichts verlernt habe, sondern vielmehr profitiert zu haben scheine. Dies alles mag wohl von der großen Ruhe und Stille in mir und der Natur herrühren. Dichten kann und mag ich jetzt nicht, ich habe mehrere Rezensionen von Goethe über jetzige Dichter gelesen, und wenn er darin von festem Gehalt, von reinem Ton, von ernster, tiefer Kenntnis spricht, so empfind' ich ebenso wohl ernste, tiefe Ehrfurcht für den Dichter, aber wie sollt' ich mich wagen ohne Vorbereitung? Ja, es kommt mir sonderbar kühn vor, wie mancher nur seiner eigenen, durch tausend böse Leidenschaften erhitzten Phantasie folgt, wie Eitelkeit ihn treibt, nach falschem Ruhm zu haschen; muß da nicht die heilige Natur (welche doch allein den wahren Weg bezeichnet) ihn verlassen und ihn als einen verlorenen Sohn betrachten, wenn in jedem Augenblick, wo sie ihm ihre Tiefen erschließt, die Weltlichkeit ihn unfähig macht, sie zu erkennen? Ach, wahrlich! es ist keiner so groß, sich von Verhältnissen nicht niederdrücken zu lassen; glücklich ist, dessen Fuß über Gebirge schreitet, dem werden sie doch nicht über den Kopf zusammenwachsen. Du sprichst mir von Schwermut in Deinem kleinen Brief, ich bitte Dich, prüfe Dich doch, ob es nicht aus Mißmut über Deine Lage ist, ob es nicht Kleingläubigkeit ist, ob es nicht Mangel an einer der drei göttlichen Tugenden ist, das erste ist, den Glauben an Dein Schicksal nicht zu verlieren, Deine Lebensgeschichte nicht als begrenzt zu denken, in dem letzten Augenblick, wo das Licht zu verlöschen scheint, kann es ja noch herrlich und groß entflammen und das Leben von allem Unrat und Schwarz reinigen; hiermit ist die Hoffnung auf das engste verkürzt, wie Du wohl einsiehst und die Liebe – die Liebe zu dieser Erschaffung, zu dieser Offenbarung der Herrlichkeit und Weisheit Gottes ist jedem Bessern eingepflanzt, und Du wirst Dich wohl hüten, Dein Gewissen darin zu verletzen und Mißtrauen gegen Dich selbst zu hegen. Ich weiß zwar nicht, ob Du genugsames Gewicht auf meine Freundschaft legst (das heißt so sehr, als ich es verdiene), allein das macht mir um meinetwillen wenig Sorgen; wenn Du mich nicht fest glaubst, so werde ich Dich einstens mit der Wahrheit meines Daseins überraschen, wir *müssen* noch miteinander eine große Freiheit erringen, wir dürfen nicht als Vormünder unserer jugendlichen Natur sie um ihr Gut betrügen. Werden wir denn die Scham ertragen, die uns vielleicht in einem andern Leben befallen wird, wenn wir sehen, welche Kleinigkeiten uns Mutlosigkeit einflößten? Glaube nur nicht, daß ich schwärme, ich bin ganz bei Sinnen, ich will nicht alles durcheinanderwerfen, um mir einen Weg zu bahnen, ich will bedächtig und mit Gewißheit gehen, ich will den Respekt für

Philister nicht verlieren, im Gegenteil, ich will die Zeit zu Rat ziehen, ich will warten, ich will klug und listig sein. Gott, ich könnte weinen, wenn ich dächte, daß Du bei Lesung dieses Briefes lachtest, wenn Du mich für einen *Narren* hieltest, indessen wünschte ich doch die Wahrheit Deiner Gesinnung über mich zu erfahren, zu erfahren, ob Du es nicht nur allein der Erfahrung, sondern auch der hellen, klaren Vernunft gemäß, erhältst an alle dies nicht zu glauben, keinen Enthusiasmus als Waffe gegen die Gemeinheit zu gebrauchen, sondern sich an den bisher statuierten Exempeln der verunglückten Waghälse zu begnügen und Frieden zu schließen mit den *gemachten* Menschen, indem wir einen Damm vor den gewaltigen Strom (der Natur und Freiheit in uns) bauen, welcher sie vor Überschwemmung ihres *gemachten* Eigentums schützet.
Adieu, ich bin Dir so gut, ich meine es so ernstlich, wenn alle dies nur Blindheit in mir wäre, wenn es nicht das Wahre wäre, dann wäre die Jugend auch Blindheit und die Freude und die Liebe und die Sehnsucht wäre lauter Lug und Trug.

Erdtoffeln mit Rippenstückchen

Aus: „Des Knaben Wunderhorn. Alte deutsche Lieder", gesammelt von Achim von Arnim und Clemens Brentano, Heidelberg 1806

Einsmal ein Mägdlein frisch und jung,
Ging aufrecht wie ein Hirsch im Sprung;
Und von einem Jüngling, den sie kannt,
Ihr Äuglein klar durchaus nicht wandt.

Der Jüngling schalt und sprach zu ihr,
Wie ihr mitnichten dies gebühr,
Sondern sie sollt ganz züchtiglich
Die Äuglein schlagen unter sich.

Sie sprach gar bald: Mitnichten das,
Dies Anschaun ich nit unterlaß,
Zur Erd zu schauen dir gebührt,
Weil aus der Erd dein Ursprung rührt.

Des Mannes Ripp mein Ursprung ist,
Die such ich auch ohn Falsch und List,
Und daß solch Ripp in Zucht und Ehr
Mit mir vereint werd, ich begehr.

Wir sind neben der menschlichen Gesellschaft

RAHEL LEVIN

1771–1833; seit 1814 verheiratet mit Karl August Varnhagen von Ense (1785–1858); Schwester des Dichters Ludwig Robert (siehe S. 91). Rahel, eine brillante Briefschreiberin, beschwört 1829 Fouqué, der in seiner Zeitschrift „Berlinische Blätter für deutsche Frauen“ Texte von ihr veröffentlichen möchte: „Nennen Sie ja meinen Namen nicht! Nicht, daß ich nicht willig, ja gerne, eine Schriftstellerin wäre. Ich schämte mich nicht, ein Newtonisches Werk über Sternkunde, oder Mathematik zu schreiben: aber *kein Werk* hervorbringen zu können, und doch drucken zu lassen, da wandelt mich Scheu an.“ Ihren Platz in der Literaturgeschichte verdankt sie ihrem Mann, der nach ihrem Tod Rahels „Briefe und Aufzeichnungen“ (1834) in drei Bänden herausgab. – In ihrem Berliner Salon versammelte sie Berühmtheiten um sich, die Romantiker, Prinz Louis Ferdinand von Preußen, Menschen unterschiedlicher sozialer und religiöser Herkunft; alle faszinierte sie durch ihre Gedankenfülle und geistreiche Konversation.
Der Brief ist an Pauline Wiesel (1779–1848) gerichtet, eine Frau mit zweifelhaftem Ruf, die nach dem Tod ihres Geliebten Prinz Louis Ferdinand (gefallen 1806) von der Gesellschaft geschnitten wurde. Als Jüdin wußte Rahel, was Isolation bedeutet, sie bewahrte der ebenso schönen wie leichtsinnigen Pauline freundschaftliche Treue.

Berlin, 12. März 1810. Es ist eine Schandtat, daß ich Ihnen nicht schrieb: ein Unglück; ein Unglück wie jede Schandtat! Teure geliebte Freundin, und Freund! Weh! – mein wundes Herz weint dieses Weh! – Weh! daß unser Leben wegrinnt, ohne daß wir zusammen leben. Sie sind allein, getrennt von mir, und ich bin allein, entfernt von Ihnen. Nur einmal konnte die Natur zwei solche zugleich leben lassen. In diesem Zeitalter. Alle Tage sehe ich Sie, und die Natur, und mich, mehr. Entfernt von Ihnen tue ich nichts, als mir jedes Wort, jede kleine Tat von Ihnen repetieren, jede Äußerung, und glauben Sie, zu nennen weiß ich die Prinzipien Ihres ganzen Wesens, Ihres Seins, besser als Sie selbst: es ist nur ein Unterschied zwischen uns, Sie leben alles, weil Sie Mut haben, und Glück hatten: ich denke mir das Meiste; weil ich kein Glück hatte, und keinen Mut bekam; nicht den, dem Glücke das Glück abzutrotzen, es ihm aus den Händen zu ringen; ich habe nur den des Tragens erlernt; aber groß verfuhr die Natur in uns beiden. Und wir sind geschaffen, die Wahrheit in dieser Welt zu leben. Und auf verschiedenem Wege sind wir zu Einem Punkt gelangt. Wir sind neben der menschlichen Gesellschaft. Für uns ist kein Platz, kein Amt, kein eitler Titel da! Alle Lügen haben einen: die ewige Wahrheit, das richtige Leben und Fühlen, das sich unabgebrochen auf einfach tiefe Menschenanlagen, auf die für uns zu fassende Natur zurückführen läßt, hat keinen! Und somit sind wir ausgeschlossen aus der Gesellschaft, Sie, weil Sie

sie beleidigten. (Ich gratuliere Ihnen dazu! so hatten Sie doch etwas; viele Tage der Lust!) Ich, weil ich nicht mit ihr sündigen und lügen kann. Ich weiß ganz Ihre innere Geschichte. Jede Beleidigung, die Sie der Gesellschaft zufügten, obgleich sie in Ihnen gerechtfertigt war, verwundete Sie selbst: ich weiß Schritt vor Schritt wie es gekommen ist. Gerne wären Sie „ein häusliches Weib, herzten und küßten den Mann", wie Goethe im Distichon sagt; aber es ging nicht. Und wohin, mit dem entsetzlichen Vorrat, mit dem Apparat von Herz und Leben! Empfindsam sich selbstzerstörende, opfernde Nonnen sind nicht alle Menschen. In den Krieg möchte man ziehen, ich auch so, um Nahrung für den Anspruch zu suchen, mit dem einen die Natur hinaus ins Dasein geschickt hat. Beim allgerechten allmächtigen Gott, auf hohem Richterstuhl, man zieht für weniger in den Krieg! und geehrt wird man dafür! Hätten Sie ein Herz in Wiesels Busen gefunden, Sie hätten nimmer ein anderes gesucht. Dieser aber räsonierte [redete klug daher] in seinem Mangel, und seinem unglücklichen Überfluß von Worten, Ihren zu spät ausgebildeten und zu furchtsamen Geist weit in die Irre. Ihr besseres Bewußtsein lebte immer nebenher. Ich weiß alles. Zum Leiden ist Ihr starkes Herz nicht gemacht. Es muß gleich andere Beschäftigung haben: so auch Ihre Augen, Ihre Sinne. Ich kenne Sie ganz: weit mehr, Pauline, als Sie, als je ein Mensch denkt, daß man einen Menschen kennen kann. Auch über Prinz Louis hatten Sie recht. Sie wissen wie ich ihn liebte: auch den studier ich noch nach; „Er hat nichts Generöses [Großzügiges]", sagten Sie oft. Im Augenblick geben, meinten Sie, und allerlei. Aber ich kenne das Prinzip in ihm, was Sie eigentlich kränkte. Ich verstehe alles nach. Auch er konnte den Grundwillen, die Grundwünsche seines Wesens nicht gewaltig genug vor seinen Geist führen, um daß ein einiges Handeln daraus hätte entstehen können. Von momentanen Zwecken war er oft wie umstrickt; und was er sich vor zehn, fünfzehn, zwanzig Jahren in den Kopf gebläut hatte, und woran sein jetziges Inneres gar keinen Anteil mehr hatte, danach glaubte er noch handeln zu müssen; oder vielmehr, ihm fehlte oft der Mut zu zeigen, daß er ein ander Inneres hatte, andere Sehnsucht, andre Zwecke. So verwirrte er beinah jede seiner Lebensstunden mit dem feinsten, richtigsten und tüchtigsten Gemüte; und muß natürlich, der klaren Geliebten, minütlich Wunden geschlagen haben. Dies nun brachte Sie wieder in Gärung, und, da das Wahre hierüber nie erörtert werden konnte, auch eine Menge Falsches von Ihnen zur Sprache. Nun seh ich alles ein. Da ich, unermüdet, in mir grabe, und bei den lichterlohen Flammen meiner Affekte mein Inneres immer mehr und mehr erschaue. So steht's mit uns; und ich kann nicht zu Ihnen! [...]

Nun hab ich noch den einen jungen Mann, von dem ich Ihnen vorigen Frühling schrieb, daß ich mit ihm auf dem Felde gegangen sei, und nach Ihnen geschrien habe: meine ganze Seele liebt ihn, muß ihn lieben, weil seine Eigenschaften sie in Anspruch nehmen. Er liebt auch mich; wie man das Meer, ein Wolkenspiel, eine Felsschlucht liebt. Das genügt mir nicht. Nicht mehr. Wen ich liebe, muß mit mir leben wollen; bei mir bleiben. (Campan schreibt mir noch oft, und erst kürzlich, Liebesbriefe ich soll kommen.) Ich reiße mir also gewiß auch diesen Pfeil aus dem Herzen, und laß eine Wunde mehr schmerzen, und heilen, und narben. Und lägen jetzt, wie eine miserable Visitenkarte, zweihundert Louisdor neben mir, so reist' ich morgen ohne Abschied. Meine Freunde, außer Sie, denken alle, ich kann von der Luft lieben, und leben. Sie freuen sich, ein Herzspiel zu sehen wie das meinige, und ich soll ohne Liebe leben! Es ist vorbei, es ist zu viel! – Noch Eins, Pauline! Ich werde alle Tage mehr wie Sie. Ich kenne noch hie und da angenehme Menschen, aber in acht Tagen kenne ich sie ganz, und dann ist's gut.

Aus dem Stammbuch einer Kleinstädterin – 1810

Bescheidenheit heißt bei den Toren Blödigkeit;
aber sie ist der Tugend schönste Zierde.
O – vertausche sie nie gegen die naseweise,
vorlaute Frechheit, welche hie und da
Lebensart genannt wird.

Dein Bruder August

Flieh vor dem Schwätzer, der Bewundrung heuchelt,
Es glänzt die Natter auch, die dich umschleicht.
Scharf blicke dem ins Auge, der dir schmeichelt,
Eh' dir des Herzens süßer Friede weicht.
Soll deine Kraft sich frei und schön gestalten,
So laß bescheidnen Sinn sie still entfalten. –
O schwäche nie durch kraftlos eitles Grübeln
Dein Aug' dem Licht, das weiser Glaube gibt.
Es ist das scheußlichste von allen Übeln
Ein eitles Weib, das weder glaubt noch liebt;
Und ach – zu schwach, des Lebens Müh'n zu tragen,
Muß ohne Lieb und Hoffnung sie verzagen.

Seiner geliebten Freundin und bisherigen Schülerin Eleonore,
Diakon M. Bahnmaier

Gib dich mir aus freier Wahl

MARIANNE VON WILLEMER

1784–1860; geb. Jung. Im Alter verriet sie Herman Grimm (1828–1901) ein wohlgehütetes Geheimnis, nämlich daß einige Gedichte in Goethes „West-östlichem Divan“ (1819) aus ihrer Feder stammen; wunschgemäß gab er ihre Autorschaft erst nach ihrem Tode preis. Von der Begegnung mit Goethe auf der Gerbermühle bei Frankfurt 1815, der kein Wiedersehen folgte, zehrte sie ihr ganzes Leben lang – ohne zu verbittern. Oder schwingt im folgenden Bild doch Resignation mit? „Mein Geist war nur der Duft einer Blume, solange diese blühte“ (an H. Grimm, 15. Februar 1856). – Sie nahm am kulturellen Leben interessiert Anteil, schrieb kluge, kritische, witzige Briefe, veröffentlichte selbst aber keine Zeile. Entsagung nicht nur in der Liebe?

Hochbeglückt in deiner Liebe,
Schelt' ich nicht Gelegenheit;
Ward sie auch an dir zum Diebe,
Wie mich solch ein Raub erfreut!

Und wozu denn auch berauben?
Gib dich mir aus freier Wahl;
Gar zu gerne möcht' ich glauben –
Ja, ich bin's, die dich bestahl.

Was so willig du gegeben,
Bringt dir herrlichen Gewinn,
Meine Ruh', mein reiches Leben,
Geb' ich freudig, nimm es hin!

Scherze nicht! Nichts von Verarmen!
Macht uns nicht die Liebe reich?
Halt' ich dich in meinen Armen,
Jedem Glück ist meines gleich.

Die Romantikerinnen wollten nicht als ferne Göttinnen verehrt werden, sie fühlten sich ebenbürtig, nahmen am geistigen Leben ihres Kreises Anteil und beanspruchten für sich Betätigungsfelder. Rege griffen sie ins literarische Tagesgeschehen ein, schrieben, übersetzten, rezensierten, redigierten, inspirierten und ließen sich inspirieren.
Auch die Frauen der Spätromantiker in Schwaben waren gebildet, doch ihnen fehlte der gesellschaftliche Ehrgeiz, sie kultivierten mehr ihre Häuslichkeit. Nur wenn es sein mußte, überwanden sie ihre Zurückhaltung. Diese Zeichnung eines Unbekannten zeigt, „Wie die Frau Uhland von reisenden Touristen bewundert und beschrieben wird". Der berühmte Dichter Ludwig Uhland in Tübingen war nämlich überaus menschenscheu. In den Sprechblasen: „Qu'elle est encore charmante!" – „What a clever woman; she is reading Milton!" – „Jetzt hab ich Frau Uhland gesehen, was gibt es noch Sehenswertes?" – „So des ischt s Uhlands Frau! ischt recht, daß se au näht!"
Emilie Uhland geb. Vischer (1799–1881) saß 1848/49 bei den öffentlichen Sitzungen der Nationalversammlung in der Frankfurter Paulskirche auf der Zuhörergalerie. Als Witwe gab sie den Band „Ludwig Uhlands Leben. Aus dessen Nachlaß und aus eigener Erinnerung" (1865) heraus.

Ob ein Weib soll Bücher schreiben?

Ob ein Weib soll Bücher schreiben?

LUDWIG ROBERT (1778–1832)

Ob ein Weib soll Bücher schreiben
Oder soll sie's lassen bleiben?

Schreiben soll sie, wenn sie kann
Oder wenn es wünscht ihr Mann,
Und befiehlt er es ihr an,
Ist es eheliche Pflicht,
Aber schreiben soll sie nicht,
Wenn es ihr an Zeit gebricht,
Oder gar an Fähigkeit
Oder mit zerrißnem Kleid.

Schreiben soll sie früh und spät,
Wenn es für die Armut geht.
Aber schreiben soll sie nie,
Wenn durch ihre Poesie
Leidet die Ökonomie.
Eines sag ich noch zum Schluß:
Treibet sie der Genius,
Wird sie schreiben, weil sie muß.

Weibliche Schriftstellerei

Caroline Pichler

1769–1843; geb. von Greiner. In Wien wuchs sie in einem Elternhaus auf, das regen Anteil am künstlerischen Leben nahm. Sie schrieb Dramen, Gedichte und Essays, hatte Erfolg, war mit den bedeutendsten Schriftstellern und Gelehrten ihrer Zeit befreundet – und preist doch die Häuslichkeit als höchste weibliche Tugend. Aus Überzeugung, oder weil das von Frauen, die im Licht der Öffentlichkeit standen, erwartet wurde? Es ist jedenfalls auffällig, wie viele Schriftstellerinnen um die Mitte des 19. Jahrhunderts sich und anderen versichern, Haushalt und Familie gingen ihnen vor, sie würden nicht schreiben, wenn ihr Mann es nicht guthieße, wenn die Kinder darunter zu leiden hätten etc. Das Schreiben wird als Nebenbeschäftigung ausgegeben, kaum eine Autorin bekennt sich zu ihrem künstlerischen Ehrgeiz.
Caroline Pichlers „Sämtliche Werke" umfaßten bei ihrem Tod – durch Selbstmord – stattliche 53 Bände. – Aus dem „Überblick meines Lebens" (Hildburghausen 1841):

Als mein Bruder beim Hofmeister Latein zu lernen anfing, hießen meine Eltern mich auch diese Studien besuchen, und besonders suchte Herr Haschka, der damals in unserm Hause wohnte, mir Liebe für diese Sprache einzuflößen. Sie zog mich auch bald an, und ich fing an, ihre Schönheit und Kraft zu ahnen. Nun lasen Haschka und Alxinger die Klassiker mit sorgfältiger Wahl und belehrenden Bemerkungen mit mir, sie führten mich, da ich schon früher einige kindische Versuche im Dichten gemacht hatte, in die Grundsätze der schönen Wissenschaften ein, sie lehrten mich deutsche und ausländische Dichter begreifen [. . .] und pflanzten manchen Keim in den empfänglichen Grund meines Gemütes. [. . .]
Unterdessen ging aber auch der Unterricht in ernsteren Gegenständen vorwärts. Nebst dem Latein lernte ich die lebenden Sprachen, Französisch, Italienisch und Englisch, um ihre besten Schriftsteller lesen und genießen zu können. Zur Belustigung und zur Übung eines trefflichen Gedächtnisses, das die Natur mir gegeben, lernte ich jeden Tag etwas auswendig, und noch jetzt könnte ich viele aus Gellerts Fabeln und geistlichen Liedern, so wie aus Bürgers und Stollbergs Romanzen hersagen, welche ich mit meinem Bruder, als ein ziemlich wildes Mädchen, dem es an weiblichen Spielgefährten gebrach, bald rezitierte, bald mimisch darstellte.
Aber die Jahre der Kindheit und ersten Jugend waren vorüber. Ich trat in die Welt und in den Kreis weiblicher Pflichten ein. Meine Mutter, die über die Bildung des Geistes die viel nötigere zur Häuslichkeit nicht vergessen hatte, hielt mich streng hierzu an, lehrte mich diese lieben und als die erste und wichtigste Bestimmung des Weibes betrachten, und bewahrte auf diese Weise meinen Charakter vor mancher falschen Richtung. Doch gönnte sie es mir gern, mich in Mußestunden mit Lesen, Dichten und Musik zu beschäftigen.

Diese letztere wurde in unserem Hause, nach dem Wunsche meines Vaters, viel getrieben, der große Mozart, obwohl nicht mein Lehrmeister, schenkte mir manche Stunde, ich hatte oft Gelegenheit, ihn spielen zu hören und mich nach seiner Anweisung zu vervollkommnen.
Aber die größte Lust gewährte es mir, mich im Reiche der Phantasie zu ergehen, und Idyllen nach den Vorbildern, die ich vor mir hatte, erst im Geßnerschen, dann im Vossischen Ton zu versuchen. Mitunter dichtete ich auch Lieder, Balladen, übersetzte aus fremden Sprachen. [. . .]
Eine günstige Verkettung der Umstände brachte mich auch in freundliche Verhältnisse mit den meisten und vorzüglichsten Schriftstellerinnen meines Vaterlandes. Frau von Batsany, mehr und früher unter ihrem Familiennamen Fräulein von Baumberg bekannt, war in meiner Jugend eine meiner liebsten Gefährtinnen; ihre nachmaligen Schicksale führten uns auseinander. Später lernte ich Frau von Weisenthurn, Freiin Maria von Zay, Frau von Neumann und Fräulein Therese von Artner kennen und achten, und mit der letzten verband mich eine wunderbare Übereinstimmung der Gemüter zu einer innigen Freundschaft. In allen diesen Frauen lebte jene Achtung für echte Weiblichkeit, Häuslichkeit und Ordnung, welche allein, nach meinem Gefühl, weiblicher Schriftstellerei ihren wahren Wert und den Freibrief gibt, unter welchem sie sich, ohne gerechten Tadel zu fürchten, der Welt zeigen darf.

Ja, ich muß arbeiten

AMALIE SCHOPPE

1791–1858; geb. Weise. Wuchs auf Fehmarn auf, zog dann mit ihrer Mutter nach Hamburg und heiratete 1811 (ihr Mann starb 1829). Sie gab Zeitschriften heraus, schrieb rund 150 Bücher, gründete ein Erziehungsinstitut für Töchter und siedelte 1851 nach Amerika über. In einem Abschiedsbrief erklärt sie: „Es duldet mich nicht länger in dem verwitterten und verfaulten Europa, und mit den letzten Atemzügen will ich die Freiheit in mich einsaugen, für die ich lebte, strebte und litt." – Ihr Name wäre wahrscheinlich vergessen, wenn sie nicht 1835 das Talent des Dramatikers Friedrich Hebbel (1813–1863) aus Wesselburen entdeckt und gefördert hätte; sie ermöglichte es ihm, in Hamburg die höhere Schulbildung nachzuholen.
Aus Briefen an den Arzt und Dichter Justinus Kerner (1786–1862):

Hamburg, 6. April 1820. Ich baue Luftschlösser und will sie Dir mitteilen, denn sonst finde ich nicht Ruhe, und der Schmerz wird zu groß in der leidenden Brust.
Nur die Hoffnung auf ein beglückendes, eheliches Verhältnis konnte mich dem Frieden meiner Heimatinsel entreißen, wo ich in paradiesischer Zufrie-

denheit, mit dem vollen Bewußtsein der Pflichterfüllung lebte. Ich sah mich bitter getäuscht: Roheit, freche Willkür, verletzende Schlechtigkeit, Sittenverderbnis trat mir in der Gestalt des früher erwählten Gatten entgegen; ich nahm meinen Knaben an die Hand – den zweiten trug ich damals unter meinem Herzen – und floh damit in das Haus meiner Eltern, um ruhig dort sterben zu können, denn bis zum Tode war ich wund gequält. Hier fand ich Zuflucht, Trost und Liebe; die Religion, mächtiger durch unerhörtes Leid in mir entflammt, wirkte segnend; ich genas zum Leben, und heiliges Leben, mein süßer, himmlischer Julius, den ich in großer Trübsal gebar, verband mich liebend wieder mit demselben. Meine jetzige Existenz forderte Tätigkeit – ich wußte sie mir zu gewinnen, literarisch sowohl, als lehrend, und dadurch sicherte ich meinen und meiner beiden Knaben Unterhalt. Die Korrespondenz dreier Blätter ward mir angetragen, es bot sich sonst manches dar, und dabei ward mir vergönnt, den Unterricht von zwei lieben Kindern zu übernehmen, der mir Segen und Freude gab. So stehe ich jetzt, mein Freund, mein Bruder – und doch, doch ist der süßeste Wunsch meines Herzens unerfüllt: das Stadtleben, das Umhertreiben zwischen Mauern und Straßen ekelt mich an . . .
Da traf Dein Brief ein – Du schildertest mir die süße Ruhe Deiner Täler, Du ludest mich zu Dir ein – soll ich denn wirklich kommen und willst Du dazu tun, daß mein heißester Wunsch erfüllt werde? Wenig bedarf ich zum Leben, ich bin einfach in meinen Bedürfnissen, ich bin sehr tätig, ja, ich *muß* arbeiten, anhaltend, ernst arbeiten, um glücklich zu sein. Findet sich in Deinem Weinsberg ein Wirkungskreis für mich? Gibt es dort Eltern, die mir ihre Kinder zur Belehrung anvertrauen würden? . . . Ich verstehe mehrere Sprachen, worunter außer der Muttersprache Französisch, etwas Englisch und Italienisch; ich zeichne, spiele Gitarre und Klavier, ich unterrichte hier in den ernsteren Wissenschaften, als Geographie, Geschichte usw. mit Erfolg – ich erwerbe ansehnlich durch literarische Arbeiten . . .

Hamburg, am Karfreitag 1824. Der Sturm und Drang der Gefühle, den Du in unsrer schönen Jugendzeit an mir kanntest, und der uns damals wohl zusammenführte, weil eine gleiche Stimmung in Dir vorhanden war, haben den jungen Baum meines Lebens fester gewurzelt, und ich freue mich nun, so kräftig dazustehen. Die Poesie wird noch immer, wenngleich weniger als sonst, von mir geliebt, nur hat sie einen andern Anstrich gewonnen und tritt nicht mehr, wie sonst, in mein äußeres Leben; ich habe sie in mein Inneres gerettet! Ich schreibe sehr viel, aber meist Prosa, wozu sich die Fähigkeit erst in späteren, ruhigeren Jahren in mir entwickelte, und Du magst oft von mir gelesen haben, ohne zu ahnen und zu wissen, daß eine befreundete Hand die Zeilen niederschrieb. So besorge ich fast für *alle* guten vaterländischen Blätter die Korrespondenzen von hier aus, ein Geschäft, das seine Freuden wie seine Dornen hat. Zu diesem Behufe muß ich nun alles Sehenswürdige sehen und lebhaft in Kunst und Wissenschaft untersuchen, was gar gern von mir geschieht. Ein Platz im Theater und in den Konzerten, der Besuch geistreicher Fremden und Künstler, wenigen, aber gewählten Umgang, rechne ich zu den Hochgenüssen meines Lebens, und Du kannst Dir denken, wie wenig Zeit ich da übrig habe, trüben Gedanken Raum zu geben; mein Dasein ist ein rascher, aber nicht schwindelnder Flug, und ich nippe an dem Becher der Lust, statt mich daraus zu berauschen.

Lebenseinsamkeit

ADELE SCHOPENHAUER

1797–1849; Tochter der Schriftstellerin Johanna Schopenhauer geb. Trosiener (1766–1838) und Schwester des Philosophen Arthur Schopenhauer (1788–1860). Mutter und Sohn konnten sich nicht ausstehen, er war – vielleicht deshalb – ein Weiberfeind. Lange stand Adele im Schatten der berühmten Mutter, wohl auch unter deren Fuchtel. Seit 1806 lebten sie zusammen in Weimar, Goethe ging bei ihnen aus und ein. „Der Zirkel, der sich sonntags und donnerstags um mich versammelt, hat wohl in Deutschland und nirgends seinesgleichen", schrieb Johanna schon nach wenigen Wochen an ihren Sohn. Adele wird als „abschreckend häßlich" geschildert, ihre Klugheit weckte zwiespältige Gefühle. „Mit entsetzlichem Geistesgepolter rasselte und stolzierte" sie daher, mokierte sich ein Besucher 1824, Adele „zog alle Schellen und Orgelzüge ihres Genius auf". Mit Männern hatte sie Pech. Sie reiste, schrieb für ihre Freundinnen Gedichte, zeichnete und verfertigte kunstvolle Scherenschnitte. Erst nach dem Tod ihrer Mutter überwindet sie die Hemmung, selbst etwas zu veröffentlichen. 1844 erscheinen ihre „Haus-, Wald- und Feldmärchen", 1845 folgt der autobiographisch angehauchte Roman „Anna". Im selben Jahr beschreibt Fanny Lewald (siehe S. 104) Adele nach einer Begegnung in Rom so: „Ihre Pedanterie, ihre Gespreiztheit und das Darstellen einer Jugendlichkeit, die sehr weit hinter ihr lag, behielten für uns alle immer etwas sehr Abgeschmacktes, aber sie war eine Frau von Geist." Damals litt sie schon unter einer schweren Krankheit.
Ehelosigkeit stellte Frauen ins Abseits, Adele Schopenhauer machte sich darüber keine Illusionen. Aus einem Brief an den Bruder Arthur:

Bonn, 27. Oktober 1831. Weimar konnte uns nicht mehr fesseln, obschon es uns unvergeßlich lieb bleibt. Hier nun leben wir ruhig. Ich wache etwas über die Ausgaben und habe dennoch oft schwere Sorgen, mit denen ich dich jedoch *total verschone.* [...]
Wir werden hier bleiben und ich bin ganz unbeschreiblich gelassen dabei, nicht froh, nicht trübe; nicht heiter, nicht ernst; aber ruhig. Der erste Arzt hier ist mein recht herzlicher Freund, also wird alles geschehen was zu unserer

Scherenschnitt von Adele Schopenhauer.

Pflege nötig. Unsere Einrichtungen sind vernünftig gemacht, so daß ich ohne drückende Sorge durchzukommen hoffe, da die Mutter fleißig arbeitet an der Herausgabe der sämtlichen Werke. Keine einzige leidenschaftliche Empfindung bewegt mich, keine Hoffnung, kein Plan – kaum ein Wunsch; denn meine Wünsche streifen an das Unmögliche: so habe ich ihrem Flug und Zug nachsehen lernen, wie dem der Vögel in der blauen Luft. Ich lebe ungern, scheue das *Alter,* scheue die mir gewiß bestimmte *Lebenseinsamkeit.* Ich mag nicht heiraten, weil ich schwerlich einen Mann fände, der zu mir paßte. Ich weiß nur Einen, den ich heiraten könnte ohne Widerwillen, und der ist verheiratet. Ich bin stark genug, um diese Öde zu ertragen; aber ich wäre der Cholera herzlich dankbar, wenn sie mich ohne heftige Schmerzen der ganzen Historie enthöbe. Daher ist mir deine *Angst,* da auch du dich unglücklich fühlst und oft dem Leben entspringen wolltest durch irgend einen Gewaltschritt – seltsam. Ich meine: nun, man kann es abwarten. Ich kann recht gut leben und bin oft sehr heiter; aber trifft es mich – eh bien! einmal endigt es, mir gleichviel wann. Vorigen Winter war ich sehr trübe, ich litt sehr, es hat mich so zurückgebracht, daß ich zu sterben glaubte. Zuletzt hätte ich fast den unvernünftigen Streich gemacht, eine Vernunftheirat zu schließen; zum großen Glück kam einiges dazwischen, und mir war mit einem Male wieder sonnenklar daß, da nun hoffentlich Leidenschaft und Liebe hinter mir liegen, ich zwar heiraten kann, aber nur einen Mann, den ich ganz besonders und durchaus *achte* und geistig über oder neben mich stelle, wo er dann als Mann doch über mir stünde. Nur so könnte ich's mit klarem Gewissen – nun sieh selbst, wo findet sich das leicht? Der Mann würde sich finden; aber auch zu mir finden? Mich kennt fast niemand, denn meine Seele hat ein Gesellschaftskleid wie die venezianischen Schleier und Masken; von mir selbst sieht man nicht viel. Warum die Leute langweilen? Sie wollen wenigstens bloß oberflächliche Worte, und wenn ich denn in Gesellschaft muß, gebe ich diese. [. . .]

Sieh, lieber Arthur, das wäre, etwa das Äußere der Person abgerechnet, alles was von mir zu sagen wäre. Diese ungemein freie unbefangene Stellung hatte ich nie zu dir, konnte sie nicht haben: Jugend und was dazu gehört, äußere Einwirkungen, Hoffnungen und Erinnerungen zerrten an mir, ich hatte Rücksichten, Ansichten. Jetzt ist vieles anders: die Zeit hat dich gelehrt, daß mich mein *freier Wille,* keine Art Not, keine Hilflosigkeit zu dir treibt. Ich bin überzeugt, daß unsere Charaktere im Guten und Schlimmen viel Ähnliches haben, wir wollen, denke ich, nun einmal sehen, wo wir zusammenpassen. Du magst die Menschen im allgemeinen nicht, ich achte sehr wenige und lebe gern allein oder mit sehr wenigen, doch bin ich nicht menschenscheu. Du glaubst die menschliche Natur zu kennen, ich manchmal auch, manchmal bescheide ich mich und glaube, daß ich anfange *mich* zu kennen. Laß mich dich womöglich sehen: wenn ich irgend einen Menschen zu kennen *wünsche,* bist du es.

Stichwörter

Aus: „Damen-Conversations-Lexikon", hrsg. im Verein mit Gelehrten und Schriftstellerinnen von Carl Herloßsohn, 10 Bände, Adorf 1834–1838.

Demut

ist (dem Wortbegriffe nach) der Mut, sich zu beugen, die Kraft der Selbstverleugnung, die schweigende Anerkennung einer Unzulänglichkeit gegen höhere Macht, Ergebung in Bestimmtes, Unvermeidbares, Größeres. Demut ist die holde Schwester der Religion, mit dem Blicke nach oben, gefalteten Armen über dem Herzen, gesenktem Haupte. Sie ist vor allem eine weibliche Tugend, wenn Ausdauer eine männliche ist. Sie ist verwandt mit den edelsten Gefühlen, die das Menschenleben schmücken und beglücken; mit Ehrfurcht vor dem Ewigen, Unantastbaren, Unveränderlichen, mit der Tugend, dieser rastlosen Streiterin auf dem Schlachtfelde der Leidenschaft, mit der Unschuld ...

Empfindsamkeit,

einer der edelsten Vorzüge des weiblichen Herzens, mittels dessen das Gemüt, wie ein zart besaitetes Instrument, der leisesten Anregung Antwort gibt, über sie entscheidet, urteilt.

Frauen

Die Kulturgeschichte der Frau ist zugleich die der ganzen Menschheit; denn die Frauen sind der Hebel, ihre Bildung ist der Maßstab für jede Kultur. Wo das Weib die Sklavin des Mannes, wo sie ohne höhere Liebe an ihn gefesselt, wo sie ausgeschlossen ist vom öffentlichen Leben, wo sie keine beratende Stimme hat im großen Familienverbande der Nation, da gibt es keine Kultur! –

Die Allmacht hat, um das Ideal der Menschheit zu erzielen, die Idealität in beiden Geschlechtern ausgeprägt; nur die Vereinigung beider, ihrer gleich großen, wenn auch verschiedenen Anlagen und Fähigkeiten, das Zusammenwirken derselben, bildet das Meisterwerk der Schöpfung. – Mann und Weib im Vereine sind dieses Ideal. Eins ergänzt und fördert so die Eigenschaften und Kräfte des anderen.

Handarbeiten

(weibliche) können füglich in zwei Klassen: notwendige und überflüssige, eingeteilt werden. Die hauptsächlichsten der ersten Kategorie, das Spinnen, Weben, Nähen und Stricken, sehen wir trotz ihres Nutzens als untergeordnete Beschäftigungen an. Sie sind die weiblichen Handwerke und der Nahrungszweig armer Leute geworden. Grund genug für die elegante Welt, sie geringzuachten und den dienenden Händen zu überlassen, obgleich die fleißige, *echte* Hausfrau sich noch heute derselben ebenso wenig schämt, als einst die Fürstinnen [. . .]. Der Herr und seine Diener lebten dem Kriege und dem Weidwerke, während die emsigen Frauen am Herde oder am Webstuhle und mit der Spindel für ihre Bedürfnisse sorgten. Ihr Wunsch, dem einfachen, gewirkten Gewande eine bessere Form zu geben, erfand das Nähen, und diesem folgte bald das Sticken. Der Übergang vom Notwendigen zum Schmükkenden war geschehen, und nun erfand man jene hundertfältigen Kunstwerke und Niedlichkeiten, welche seitdem die weibliche Phantasie schuf und die wir dennoch in die zweite Klasse, d. h. der überflüssigen, oder Luxusarbeiten verweisen müssen.

Hausfrau

Der Inbegriff aller guten, häuslichen Eigenschaften der Frau heißt Häuslichkeit; sie ziert sie mehr, als die brillantesten geselligen Eigenschaften. Die Gesamtheit aller ihrer Pflichten, Geschäfte und Verrichtungen heißt das Hauswesen; diesem fleißig, sorgsam vorzustehen, ist des Weibes höchster und schönster Beruf; wo das Hauswesen gut geordnet ist, da herrscht Wohlstand, Frohsinn, Glück. – Das Weib muß frei, geachtet, dem Manne gleichgestellt sein, soll es eine gute Hausfrau werden. Trefflich schildert ihre würdevolle Bedeutung Schiller in einer Stelle der Glocke. [Siehe S. 63]

Lektüre

Was und wieviel Frauen aus dem Schatze menschlichen Wissens zu nehmen haben, wäre schwerer zu sagen, wenn nicht die moralische Notwendigkeit, daß sich das Weib für den Mann bilde, hier den Maßstab gäbe. Der Frauen Bildung muß eine durchaus *weibliche* bleiben, im edelsten Sinne des Wortes, wenn sie beglücken soll; nicht das Wissen macht glücklich, sondern die Anwendung desselben. – Weibliche Lektüre zerfällt natürlich in die für Mädchen und die für Frauen, und wieder in wissenschaftliche und unterhaltende. Alle wissenschaftliche Lektüre, sowohl der Mädchen als der Frauen, muß auf ihren Beruf stete Beziehung haben; – erste Bedingung alles Lesens bleibt Selbsterkenntnis; bei Frauen tritt noch die heilige Pflicht hinzu, daß sie im Geschäfte ihrer Gatten nie ganz ignorant sein sollen. Von der Unterhaltungslektüre werden edle Frauengemüter gewiß alles ausscheiden, was *nur* unterhält, was nicht entweder dem Geiste oder dem unverderbten Herzen Nahrung bietet.

Reize, weibliche

Die aufsteigende Kultur hat das Weib nicht nur in sich, sondern auch in der Seele, in der Empfindung des Mannes mehr vergeistigt. – Und so erkennt der Mann der Kultur im Weibe einen doppelten Reiz, den der Form: den körperlichen, ausgeprägten, und jenen der *Seele,* den unbewußten, undefinierbaren. Beide im wesentlichen Zusammenhange, schmelzen in ihrer Gefühlsanschauung auch in eins, und er nennt oft ein Weib reizend, er fühlt ihren Reiz, ohne sich klar der Eigenschaften all, die ihn bezaubern, bewußt zu sein. – So läßt er den Reiz weder der körperlichen, noch der geistigen Schönen ausschließlich zusprechen. Der *deutschen Frauen* unwiderstehlicher Reiz aber [. . .] besteht – und zwar hauptsächlich – in jenen Reizen der Seele und des Geistes, die man nur ahnt, fühlt und nennt, ohne sie explizieren zu können: ihre Zahl ist so reichhaltig, so unermeßlich wie das deutsche Gemüt; sie heißen Anmut, Bescheidenheit, Sanftmut, Ergebung, Milde, Frohsinn, Hingebung, Huld, Innigkeit, Treue, Naivität, Humor, Herzlichkeit, Unbefangenheit und hundert andere mehr. Diese blühen, entzücken und fesseln, wenn die vergänglichen Reize der Form längst verwelkt sind.

Sanftmut

Mit einem Heiligenscheine umgibt diese liebenswürdige Eigenschaft jedes Haupt. Unzertrennlich ist sie von dem Wesen des Weibes. Denn aus zarten, innigen Gefühlen und Empfindungen geht sie hervor. Daher entfernt sie von sich jede beleidigende Härte und Rauheit. Sie sucht den Frieden mit aller Welt und vermittelt unter Entzweiten die Aussöhnung. Nachsichtig entschuldigt sie, wie sie großmütig verzeiht. Alles wird freundlich und heiter durch die milden Strahlen, die sie um sich verbreitet. Dankbarkeit und Ergebenheit erwirbt sie sich in naher Umgebung und in weiten Kreisen, und unaufgeforderte Verehrung und Huldigung kommt ihr freiwillig entgegen.

Lithographie aus „Mariens Tagebuch" (1852) von A. Stein. Hinter diesem Pseudonym verbirgt sich Margaretha Wulff (1792–1874), die sich mit ihren Kinder- und Jugendbüchern hauptsächlich an junge Mädchen wandte. – Die fleißige kleine Tagebuchschreiberin verkörpert biedermeierliche Wertvorstellungen: Bescheidenheit, Ordnungsliebe, Behaglichkeit im häuslichen Rahmen. A. Stein will ihre Leserinnen ganz im Sinn der aus dem „Damen-Conversations-Lexikon" (1834–1838) herausgegriffenen Stichwörter erziehen, und diese restaurative Tendenz läßt sich in fast allen Mädchenbüchern und -zeitschriften des 19. Jahrhunderts nachweisen; als Beispiel seien nur Thekla von Gumperts (1810–1897) „Töchter-Album" und „Herzblättchens Zeitvertreib" genannt, die beide 1855 zu erscheinen begannen. Damals stieg die Flut der Mädchenliteratur sprunghaft an, was sich aus dem stetig wachsenden Bildungshunger der Frauen einerseits und dem Fehlen staatlicher höherer Schulen für Mädchen andererseits erklärt: Berufene wie selbsternannte Pädagogen und Lehrerinnen sahen in ihnen dankbare Erziehungsobjekte. Hinzu kam, daß viele Anfängerinnen glaubten, das Schreiben für Kinder und Jugendliche bereite die geringsten Schwierigkeiten. Auch die von A. Stein gewählte Form war bei weniger talentierten Schriftstellerinnen äußerst beliebt: Tagebücher oder Briefe wirken lebensecht und vermögen einer an sich faden Handlung ein bißchen Spannung einzuflößen.

Aus dem Leben einer Hausfrau der neuen Zeit

OTTILIE WILDERMUTH

1817–1877; geb. Rooschüz. Tätige Nächstenliebe verstand sich bei der erfolgreichen schwäbischen Schriftstellerin und Mutter dreier Kinder von selbst, sie wurzelte fest im christlichen Glauben. Deshalb hielt sie auch wenig von lauten Emanzipationsbekundungen – ohne sich bewußt zu sein, daß *sie* selbständig war und als eine der ersten die Doppelrolle Familie – Beruf beispielgebend vorlebte. „Ihren Büchern merkt man an, daß Sie auch Strümpfe stopfen können", schrieb ihr einmal bewundernd eine Leserin. Ottilie Wildermuth holte ihre Stoffe aus dem bürgerlichen Alltag, nicht, wie viele ihrer adligen Kolleginnen, aus der Geschichte und den oberen Gesellschaftsschichten. Mit ihr, die sich einen Namen gemacht hatte – als erste Frau erhielt sie vom württembergischen König die Goldene Medaille für Kunst und Wissenschaft –, aber dennoch kein „Blaustrumpf" war, konnten sich breite Kreise identifizieren. Ihr Denkmal in Tübingen trägt die Inschrift: „gewidmet von deutschen Frauen". – Ins „Leben einer Hausfrau der neuen Zeit" sind eigene Erfahrungen eingeflossen; hier der Anfang der 1852 entstandenen Geschichte:

Ihr habt gut reden und rühmen von den Hausfrauen der alten Zeit. Damals war's noch ein Spaß, Hausfrau zu sein, trotz aller Ochsen und Kühe, Gärten, Wiesen und Felder, die zu einem rechtschaffenen Hausstand gehörten. Wenn eine Frau ihre Kinder soweit gebracht hatte, daß sie auf eigenen Füßen stehen und gehen konnten, ihnen Strümpfe und Hosen flickte, Mann und Gesinde mit Nahrung und Kleidung versorgte und ein scharfes Auge auf die Mägde hielt, so konnte sie ihr Haupt ruhig niederlegen, auch da und dort eine Kaffeevisite mit gutem Gewissen mitmachen. Die Erziehung war die einfachste Sache von der Welt. Mit dem Studium der Individualitäten befaßte man sich nicht im mindesten; die geistige Ausbildung überließ man getrost dem Präzeptor und seinem Stock, der sittlichen half man mit ein paar gesunden Püffen und Schlägen nach und blieb im übrigen gut Freund.
Die Erziehung der Mädchen vollends gab sich ganz von selbst; im zehnten Jahr mußten sie anfangen, ihre Haare selbst zu flechten, die kleinen Geschwister hüten und in den Keller gehen. Allmählich avancierten sie vom Strickstrumpf zum Nähzeug, vom Begießen zum Bepflanzen der Gartenländer. Waren sie im vierzehnten Jahr konfirmiert, so war die Mutter höchlich erleichtert: „So, jetzt hat das Gelerne ein Ende und das Mädchen ist auch zu etwas zu brauchen." Nun wurde sie erst recht, nach gut schwäbischem Ausdruck „im Haus herum gepudelt", in Küche und Keller, Hof und Garten, im Stall und auf den Feldern. Wollte man ihrer Ausbildung noch die letzte Politur, die höchste Vollendung geben, so schickte man sie auf ein Jahr zu irgendeiner Frau Base oder Tante, die als eine besonders böse und exakte Frau bekannt war (welche zwei

Begriffe sonderbarerweise sehr häufig in einen zusammenfallen), und die es vortrefflich verstand, „den jungen Mädchen den Rost herunter zu tun"; hernach noch ein halb Jahr nach Stuttgart, um „das Haubenstecken" zu lernen, und damit war's getan, und die Rike oder Mine konnte jeden Tag, wenn sich ein passender „Anstand" zeigte, in die Fußstapfen der Mama treten; im schlimmsten Fall gab sie seiner Zeit eine gute Tante ab, die man „ins Haus metzgen" konnte, oder eine brauchbare Haushälterin für einen respektablen Witwer.

Dieses solide eherne Zeitalter ist nun vorüber; wir sind im bleiernen, dessen Gewicht so schwer auf der Menschheit lastet, daß sie das Blei in eine Menge von Formen und Gestalten verarbeitet, um es tragbarer zu machen. Sonst war der weibliche Beruf der einfachste, der gar kein Besinnen brauchte, jetzt sind fast die Männer zu beneiden, die doch die Wahl unter bestimmten Brotstudien und eine mehr abgegrenzte Bahn zu durchlaufen haben, während eine töchterreiche Mutter ihrer Seele keinen Rat weiß, für welche Art von Zukunft sie ihre armen Mädchen zustutzen soll, wenn sie sie nicht dereinst nach Kalifornien spedieren will.

Doch ich wollte keine philosophische Abhandlung liefern, gewiß nicht! Darum bitte ich den geneigten Leser, mir nur in die Stube einer Hausfrau der neuen Zeit zu folgen (ein Boudoir besitzt sie nicht), und er wird die Drangsale einer armen Frau begreifen, die der Zeit Rechnung tragen muß.

Und es ist noch eine recht gute Frau, bei der ich euch einführen will, keine Emanzipierte und kein Blaustrumpf. Sie hat Mann und Kinder von Herzen lieb und nach achtzehnjährigem Ehestand noch hie und da eine wehmütige Sehnsucht nach den idyllischen Freuden ihrer Brautzeit. Ihr Mann ist der respektierte Herr des Hauses und ihre Kinder ihres Herzens Stolz und Freude.

Frau Bernhard steht zu einer ziemlich frühen Stunde auf, denn ein schweres Tagwerk liegt vor ihr. Morgens hat sie ihre Einsammlungen für den Kreuzerverein für Schleswig-Holstein zu machen, eine Arbeit für die indische Missionslotterie soll vollendet werden; nachmittags ist eine Sitzung des verwahrlosten Kindervereins; abends Arbeitskränzchen des Frauenvereins für arme Wöchnerinnen; daneben trifft sie die Runde der Krankenbesuche und die Visitation der Suppenanstalt. Das alles ist nur das Departement der auswärtigen Angelegenheiten, die innern sind gar nicht aufzuzählen.

Es ist noch eine Weile still im Haus, die liebe Jugend schläft, die Köchin besorgt das Frühstück und die Kindsmagd den Kleinen. Jetzt könnte sie eben noch die Statuten eines Beschäftigungsvereins für brotlose Mädchen aufsetzen, und daneben hat sie den jüngsten poetischen Versuch ihres ältesten Sohnes zu rezensieren. Schon ist sie an Paragraph 3 der Statuten: „Die beaufsichtigenden Frauen erbieten sich zu mütterlicher Leitung und Anweisung der Mäd-

chen“, da erschallt die etwas gellende Stimme ihrer Sophie aus dem Bett: „Mutter, mein Strumpf hat ein Loch.“ – „Schon wieder! Mädchen, wie greifst du's an, alle Tage zwei Paar zu zerreißen! Bäbele gibt dir andere.“ – Die etwas kleinere Kornelie kann die Schuhe nicht anziehen. „Natalie soll dir helfen.“ „Die Natalie singt schon eine halbe Stunde; es ist heute Probe des Vereins für ursprüngliche Volksmelodien“, bemerkt der eintretende Ehemann, der einen zerrissenen Paletot in der Hand hält. „Vor acht Uhr solltest du mir die Knöpfe da annähen; so kann ich ihn zu keinem Krankenbesuch mehr anziehen.“ Während die bedrängte Frau die Knöpfe verspricht und die Köchin an die Schuhe der seufzenden Kornelie kommandiert, rückt der Gustav an mit dem Zumpt [Lateinische Grammatik] in der Hand: „Mutter, überhör mich!“ Mechanisch nimmt sie das Buch, und der Bub leiert mit heller Stimme: „Viele Wörter sind auf is / Masculini generis ...“
Jetzt aber schreit der Kleine, dem das Bäbele den Mund mit dem Brei verbrannt hatte; die Mutter läßt den Zumpt fallen und eilt dem Kind zu Hilfe, der Mann beordert das Frühstück herein, die krawallierende Jugend sammelt sich um den Tisch, die Mutter erscheint endlich auch, nachdem sie „nur geschwind“ die Milchfrau bezahlt und den Buben der Frau Registratorin drüben abgefertigt hat, der schon in aller Frühe gekommen ist, um die „Worte einer Frau an Frauen über ihre Stellung zur Gegenwart“ für seine Mutter zurückzufordern.
Auch Natalie erscheint und muß eilig Kaffee trinken, um zeitig in die englische Stunde zu kommen, Gustav kündigt an: „Mutter, du mußt mich dann erst noch zwei Seiten im Kärcher [Griechische Grammatik] überhören“, und der zehnjährige Emil suppliziert [bittet nachdrücklich] um eine gestickte Fahne für das bevorstehende Schützenfest für Knaben; die dreizehnjährige Mathilde hat heute die erste Abendstunde in der Experimentalphysik, und Natalie erinnert die Mutter, vom Einsammeln für die Holsteiner doch ja noch zeitig in die Vorlesung über alte Hünengräber zu kommen.
Eine einzige friedliche Viertelstunde rettet die vielgeplagte Frau für das Morgengebet. Das Lied, das sie heute liest, sind auch Worte einer Frau, der frommen Schweizerin Anna Schlatter, und die Strophe:

Und drängt mich der Geschäfte Last,
Will ich entlaufen dir,
Der du den Sturm gestillet hast,
Still auch den Sturm in mir!

ist ihr aus der Seele geschrieben und hilft ihr zu etwas Ruhe und Sammlung. Aber das äußere Leben mit seinen Forderungen fällt alsbald wieder gewaltsam über sie her.

All meine Rede

Annette von Droste-Hülshoff

Unter den vielen Schriftstellerinnen des 19. Jahrhunderts gab es viele Vielschreiberinnen – die meisten sind zu Recht vergessen. Mit ihrem schmalen Werk stellt die Droste (1797–1848) sie alle weit in den Schatten, sie hat einen festen Platz in der deutschen Literaturgeschichte. Ihr Gedicht „Am Turme" wird heute häufig zitiert wegen der Verse: „Wär ich ein Mann doch mindestens nur, / So würde der Himmel mir raten ..." Dichten war für sie weder Zeitvertreib noch Selbstvergewisserung, sie mußte einfach schreiben:

All meine Rede und jegliches Wort
Und jeder Druck meiner Hände
Und meiner Augen kosender Blick
Und alles, was ich geschrieben:
Das ist kein Hauch und ist keine Luft
Und ist kein Zucken der Finger,
Das ist meines Herzens flammendes Blut,
Das dringt hervor durch tausend Tore.

Der Frauen Zustand ist beklagenswert

Fanny Lewald

„Nu! Dein Kopf hätt' auch besser auf 'nem Jungen gesessen!" sagte ein Lehrer zu der neunjährigen Fanny Lewald (1811–1889), und das bestärkte sie in dem Ehrgeiz, zu lernen wie ein Mann. Sie wuchs in Königsberg als Tochter eines jüdischen Kaufmanns auf, der das begabte Kind förderte. Einer von den Eltern gewünschten Heirat widersetzte Fanny sich, nutzlos verbringt sie ihre Tage daheim mit Hausarbeit. Bis ein Vetter sie ermuntert, es mit der Schriftstellerei zu versuchen. 1843 schafft sie mit ihrem zweiten Roman „Jenny" den literarischen Durchbruch. Nun kann sie sich aus der Abhängigkeit vom Vater befreien, nach Berlin ziehen, selbständig auf Reisen gehen. Und der Erfolg bleibt ihr treu, ihre Honorare reichen zum Leben aus.
Als eine der ersten und ganz entschieden fordert sie für die Frauen das Recht auf Bildung und Berufsarbeit (siehe S. 120). Wer ihre „Lebensgeschichte" (6 Bände, 1861/62) liest, wundert sich nicht über diese fortschrittliche Einstellung; hier ein Auszug:

Ich wollte einmal, das nahm ich mir fest vor, bei den Männern weder durch meine Schwäche Mitleid erregen noch über sie durch Schwächen herrschen, welche ihnen lästig fielen; und statt des Verlangens meiner Kindheit, so viel zu lernen wie die Knaben, ward nun das Streben in mir wach, in meinem Kreise so tüchtig zu werden wie die Männer in dem ihren und nicht ihren Schutz und ihre Galanterie, sondern ihre Anerkennung und ihre Achtung zu gewinnen. Da aber in einem jungen Kopfe vernünftige Ansichten meist einige kleine unvernünftige Schößlinge erzeugen, so bekam ich einen Widerwillen gegen gewisse Arten der gewöhnlichen männlichen Höflichkeit. Ich mochte es nicht leiden, wenn man mir anbot, meinen Schirm oder meinen Schal zu tragen oder mir einen ähnlichen Dienst zu leisten. Es kam mir das wie eine den Männern nicht geziemende Dienstbarkeit vor, zu der sie sich nur verständen, weil sie uns wie hilflose Kinder betrachten; und je mehr meine ganze Seele voll war von einem Ideal von männlicher Würdigkeit, das ich mir aus den Eigenschaften meines Vaters erbaut und mit der jugendlichen Liebenswürdigkeit verschiedener Romanhelden geschmückt hatte, um so mehr wollte ich wert werden, die Liebe eines solchen Mannes zu verdienen und eine ihm zupassende Frau zu werden.

Mein Vater nährte diese Ideen, soweit sie ihm im Leben zufällig sichtbar wurden, auf das entschiedenste. Er fand die Stellung der Frauen traurig, und kam man bei uns darauf einmal zu sprechen, so pflegte er zu sagen, die Juden wüßten wohl, weshalb sie ihrem Gotte täglich dafür dankten, als Männer geboren zu sein. Er wies uns dann wohl auf die Goethe-Verse hin:

> Der Frauen Zustand ist beklagenswert.
> Zu Haus' und in dem Kriege herrscht der Mann.
> Und in der Fremde weiß er sich zu helfen.
> Ihn freuet der Besitz; ihn krönt der Sieg!
> Ein ehrenvoller Tod ist ihm bereitet.
>
> Wie eng-gebunden ist des Weibes Glück!
> Schon einem rauhen Gatten zu gehorchen,
> Ist Pflicht und Trost; wie elend, wenn sie gar
> Ein feindlich Schicksal in die Ferne treibt!

Aber er tat das nur, um uns damit Fügsamkeit in das Unvermeidliche zu predigen, um danach seinen Grundsatz auszusprechen, daß jede Frau sich verheiraten müsse, daß die verheiratete Frau, auch wenn ihr ein beschränktes Los und ein ihr nicht zupassender Mann zuteil geworden sei, immer noch ein beneidenswertes Schicksal neben der unverheirateten habe, weil sie sich in dem ihr naturgemäßen Berufe bewege, und daß eine Frau, die in sich selbst gefestigt sei und neben ihrem naturgemäßen Berufe ein eignes inneres Leben habe, immer glücklich sein könne, wenn sie ihre Pflicht gegen ihren Mann erfülle und ihre Kinder gut erziehe. Sie besitze dann alle Elemente der Zufriedenheit, sei vollkommen, was sie sein solle, und außerdem stehe es fest, daß *die* Frau die beste sei, von der man außerhalb ihres Hauses gar nichts wisse und nichts spreche.

Er sagte das immer mit rühmendem Bezug auf unsere Mutter, aber er bedachte nicht, daß alle Anleitung, welche ich von ihm erhielt, darauf hinauslief, mich in vielem Betrachte zu dem Gegensatz von ihr zu machen. Während er mir unablässig vorhielt, daß ich bestimmt sei, eine fügsame, häusliche, von ihrem Manne abhängige Frau zu werden wie sie, hatte er mir längst eine Selbständigkeit und Charakterfestigkeit eingeflößt, die er unterschätzte, weil meine Liebe und Verehrung vor ihm mich ihm in blindem Gehorsam unterwarfen. Seine Ansichten nicht zu teilen, fühlte ich mich bereits durchaus berechtigt; und ich teilte sie zum Beispiel in bezug auf die Pläne, welche er für meine einstige Verheiratung hatte, ganz und gar nicht. Aber wenn ich mir auch immer vorhielt, daß ich mich nie zu einer mir nicht zusagenden Heirat zwingen lassen würde, so kam mir doch nicht der Gedanke, daß ich es wagen könnte, jemals eine Heirat oder sonst irgendeinen Schritt ohne meines Vaters Zustimmung zu tun. Ich fühlte mich in dieser Beziehung durchaus als sein Eigentum – nur mich an einen andern fortzugeben, wenn ich es nicht wollte, das Recht gestand ich ihm nicht zu.

Broterwerb und Wohltätigkeit

Arbeitssaal in einem Armen- oder Arbeitshaus. Lithographie aus dem Jahr 1817. – Nach zwei verregneten Sommern herrschte 1816/17 im deutschen Südwesten eine große Hungersnot. Der Brotpreis stieg um das Viereinhalbfache an, was bedeutete, daß der Tageslohn eines Arbeiters oder Tagelöhners nicht ausreichte, um auch nur ein Brot zu kaufen. Viele Arme aßen Gras und Holzbrot. Der württembergische König versuchte, durch Getreidekäufe aus Rußland der Teuerung Herr zu werden. Seine Frau Katharina gründete Wohltätigkeitsvereine, die Speisen ausgaben. Es war eine Stunde der Frauen. Den von einer „Zentralleitung für Wohltätigkeit" zur Verfügung gestellten Flachs verteilten Bürgersfrauen – die Frau des Pfarrers, des Apothekers, des Bürgermeisters und des Wirts – an arme Familien, und sie holten später auch das fertige Garn ab und übernahmen den Vertrieb. – Oben spinnen und stricken Frauen und Mädchen unter der Aufsicht einer Arbeitslehrerin. Mit diesen Handarbeiten verdienten die Kinder ihr Essen und wurden zugleich zu Ordnung und Fleiß erzogen.
1833 heißt es im Pfarrbericht des Evangelischen Dekanatsamts Tübingen: „Seit 1816 besteht hier eine Beschäftigungsanstalt für arme Kinder, in deren erster Abteilung (mit 230 Mädchen) Strickarbeiten von der einfachen, leinenen Socke bis zum feinsten Kinderhäubchen gefertigt, Baumwolle kartätscht und gesponnen und Faden gezwirnt, in der zweiten Abteilung (mit 50 Mädchen) Nähereien von dem ärmlichsten Flickwerk bis zum feinsten Mannshemd geliefert werden."

Über den Umgang mit Mägden

Christian Friedrich Scholl

1757–1837. Der Finanzbeamte Scholl schrieb für seine Tochter Leonore, die mit zwanzig Jahren einen Juristen heiratete, eine „Kurze Erinnerung beim Eintritt in die Haushaltung" (Mai 1816). Auszüge aus dem Manuskript:

Wenn die ersten 14 Tage oder drei und vier Wochen, wo du deine Haushaltung mit neuen Möbeln eingerichtet und Küchen und Speisekammer in Ordnung gebracht haben wirst, vorüber sind, so wirst du endlich anfangen, dich ganz deiner Haushaltung zu widmen und deine Magd, was sie zu tun und zu besorgen hat, anzuleiten. Hier fängt also erst deine erste Periode des häuslichen Lebens an, wo es dir, wenn du auf den Nutzen und Vorteil deiner Ökonomie sehen wirst, darum zu tun sein muß, alles so einzurichten, daß dieser Zweck erreicht werden kann.

Das erste lasse sein, das Frühstück zu besorgen, daß es um 6 oder längstens 7 Uhr genossen werden kann. Ist's Kaffee, so mache selben in der Maschine gekocht, und richte es so ein, daß deine Magd schon früher kochendes Wasser parat hat, auch kann sie die Milch, wenn sie des Abends vorher ins Haus geschafft wird, aufkochen.

Ist das Frühstück genossen, so lasse sogleich alles ins Haus schaffen, was zum Mittagessen nötig ist, und sorge dann, daß deine Magd mit dem Zusetzen so bald als möglich fertig wird, damit sie alsdann zu einem andern Geschäft gebraucht werden kann.

Das Reinigen der Zimmer hat die Magd des Morgens so früh zu besorgen, daß bis du aufstehst alles in Ordnung ist. Deine Magd gewöhne so, daß sie nicht länger als höchstens eine Stunde putzet, und willst du dieses in Stand bringen, so lasse dich die Mühe nicht dauern, einmal zu ihr hinzustehen, damit du dich von der Möglichkeit überzeugst.

Ist die Magd mit der Küche im Reinen, so halte sie zum Geschäft für deine Haushaltung, zum Nähen oder Stricken oder Spinnen an.

Kommt die Zeit, wo für das Nachtessen gesorgt werden muß, so lasse deine Magd – wenn's nicht schon des Vormittags geschehen – das Erforderliche herbeischaffen und richte es so ein, daß man Punkt 8 Uhr essen kann. Willst du nicht selbst kochen, so sieh wenigstens fleißig nach, damit das Essen gut auf den Tisch kommt. Mit dem Spülen hat sich die Magd so zu befördern, daß sie in einer Stunde – das heißt, wenn man keine Gäste hat – fertig ist.

Nun wäre also ein Tag vorbei.

Wenn dir dein Mann, wie ich nicht zweifle, das Geld zur Besorgung des Einkaufs in die Haushaltung gibt, so verwahre solches gut, und gibst du von diesem Geld der Magd, etwas zu kaufen, so sieh genau darauf, daß sie dir das Herauszubringende gleich zustellt. Dieses Geld, wenn du es richtig befunden hast, tue sogleich in deinen Beutel und lasse es nicht auf dem Tisch oder in der Küche (wie es der Mutter manchmal geschieht) oder an einem anderen Orte herumliegen, und führst du, was gut sein wird, eine Haussparkasse, so schreibe alles gleich auf der Stelle auf.

Tagelöhner werden dir auf dem ersten Platz wenig vorkommen, doch wenn dieser Fall eintreten sollte, so rate ich dir nicht, das Nähen und Stricken vorzuziehen und in der Stube sitzenzubleiben, sondern beständig nach den Tagelöhnern zu gehen – besonders nach den so verderblichen Wäscherinnen [vgl. S. 113], und auf den Holzverbrauch genaue Aufsicht zu haben. Einmal geschieht die Arbeit besser und geht auch schneller vonstatten, so daß du in sieben Tagen das einverdienen kannst, was du dadurch Nutzen erhältst: Es ist überhaupt gut, so oft es möglich ist, nach der Magd zu sehen, denn da der Weiber Verdienst da genützt ist, so erwirbt man an den fleißigen Mägden am meisten.

Deiner Magd gestatte durchaus keine Mitmagd oder Zusammenkünfte in der Küche, denn gewöhnlich durch die Gesellschaft anderer werden die eigenen Mägde schlecht. [. . .]

Es wird sehr oft vorkommen, daß dein Mann einer andern Meinung als du bist, er wird dir seine Gründe sagen, und stimmen diese auch nicht ganz mit dir überein, so werde nie unfreundlich und sage ihm mit Liebe deine Ansichten, und so kann man sich ohne allen Verdruß vergleichen.

Aus dem Poesiealbum einer Konfirmandin – 1831/32

Stets im Guten weiter gehen,
Und niemals, niemals stille stehn,
Dies ist für jeden Menschen schön.

Erinnere Dich hiebei Deiner Freundin Thekla Tritschler

Schnell welkt die Jugend und aller Tand,
Ewig bleibt Tugend, ewig Verstand,
Drum laßt uns weise und edel sein
Und stillem Fleiße die Jugend weihn;
Dann, Freundin! wohnt in unsrer Brust
Gott selbst, und lohnet mit wahrer Lust.

Deine Freundin Pauline Motz

Wer erzieht die Erzieherinnen?

Die Frauen der unteren Schichten suchten traditionell Arbeit im häuslichen Bereich, als Dienstmädchen, Köchinnen, Näherinnen und Waschfrauen. In städtischen Gebieten boten sich im 19. Jahrhundert neue Erwerbsmöglichkeiten in der aufblühenden Fabrikindustrie.
Für Mädchen und Frauen aus den sogenannten gebildeten Schichten war es ungleich schwieriger, eine Verdienstquelle ausfindig zu machen; sie blieben auf die Hausfrauen- und Mutterrolle festgelegt. Schlugen alle elterlichen Bemühungen fehl, eine Versorgungsehe zu stiften, so gab es eigentlich nur drei Möglichkeiten: entweder die ungewisse Karriere einer Schriftstellerin, die für die meisten mangels Begabung von vornherein ausschied, oder eine Aufgabe im pflegerischen Fach, oder – der beliebteste weil scheinbar leichteste Weg – eine Stelle als Erzieherin oder Gouvernante. Die mangelhafte Ausbildung dieser Lehrerinnen rügt eine anonyme Dame in Briefen aus Berlin, veröffentlicht im „Archiv für vaterländische Interessen oder Preußische Provinzialblätter", Königsberg 1843.

Daß ich Dir es kurz gestehe, die jetzige Mädchenerziehung gefällt mir nicht recht. Die Mädchen lernen und lernen, und wenn man die Mehrzahl als Frauen wiedersieht, ist das Gelernte vergessen, nur die Prätention darauf ist geblieben und an wahrer Bildung ist nichts gewonnen. [...]
Alle Welt, mein lieber Neffe! beschäftigt sich jetzt mit inländischen Zuständen und inländischen Interessen; daher wundern Sie sich nicht zu sehr, wenn auch ich darüber nachdenke und Sie frage, woher es wohl kommt, daß die Regierung, oder wem das sonst obliegt, sich nicht um die Bildung und Prüfung von Gouvernanten kümmert? Mindestens die Hälfte der weiblichen Jugend wird von solchen Mädchen erzogen; und während man für die Erziehung alles mögliche tut, denkt daran, wie mir scheint, niemand, und man läßt, wie man so sagt, Gott einen guten Mann sein. Auf dem Schlosse des reichen Grafen und in der bescheidensten Pächterwohnung werden Sie jetzt eine Gouvernante finden; aber unter zehn Mädchen, die diesen Titel führen, oft nicht ein einziges, das ihn verdiente. In den allerseltensten Fällen ist es ein innerer Beruf, der die Damen zu dieser Beschäftigung führt, sondern die drückende Notwendigkeit, für ihren Unterhalt zu sorgen. Töchter von armen Beamten oder andern unbemittelten Leuten, die selbst nur den gewöhnlichsten Unterricht in den Schulen genossen und ein wenig Musik gelernt haben, treten mit sechzehn, siebzehn Jahren, oft ohne alle weitere Vorbereitung, als Lehrerinnen und Erzieherinnen in Familien ein, während sie selbst noch gründlich der Erziehung und des Unterrichtes bedürfen. [...] Sie wissen nichts Besseres zu tun, als daß sie sich mit ihren Eleven [Zöglingen] hinsetzen, ihnen die Bücher, die sie selbst bisher benutzt haben, von Anfang an vorlesen, sie das Vorgelesene auswendig lernen lassen und es überhören. Von freiem Vortrage, von Weckung irgendeines geistigen Interesses in den Schülern kann dabei die Rede nicht sein, da die

Lehrerinnen es selbst nicht empfinden; und doch sind beide Teile in der Regel verpflichtet, drei, auch vier Stunden mit wissenschaftlichem Treiben hinzubringen. Ist nun ein Mädchen von einer solchen Lehrerin eine Reihe von Jahren unterrichtet worden, tritt in das fünfzehnte, sechzehnte Jahr, so ist die Erziehung beendet; die Kinder bilden sich ein, etwas zu wissen; sie haben läuten gehört, aber nicht zusammenschlagen, und das ist nichts.
Sie werden mir einwenden, es sei die Sache der Eltern, wenn sie sich mit solchen Gouvernanten begnügen! Aber, lieber Freund! wo finden sie bessere? Als vor Jahren eine entfernte Verwandte von uns, eine höchst gebildete Dame in der Mitte der Zwanziger, sich entschloß, in einem vornehmen Hause Erzieherin zu werden, hatten wir tausend Bedenklichkeiten, ob sie imstande sein würde, den gerechten Anforderungen zu genügen und namentlich ein Examen zu machen, was wir in unsrer Einfalt für unerläßlich hielten. In aller Stille ließen wir uns das Amtsblatt holen, weil wir meinten, dort irgendeine Verordnung darüber zu finden, wo oder wie ein solches Examen gemacht werden müsse – aber davon gab es nichts, und uns war das damals herzlich angenehm. Es fand sich wohl vom 10. Juni 1834 eine Instruktion, die Beaufsichtigung der Privatschulen, Privaterziehungsanstalten und Privatlehrer, Erzieher und Erzieherinnen betreffend, die jedoch nur verlangte, daß Lehrerinnen an Schulen sich einer Prüfung unterwerfen sollen. Von Gouvernanten in Familien war in der Rücksicht nicht die Rede, sondern diese wurden nur „in sittlicher und politischer" Beziehung unter allgemeine polizeiliche Aufsicht gestellt und sollen einen Erlaubnisschein lösen. Das letztere geschieht, soviel ich weiß, nicht; und das erstere klingt, auf junge Damen angewandt, denen man die Erziehung seiner Töchter anvertrauen soll, etwas lächerlich und zweideutig.
Eine wissenschaftliche Befähigung für Gouvernanten scheint man nach dieser Instruktion nicht für nötig angesehen zu haben, was mir um so wahrscheinlicher wird, wenn ich sehe, wie gering die Anforderungen sind, die man in diesem Betracht selbst an die Vorsteherinnen großer Schul- und Pensionsanstalten macht. Einige, die ich kenne, besitzen nur die oberflächlichsten Kenntnisse und wissen zum Teil von unsrer Literatur so viel, als ich vom Spanischen – d. h., sie wissen, es existiert eine deutsche Literatur; sie kennen die Namen unsrer klassischen Autoren, aber nicht ihre Schriften. Nun können Frauenzimmer allerdings sehr gut mit diesem Halbwissen für sich bestehen, wenn sie nicht Lehrerinnen sein wollten; und ich komme darauf zurück, es fällt schwer, eine gute Lehrerin zu finden, weil – „es bei uns an Bildungsanstalten für oder zu Lehrerinnen fehlt" – die ebenso dringend nötig wären als Schullehrerseminare es sind.
Sie brauchen eine Gouvernante! Was wollen Sie anders tun, als sich an den Direktor einer Schule wenden oder an einen Geistlichen und ihn fragen, ob er Ihnen aus der Zahl seiner Schülerinnen ein paßliches Subjekt empfehlen

könne. Dann bekommen Sie gewöhnlich eine junge Dame, die ihre Schulzeit beendet hat, konfirmiert ist und bestenfalls ein gutes, unverdorbenes Kind ist, das seit einem halben Jahre auf den untersten Schulklassen in den Elementarwissenschaften unterrichtet hat. Die Lage eines solchen Mädchens ist natürlich die traurigste von der Welt; und um so trauriger, je mehr Verstand es hat und je früher es seine Unfähigkeit einsehen muß. [. . .]
In Häusern, in denen schon wahre Bildung herrscht, wird sich bald ein Urteil über die Tauglichkeit einer Gouvernante herausstellen und man wird danach seine Maßregeln treffen können. Es gibt aber viele Eltern, die, selbst ganz ungebildet, ihren Kindern eine gute Erziehung geben möchten. Diese bekommen eine solche Gouvernante ins Haus und glauben an sie wie an das Evangelium. Sie ist auf der ersten Klasse einer bekannten Schule gewesen und Direktor X. oder Prediger N. haben sie empfohlen als ein gutes, unterrichtetes Mädchen, was sie auch für ihre Person sein mag. Aber zum Lehren, das werden Sie mir eingestehen, muß man viel mehr wissen als das, was man lehren soll. Wenn nun die Schülerin einer so mittelmäßigen Gouvernante selbst wieder Lehrerin wird, was doch vorkommt, so verdünnt sich allmählich die weibliche Gelehrsamkeit; es geht wie mit der Kuhpockenlymphe, sie artet aus und wird unwirksam.
Darum, wie der Staat für neue, gesunde Lymphe sorgt, denke ich, er müßte auch für gesunde Kenntnisse sorgen und Seminare für Lehrerinnen errichten. Man müßte unbescholtene Mädchen aufnehmen, nachdem sie das sechzehnte Jahr zurückgelegt und die gewöhnliche Schulbildung genossen hätten; dann müßten sie in diesen Anstalten drei, vier Jahre lang, ganz auf Kosten der Anstalt, leben und für ihren künftigen Beruf durch Unterricht und Unterricht-Geben ausgebildet werden. Erst dann könnte man sie nach einer sorgfältigen Prüfung entlassen, und die Anstalt würde den Eltern, die Erzieherinnen brauchen, nach ihrem jedesmaligen Bedürfnis tüchtige Lehrerinnen empfehlen können.
Sie mögen mich auslachen, lieber Neffe, daß ich dergleichen Pläne entwerfe und der Regierung gute Lehren gebe; ich aber betrachte eine solche Anstalt als ein notwendiges Ding, als ein Werk der Barmherzigkeit.

Aus dem Poesiealbum einer Konfirmandin – 1831/32

Alles gehet vorüber, alle Töne verhallen
und die schönsten Stunden schlagen aus!

Wenn Du dieses Blättchen liest so erinnere Dich mit Liebe
an Deine Freundin Marie Drescher

Schmutzige Wäsche

Aus: „Tübinger Chronik", 20. März und 9. April 1846

Nachteile bei der Hauswäsche

Bei einer großen Hauswäsche, welche die Hilfe fremder Personen nötig macht, wird von den meisten Hausfrauen noch immer zu wenig Aufmerksamkeit auf die Beaufsichtigung der Beschäftigten verwendet; es werden auch häufig Personen zur Hilfe beordert, wie sie der Zufall eben herbeiführt, ohne sich nach ihren Umständen oder ihrem Privatverkehr zu erkundigen. Meistens werden sie von Dienstboten oder von Leuten empfohlen, die mit ihnen befreundet sind und im Falle der Annahme auf allerlei kleine Berücksichtigungen hoffen.

Häufig halten dergleichen Frauen auch Schlafgänger, deren Wäsche sie mit übernehmen. Sind sie in einem Hause zur Wäsche bestellt, so bringen sie gewöhnlich ein Bündel der Wäsche heimlich mit, ja bisweilen wird diese unerlaubte Nebenwäscherei bis zur Unverschämtheit getrieben; es ist daher nicht gut, wenn eine Hausfrau sich in Bezahlung der Waschfrauen zu karg zeigt, da diese sich dann auf dem eben bemerkten unerlaubten Wege desto mehr schadlos halten werden.

Es ist natürlich, daß wenn die mitgebrachte fremde schmutzige Wäsche mit zu der Hauswäsche geworfen wird, sich die Bestandteile, die das Wasser trüben, in dem Grade vermehren, daß eine rüstigere und umständlichere Arbeit erfordert wird, besonders da, wo die Schwärze der mitgebrachten fremden Wäsche gegen den Zustand der Familienwäsche auffallend absticht. Da nun aber alles zu einer bestimmten Zeit fertig sein soll, die Waschfrau jedoch die mitgebrachten Stücke möglichst gut zu reinigen strebt, weil sie sich von den Besitzern derselben die besten Waschpreise bezahlen läßt, wird sie daher den tunlichsten Fleiß darauf verwenden und darüber die ihr übertragene Arbeit vernachlässigen. Es ist ferner natürlich, daß bedeutend mehr Seife und Holz, als im andern Fall notwendig wäre, drauf geht. Die Dienstboten stehen mit der Waschfrau gewöhnlich auf vertrautem Fuße, und es ist gar nichts Neues, daß diese für die Beförderung ihrer Heimlichkeiten sich zu Gegendiensten gegen das Dienstpersonal versteht, die wiederum von diesem überboten werden, und zwar zuletzt auf Kosten der Herrschaft. Wenn es schon an und für sich widerwärtig erscheint, die Hauswäsche einer wohlanständigen Familie mit schmutziger Wäsche völlig fremder Personen vermischt zu sehen, so dürfte noch mehr der gerügte Nachteil, welchen das respektive Hauswesen durch jenes Verfahren erleidet, jeder ordnungsliebenden Hausfrau Veranlassung geben, sich bei der Wahl des zur Wäsche nötigen Hilfspersonals der strengsten Vorsicht zu bedienen.

Erwiderung

In Nr. 33 wird über die Hauswasch gedattelt, daß die meisten Frauen keine Aufmerksamkeit verwenden. Es ist eine richtige Sache, daß auf die schaffenden Leut eben so wenig Rücksicht genommen wird und den Waschern statt Kaffee Zichorienbrüh hingestellt wird und ein Kreuzer Brot, dann kann dieselbe waschen bis morgens früh. Ich denke, die Augen der Waschfrau können noch trüber werden als das Wasser von der mitgebrachten Wasch. Da ist ja gar keine Rede, daß in solchen Häusern die Mägde etwas geben können, wo sie selbst nichts haben. Verständige Frauen bringen solche Sachen nicht in Erwähnung, weil sie selbst wissen, daß der Lohn von 24 Kreuzer gering genug ist. In andern Fällen gibt es Frauen, die es auf ihr Gewissen nehmen, wenn die Waschern die Seif und Holz mitbrächte, sogar das Essen. Alles Unordentliche haben sich die Frauen selbst zuzuschreiben, besonders, welche an jeder Wasch andere Leut haben, die zum Teil gar keine Waschern sind. Sollt ich Unrecht haben, so ist ja Irren menschlich.

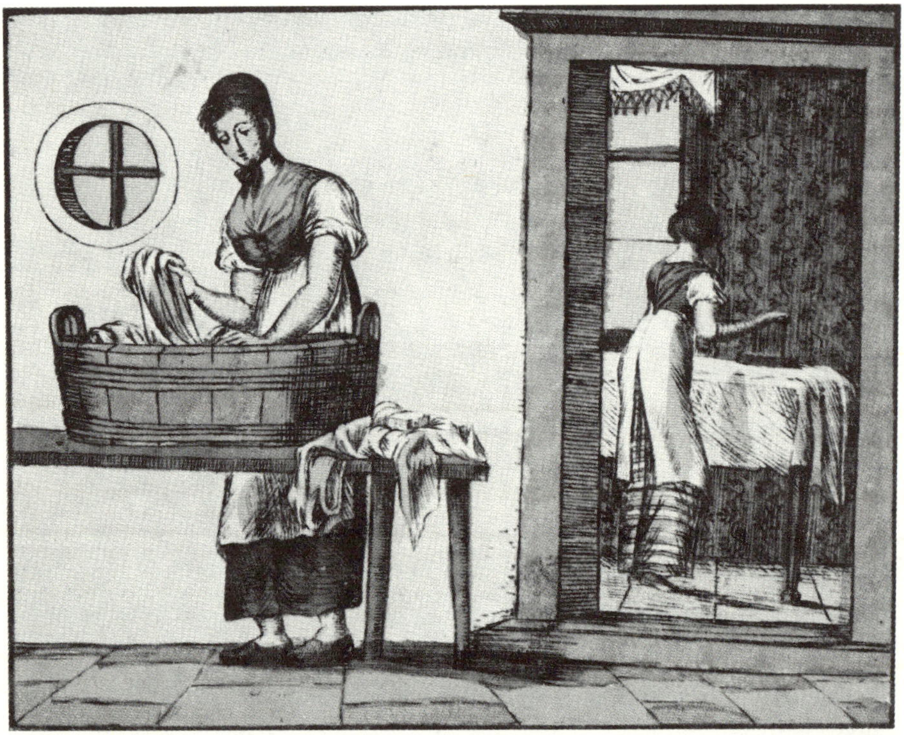

„Gar lieblich ist es anzuschauen, / Wenn waschen, bögeln, die Jungfrauen; / Die schönste Zierde, daß ihr's wißt, / Ist, wenn das Mädchen reinlich ist." Holzstich und Vers aus dem „Moralischen Wegweiser zu Nutz und Frommen der heranreifenden weiblichen Jugend", Bilderbogenverlag von G. P. Buchner in Nürnberg.

Wider die kleinen Geldtyrannen

Louise Aston

„Anteil an der Freiheit dieses Jahrhunderts", forderte sie, die radikalste der „Emanzipierten" im Vormärz, für ihr Geschlecht, „das Recht der freien Persönlichkeit, worin all unsre Macht und all unser Glauben ruht, das Recht, unser eigenstes Wesen ungestört zu entwickeln, von keinem äußeren Einfluß gehemmt . . ." – Als Siebzehnjährige mußte Louise Hoche (1814–1871) den ungeliebten englischen Fabrikanten Aston ehelichen. Sie hatte sich der Geldheirat widersetzt: Es kam zu einem dramatischen Auftritt, ihr Vater, ein Geistlicher, verfluchte sie und erlitt einen Schlaganfall – da gab sie nach. Nach 14 Jahren ließ sie sich scheiden und zog mit ihrer Tochter nach Berlin, wo sie in der Öffentlichkeit geraucht und Hosen getragen haben soll. Die Polizei sah die bürgerliche Ordnung gefährdet, ihrer „Gottlosigkeit" und „Unsittlichkeit" wegen wurde Louise Aston 1846 ausgewiesen. 1848 begleitete sie ein Freischärler-Korps als Krankenschwester in den schleswig-holsteinischen Krieg, gab in Berlin den „Freischärler" heraus – er wurde nach der 7. Nummer verboten – und floh schließlich nach Bremen. 1850 heiratete sie den Arzt Eduard Meier, mit dem sie durch halb Europa reiste; publizistisch trat sie danach nicht mehr hervor.
In den Büchern „Meine Emancipation. Verweisung und Rechtfertigung" (1846) und „Revolution und Conterrevolution" (1849) verarbeitete Louise Aston ihre Erfahrungen mit der preußischen Staatsgewalt. Auch der Roman „Aus dem Leben einer Frau" (1847) trägt deutlich autobiographische Züge. Die Ehetragödie der reichen Frau Oburn, geschildert in Schwarzweiß-Manier, erhebt sich kaum über das Niveau eines Trivialromans. Aber dann klagt die Autorin die Ungerechtigkeit der Besitzverteilung an, die Armut der Fabrikarbeiter, die sie ja aus eigener Anschauung kannte. Diese Partien mit ihren scharfsinnigen Schlußfolgerungen machen das Buch eigentlich interessant:

Zwölf Männer aus der arbeitenden Klasse, dem Greisenalter nah, sichtbar abgemagert, mit eingefallenen, hohlen Augen, den Rücken krummgezogen durch übermäßiges Arbeiten, die Hände voller Schwielen, um den elenden Leib einige Kleiderfetzen hängend, traten langsam, einer nach dem andern, [in das Büro] ein. Es waren die verschiedenen Werkmeister der Oburnschen Fabrik. Kummervoll überschaute Ehrig jede einzelne Figur; doch er suchte seine Rührung zu verbergen und frug ziemlich barsch: „Nun, was soll das? Warum verlaßt ihr die Fabrik während der Arbeitsstunden? Ich muß euch für diese Versäumnis die übliche Taxe eures Wochenlohns abziehen. Geht schnell zurück; was wollt ihr hier?" Da ergriff der älteste unter ihnen, Webermeister Schmidt, das Wort: „Was wir wollen, Herr Buchhalter, das will ich Ihnen jetzt im Namen aller meiner Kameraden sagen. Wir sind hier, um mit unserem Herrn zu reden, weil wir nicht Hungers sterben wollen mit Weib und Kind. Das ist wahrhaftig Grund genug! Ihr Herren wißt nicht, wie weh der Hunger tut, wie es einem alten Vater fast das Herz bricht, wenn die Kinder, die ihm der Himmel geschenkt, vergeblich nach Brot rufen. Ja, Herr Ehrig, so kann es

nicht länger mit uns bleiben! Wir sind Menschen und wollen auch menschlich leben. Vor Jahren, als Herr Oburn diese Fabriken gründete, bekamen wir doch wenigstens Lohn genug [...] und trösteten uns dafür, daß wir auf Erden nicht alle gleich sein können, mit der Hoffnung auf ein besseres Jenseits. Denn wer hier Arbeit und Mühsal hat, dem verspricht ja die Heilige Schrift im Himmel tausendfältigen Lohn. Mit uns ist's aber von Jahr zu Jahr schlechter geworden. Unser Herr ward inzwischen ein reicher Mann. Unsrer saurer Schweiß hat die Fabriken gehoben und das Gold in seiner Kasse gehäuft. Wir meinen denn, da wär's recht und billig gewesen, uns eine kleine Zulage zu geben. [...] Doch statt einer verdienten Zulage, hat man uns nach und nach immer mehr Abzüge gemacht, so daß jetzt unser ganzer wöchentlicher Verdienst sich auf anderthalb Taler beläuft. Davon können wir mit unseren Familien nicht leben. Sehen Sie unsere morschen, ausgemergelten Knochen – woher soll uns die Kraft kommen, Tag für Tag sechzehn Stunden zu arbeiten? Wir wollen daher alle einstimmig unsern Herrn bitten, uns wieder unseren früheren Lohn auszuzahlen. Sonst arbeiten wir alle nicht mehr! Not kennt kein Gebot! Kommt keine Hilfe von oben, so müssen wir uns selbst helfen!" Fast drohend hatte der alte Mann die letzten Worte gesprochen und schwieg hier erschöpft still. [...]
[Herr Oburn bleibt hart, seine Frau verkauft ihren Schmuck und läßt das Geld verteilen.] Bei all' ihrer Milde und Menschlichkeit, trotz des Segens, den sie überall verbreitete, konnte Madame Oburn doch bei den Werken der Wohltätigkeit ein peinliches Gefühl nicht überwinden. Ihr richtiger Takt gab ihr das Bewußtsein, das die tiefsten Denker dieses Jahrhunderts erkannt und in kühnen Problemen wissenschaftlich ausgearbeitet, das Bewußtsein, daß in der Wohltätigkeit selbst, und mag sie mit noch so viel christlicher Liebe prunken, eine Erniedrigung liege für die Bedürftigen, deren ewige Menschenrechte zu einem Gegenstand frommer Herablassung herabgewürdigt würden, zu einem Gnadengeschenk, das eine aus dem Katechismus geschöpfte Sittlichkeit mit den andern zugleich sich selbst macht! Abgesehen von dem Posaunenton des Pharisäertums, der noch jetzt in allen Gassen, an allen Ecken ertönt, wenn er sich auch in den Heroldruf überschwenglicher Christlichkeit verwandelt; abgesehen von der eigennützigen Wohltätigkeit, welche ihre Gaben nur auf Abschlag himmlischer Belohnung spendet: wird nicht durch unsere sozialen Verhältnisse selbst die milde Humanität gezwungen, die Miene der Herablassung anzunehmen und einem entwürdigten Pariatum als Gnade und Segen gegenüberzutreten? Doch allmählich beginnt auch in den Massen das Bewußtsein der ewigen Menschenrechte, wie sie die Französische Revolution proklamiert, die keine Form der Freiheit geben ohne ihren Inhalt, sondern den Anspruch auf eine Existenz, die in allem Reichtum der Schöpfung sich mit Freiheit auszubreiten berechtigt ist. [...]

In Rousseaus Urwälder zurückzufliehen, die ganze Kultur als Flitterwerk und Unnatur, als aufgedrungene Last von sich zu werfen und ein vierbeiniges Leben zu führen: das ist der neuen Menschheit nicht möglich: das hieße ihre innerste Entwicklung verleugnen; das ist der Gedanke der kolossalsten Reaktion, den je ein Menschengeist gedacht! Doch die tiefern Gegensätze, welche aus dieser Kultur hervorgegangen, müssen auf ihrem eigensten Terrain sich auskämpfen. Die Industrie, die Mutter des Proletariats, die zugleich den Reichtum und die Armut bringt, den Reichtum für Einzelne, welche die Nation repräsentieren, die Armut für die Massen: sie ist das neueste Kind der Kultur, unter bedenklichen Auspizien [Vorzeichen] geboren, einer bedenklichen Zukunft entgegensehend. Sie hat die Armut, die bisher zufällig war und isoliert oder in der Knechtschaft Rettung vor dem Hunger fand, zuerst freigegeben und organisiert, so daß sie jetzt als eine imposante Macht in die Geschichte tritt. [...]
Die Arbeit der Denker wird und kann nicht vergebens sein; die Macht des Gedankens wird und muß die Welt unterwerfen. Das geheiligte Recht, das eine sklavische Gelehrsamkeit nur zu glossieren und zu erläutern wagte, ist von der Wissenschaft nachgewiesen als ein Unrecht, das in seinen neuesten Entwicklungen schwer auf der Menschheit lastet und sich selbst auflösen muß. Eine *Reform* tief eingreifender Übel, die den Schein des Guten, das bestehende menschliche und göttliche Gesetz für sich haben, muß eine Revolution verhindern.
Die Besitzenden müssen nicht länger ihre Ohren verstopfen vor dem neuen Evangelium der Liebe, das ihnen gepredigt wird, ein verstocktes Pharaonentum wird ihr eigenes Verderben sein. Die kleinen Geldtyrannen, welche auf ihr Erbe so stolz sind, wie die Herren von Gottes Gnaden auf das ihre, und einen Despotismus en miniature ausüben, werden, wenn sie nicht freiwillig abstehen von so quälendem Regime, eine Revolution hervorrufen, welche den ganzen Bau der Gesellschaft zusammenschüttelt, der gegenüber die Französische Revolution nur ein politisches Kegelschieben war. Darum, ihr Besitzenden! Erkennt die unveräußerlichen Menschenrechte an, in einer Assoziation [Vereinigung] des Friedens und der Liebe, ehe sie euch proklamiert werden von einer blutigen Assoziation des Hasses und des Krieges.
Herr Oburn war indes von solchen Gedanken weit entfernt.

Tätige Menschenliebe

Amalie Sieveking

1794–1859. Während der Cholera-Epidemie 1831 in Hamburg, der 500 Menschen zum Opfer fielen, arbeitete Amalie Sieveking als freiwillige Krankenpflegerin. 1832 gründete sie den „Weiblichen Verein für Armen- und Krankenpflege" und wurde damit zur Wegbereiterin der weiblichen Diakonie. In ihrem Jahresbericht 1848 – der Hamburger Verein zählte inzwischen 75 tätige Mitglieder und unterstützte 233 Familien – versucht sie, die Frauen der gebildeten Stände für die Armenfürsorge zu erwärmen: Eine segensreiche und befriedigende Tätigkeit sei nicht an den Familienkreis gebunden, der Ruhm der Geschicklichkeit und des Fleißes mit der Nadel reiche nicht aus. – Aus dem „Morgenblatt für gebildete Leser", 43. Jahrgang (1849), Nr. 129 und 133:

Ich weiß den Wert dieses zur weiblichen Ausbildung nötigen Stückes aus eigener, selbst bitterer Erfahrung zu würdigen, ihr aber nicht den hohen Wert beizulegen, wie es Sitte ist. Im Leben der wohlhabenden, höhergestellten Frau sollte der Nadel eine untergeordnete Bedeutung beigelegt werden. Die Mutter namentlich täte, deucht mir, viel besser, sich mehr den geistigen Interessen ihrer Kinder zu widmen, als den größten Teil ihrer Zeit mit der ganz materiellen Sorge für ihren Anzug auszufüllen. Die Aufsicht soll sie behalten, die Ausführung untergeordneten Personen übertragen. Mit geringem Geldopfer erwiese sie diesen die größte Wohltat und gewänne für sich eine kostbare Zeit für so manche höhere Zwecke. [. . .]

Wie durch die Beimischung eines natürlichen Salzes eine Menge fremdartiger Körper innig miteinander mögen verbunden werden, so soll die christliche Frau durch Liebe, Freundlichkeit und Milde vermittelnd einwirken auf die feindseligen Elemente, die in der Menschenwelt so gewaltige Konflikte hervorrufen. Keine darf es vergessen, daß sie nicht ausschließlich nur dem engern Familienbande angehört, sondern auch Pflichten zu erfüllen hat in einem weitern Kreise. Welche aber irgend den höhern Klassen der bürgerlichen Gesellschaft angehören, dürfen in dieser Zeit gewiß weniger als je in ihrer Liebestätigkeit ausschließlich sich gebunden halten an die Kreise ihrer geselligen Verbindungen; sie müssen vielmehr in dem dringenden Notstande der untern Volksklassen, sowohl im Leiblichen wie im Geistlichen, die unabweisliche Anforderung erkennen, dem Dienste dieser ihrer armen Brüder und Schwestern nicht allein einen Teil ihrer äußern Glücksgüter, sondern auch ihrer persönlichen Kräfte zu widmen. [. . .]

Es sind Fälle vorgekommen, wo Ärzte kränklichen Frauen und Jungfrauen angeraten haben, sich Armen-Vereinen anzuschließen, wo sie trotz Wind und Wetter gehen müssen und ihren mit den eigenen Zuständen zu sehr beschäftig-

ten Gedanken einen wohltätigen Ableiter schaffen können. In Kopenhagen sprach ein trefflicher, erfahrener Arzt, Dr. Jakobsen, es unverhohlen aus, wie nach seiner Überzeugung der hysterischen und nervösen Leiden bei unserem Geschlechte so viel weniger sein würden, wenn Frauen und Mädchen mehr gewohnt wären an eine regelmäßige und selbst anstrengende Tätigkeit in einem ihre Zeit wirklich *aus*füllenden, alle ihre Kräfte in Anspruch nehmenden, Geist und Herz befriedigenden Berufe. Als Arzt wisse er es am besten, wie der Mangel daran so traurige Folgen für sie habe im Physischen und Moralischen, und wie manche junge Dame, deren Nervensystem jetzt ganz zerrüttet ist, gesund und frisch sein würde, hätte sie nur ordentlich zu tun gehabt.
Sollte es nicht zu den Aufgaben höherer Erziehungsweisheit gehören, in den jugendlichen Gemütern frühe die Überzeugung zu gründen, daß die Ehe nicht einzige, nicht unerläßliche Bedingung sei unseres Lebensglücks und der Bedeutung unseres Daseins?

Diese private, christlich fundierte Wohltätigkeit öffnete bürgerlichen Hausfrauen einen Weg, sich auch außerhalb ihres Familienkreises sinnvoll für andere einzusetzen. Mit ihrer sozial-karitativen Arbeit leisteten auch sie, überwiegend wohl unbewußt, einen Beitrag zur Emanzipation der Frau.

Aus dem Poesiealbum einer Konfirmandin – 1831/32

Die wahre Welt, in der wir leben,
ist unser Herz. Was dieses in sich schließt
ist Wirklichkeit. Nur Traum ist alles Streben
nach dem, was draußen ist und wie ein Dunst zerfließt.

Zum Andenken an Deinen aufrichtigen Freund Schickardt

Nur in einem reinen Gemüte
Wohnet des Himmels herrliche Blüte
der Glaube!
Nur in frommen und edlen Herzen
Erhebt zu Gott in Not und Schmerzen
die Liebe!
Nur da, wo Gutes und Schönes entsprießt,
Da blüht was treu und heilig ist
die Freundschaft!

Um deren Fortdauer Dich bittet, Deine dich herzlich liebende Mine Fischer

„Hilfe, die Emanzipierten!“

Frauenemanzipation

Fanny Lewald

Aus: „Für und wider die Frauen“, Berlin 1870. Neunter Brief

Die Erhebung der Frauen zur geistigen und bürgerlichen Selbständigkeit ist ein Gedanke, der nicht aufgehört hat, mich zu beschäftigen, seitdem ich überhaupt selbständig zu denken angefangen habe, und es ist vielleicht nicht ungeraten, eine Strecke in die Vergangenheit zurückzublicken, um es den jüngeren Personen darzustellen, wie wir Älteren die Frage der Frauenemanzipation in unseren Gesichtskreis haben treten sehen und wie sie, vielfach entstellt und ebenfalls fortdauernd zurückgewiesen, doch endlich ihren Platz unter den berechtigsten Forderungen eingenommen hat, den sie nun auch sicherlich behaupten wird, bis sie ihre vernunftgemäße und gerechte Erledigung gefunden haben wird.

Es war bald nach der Juli-Revolution [1830], als man innerhalb unserer gebildeten bürgerlichen Gesellschaft zuerst von der Frauenemanzipation zu sprechen anfing. Die Vorstellung wie die Bezeichnung kamen aus Frankreich, zum größten Teile aus französischen Romanen, zu uns herüber und fielen mit der Theorie von der sogenannten Emanzipation des Fleisches zusammen, welcher damals in verschiedenen deutschen Romanen leichtfertigen Andenkens das Wort geredet wurde. Die einen wie die anderen Romane waren in ihrem tiefsten Innern unsittlich, und wie uns Jüngere der Reiz der Darstellung und die einzelnen Züge von Wahrheit in den französischen und deutschen Dichtungen auch blenden und über ihre Begriffsverwirrung täuschen konnten, hatten die reifen Köpfe in der Nation vollkommen recht, wenn sie ihr Verdammungsurteil aussprechen gegen diese dichterische Verklärung der Frauenemanzipation und der Emanzipation des Fleisches, da beide im wesentlichen nichts anderes predigten als die Schrankenlosigkeit des sinnlichen Genusses zwischen Mann und Weib. Es galt deshalb auch, als ich jung war, beinahe für unanständig, von der Emanzipation der Frauen überhaupt nur zu sprechen. [...]

Dann aber kam der Ernst der neuen Revolution über unsere Zeit und über uns alle. Das Verlangen des einzelnen nach Befriedigung seiner persönlichen Willkür, das Suchen des einzelnen nach seiner eigenen Freiheit und nach seinem eigenen ausschließlichen Glück, ging auf in dem Bestreben einer verhältnismäßigen Befreiung der Gesamtheit. Die subjektive Romantik ward von der Einsicht zum Schweigen gebracht, daß das Wohl des einzelnen nur in dem Wohlbefinden der Gesamtheit möglich sei, und der Ruf nach der Emanzipation der Frauen ertönte nun auch in einer anderen und würdigeren Gestalt.

Jene Hunderte von weiblichen Handarbeiterinnen, welche ich im März des Jahres 1848 in Paris in Masse über die Boulevards ziehen sah, um sich nach dem Hôtel de Ville [Rathaus] zu begeben, verlangten von dem eben dort versammelten Gouvernement provisoire [vorläufige Regierung] nicht etwa „den idealen Mann“ oder gar die Erlaubnis, sich nach eigenem Ermessen in freier Liebe heute dem und morgen jenem Mann überlassen zu dürfen; sie forderten vielmehr nichts als Erhöhung ihres Arbeitslohnes auf die Höhe des Arbeitslohnes der Männer, um sich durch den Ertrag ihrer Arbeit anständig ernähren, für sich und die Ihren mit ihrer Hände Arbeit sorgen zu können, ohne sich gelegentlich aus bitterer Not zur Prostitution erniedrigen zu müssen.

Mit diesem Verlangen der Frauen nach gerechtem Lohn für gute Arbeit war die Frage der Gleichstellung der Frauen in ihre rechte Bahn geleitet. Von da ab konnte man mit Ehren von der Emanzipation der Frauen zu Arbeiterinnen und Staatsbürgern sprechen, besonders da sie – ich wiederhole diese neulich in einem meiner Briefe gemachte Bemerkung ganz absichtlich – dem Staate von dem Ertrage ihrer Arbeit so gut wie die Männer Steuern zu entrichten hatten und haben; und es war töricht und kleinlich, daß man sich gerade in Deutschland so leidenschaftlich gegen die Emanzipation erbitterte, weil ein paar in ebenjener Revolutions- und Reaktionszeit oftmals genannte Frauen durch ihr kurz geschnittenes Haar, durch das Rauchen von Zigaretten, durch ihr Erscheinen an öffentlichen Orten und vielleicht auch durch manche Ausschreitungen in sittlicher Beziehung Anstoß erregt hatten. Man tat, als ob gegenüber dieser zwei, drei Frauen nicht innerhalb der sogenannten besten Gesellschaft ebenfalls Frauen nachzuweisen gewesen wären, die zwar lange und sogar falsche Haarflechten trugen und keine Zigaretten rauchten, auch nicht allein in männlichen Versammlungsorten erschienen, die aber gegen ihre beschworenen Pflichten und gegen die Sitte jenen sogenannten emanzipierten Frauen sicherlich nichts nachgaben, ohne daß man deshalb den allgemeinen Untergang von Zucht und Sitte befürchtet hätte und ohne daß man die unbescholtene und wackere Gesamtheit jemals hätte entgelten lassen wollen, was einzelne sich zuschulden kommen ließen.

Jene nicht eben fördersamen Vorkämpferinnen der Frauenemanzipation sind vom Schauplatze unseres öffentlichen Lebens bald und schnell verschwunden; nur das Schreckbild der „emanzipierten Frau“ ist als ihr Nachlaß spukhaft unter uns stehengeblieben und wirft noch heute seinen Schatten auf alle jene Frauen, die sich die Freiheit nehmen, ihre Talente auszubilden, ihre Fähigkeiten zu entwickeln und sich furchtlos und ihrer selbst gewiß in dem Leben und in der Welt zu bewegen, sich selbst zu ernähren und für sich selber einzustehen – wenn kein anderer da ist, welcher sie dieser Mühen überhebt.
Jetzt, da fast ein Menschenalter seit jenen Tagen vergangen ist, denke ich oft mit Lächeln und mit Bedauern daran zurück, wie mühsam wir dem Vorurteile Schritt für Schritt den Boden haben abgewinnen müssen, auf dem jetzt alle Frauen unbefangen stehen, und wie wir für uns selber erst haben erringen müssen, was alle jetzt in sorgloser Sicherheit genießen. Was war nicht alles anstößig in früherer Zeit! Was war nicht unziemend für eine Frau und vollends für ein Mädchen! Ein Mädchen durfte keine Statue ansehen, welche den Menschen nackt darstellte, und mußte vor einem Bilde mit nackten Figuren das Auge abwenden und, wenn es irgend möglich war, erschrecken und erröten; ein Mädchen durfte allein nicht die kleinste Reise unternehmen und mußte selbst bei einer Fahrt von vier Stunden noch begleitet werden; ein Mädchen durfte schicklicherweise nicht in ein fremdes Haus gehen, um bei einem Handwerker eine Bestellung auszurichten; selbst ein nicht mehr junges Mädchen durfte einen bedeutend älteren kranken Freund ihrer Familie nicht pflegen gehen, ihn nicht an seinem Krankenbette allein besuchen, wenn er zufällig nicht verheiratet war; und eine selbständige Meinung oder Teilnahme für das Allgemeine an den Tag zu legen, das war vollends nicht mädchenhaft und auch nicht weiblich. Wir sollten gar keine eigene Meinung haben, und es galt für ein Gebot der Weiblichkeit, jeden Satz ausdrücklich mit „Ich glaube“ oder mit „Man sagt“ anzufangen, um damit jeden Schein der Selbständigkeit, die an und für sich als eine Anmaßung angesehen wurde, von uns abzulehnen.
Dabei war es auffallend genug, daß alle diese Aufforderungen an eine besondere Weiblichkeit sich nur auf die Töchter und Frauen der wohlhabenden und der mehr oder weniger gebildeten Stände bezogen. Man gab damit entweder ohne weiteres die weiblichen Tugenden der armen und nichtunterrichteten Frauen preis, was eben nicht besonders christlich, sondern grausam war; oder man nahm an, daß die armen und ununterrichteten Frauen ihre Weiblichkeit in der Berührung mit dem Leben besser zu behaupten verständen als die Gebildeten. Denn unsere armen Mitschwestern durften und mußten auf unseren Befehl uns unbegleitet nachkommen, wenn wir ihrer Dienste auf der Reise

irgendwo benötigt waren; sie mußten bei Tag und Nacht die Straße unbeschützt betreten, wenn wir es ihnen geboten; sie mußten in die Häuser gehen, in die wir sie schickten; sie mußten an dem Krankenbette von Männern die notwendigen Hilfsleistungen übernehmen, und die Frauen der arbeitenden Stände waren von jeher samt und sonders in der Lage, auf ihren Broterwerb zu denken; ihnen standen, weil die Notwendigkeit dies forderte, keine wesentlichen Hindernisse oder Vorurteile im Wege. Sie waren Näherinnen, Wäscherinnen, Putzmacherinnen, Krankenwärterinnen, Hebammen; sie trieben allerlei Kleinkram und Handelsgewerbe, hausierten mit Lebensmitteln und mit anderen Dingen, und niemandem fiel das auf, niemand hatte ein Arg daran, niemand bedachte es, daß diese Frauen im bezug auf Freiheit der Bewegung und des Erwerbes mit den Männern fast auf gleichem Fuße standen. Dieser Teil ihrer Emanzipation erschien durchaus natürlich, weil die Notwendigkeit ihn forderte. Es schickte sich eben für diese Frauen alles, was geschah, weil es geschehen mußte, und es war und ist noch heute interessant, jene feine Grenzlinie der beginnenden Wohlhabenheit aufzusuchen, hinter welcher die Arbeit für den Erwerb und die freie Bewegung als etwas den Frauen nicht Gebührendes, als etwas der wahren Weiblichkeit Entgegenstehendes, als etwas für die Frauen Unschickliches bezeichnet werden.

Ich habe oftmals die folgenden Sätze aufgestellt: Die Frau eines Briefträgers darf mit Posamentierwaren [Borten] handeln, die Frau eines Kontrolleurs darf Hebamme werden, die Tochter eines Oberlehrers darf in fremde Häuser gehen und dort Knaben und Mädchen unterrichten; die Tochter des unbemittelten Kaufmanns darf als Haushälterin in das Haus eines kranken einsamen Mannes eintreten; die Frauen durften lange schon, wenn sie sich dafür vorbereitet hatten, als dramatische Künstler, als Sänger, als Tänzer, als Musiker vor allem Volke auftreten so gut wie die Männer; man ist jetzt auch bereits daran gewöhnt, sie als Dichter und Schriftsteller neben den Männern erfolgreich und oftmals die Gesamtbildung fördernd, wirken zu sehen. Welches also sind die Bereiche, die den Frauen im Interesse des Gemeinwohls und ihrer eigenen Würde nach der Ansicht derjenigen verschlossen bleiben müssen, von denen die unbedingte Emanzipation der Frauen zur Arbeit, denn an diese habe ich vorläufig hier zunächst gedacht, als eine Ungehörigkeit betrachtet wird? – Oder welche Eigenschaften der Frauen sind es, die durch eine gründliche Bildung, durch ernste Beschäftigung mit ernsthaften Dingen gefährdet werden könnten, während Bildung und ernstes wissenschaftliches Bestreben die Eigenschaften des Mannes schön entwickeln?

Man ist mir auf diese Fragen die Antwort in der Regel schuldig geblieben.

Ein Fest der Hoffnung

Aus dem Aufruf der Neustadter Bürger zum Hambacher Fest

Neustadt an der Haardt, 20. April 1832. Völker bereiten Feste des Dankes und der Freude beim Eintritte heilvoller großer Ereignisse. Darauf mußte das deutsche Volk seit Jahrhunderten verzichten. Zu solcher Feier ist auch jetzt kein Anlaß vorhanden, für den Deutschen liegen die großen Ereignisse noch im Keim; will er ein Fest begehen, so ist es ein Fest der Hoffnung; nicht gilt es dem Errungenen, sondern dem zu Erringenden, nicht dem ruhmvollen Sieg, sondern dem mannhaften Kampf für Abschüttelung innerer und äußerer Gewalt, für Erstrebung gesetzlicher Freiheit und deutscher Nationalwürde.
Alle deutschen Stämme sehen wir an diesem heiligen Kampfe Teil nehmen; alle seien darum geladen zu dem großen Bürgerverein, der am Sonntag 27. Mai, auf dem Schlosse zu *Hambach* bei Neustadt am Haardtgebirge stattfinden wird. [...]
Auf, ihr deutschen Männer und Jünglinge jedes Standes, welchen der heilige Funke des Vaterlandes und der Freiheit die Brust durchglüht, strömet herbei! Deutsche Frauen und Jungfrauen, deren *politische* Mißachtung in der europäischen Ordnung ein Fehler und ein Flecken ist, schmücket und belebt die Versammlung durch eure Gegenwart! Kommet Alle herbei zu friedlicher Besprechung, inniger Erkennung, entschlossener Verbrüderung für die großen Interessen, denen ihr eure Liebe, denen ihr eure Kraft geweiht.

Zug auf das Schloß Hambach am 27. Mai 1832.

Rund 30 000 Menschen, Männer und Frauen, zogen am 27. Mai 1832 zur Volkskundgebung auf das Hambacher Schloß. Auf eine Bürgergarde mit Musik folgten als zweite Gruppe Frauen und Jungfrauen mit der polnischen Fahne (nach dem Scheitern des Polenaufstandes 1831 wurden polnische Flüchtlinge überall mit Sympathie aufgenommen, ihr Schicksal entzündete eine neue Freiheitsbegeisterung).

Schwarz-rot-goldene Fahnen wehten, feurige Redner forderten die Einheit und Freiheit Deutschlands:

„Hoch lebe jedes Volk, das seine Ketten bricht und mit uns den Bund der Freiheit schwört.“

Einer der Hauptverantwortlichen, Philipp Jakob Siebenpfeiffer (1789–1845), trat als erster öffentlich für die politische Gleichberechtigung der Frau ein.

Kurz nach dem Hambacher Fest werden die Teilnehmer als Demagogen und Hochverräter verfolgt, es kommt zu Massenverhaftungen, einige können fliehen. Vereine unterstützen durch Lotterien die Angehörigen der Freiheitskämpfer. Das oben abgebildete Los des „Frauen und Mädchen-Vereins am Haardtgebirge“ vom Mai 1833 ist nicht nur Quittung, es verbreitet gleichzeitig eine politische Mahnung: „Am Rechte halten, das ist kein Vergehen, / Sein Recht verlangen, ziemt dem deutschen Mann . . .“ Diese Frauen handeln aus Solidarität, der gemeinsame Feind ist die Obrigkeit, eigene Wünsche artikulieren sie noch nicht. Dagegen sprechen Eßlinger Frauen 1850 in einem ähnlichen Aufruf (siehe S. 140) betont von „der ganzen Menschheit, deren eine Hälfte wir sind“. Sieben Jahre später sind sie ein gutes Stück weiter: sie begnügen sich nicht mehr mit der üblichen Rolle als Helferinnen in der Not, sondern meinen, daß auch die deutsche Frau ihr Recht verlangen muß.

Ach, ich hasse die Männer

Luise Mühlbach

Pseudonym für Klara Mundt, geb. Müller (1814–1873). – „Es gibt nichts Widerwärtigeres und Abscheulicheres als so ein Frauenzimmer, welches die Gelehrte spielt und sich eine Schriftstellerin und Dichterin zu sein dünkt, während sie doch ihren höchsten Ruhm darin suchen sollte, eine tüchtige Hausfrau zu sein", hatte ihr Vater, ein Bürgermeister, einmal geäußert; als er starb, war sie noch keine 14. Ihm zum Trotz wurde sie Schriftstellerin, eine ungeheuer produktive sogar! In ihren frühen Romanen treten häufig Frauen auf, die einfach frei sein wollen. Im Lebensbild der englischen Dichterin „Aphra Behn" (1849), die im 17. Jahrhundert lebte, schlägt Luise Mühlbach direkt feministische Töne an:

„Ja, laßt uns einen Bund stiften gegen die Männer", sagte Aphra glühend, „eine heilige Kabbala [Geheimlehre] der Rache. Wo wir einer Frau begegnen, welche leidet, da wollen wir versuchen sie zu trösten, sie zu heilen und zu erretten, indem wir sie anfeuern, Rache zu nehmen an den Männern, ihnen alles das zurückgeben, was sie uns gegeben an Leid und Schmerzen, und uns alles das zu erkämpfen, was sie uns geraubt an Freiheit und Lebensglück, an Menschenwürde und Menschenehre! Die Ehre, die Freiheit, das Glück und die Liebe, das ist es, was man den Frauen entwandt hat, dieses alles laßt uns wieder erkämpfen!"

„Ja, einen Bund wollen wir stiften gegen die Männer", rief Barbara glühend, „einen Bund gegen dieses grausame, entartete, wilde Geschlecht, welches sich selbst erhöhen möchte, indem es den Fuß auf unsern Nacken setzt, welches eine Glorie um sein Haupt legt, indem es den Heiligenschein der Unschuld von unserer Stirn raubt, einen Bund gegen die Männer, welche es niemals ehrlich meinen, als wenn sie uns betrügen wollen, und welche uns niemals mehr verachten, als wenn sie uns anzubeten scheinen! Ach, ich hasse die Männer, und ich möchte sie alle vernichten, alle!"

„Und ich auch!" rief Aphra.

Freiheit für alle

LOUISE OTTO

Wo wieder aber ward der Ruf vernommen:
„*Für alle Freiheit!*“, klang es fast wie Hohn,
Denn für die *Männer* nur war er gekommen
Im Wettersturm der Revolution.
Denn schien auch Joch auf Joch hinweggenommen,
Und stürzte auch in Trümmer Thron um Thron:
Dem *Männerrecht* nur galt das neue Ringen,
Das *Frauenrecht* blieb in den alten Schlingen.

Wohl grüßten freie Männer sich als *Brüder,*
Nur Bürger gab es, nicht mehr Herr und Knecht;
Wohl sangen sie der Liebe Bundeslieder
Und fühlten sich als ein erneut' Geschlecht.
Doch auf die *Schwestern* blickten stolz sie nieder,
Der *Menschheit Hälfte* blieb noch ohne Recht,
Blieb von dem Ruf: „*Für alle!*“ ausgenommen –
Ihr muß erst noch der Tag des Rechtes kommen.

Der Frauen Schar, die in den Staub getreten,
Ward nur erhoben an des Glaubens Hand.
Die besten lernten fromm zum Himmel beten,
Weil ja die Erdenwelt sie nicht verstand;
Die andern aber ließen sich bereden,
Sie seien nur bestimmt zu Spiel und Tand,
Es sei ihr höchstes Ziel, im süßen Minnen
Des ganzen Lebens Inhalt zu gewinnen.

Doch wiederum wird einst der Ruf erklingen:
So wie vor Gott sind wir auf Erden gleich!
Die *ganze Menschheit* wird empor sich ringen,
Zu gründen ein erneutes Liebesreich,
Dem Weibe wie dem Mann sein Recht zu bringen,
Zu wahren mit des Friedens Palmenzweig.
In lautrer Wahrheit stolzem Siegesschalle
Tönt's noch einmal: „*Erlösung kam für alle!*“

Für die Sache des Volkes

Isolde Kurz

1853–1944. Schriftstellerin, Tochter des Schriftstellers und Demokraten Hermann Kurz (1813–1873). 1906 verfaßte sie eine Lebensgeschichte ihres Vaters, in der sie auch ihre temperamentvolle Mutter Marie von Brunnow (1826–1911) porträtierte (unten ein Auszug aus dem Kapitel „Das Brunnowsche Haus"). Sie sei keine „richtige Politikerin" gewesen, aber „auch nach dem großen Rückschlag 1849, wo das Ausharren gefährlich wurde, blieb sie unerschüttert bei ihrer schwarzrotgoldenen Fahne stehen, opferte ihr, was sie an irdischen Gütern besaß".
Malvida von Meysenbug (1816–1903) verkehrte in linksliberalen Kreisen, beteiligte sich 1848 in Frankfurt an Flugblattaktionen, was zum Bruch mit ihrer Familie führte, wurde 1852 wegen ihrer Kontakte zu Emigranten aus Berlin ausgewiesen und lebte seitdem in London, Paris und Rom selbst im Exil. 1876 veröffentlichte sie anonym die „Memoiren einer Idealistin"; daraus das Zitat auf Seite 129.

Als die Revolution [im März 1848] ausbrach, gehörte Marie von Brunnow zu ihren feurigsten Aposteln. Der Vorzug ihrer Geburt erschien ihr als ein Unrecht, das sie durch Einsetzung ihrer ganzen Person für die Sache des Volkes zu sühnen strebte. Sie stürzte sich in den Strom ohne zu fragen, wohin er sie tragen würde; sie besuchte Volksversammlungen, verteilte Manifeste und Wahlzettel, und die gleichgesinnte Jugend scharte sich um sie wie um eine Fahne.[...] Bei vielen, die in jener Zeit mitliefen, war es Modesache, und die ersten Niederlagen vertrieben ihnen schnell die revolutionären Gelüste. Meiner Mutter aber waren die Ideen von Achtundvierzig eingeboren und hatten nur auf den äußeren Anstoß gewartet, um herauszutreten und sich ihrer Person zu bemächtigen. Ich darf hier an eine andre deutsche Frau erinnern, die, aus ähnlicher Atmosphäre stammend, dieselbe Entwicklung nahm: Malvida von Meysenbug. Das Schicksal beider Frauen hat viel Analoges, wie es sie denn auch schließlich in späten Jahren auf italienischem Boden noch zusammenführte. Nur war Malvidas Bruch mit ihren Traditionen mühseliger und schmerzlicher. Er war das Resultat einer unter Kämpfen gewonnenen Erkenntnis; bei meiner viel feurigeren Mutter war es gleichsam ein Naturereignis, eine blitzschnell sich vollziehende „Wahlverwandtschaft" zwischen ihrer eigenen Natur und den neuen Elementen der Zeitströmung. Auch zog in der milderen süddeutschen Luft der Übertritt einer jungen Aristokratin in die Reihen der Volkskämpfer keine grausamen Familienkonflikte nach sich; mein Großvater ließ der einzigen Tochter, die sein Abgott war, freie Hand, ohne sich für oder wider in die Sache zu mischen. Als ihr eines Abends der Liederkranz des Eßlinger Volksvereins zum Dank für ihre Propaganda mit wehenden Fahnen ein Ständchen brachte und die junge Revolutionärin in den Garten hinaustrat, um eine Ansprache zu halten, was damals beim weiblichen

Geschlecht noch etwas sehr Ungewöhnliches war, hörte der gute Vater hinter einem Baum versteckt zu und weinte helle Tränen der Rührung über die seiner Tochter dargebrachten Huldigungen. Die gleiche Toleranz fand sie in ihrem elterlichen Freundeskreis. Wenn sie in Stuttgart bei der zu den Hofkreisen gehörigen Familie v. R. zu Besuch war und von dort aus die demokratischen Versammlungen besuchte, gab ihr der alte Baron den Bedienten zur Begleitung mit, obgleich er recht gut wußte, daß sie unterwegs den Burschen, der sich verlegen bemühte, die vorgeschriebene Distanz einzuhalten, für die Propaganda bearbeitete und ihn, um keine Gelegenheit zu versäumen, gleich mit in den Saal nahm.

Die Ideen über Volkserziehung interessierten uns am meisten; wir besprachen sie mit Begeisterung. Die Notwendigkeit, diese Erziehung auch auf die Frauen auszudehnen, wurde mir klar. Dieser Gedanke beschäftigte mich Tag und Nacht. Wie könnte ein Volk sich selbst regenerieren und frei werden, wenn seine eine Hälfte ausgeschlossen wäre von der sorgfältigen, allseitigen Vorbereitung, die die wahre Freiheit für ein Volk ebensowohl wie für die Individuen verlangt?

Malvida von Meysenbug

Botengänge

Emma Herwegh

1817–1904; geb. Siegmund. Verheiratet mit dem Dichter und Revolutionär Georg Herwegh (1817–1875), der 1842 aus Preußen ausgewiesen worden war. Sie hatten vier Kinder und lebten in Zürich und Paris im Exil. 1848 marschierte Herwegh mit 2000 bewaffneten Handwerkern von Paris nach Straßburg, um den Aufständischen in Baden zu Hilfe zu eilen. Friedrich Hecker jedoch zögerte, Emma Herwegh reiste zweimal mit dringenden Botschaften zu ihm. Vergeblich, seine halbherzige Einwilligung kam zu spät. Am 20. April 1848 wurde Hecker bei Kandern geschlagen, am 27. April Herweghs Legion nach einem Zug durch Südbaden bei Dossenbach. Hecker, Herwegh und seine Frau flohen in die Schweiz. – Aus Emma Herweghs Bericht „Zur Geschichte der deutschen demokratischen Legion aus Paris“ (1849):

Um Mittag kam ich in Engen an, grad im Moment, als das Signal zum Abmarsch gegeben wurde. Da mir's Glück wohl wollte, fand ich die ganze Heeresmacht noch beisammen, die in 24 Stunden von etlichen 40 auf 600

Mann herangewachsen war, die Kavallerie nicht zu vergessen, welche aus einem Pferd und mehreren Reitern bestand.
Im Dorfe sah's aus, als wär Kirchweih, oder sonst ein großes Fest. Von dem Freiheitsbaum, der mitten auf dem Kirchplatz errichtet war, wehte die deutsche Fahne [schwarz-rot-gold], alle Bauern waren mit weit aufgesperrten Augen und Mäulern herbeigelaufen, um, wie sie ihn einstimmig nannten, den „Volksfreund Hecker" zu sehen, der auf offenem Markte so ergreifend zu ihnen gesprochen hatte, daß die Mütter sämtlich weinten, die Väter sich vor Rührung den Schweiß von der Stirn wischten und die jungen Burschen selbst aufforderten, sich enrollieren [anwerben] zu lassen. Das gab alle Hoffnung, daß die republikanische Armee um das Doppelte verstärkt abends ihren Einzug in Donaueschingen halten werde, wohin Herr und Frau von Struve bereits vorausgeeilt waren.
Ich ließ mich zu Hecker führen, den ich bis dahin noch nie gesehen hatte, und teilte ihm Folgendes mit: Der größte Teil der deutschen Legion ist in Straßburg versammelt, und die noch fehlenden Kolonnen müssen in den nächsten Tagen eintreffen. Alle brennen vor Ungeduld, die Grenze zu überschreiten und sich ihren Brüdern anzuschließen. Sie sind des Wartens schon jetzt, wo sie die Reisestrapazen kaum ausgeschlafen, so überdrüssig, daß Herwegh die größte Mühe hat, sie von einem coup de main [Handstreich] zurückzuhalten und ihnen begreiflich zu machen, daß unser nächstes Ziel die Vereinigung mit Ihnen ist und jeder improvisierte und isolierte Streich ein Verrat an der Freiheit wäre.[. . .] Bestimmen Sie Herwegh möglichst schnell: Tag, Ort und Stunde des Rendezvous.
Hecker selbst konnte Herwegh weder den Tag noch den Ort der Vereinigung genau bestimmen, gab mir aber folgenden Bescheid: Gehen Sie zu W. nach L. und sagen Sie ihm von mir, daß er sich mit seiner Mannschaft Montag, den 17. [April] in Bewegung setzen soll. Von ihm zum Wirt M. in G., der hat ebenfalls mehrere hundert Mann, auf die er rechnen kann und die sich auf die erste Nachricht von W. mit ihm vereinigen müssen. Dann suchen Sie Becker auf, der an der Spitze der Deutschen in der Schweiz steht, und verabreden mit ihm, daß er sich ohne Aufschub den beiden übrigen Korps anschließt und so Herwegh den Rheinübergang möglich macht. Wo der am leichtesten auszuführen, werden jene, die in der Nähe sind, dann schon bestimmen und Herwegh die nötigen Depeschen ungesäumt zukommen lassen. Auf Wiedersehn! und ein glückliches Wiedersehn!
Nach diesem Bescheid trat ich ohne Zögern meine Rückreise nach Straßburg an, wo ich Sonntag-Nachmittag eintraf. [. . .]

Der 16. und 17. April waren jetzt auch verstrichen, ohne daß die verheißenen Depeschen oder irgend ein Lebenszeichen der verschiedenen Korps bis zu uns [nach Straßburg] gedrungen wäre. Wo Hecker sich aufhielt, wußte niemand,

geschweige das Schicksal der Insurgenten [Aufständischen]. Als der Morgen des 18. auch nichts brachte, ging ein dumpfes Murren durchs Lager.
Herwegh, der die Ursache dieser Unzufriedenheit wohl erkannte, und trotz des ewigen Treibens von allen Seiten sich nicht hatte irre machen lassen, und keine Sekunde den klaren Blick über unsere Lage und das wahre Ziel unseres Wirkens aus den Augen verloren hatte, trat unter sie. Er fühlte, daß es an der Zeit, ihnen noch einmal klar und energisch auszusprechen, was sie in und seit Paris unzähligemal von ihm gehört, aber ebenso oft vergessen hatten, daß es auf ein bloßes Sichschlagen nicht nur nicht ankomme, sondern daß er dagegen im Namen der Freiheit laut protestiere und ein Fall eintreten könne, wo der Legion nichts übrig bleibe – als sich aufzulösen. Wer dann von euch mehr Lust hat, nach Schleswig-Holstein zu ziehen oder für eine polnische Republik mitzukämpfen, als friedlich in seine Heimat zurückzukehren, der mag es tun. Ihr seid freiwillig eingetreten und seid ebenso frei, die Legion zu verlassen, wenn ihr wollt. Vereinzelt, soviel ist euch allen klar, können wir nichts unternehmen, und hatten dies nie im Sinne. – Als wir Paris verließen, standen die Sachen in ganz Deutschland so, daß wir glauben mußten, es bedürfe nur eines kleinen Anstoßes, um die Revolution zum vollen Ausbruch zu bringen. Wir konnten nicht wissen, daß die rote Flamme, welche uns aus dem Vaterland entgegenleuchtete, nichts als der Widerschein des großen Weltbrandes war, den Frankreich angezündet. Unsere einzige Hoffnung in diesem Augenblick ist die Insurrektion [Empörung] im Seekreis; schreitet sie vorwärts, und können wir uns möglichst bald ihr anschließen – desto besser – scheitert sie, dann bleibt auch uns keine Wahl, da unsere materiellen Mittel zu Ende gehen und man uns hier schwerlich noch lange und in so großer Anzahl verköstigen wird.
Aber wen schicken wir nun? Freiburg und die ganze Umgebung bis ins Höllental sollen mit Truppen besetzt sein.
Mich, meine Herren, wenn's dem Präsidenten recht ist, und Sie mir die Botschaft anvertrauen wollen. Von Ihnen kommt keiner durch, Sie würden festgehalten und dürfen jetzt Ihre Posten weniger als je verlassen. Mich läßt man überall passieren.
Als mich Hecker [schließlich in Kandern] aussteigen sah, rief cr aus: Sie sind's, Frau Herwegh? Na, Sie kommen grad recht, wir sitzen in der Mausefalle.
Wie das?
Von allen Seiten zieht sich das Militär zusammen, das wird einen heißen Kampf geben.
Aber das ganze Wiesental ist ja noch frei, sagte ich, und dann können Sie sich ja auch noch bis auf weitere Verstärkung auf die Höhen zurückziehen.
Das kann uns nichts helfen, wir müssen vorwärts! und mit diesen Worten führte er mich die Treppe hinauf bis ins Gastzimmer. Da sah's aber köstlich

„Meine Kleinen [Tochter und Sohn] hatte ich einstweilen in guter getreuer Obhut. Ich versah mich mit Reitkleidern und blieb nun stets an der Seite meines Fritz. So bin ich denn auf dem vier Wochen langen Zug in manchem Kugelregen, insbesonders in dem heißen Gefecht bei Ubstadt, gewesen, ohne von einer Kugel getroffen zu sein“, schrieb Mathilde Franziska Anneke geb. Giesler (1817–1884) 1849 einer Freundin. Sie hatte sich im Frühjahr mit ihrem Mann Fritz Anneke, dem Herausgeber der „Neuen Kölnischen Zeitung“ und Gründer des Kölner Arbeitervereins, der badisch-pfälzischen Revolutionsarmee angeschlossen. Am 19. Juni 1849 zogen die Freischaren in Karlsruhe ein; neben dem Kommandanten Ludwig Blenker und seiner Frau, beide zu Pferd, ist hier auf dem Marktplatz – in Hosen! – Frau Anneke zu sehen.
Emma Herwegh und Amalie von Struve begeisterten sich in der Revolution 1848/49 für die Rechte des Volkes, sie hatten das Ziel ihrer Männer zu ihrem eigenen gemacht. Anders Mathilde Franziska Anneke: für sie sind von Anfang an auch die Rechte der Frauen wichtig. „Warum sollte das Weib überhaupt die schweigsame Dulderin fortan noch sein?“ hatte sie 1847 in ihrer Schrift „Das Weib im Conflict mit den socialen Verhältnissen“ gefragt. Ihre Antwort lag vor: Als Neunzehnjährige war sie mit einem reichen Weinhändler verheiratet worden, nach einem Jahr reichte sie die Scheidung ein – ein damals ganz ungewöhnlicher und von allen mißbilligter Schritt. Sie verfaßte mehrere Bücher religiösen Inhalts, schloß sich dem „Demokratischen Verein“ in Münster an, heiratete 1847 zum zweiten Mal und gab im Herbst 1848 – ihr Sohn war gerade ein paar Monate alt – eine neue „Frauen-Zeitung“ heraus. Nur zwei Nummern konnten erscheinen, dann griff die Zensur zu. 1849 emigrierten die Annekes nach Amerika. Sie kämpfte in der amerikanischen Frauenbewegung weiter für die Gleichberechtigung der Frau; 1852 gründete sie in Milwaukee die „Deutsche Frauen-Zeitung“ und 1866 eine Töchterschule.

aus, grad wie in Wallensteins Lager. Hier eine Gruppe, dort eine Gruppe, einige lagen auf dem Boden, andere saßen im lebhaften Gespräche um Tische, wieder andere standen gedankenvoll an die Türpfosten gelehnt. Dazu die vollste Anarchie in Betreff der Kleider und Waffen, und was das Schönste war, mir wenigstens am besten gefiel, trotz des nahen Kampfes, den jeder vorhersah, die ungetrübteste Heiterkeit und kein einzig Leichenbitter-Gesicht. Mit Hecker war den Abend nicht viel anzufangen; wollte man ihn fünf Minuten auf derselben Stelle fixieren, so schlug er wie eine Flamme in die Höhe und verschwand. Dennoch mußte ich ihn sprechen.
Endlich nahm ich ihn einen Augenblick beiseite und sagte ihm: Der einzige Grund, warum ich Sie zum zweiten Male aufsuche, ist, um Sie nochmals in Herweghs Namen an Ihr ihm gegebenes Wort zu erinnern und Sie aufzufordern, ihm unverzüglich den Vereinigungspunkt zu bestimmen. Ehe mir diese Antwort nicht geworden, kehre ich nicht heim. W. hat weder Ihrem Befehl, noch seinem Versprechen wegen der Depeschen Folge geleistet, unsere Mannschaft ist der ewigen Vertröstungen von einem Tage zum andern müde und nicht mehr zu halten, und die materiellen Mittel sind erschöpft. Es bleiben uns jetzt nur drei Wege, entweder zu verhungern, auseinanderzugehen oder uns Ihnen in kürzester Frist anzuschließen. Darum bitte ich um eine entschiedene Antwort.
So sagen Sie Herwegh, rufen könne ich ihn nicht, aber wenn er kommen wolle, und recht bald und in recht großer Anzahl, soll mir's lieb sein.

Vertreten wir unsere Rechte selbst!

Louise Otto

1819–1895; seit 1858 verheiratet mit dem Schriftsteller und Freiheitskämpfer August Peters (1817–1864). – Zum „Selbstdenken und Selbstweiterstreben" ermunterte sie ihre Geschlechtsgenossinnen, weil sie unter wahrer Bildung nicht nur „Französisch- und Englischsprechen, Tanzen, Musizieren, Zeichnen und Sticken" verstand, sondern auch Weltgeschichte und Naturwissenschaften und Turnen. Die Mädchen der unteren Klassen wollte sie in diese Ausbildung miteinbeziehen, eine damals völlig neue Vorstellung. Aber sie ging noch weiter: Die aus einer besseren Erziehung resultierende berufliche Freiheit würde nicht ausreichen, zwangsläufig müßte die rechtliche Befreiung folgen. „Die Teilnahme der Frauen an den Interessen des Staates ist nicht allein ein Recht, sie ist eine *Pflicht* der Frauen."
1848 verfolgte Louise Otto die Debatten des sächsischen Landtags von der Galerie aus, 1849 gründete sie unter dem Motto „Dem Reich der Freiheit werb' ich Bürgerinnen!" eine engagierte „Frauen-Zeitung", die sie trotz Verschärfung der Presse-

gesetze immerhin bis 1852 herausgeben konnte, und 1865 rief sie zusammen mit Auguste Schmidt den Allgemeinen Deutschen Frauenverein ins Leben. Die Gründungskonferenz vom 16. bis 18. Oktober 1865 war die erste große öffentliche Versammlung in Deutschland, die von einer Frau geleitet wurde. Louise Otto-Peters gehörte zu den wenigen Frauen, die am Gedanken der Frauenbefreiung auch über 1848/49 hinaus, d. h. während der folgenden Reaktionszeit, festhielten. Gerade weil sie keine radikalen Forderungen stellte und zum Beispiel die Institution der Ehe nicht antastete, konnte sie allmählich auch konservative bürgerliche Kreise für die Frauenbewegung gewinnen. Helene Lange (siehe S. 157) charakterisierte sie als einen Menschen „mit einem weiten geistigen Leben und kräftigen politischen Interessen", und Ernst Bloch sah in ihr eine „deutsche Pionierin aus dem Vormärz, ... eine rote Demokratin". – Aus Louise Ottos Aufsatz „Mein Programm als Mitarbeiterin einer Frauenzeitung" (1849):

Es sind in der letzten Zeit große Taten geschehen in Deutschland, aber noch größere sind zu tun übrig, „denn noch ist kaum das halbe Werk getan!" Lasset uns danach ringen und wachen, daß es ganz getan werde, und lasset uns zunächst auch das ergreifen, was uns zunächst liegt, lasset uns an das denken, woran die Männer zu denken vergessen, an das *Frauenrecht*, lasset uns nicht kleinmütig in einer großen Zeit, in der ganze Völker sich selbst helfend ein unwürdiges Joch abwerfen, nach einem Retter umschauen und müßig stehen bleiben, bis er komme. *Vertreten wir unsere Rechte selbst!* Vertreten wir sie im Sinne der Humanität und in ihrem Dienste, appellieren wir auch an keinen anderen Richterstuhl als an den der Humanität.
Ja, im Namen der Humanität fordere ich, daß das Los der Frauen in Deutschland ein anderes werde, als es jetzt im allgemeinen ist. (Ausnahmen gibt es auch schon jetzt, aber eben darin, daß eine vorzugsweise gebildete Frau oder eine, die neben ihrem besondern Beruf auch dem Allgemeinen dient usw., als Ausnahme betrachtet wird, ist die Verkehrtheit unserer gesellschaftlichen Zustände und die Verletzung der Humanität ausgesprochen.) Ich habe meine Forderungen in diesem Programm nur kurz anzudeuten [. . .] als ein Glaubensbekenntnis und als eine Anregung für andere:

1. Die Erziehung des Weibes muß eine andere werden. Der Unterricht darf nicht da enden, wo die eigentliche Denkfähigkeit erst beginnt. Nicht gelehrter Wust soll dem Weibe aufgebürdet werden, aber man muß es wekken aus dem dumpfen Geistesschlummer, in den es die jetzige Erziehung einhüllt, damit es bis zum sozialen Bewußtsein, vom Besonderen zum Allgemeinen, zum Ganzen gelange, es muß zu der Begeisterung für hohe Ideen, für das heilige Streben der Volksbeglückung erweckt werden, damit es selbst in diesem Sinne wirke oder die ihm anvertrauten Kinder so wirken lehre.

2. Es muß dem Weibe Gelegenheit gegeben werden, seinen Weg durch das Leben selbst zu finden, oder mit anderen Worten das tägliche Brot sich

selbst zu verdienen. [...] Es muß zu alle den Arbeiten zugelassen werden, zu denen seine Kräfte sich eignen. Unter den arbeitenden Klassen ist jetzt das Weib viel schlimmer dran als der Mann, – es kann sich tagelang abmühen und wird doch kaum halb soviel verdienen als er –; dieser Mangel an Verdienst, ja überhaupt an Arbeit, an einer sicheren Stellung im Leben wirft die Frauen in die Arme der Prostitution. Die einen gibt sie der öffentlichen Schande und Verachtung preis, die andern dulden ihre geheime Schmach in einer aus Berechnung, ohne Liebe geschlossenen Ehe.

3. Gleichheit vor dem Gesetz des Weibes mit dem Mann. Das Weib muß überall als mündig erklärt werden und vor Gericht dafür anerkannt, seine Sache selbst vertreten zu dürfen wie in gleichem Fall der Mann (die Geschlechtsvormundschaft, in Sachsen abgeschafft, besteht noch in einigen deutschen Staaten – sie muß sofort aufgehoben werden). Die Gleichheit vor dem Gesetz darf auch durch die Ehe (wie es jetzt geschieht) nicht aufgehoben werden. Wie es jetzt ist, gehört das Weib dem Mann mit allem, was es besitzt. Es hat kein Recht, frei über sein Gut zu verfügen, es muß erst die Zustimmung des Mannes haben [...]. Dieses Recht des Stärkeren darf nicht mehr ausgeübt werden.

4. Zuziehung des weiblichen Urteils bei Abfassung derjenigen Gesetze, welche die Frauen betreffen. Eben weil ich von der Ansicht ausgehe, daß die Natur des Weibes anders geartet ist als die des Mannes, und unsere Bestimmung eine andere, eben weil ich von jenen lächerlichen und verrückten Träumereien frei bin, die das Wort „Emanzipation der Frauen" entwürdigt haben, indem sie unsittliche und unmögliche Forderungen damit verbanden, eben weil ich den Frauen eine andere Stellung als den Männern im Staate anweise, den Männern alle Staatsämter und Würden überlassend, für die Frauen aber die heilige stillwirkende Priesterschaft im Dienste der Humanität beanspruchend – fordere ich, daß Frauen bei denjenigen Gesetzen, welche sie selbst betreffen, eine Stimme haben. Ich fordere diese Stimme für sie auch da, wo es gilt, Vertreter des ganzen Volkes zu wählen – denn wir Frauen sind ein Teil dieses Volkes. Wenn jetzt aber z. B. ein Wahlgesetz lautet: Alle mündigen Staatsangehörigen sind Wähler – die Frauen aber gleichsam durch eine schweigende Übereinkunft von diesem Recht ausgeschlossen sind, so heißt dies einfach, die Frauen für unmündig zu erklären. Ein Recht, das jetzt den Unwissendsten im Volke zusteht, muß auch für das Weib da sein. [...]

Wenn alle Frauen zu großen Anschauungen und zur Erkenntnis ihrer allgemein menschlichen Bestimmung gekommen sind, wird es sich von selbst verstehen, daß die Frauen Hand in Hand wirken mit den Männern, nicht mehr als ihre Dienerinnen, sondern beide als Ebenbürtige, nur ein jedes in dem ihm von *Natur* (nicht mehr, wie jetzt, von blinden Vorurteilen und rohen Gebräuchen) angewiesenen Kreis. Es ist die Fahne der Humanität, die ich entfalte – Humanität ist der Weg zur Freiheit und die Freiheit selbst.

Zeichnung aus den „Fliegenden Blättern", 1848. – „Die Studentin" als Witzfigur ist ein Vorgriff auf die Zukunft, denn Frauen wurden in Deutschland erst zu Beginn des 20. Jahrhunderts regulär zum Studium zugelassen. Qualmende Pfeife, Stock und Schreibmappe, die typischen Studenten-Requisiten, sollen den weiblichen Bildungshunger ins Lächerliche ziehen. „Die welsche Unsitte und Blaustrumpfweberei in Töchterinstituten, Mädchenpensionen, Jungfernuniversitäten, mit Briefen über die Hegelsche Philosophie an eine Dame, oder mit Briefen über sämtliche Naturwissenschaften . . . hat sich tief genug bis in die Mittelklassen verschwemmt", meint ein Artikelschreiber 1849 im „Morgenblatt" (Nr. 40/41), „und das gab jene verrückten Platoleserinnen, Romanheldinnen, Ehebruchsdichterinnen, Politikerinnen und ‚Hochverräterinnen', die wir kennen und bedauern." Dieses überhebliche Gerede ist kennzeichnend für die beginnende Phase der Restauration: Die Männer wollen den Gedanken, daß auch Frauen ein Recht auf fundierte Bildung und Ausbildung besitzen, noch nicht akzeptieren. Sie haben nichts gegen eine gewisse Belesenheit und Sprachkenntnisse, man möchte sich mit den Damen ja schließlich angenehm unterhalten können, aber Plato und Hegel und womöglich eine eigene politische Meinung – das ging entschieden zu weit.

Der Reaktion die Stirne bieten

Bettina von Arnim

„Sie ist in dieser Zeit der eigentliche Held, die einzige wahrhaft freie und starke Stimme", sagte Karl August Varnhagen von Ense über Bettina von Arnim. Mit zwei Briefen setzte sie sich beim preußischen König für die Begnadigung des Kunsthistorikers Gottfried Kinkel (1815–1882) ein, der im pfälzisch-badischen Aufstand Ende Juni 1849 verwundet und gefangengenommen worden war. Die Reaktion auf ihren ersten Brief hielt Varnhagen von Ense in seinem Tagebuch fest: „Besuch von Bettina von Arnim! Klatschereien wegen des Gnadengesuchs für Kinkel; die ganze hohe Gesellschaft schimpft, als wenn es ein niedriges Verbrechen, ein frevelhafter Eingriff in ihre heiligste Sache wäre, für einen Kinkel um Gnade zu bitten." (20. Juli 1849) – „Sie las mir einen Brief vom Könige vor, vier Quartseiten. Der König wiederholt, daß er sein Begnadigungsrecht den Generalen übertragen habe ... Ob und wo Kinkel vor Gericht gestellt werde, wisse er nicht. Doch schlägt er vor, Bettina möge ohne Zeitverlust bewirken, daß Kinkel eigenhändig erkläre: 1) er sei ein Verbrecher gegen Staat, König und Ehre, und des Todes würdig, 2) er bereue seine Schandtaten tief, 3) er bitte in dieser Reue um sein Leben –, käme diese Erklärung ... schleunigst an den König, so – werde vielleicht Begnadigung, wenigstens nicht Vollziehung des Urteils erfolgen. Das heißt, Kinkel soll gedemütigt im Staube liegen ... und dann doch vielleicht erschossen werden oder zeitlebens gefangen sitzen! Der König verspricht *nichts!*" (2. August 1849) — Kinkel wurde zu lebenslanger Zuchthausstrafe verurteilt. Im November 1850 befreiten ihn Freunde aus der Festung Spandau und ermöglichten seine Flucht nach England.
Aus dem zweiten Brief an Friedrich Wilhelm IV.:

29. Juli 1849. Allergnädigster König! [...] Könnte ich die sämtlichen Evangelien und Episteln des Neuen Testaments zusammenschmelzen zur wahren Feuertaufe der Begnadigung in Euer Majestät für alle Bedürftigen, dann hätte ich die Überzeugung, auf die christliche Gesinnung in Euer Majestät in rechter Weise gewirkt zu haben. Ich vermag es nicht und muß abwarten, ob Gott die Glut der Barmherzigkeit in Ihnen anfache! – Was mich bewegt, dies alles zu berühren, ist das Bewußtsein, daß höhere Naturen sich nie herablassen, dessen was ihnen störend sein kann, durch Verfolgung und Vernichtung sich zu entledigen. Auch weiß ich, daß Todesurteile denen, die sie zulassen, oder von denen sie ausgehen, eine Härte und Überreiz zurücklassen, der die Seele ängstigt und endlich zum Blutdurst reizt, aber wer die abwehrt, der gewinnt an Kraft, seiner Leidenschaften Meister zu bleiben, und die Seelenruhe und die Milde sind seine steten Schutzengel, die jeder Überwältigung des Bösen wehren.
Was ich hier zugunsten des Mannes [Gottfried Kinkel] anführe, den ich weder persönlich näher kenne, noch seinen Prinzipien anhange oder seinen Talenten huldige, ist aus menschlichem Interesses geschehen, denn ich möchte alle

Menschen gerettet sehn, und aus geistigem Interesse für den König! – Zweimal nur hab ich jenen Mann gesehnc vop seinem Verhalten in den Kammern weiß ich wenig, da ich keine Zeitungen lese! von seinen revolutionären Bewegungen weiß ich nur, was ich jetzt im möglichen Rettungsversuch zu erfragen suchte, nämlich daß er im Mai steckbrieflich verfolgt wurde wegen revolutionärer Umtriebe im Siegkreis, daß er, um diesen Steckbriefen auszuweichen, nach Baden geriet, wo er in den unglücklichen Aufstand sich verwikkeln ließ. Andere wissen ihm noch mehr Böses nachzusagen, die sind aber nicht mit dem Gott der Gnade, der diese in des Königs Hände legt und ihm Gelegenheit gibt, der Reaktion die Stirne zu bieten, die hinter die Königsliebe sich verschanzt, um den König in seiner höchsten Würde der Begnadigung zu überwältigen. – Diese sind nicht mit Gott, sosehr sie sich an seinen Richterstuhl anlehnen. Schergen sind sie, die Gott verachtet! Ich aber erkühne mich in seinem Namen diese Begnadigung von Euer Majestät zu fordern. Kein Menschenblut soll mehr der rächenden Strafe geopfert werden! Auf wen fällt denn das Unselige dieser schrecklichen Überwältigung moralischer Anforderungen? – Wenn ich Euer Majestät recht verstehe, so fällt sie schwer auf das Herz des Königs – in die Waagschale seines Gewissens. Wer wagt diesem entgegenzutreten? Dem Königsgewissen etwas aufbürden wollen, wer wagt das? Ja im Namen Gottes fordere ich Euer Majestät auf, die Schwierigkeiten allseitiger Begnadigung zu beseitigen, dieser reaktionären Königsliebe zum Trotz, die des Königs Gewissen antasten will und ihm Schwierigkeiten machet, das Herrscheramt, die Königswürde, wie es seiner Aufgabe entspricht, zu behaupten! [. . .]

O ich mag von diesen Königsfreunden nichts wissen, die so hoch stehen im Vertrauen des Königs, daß sie durch zweideutige Reden und böse Auslegungen ihn seinen besseren Freunden abgewendet haben und ebenso leichtsinnig ihn von seinem bessern Besinnen, von seinem Großgefühl zu unköniglichen Taten, die ebenso gewöhnlich sind, herabdrücken wollen!

„Gott bewahre mich vor meinen Freunden, gegen meine Feinde will ich mich schon selbst schützen“, kann auch der Unglückliche sagen, dessen christgewordener Freund, unterdessen er im Keller liegt, solche vertrauliche Reden preisgibt! die da nachweisen, daß er Christo verlassen habe; während Kinkel im Kerker den dritten Teil der christlichen Kunstgeschichte vollendet, woran nur noch wenig fehlt – ebenso ist der zweite Band ganz fertig. Er hat sich also doch mit christlich-wissenschaftlichen Fragen beschäftigt, *dieser Gottesleugner,* während der christgewordne Freund ihn verriet, was ebenso unchristlich ist als nicht an Gott glauben! –

Dies alles wage ich hier vor Euer Majestät auszusprechen, weil ich in Ihre Menschlichkeit einen bisher noch nicht erschütterten Glauben habe! – Dies Werk der Gnade, in Euer Majestät Hände gegeben, hat seine große Bedeutung, seine heiligen Zwecke, für deren Wahrheit bürgt die ganze Zukunft – Österreichs übereilte Hinrichtungen [Robert Blum und viele andere waren am 9. November 1848 in Wien standrechtlich erschossen worden] waren kein Werk der kalten Vernunft, von religiösen Gründen war dabei nicht die Rede, es war nur ein Fehlgriff gegen die Fortdauer der Revolution, die schnell mit dem vergossenen Blut sich einwurzelte. Aus Roheit, aus Leidenschaft und Furcht hat man diese mörderischen Hinrichtungen begangen; ein stark und kühn und schnell wollender Monarch würde einen glorreichen Zweck erreichen, wollte er den Mantel der Gnade so weit ausbreiten, als er sich Macht fühlte dazu! Sein Ruhm würde wahrlich nicht zerfallen wie der von Österreich!

Münchener Bilderbogen Nr. 57 aus dem Verlag Braun & Schneider, der seit 1849 volkstümliche Bilderbogen herausbrachte. – Nach dem turbulenten Revolutionsjahr sind Ruhe und Ordnung zurückgekehrt. Den Mädchen – und zugleich ihren Müttern – wird wieder eingeschärft, wo sie sich bewähren sollen: im Kinderzimmer, in der Küche, am Spinnrad – alles wie gehabt. In dieser Betonung der häuslichen Bestimmung der Frau drückt sich aber auch eine Verunsicherung der Männerwelt aus: 1848/49 war klargeworden, daß Frauen auf einigen Gebieten des öffentlichen Lebens bereits Fuß gefaßt hatten, man(n) wollte sie daraus tunlichst wieder vertreiben.

An freie, gleichgesinnte Frauen und Jungfrauen!

Aus: „Eßlinger Schnellpost", 19. Oktober 1850

Vielfache Erfahrung, meine teuern Schwestern, veranlaßt mich, einen Aufruf an Euch ergehen zu lassen, zur Bildung eines *demokratischen Unterstützungs-Vereins*. In dieser Zeit, wo Alles um uns her vorwärts drängt und vorwärts kämpft, dürfen wir nicht allein zurückbleiben. Wir wollen auch unsern Teil *fordern* – aber zuerst verdienen – an der großen *Weltenerlösung,* welche der ganzen Menschheit, deren eine Hälfte wir sind, *Glück, Einheit, Freiheit und Gleichheit* bringen soll.

Die bürgerliche Frauenbewegung

Frauen-Zeitung

für weibliche Arbeiten, Moden & Hauswesen

Mit Muster- und Modeblättern

№ 16. Neunter Jahrgang. 15. August 1860.

Die Frauen-Zeitung erscheint am 1. und 15. eines jeden Monats. Preis vierteljährlich 15 Sgr. oder 54 Kr. rhein.

(Ausgegeben in Stuttgart 18. Juli 1860.)

Inhalts-Anzeige.

Allgemeiner Modebericht.
Erklärung der Beilagen.
Beilage I. Modebild.
Beilage II. Musterbogen. Nro. 1. Wandkalender, Thermometer, Notizentafel und Visitenkartentäschchen. Nro. 2. Marietta. Nro. 3. Kinderkragen. Nro. 4. Kragen in Applikation von Moll. Nro. 5. Ayrelie. Nro. 6. Zeichnung mit L. H. zu Portemonnaie's. Nro. 7 u. 8. Siehe Nro. 22. Nro. 9. Catharina. Nro. 10. Gehäkelte Börse. Nro. 11—13. Cravatte. Nro. 14—18. Modebilder. (Toiletten für die Badsaison.) Nro. 19. Knopflochverzierung. Nro. 20. Tappisseriedessin. Nro. 21. Bouquetchen in die Enden eines Solitair-Kragens. Nro. 22. Schutztuch. Nro. 23. Ida. Nro. 24. Taschentuchbordüre und Ecke mit A. B. und Krone.
Gestricktes Carreau (s. Nro. 15, Beil. II, Nr. 8).
Von den Mahlzeiten. Von M. S. Kübler. (Fortsetzung.)
Rezepte: Sehr beliebter Liqueur von schwarzen Johannisbeeren. Früchtenpastete.
Eine Schulmeisterfamilie. Von Ottilie Wildermuth. (Fortsetzung.)
Gertrude von der Wart oder **Treue bis zum Tod.** Von Ottilie Wildermuth.

Kopf einer „Frauen-Zeitung", die von 1852 bis 1866 in Stuttgart erschien – unangefochten. Schon der Untertitel verdeutlicht, daß politische Themen nicht auf dem Programm standen. Der Herausgeber (oder eine Herausgeberin) bleibt anonym. Den Tendenzen der nachrevolutionären Epoche folgend, versuchte die Zeitschrift, ihre Leserinnen an Herd und Nähtisch zurückzukomplimentieren.

Eine weibliche Handelsschule

In der zweiten Hälfte des 19. Jahrhunderts verwandelte Deutschland sein Gesicht: Industriebetriebe breiteten sich aus, die Städte saugten Menschen an, das Eisenbahnnetz wurde immer enger geknüpft, und die Reichsgründung 1871 stärkte nicht nur das Nationalbewußtsein, sondern beseitigte auch viele Nachteile der Kleinstaaterei, zum Beispiel durch Vereinheitlichungen im Bank- und Gerichtswesen. Der Handel und die kleinen Gewerbebetriebe mußten sich dem schnelleren Tempo der Zeit anpassen. Arbeiterinnen in Fabriken waren längst eine Selbstverständlichkeit, jetzt wollte man billige weibliche Kräfte auch für kaufmännische Aufgaben gewinnen. Die Post beschäftigte Frauen in Telegraphenämtern und ab den achtziger Jahren im Fernsprechdienst. Kurz vor der Jahrhundertwende begannen Tippfräuleins die Büros zu erobern: Die Erfindung der Schreibmaschine erschloß den Frauen einen neuen Berufszweig, die weibliche Angestellte war im Kommen. – Daß am Anfang dieser Entwicklung nicht die reine Selbstlosigkeit stand, verrät folgende Notiz aus der „Ulmer Zeitung“ vom 11. März 1858:

Der Gewerbeverein in Stuttgart hat beschlossen, zur Hebung des materiellen Wohlstandes der mittleren Klassen eine Art weiblicher Handelsschule zu gründen. Wir leben der Hoffnung, daß dieses Beispiel auch in anderen größeren Städten des Landes und namentlich in Ulm Nachahmung finden werde, da sich durch das Geschäft weiblicher Buchführung und der Korrespondenz bei allen, auch den kleinen Gewerben, die Männer viel Zeit für ihren Hauptberuf erübrigen können, und der ökonomische Nutzen, wenn die Frau die Zeit des Mannes in der Buchführung usw. ersetzen kann, erheblich werden wird. Es ist sehr häufig der Fall, daß die Frau oder die Tochter, wie man im gemeinen Leben sich ausdrückt, den Laden zu hüten hat, und während dieses Hütens, sobald eine nur die erforderlichen Kenntnisse und Fertigkeiten sich erworben, kann sie auch zugleich Buchführen, Rechnungschreiben und die Alltagskorrespondenz besorgen.

Gleichberechtigt, aber auch gleich verpflichtet

LUISE BÜCHNER

Das beste Beispiel dafür, wie die Befreiungs-Impulse der Jahre 1848/49 unterschwellig weiterwirkten und die Allgemeinheit langsam zum Umdenken brachten, sind die vielfältigen weiblichen Aktivitäten auf dem Sektor Bildung/Ausbildung. – Luise Büchner (1821–1877), die jüngste Schwester des Dichters und Revolutionärs Georg Büchner, kämpfte zeitlebens für eine gründlichere Mädchenerziehung, die Voraussetzung sei für jede spezielle Berufsausbildung, z. B. als Lehrerin oder Krankenpflegerin. Mit Hilfe von Prinzessin Alice, der späteren Großherzogin von Hessen, gründete sie 1867 den gemeinnützigen Alice-Verein für Frauenbildung und Erwerb. In ihrem 1856 anonym erschienenen Buch „Die Frauen und ihr Beruf", das sich an den gebildeten Mittelstand wendet, wettert Luise Büchner gegen dessen „zimperliche Parfümmoral", gegen den Müßiggang der Mädchen und ihre Vergnügungssucht. Sie entwirft eine Ausbildung in praktischen und geistigen Dingen aus einem Guß vom 6. bis 18. Lebensjahr (nicht wie bisher nur bis zum 15., 16.). „Wir wollen nicht mit dem Manne um seine Fachwissenschaften rechten, sie bleiben ihm unverkürzt, aber die allgemeine Bildung, die menschlich frei und tüchtig macht, darf der Frau unter keiner Bedingung vorenthalten werden." Zwar meint sie noch, daß jeder selbstgewählte weibliche Beruf der Ehe weichen muß und die Aufgabe der Frau „in der Erfüllung der weiblichen Pflichten in ihrer vollsten Ausdehnung, in dem Beruf der Frau als Mutter und Erzieherin" liege, aber sie verkündet eben auch, daß allein die geistige Tätigkeit und das geistige Interesse eine Frau innerlich frei und stark werden läßt. „Gerüstet in den Waffen des Geistes" soll sie einhergehen, „damit keine Widerwärtigkeit des Lebens sie jemals überrasche oder erschrecke." – Das Buch „Die Frauen und ihr Beruf" ist in 12 Kapitel gegliedert; Auszüge aus dem 3. und 10. Kapitel:

Über die Erziehung für das Haus

Es liegt in der Natur der Sache, und wir finden es fast bei allen Völkern wieder, auf welcher Kulturstufe sie nun stehen oder stehen mochten, daß die kleinen, täglich wiederkehrenden Sorgen um den Haushalt dem weiblichen, als dem schwächeren Teil der Bevölkerung, zufallen, während sich der Mann den schwereren Arbeiten unterzieht. Dies Verhältnis ist zu natürlich, um sich jemals ändern zu können, und alle schon aufgestellten Theorien von der Emanzipation des Weibes werden es nicht dahin bringen, daß der Mann zu Hause koche oder nähe, während die Frau draußen auf der Bank des Richters Recht spricht oder die Kanzel besteigt. Es ist eine totale Verkennung unserer Zeit, wenn man glaubt, die Frau, wenigstens die gebildete Frau, heute von den Pflichten der Häuslichkeit freisprechen zu dürfen. Man entzieht ihr damit den ureigentlichen Boden, in dem ihr ganzes Wesen wurzelt und wirft sie auf ein Gebiet, wo sie zuweilen geduldet ist, aber niemals herrschen kann noch wird.
[...]
Wer zweifelt noch daran, daß die Untüchtigkeit der Frau in ihrem häuslichen Beruf, ihr Drang nach äußeren Zerstreuungen die hauptsächlichste Quelle so vieler Unzufriedenheit und Mißstimmung ist? Man streitet darum hin und her, was der eigentliche Beruf der Frau sei: geistige Ausbildung oder nur häusliche Arbeit! Dieser Streit ist ein müßiger; nur die *Vereinigung* dieser beiden Elemente entspricht dem Wesen der Frau, wie unsere Zeit sie verlangt, ja entspricht der weiblichen Natur überhaupt, die weniger auf Tiefe angewiesen ist als darauf, die ideale Seite des Lebens zu entwickeln und leibliches und geistiges Wohlbehagen zugleich gedeihen zu lassen in dem Kreise, den sie als allei-

nige Gebieterin beherrscht. Zur ersten Stufe dieser Herrschaft aber gelangt sie nur durch praktische Ausbildung. [...] Unser feststehender Standpunkt ist der, daß die Frau, ebenso wie der Mann, einen bestimmten Kreis von Pflichten, einen ernsten Beruf zu erfüllen hat, über welchen hinaus erst ihre Berechtigung anfängt, sich an den höheren Genüssen des Lebens zu erfreuen.
Ihr sollt ja dem Manne völlig gleichberechtigt zur Seite gestellt werden! Gleichberechtigt an jedem geistigen Gut, aber auch gleich verpflichtet zur täglichen Arbeit! Wo gibt es denn überhaupt wirklich geistiges Schaffen, welches sich nicht erst durch einen Berg von materiellen Schwierigkeiten, von formellem Wust hindurcharbeiten mußte? [...] Ist nicht unser ganzes Leben ein Kampf mit der Materie, und will die Frau sich dem allein entziehen.

Die Unverheiratete

Wo bliebe er denn nun, der Schrecken des ehelosen Standes, für solche weibliche Naturen, die sich im Leben selbst zu helfen wissen, sicher und fest auf eigenen Füßen stehen? Wie manche Frau, die in unbedachter Eile den Ehebund geschlossen, würde oft gerne mit der alten Jungfer tauschen, die ihren besseren Gefühlen und Überzeugungen treu, sich lieber selbst genügen ließ, als daß sie ohne Neigung oder aus kalter Berechnung an den Altar trat. Ein jedes Lebenslos hat seine Leiden und Freuden, und ein Mädchen, das seine Aufgabe versteht, seine Kräfte benützt und entwickelt hat, wird auch nach außen immer eine so ehrenvolle und geachtete Stellung finden, wie sie die hochstehendste Frau sich nur wünschen kann. [...]
Welche fürchterliche Folgen die Tatlosigkeit des weiblichen Geschlechts in späteren Jahren für dasselbe hat, ist genugsam bekannt, wir brauchen sie nicht aufzuzählen. Aber gar nicht zu berechnen ist es, welche wichtige Folge für die Umgestaltung des sozialen Lebens es haben müßte, wenn alle diese ruhenden Kräfte in Bewegung gesetzt würden. Wir sagten es vorhin schon, daß die Ehe immer eine gewisse Beschränkung in sich schließt, und von der Frau und Mutter, welche innerhalb ihres Hauses ihre Pflicht erfüllt, können wir eine unmittelbare Einwirkung auf die Gesamtheit mindestens nicht fordern.
Anders ist es mit dem Mädchen, es kennt keine Schranke als die, welche die Weiblichkeit ihm zieht, und innerhalb derselben gibt es für es genug zu tun. Wir verweisen zunächst abermals auf jene Lehranstalten, wie wir sie möchten entstehen sehen. Daran knüpft sich als natürlichster Wunsch der, daß dann auch die ganze Belehrung in die Hand der Frau gelegt werde. [...] Es kann kein Einwand sein, daß die Frau nicht die nötige Gelehrsamkeit dazu besitze. Was zur Belehrung ihres Geschlechts notwendig ist, das kann sie sich erringen. [...]
Auf der geistigen Tätigkeit der Frau innerhalb der weiblichen Grenzen beruht ihre einzige, vernünftige Emanzipation.

Die Einsicht, daß für alleinstehende Frauen Berufsmöglichkeiten geschaffen werden müßten, um sie vor der äußersten Armut zu bewahren, setzte sich im letzten Jahrhundertdrittel auch in konservativen Kreisen durch. Ein Zitat aus dem Erzählungsband „Perlen aus dem Sande" (1867) von Ottilie Wildermuth: „Vor allem hat mich das Geschick meines Geschlechts oft betrübt und bekümmert ... Unsere Zeit bemüht sich freilich, dem Schaden abzuhelfen; Frauenschutzvereine, Frauentage, Frauenzeitungen bilden sich, die für die Frauen das Recht der Arbeit, selbständige Stellung und lohnenden Beruf fordern. Wie weit sie helfen können, wage ich nicht zu entscheiden; *jeder* männliche Beruf kann doch nicht zugänglich sein für Frauen; einen weiblichen Arzt oder Richter kann ich mir so wenig vorstellen als einen weiblichen Schmiedeknecht, und wenn bis jetzt den Frauen ein männlicher Beruf angewiesen wurde als Lehrerinnen, Telegraphistinnen etc. etc., war es meist da, wo man einen Mann nicht genügend bezahlen mochte. Wir wollen gern tun, was wir können, um das Los unserer Schwestern befriedigend zu machen." Vor 130, 140 Jahren war die Meinung, daß die Frauen *nur* an den Herd gehören, ins Wanken geraten. Aber selbst kluge Frauen wie Luise Büchner und Ottilie Wildermuth hielten es noch nicht für möglich, daß Männer einmal die Haushaltsführung übernehmen und ihre Geschlechtsgenossinnen auch akademische Berufe ergreifen könnten. Dazu fehlten als wichtigste Voraussetzung höhere Mädchenschulen. Sie durchzusetzen, war die nächste Aufgabe.

Begeisterung für unsere Sache

Louise Otto-Peters

Aus „sozialer Leidenschaft" — diesen Begriff prägte Gertrud Bäumer (siehe S. 161) auf Louise Otto-Peters — kämpften bürgerliche Frauen für ihre ins gesellschaftliche Abseits geratenen Mitschwestern. Zu diesem Zweck gründete sie immer neue private Unterstützungsvereine, die bis hinab zu den „gefallenen Mädchen" nahezu alle Möglichkeiten der Hilfsbedürftigkeit erfaßten. Ihre Ziele waren: bessere Bildungsgelegenheiten, erweiterte Berufs- und Erwerbsmöglichkeiten und eine verbesserte Stellung im privaten und öffentlichen Recht, d. h. in Familie, Gemeinde und Staat. Dabei gingen diese Pionierinnen von dem Grundsatz aus, daß Frauen sich zuallererst selbst helfen müssen. Einige von ihnen, zum Beispiel Fanny Lewald und Louise Otto-Peters, schlossen Arbeiterinnen und Handwerkersfrauen in ihre Überlegungen mit ein: Sie pochten auf eine Humanisierung der Arbeitsbedingungen in Fabriken und bei der Heimarbeit. Im Zentrum aller Aktivitäten der bürgerlichen Frauenbewegung stand jedoch die Bildungsfrage.

Der Allgemeine Deutsche Frauenverein war der erste Frauenverein, der nicht wohltätige Zwecke verfolgte. Paragraph 1 seiner am 17. Oktober 1865 verabschiedeten Satzung lautet: „Der Allgemeine Deutsche Frauenverein hat die Aufgabe, für die erhöhte Bildung des weiblichen Geschlechts und die Befreiung der weiblichen Arbeit von allen ihrer Entfaltung entgegenstehenden Hindernissen mit vereinten Kräften zu wirken." – Louise Otto-Peters hatte Frauen verschiedener gemeinnütziger Organisationen zur ersten deutschen Frauenkonferenz nach Leipzig eingeladen. Bei der Eröffnung am 15. Oktober 1865 begrüßte sie die Teilnehmerinnen:

Sie haben durch Ihr Erscheinen hinreichend bewiesen, daß Sie da kein kleinliches Bedenken kennen, wo es gilt, sich an ein größeres Interesse dahinzugeben. Sie bezeugen dadurch, daß Sie nicht allein unserm Rufe, sondern viel mehr noch, wie es ja des Weibes edelste Art ist und immer bleiben soll, dem Rufe ihres eigenen Herzens gefolgt sind. Sie fühlten und erkannten längst gleich uns: daß etwas geschehen müsse, den Wirkungskreis der deutschen Frauen zu erweitern, und Sie sahen sich längst nach einem Mittel und Wege dazu um. Darum sind Sie jetzt, wo wir es gewagt haben, zu einer gemeinsamen Beratung über diese Mittel und Wege aufzufordern, bei uns erschienen, und schon durch Ihr Kommen allein beweisen Sie, daß wir auf Ihren ernsten Willen, Ihre Begeisterung für unsere Sache zählen können. Denn die Bedenklichen, die Begeisterungslosen, die Unentschiedenen, die Vorsichtigen, alle, die dem geliebten Prinzip des Abwartens huldigen, jenem Prinzip, das, wenn es wirklich das herrschende wäre, die Welt zu einem ewigen Stillstand verdammte – diese sind natürlich zu Hause geblieben und werden erst später zu uns kommen – werden kommen, da Sie, verehrte Anwesende, gekommen sind.

Darum Dank Ihnen, daß Sie ein würdiges Beispiel gegeben haben – Ihr Kommen ist eine mutige Tat; denn es ist der erste Schritt zu unserem Ziele!

Dank auch den Männern, die nicht, wie so viele, nur den Fortschritt der einen Hälfte des menschlichen Geschlechts, sondern die den Fortschritt der ganzen Menschheit wollen und darum auch die Frauen nicht ausschließen von der gleichen Bahn.

Berichte vom ersten Stuttgarter Frauentag

Aus: „Schwäbische Kronik" Nr. 241–243, 10. – 12. Oktober 1873

Nr. 241. Den Vortrag, mit dem Frl. Auguste Schmidt [1833–1902] aus Leipzig die VI. Generalversammlung des Allgemeinen Deutschen Frauenvereins eröffnete, den Vortrag *„Pflicht und Notwendigkeit der Selbsthilfe in der Frauenfrage"*, zu hören, versammelte sich gestern abend im Hause der Bürgergesellschaft eine Menge, weit größer, als der große Saal des Hauses sie zu fassen vermochte. Die Zuhörerschaft gehörte überwiegend dem schönen Geschlechte an ... Der Verein wende sich wesentlich an den Mittelstand ... Der Verein stehe auf dem Boden der Selbsthilfe. Es genüge nicht, daß Nachfrage nach Arbeitsleistung bestehe, der Nachfrage müsse auch ein Angebot von Leistungen entsprechen; und finden wir, fragt Rednerin, die Frauen bereit, dem Rufe der Zeit zu folgen? Um die Frauen dafür befähigt zu machen, erkennt der Verein seine Aufgabe wesentlich als eine erziehliche; die nächste Aufgabe sei die Erziehung fürs Haus. Solange die Gewohnheit herrsche, die Töchter von der Entlassung aus der Schule, vom 16. Jahre an, ohne bestimmtes Ziel im Schoße der Familie zu behalten, gehe eine große Kraft ungenützt verloren. Wenn diese Töchter so gefördert würden in der praktischen Ausbildung wie die Jünglinge, dann stünden sich die Geschlechter noch lange nicht auf gleichem Boden gegenüber, aber beide stünden sittlich höher da ... Mit der Ausbildung der Frau schaffe man dem Manne keine Konkurrenz. Wer zu arbeiten Lust und Kraft habe, finde auch Arbeit. Warum es so schwer halte, den Arbeitsmarkt für die Frau zu erweitern? Man habe mit dem Herkommen und mit dem Vorurteile zu kämpfen; diesem entgegenzutreten sei die Aufgabe des Vereins ... Rednerin erkennt es als staatliche Aufgabe, dem weiblichen Geschlechte die Pfade zum Eintritte in bessere Berufskreise zu ebnen; die Wirkung der Schulbildung mache sich recht deutlich bemerkbar in Gegenden, wo Fortbildungsschulen seit geraumer Zeit bestehen ... Hier findet Rednerin den Übergang von der praktischen Seite der beruflichen Erziehung zu den sittlichen Wirkungen einer verbesserten Lebensstellung; sie schließt mit einer begeisterten Schilderung des Familienlebens als der schönsten Harmonie zwischen Realem und Idealem.

Nr. 242. Zweiter Tag der Verhandlungen des Allgemeinen Deutschen Frauenvereins ... Frau Louise Otto eröffnet dieselben mit dem Vortrag der Satzungen des Vereins, der Tages- und Geschäftsordnung und dergleichen. Und nun erhält Frl. Marie Calm [1832–1887] aus Kassel das Wort, um über die Frage: *„Hat der Staat dieselben Pflichten gegen seine Töchter, wie gegen seine Söhne?“* zu reden. Auch die Frauen verlangen zu lernen; allein die Gelegenheit sei weder quantitativ noch qualitativ in dem Maße geboten, wie den Knaben ... In Deutschland gebe es 136 Seminarien für Lehrer und nur 12 für Lehrerinnen; 8 davon kommen auf Preußen, 1 auf Württemberg und die übrigen 3 auf den Rest von Deutschland. Das württembergische Seminar in Markgröningen sei nur im Stande, 23 Schülerinnen aufzunehmen. Die Kandidatinnen werden nur fürs Elementarfach ausgebildet. Für höhere Lehrzwecke existiere keine höhere Bildungsanstalt ... Kein Mensch hindere unverheiratete Frauen und Witwen, ihr Brot zu erwerben; aber jede Arbeit wolle gelernt sein; für diese verlange der Frauenverein Fortbildungsanstalten, um irgend einen Beruf gründlich zu erlernen. Es sei stets Mangel an intelligenten Arbeitskräften; warum man sich nicht entschließen könne, die Frauen zu Hilfe zu rufen.

Nun erhält Frau Emma Laddey [geb. Radtke, 1841–1892] aus Stuttgart das Wort, um einen Vortrag über die *„Zersplitterung der weiblichen Arbeitskraft"* zu halten. Sie habe die Aufgabe, die ernste, fast trockene Erwerbsfrage zu behandeln, bemerkte einleitend die Rednerin. Näher als die soziale Frage liege die Brotfrage. Die dringendste Frage heiße nicht: wie werde ich leben, um mich beglückt zu fühlen, sondern, wovon werde ich das Dasein fristen. Es gebe nicht nur selbstverschuldetes Elend, sondern auch ein Elend, das der falschen Theorie entspringe: das Weib soll nicht zu viel lernen, um nicht ihr kostbarstes Gut, ihre Weiblichkeit, zu verlieren. Das Mädchen, das in jungen Jahren einen Beruf ergreife, werde, wenn's zum Freien komme, eine festere Stellung im Leben haben und eine umsichtigere Wahl zu treffen im Stande sein ... Die Rednerin nimmt unter allen Umständen das Haus als das Gebiet für weibliche Tätigkeit in Anspruch; aber sie verlangt für die Mädchen eine ebenso konsequente Berufsausbildung wie für den Mann ...
Zum Schluß erhält noch Frau Luise Gutbier aus Koburg das Wort, um *„Schmerzliche Erfahrungen im Frauenleben"* mitzuteilen. Sie entwirft ein tiefdunkles Nachtbild von dem Leben einer ihrer Stütze beraubten Gattin; zu diesen düstern Farben habe zum großen Teile die rechtlose Stellung der Frau den Stoff hergegeben.

Nr. 243. Wie die gestrige, so war auch die heutige dritte Versammlung des Allgemeinen Deutschen Frauenvereins so stark besucht, daß zeitweilig der Raum für Aufnahme neuer Besucher mangelte. An einen von Oberlehrer Wendt aus Siebenbürgen gehaltenen Vortrag *„Über weibliche Charakterbildung"* (u. a. wies er auch auf die große Menge von unverwendeter weiblicher Arbeitskraft hin; die verwendete Arbeitskraft des weiblichen Geschlechts werde jetzt schon auf einen Wert von 720 Millionen Mark jährlich veranschlagt) schloß sich eine Debatte an, in welcher Frl. Auguste Schmidt, Frl. Calm, Frau Henriette Goldschmidt [geb. Benas, 1825–1920] aus Leipzig ihre praktischen Erfahrungen über weibliche Erziehung und Unterricht des Näheren darlegten. In ihrer Erziehungsanstalt, sagte Frl. Schmidt, werde das Wort Gehorsam eigentlich nicht genannt; sie handle nach den Pestalozzi-Fröbelschen Grundsätzen der Erziehung nach der Natur ... Nicht ohne Interesse ist es, eine Mutter zu vernehmen, die ihre Tochter auf die *Universität Zürich* begleitet hat. Sie findet die Verhältnisse da ganz gut und den Besuch der Universität durch junge Damen ungefährlich; doch kann sie den Besuch erst in jenem Alter empfehlen, wenn der Charakter sich zu völliger Reife und Selbständigkeit entwickelt habe ... Schließlich erhält Frau Hauptmann Kistner aus Leipzig das Wort, um die Gründe und Gesichtspunkte darzulegen, vermöge derer junge Damen sich wenigstens ebensogut zur *Erlernung des Apothekergewerbes* und für Versehung von Gehilfenstellen eignen würden, als

Jünglinge von demselben Alter. Frau Laddey dankt im Namen der Versammlung der Rednerin dafür, daß diese für die berufliche Verwendung von Frauen einen neuen Gesichtspunkt eröffnet; bis jetzt sei in der Hauptsache bloß von der Schule und dem Unterricht die Rede gewesen.
Zum Beginn der Schlußsitzung erhält Frau Liddy Riefe aus Zwickau das Wort, um über *„Die Stellung der Frau zu den jetzigen Zeitverhältnissen"* zu sprechen; sie bezeichnet die Aufgabe der Frau im allgemeinen in der Richtung liegend, die in früheren Vorträgen dargelegt worden; entschiedene Verwahrung legt sie ein gegen die Unterstellung von Emanzipationsbestrebungen. Zum ersten Male während einer dreitägigen Beratung wird in diesem Vortrage dies Wort benützt; Hebung des Frauenloses sei aber allein Zweck und Ziel, ruft die Rednerin zum Schlusse ihres Vortrages; und heute schon haben wir erreicht, daß das Los begabter Frauen gebessert worden ist; mehr derselben, als wir noch vor wenigen Jahren zu hoffen gewagt, befinden sich heute in guten selbständigen Stellungen. Kenntnisse zu erwerben, verlangen wir für die Frauen, dann werden die Quellen der Not, wenn auch nicht versiegen, so doch spärlicher fließen. Frl. Calm erklärt der Versammlung den Ausdruck Emanzipation nach dem römischen Rechte; da wir uns nicht im mindesten als Sklavinnen fühlen, kann auch jener Ausdruck nicht auf unsere Bestrebungen angewendet werden. Das, wonach wir trachten, ist, die Frau dem Manne zur Gefährtin zu machen. [...]
Eine Dame aus Stuttgart ergreift das Wort, um in warmen Worten den Gästen aus dem Norden den Dank der Versammlung auszudrücken; sie glaube, sagt sie, diesen Dank nicht wärmer ausdrücken zu können, als dadurch, daß sie ihre anwesenden Schwestern einlade, nach Schluß der Versammlung alsbald zur Bildung eines Lokalvereins zusammenzutreten.

Mitte Oktober 1873 wurde in Stuttgart ein Schwäbischer Frauenverein als Zweigverein des Allgemeinen Deutschen Frauenvereins gegründet, dessen Ziel es war, „durch vereintes Zusammenwirken die weibliche Jugend zu erhöhter Bildung, Erwerbsfähigkeit und Sittlichkeit zu erziehen und ihr neue Bahnen zu Arbeitsverdienst zu eröffnen". – Am 27. Oktober 1873 nahm die Olga-Schule, eine Stiftung der württembergischen Königin, den Unterricht auf „zum Besten der Erziehung und Bildung der weiblichen Jugend"; sie trat neben das seit 1818 existierende Katharinenstift in Stuttgart, das den vielen lernwilligen jungen Mädchen nicht mehr genug Plätze bieten konnte.

Eine Gutsherrschaft

in *Mittelfranken* sucht zur Erziehung zweier Kinder von 9 und 6 Jahren eine protestantische gebildete junge Dame, welche im Stande ist, außer den gewöhnlichen Fächern den Zöglingen Unterricht im Französischen und im Klavierspiel zu erteilen. – Bei gutem Salair wird freundlichste Aufnahme in die Familie zugesichert, jedoch nur *gut qualifizierte* Offerte berücksichtigt. Offerte beliebe man sub. P. S. 4371 an die Annoncen-Expedition von

Rudolf Mosse in München

zu richten.

Aus: „Schwäbische Kronik" Nr. 244, 14. Oktober 1873

Die Furcht vor der Konkurrenz

HEDWIG DOHM

1833–1919, geb. Schleh. Eine temperamentvolle Streiterin für Frauenrechte, die keinem Frauenverein angehörte und nie als Rednerin auftrat. Sie lebte in Berlin, war mit dem Chefredakteur der satirischen Zeitschrift „Kladderadatsch" verheiratet und hatte fünf Kinder. Ihre Enkelin Katia, die als erste Münchnerin das Abitur ablegte, heiratete 1905 den Schriftsteller Thomas Mann. Daß sie deshalb ihr Studium der Physik und Mathematik abbrach, dürfte ganz und gar nicht im Sinn von „Urmiemchen" gewesen sein. Die hatte nämlich 30 Jahre zuvor das Frauenstudium gefordert und war damit ihrer Zeit weit vorausgeeilt – übrigens auch dem Allgemeinen Deutschen Frauenverein, der in der Bildungsfrage im Kampf mit den schwerfälligen Behörden eine Schritt-für-Schritt-Taktik verfolgte.
„Revolutionen werden nicht mit Rosenwasser gemacht. Es braucht aber nicht gerade Blut zu sein", schrieb Hedwig Dohm 1902 in ihrem polemischen Buch „Die Antifeministen". Sie bevorzugte die Druckerschwärze: Engstirnige Männeransichten zerfetzte sie mit ihrem Spott, vor allem in ihren frühen Schriften „Was die Pastoren von den Frauen denken" (1872), „Der Jesuitismus im Hausstande" (1873) und „Die wissenschaftliche Emanzipation der Frau" (1874; daraus die folgenden Auszüge). Hier attackiert und widerlegt sie die 1872 erschienene Abhandlung „Studium und Ausübung der Medizin durch Frauen" des Münchner Anatomie-Professors Theodor Ludwig Wilhelm Bischoff (1807–1882). Sie kann gegen ihn ins Feld führen, daß in Amerika bereits viele Frauen als Ärztinnen praktizieren und die Universität Zürich 1867 Frauen zum Medizinstudium zugelassen hat.

Herr v. Bischof sagt an einer Stelle: Jedes Geschlecht habe seine besonderen Funktionen, Frauen könnten nicht leisten, was Männer leisten, und umgekehrt, Männer nicht, was Frauen. – Ist das wahr? Nein!
Wer nennt mir eine einzige Hantierung (die an den Körper gebundenen Funktionen selbstverständlich ausgenommen), eine einzige Form der Arbeit, die sich auf Frauen beschränkt, und an denen zu partizipieren den Männern durch Sitte und Gesetz verboten wäre? Es gibt keine!
Männer nähen, kochen, waschen, bügeln, führen Wirtschaften usw. In vornehmen Häusern findet man anstatt Köchin und Wirtschafterin Köche und Wirtschafter. Das sind unbestreitbare Tatsachen, die wegzuleugnen unmöglich ist. Es muß also heißen: Nur den Frauen sind bestimmte Beschäftigungen zugewiesen; die Männer aber leisten alles, was Menschen überhaupt zu leisten imstande sind und wozu sie Lust und Neigung haben.
Ich hoffe im Laufe meiner Abhandlung beweisen zu können, daß die Frauen zu Arbeiten gezwungen werden, für die sie nicht geeignet sind, und ausgeschlossen von solchen, die ihrer Natur zusagen.
Ich hoffe beweisen zu können, daß zwei Grundprinzipien bei der Arbeitsteilung zwischen Mann und Frau klar und scharf hervortreten: die *geistige* Arbeit und die *einträgliche* für die Männer, die *mechanische* und die *schlecht bezahlte* Arbeit für die Frauen; ich glaube beweisen zu können, daß der maßgebende Gesichtspunkt für die Teilung der Arbeit nicht das *Recht* der Frau, sondern der *Vorteil* der Männer ist, und daß der Kampf gegen die Berufsarbeit der Frau erst beginnt, wo ihr Tagelohn aufhört, nach Groschen zu zählen. [...]
Daß die Frage der Konkurrenz, die *Furcht vor der Konkurrenz* bei der Einschränkung der Frau bewußt oder unbewußt eine große Rolle spielt, ist für mich zweifellos. Die Majorität der Menschen urteilt nicht mit dem Kopf, sondern mit dem Magen. Ein Beweis dafür ist der Umstand, daß jeder Mann das unermeßlich wichtige Geschäft, das er gerade betreibt, für denjenigen Beruf hält, den auszufüllen Gott und die Natur der Frau versagt habe. Herr v. Bischof glaubt, daß die Frau alles andere eher leisten könne, als die Ausübung der Medizin. Unter den schädlichen Folgen der medizinischen Studien der Frauen hebt er hervor: „die unausbleibliche Verdrängung männlicher Ärzte". Er gibt aber den Frauen seinen Segen für irgendwelche Beschäftigungen beim Post- und Telegraphendienst, und die unausbleibliche Verdrängung männlicher Postbeamten vergißt er dabei. Der Herr Generalpostdirektor Stephan dagegen ist der Ansicht, daß die Frau zu allem anderen eher geeignet sei, als zum Postdienst. Wiederum Herr Professor v. Sybel [Historiker] behauptet, sie könne eher Medizin studieren als irgendeine andere Wissenschaft. Eine Empörung entstand unter den Schneidermeistern, als die ersten Schneiderinnen sich zeigten. Es gehöre nicht zum Beruf der Frauen, meinte man, Kleider für Ihresgleichen anzufertigen.

Der hochgebildete Philologe nickt freundlich und leutselig der dürftigen Seminaristin zu, die die kleinen Kinder in der Schule unterrichtet, an welcher er den großen Mädchen für ein angemessenes Honorar höhere Weisheit beibringt. Wollte die mit monatlich 20 Talern begnadete Seminaristin aber in der ersten Klasse als Physik- oder Geschichtslehrerin Gehalt und Ehre mit ihm teilen, er würde vielleicht vornehm, sehr vornehm die Achseln zucken über diese „unsittliche Neuerung". [...]

Schlimm ist es, wenn, wie es gemeiniglich geschieht, die Leute ihre Vorurteile für sittliche Gesinnung halten; wenn sie aber ehrlose Regungen und Triebe wie die Konkurrenzfurcht als sittliches Gefühl anerkannt wissen wollen, so erwehren wir uns schwer des Zorns und der Verachtung.

Wie sonderbar diese Konkurrenzfurcht ist! Sind die Männer wirklich das höhere Geschlecht, das heißt, mit höheren Kräften für alle die Fächer begabt, von denen sie die Frauen ausschließen, so brauchen sie doch die Konkurrenz nicht zu fürchten, im Gegenteil, die Frauen werden ihnen zur Folie dienen; sind ihre Kräfte aber nicht höher, so setzen sie sich dem Verdacht aus, daß sie die Frauen einsperren, damit dieselben ihnen die Preise nicht verderben, und ihr Verhalten wird zur Gewalttat, zur widerrechtlichen Aneignung eines Monopols.

Handel, Geschäft, Handwerk und Wissenschaft ist den Frauen verschlossen. Unterricht und Lehrlingsschaft verweigert man ihnen teilweise oder ganz. „Sie qualifizieren sich für diese Beschäftigung nicht!"

Wofür qualifizieren sie sich denn? Für den Hunger, für den Selbstmord, für die Prostitution?

Ich ziehe das Fazit meines Berichtes und wiederhole: Der maßgebende Gesichtspunkt bei der Frauenarbeitsfrage ist nicht das *Recht der Frauen,* sondern der *Vorteil der Männer.* Man zwingt die Frauen zu Arbeiten, für die sie nicht geeignet sind und versagt ihnen diejenigen, für die sie sich ungleich besser qualifizieren. Man raubt ihnen ein menschliches Anrecht, das *Recht der Existenz.*

Aber es wird ein Tag kommen, wo die Frau, der Nadel und des Kochlöffels überdrüssig, diese Geschlechtssymbole von sich wirft, wo sie, müde der abgedroschenen Phrasen, mit denen sie bisher betrogen worden, dem Despoten „Mann" den Gehorsam kündigen und Gehorsam fordern wird von denen, die ihr untertan im Geiste. Kommen wird der Tag, wo sie in die Tempel der Männer dringen, ihre Kanzeln besteigen und ein neues Evangelium predigen wird, die frohe Botschaft von der *Menschwerdung des Weibes.* [...]

Wir kehren zu Herrn v. Bischof zurück. Fünf Gründe sind es, auf die er seine Abschreckungstheorie, das medizinische Studium der Frauen betreffend, stützt. Sie heißen 1. *Erregung von Ekel.* [. . .] „Wie mancher Mann“, sagt Herr v. Bischof, „bedarf der stärksten Berücksichtigung des Zweckes und der höchsten Abstraktion von dem Mittel für den Zweck, um das Abschreckende der Leiche und der Beschäftigung mit ihr zu überwinden. Es ist die Pflicht und die Aufgabe des Mannes, das zu überwinden. Für das Weib ist das nicht möglich, oder es ist ein Zeichen der äußersten Roheit des Gefühls und Charakters. Und das sollen die Wesen sein, welche wegen der Feinheit ihres Zartgefühls den Kranken zu empfehlen sind. Es ist eine Beleidigung und Sünde wider die Natur, in meinen Augen ebenso unverzeihlich, wie eine Sünde wider den Heiligen Geist.“

An einer anderen Stelle dagegen bezeichnet Herr v. Bischof den Beruf einer Krankenwärterin als einen unübertrefflich und naturgemäß für das weibliche Geschlecht geeigneten.

Ich frage nun die zartesten unter meinen Mitschwestern: wenn Sie dic Wahl hätten, was würden Sie lieber tun, einem lebendigen verkommenen Proletarier seine eiternden eklen Geschwüre ausdrücken, während sein Stöhnen Ihr Ohr zerreißt, seine blutigen Lappen waschen, oder von einem toten Körper die Sehnen, Muskeln und Knochen zu einem wissenschaftlichen Zweck untersuchen? Ich würde das Letztere vorziehen; doch über den Geschmack ist nicht zu streiten. [. . .]

Solange Herr v. Bischof der Krankenwärterin nicht garantieren kann, daß der ihrer Pflege anvertraute Soldat das Anstandsgefühl haben wird, sich nur oberhalb des Uniformkragens verwunden zu lassen, solange nicht jeder Patient eines Hospitals, dessen Leiden irgend einen Sinn widerwärtig berühren, die Weisung erhält, seine Krankenwärterin zu fliehen, solange ihr nicht der tägliche Konsum von einem kleinen Eimer Eau de Cologne gütigst gestattet wird – so lange erlaube ich mir die Meinung, daß am Krankenbett ebensoviel Schamhaftigkeit verletzt und Ekel erregt wird, als vor dem Sektionstisch.

Und warum dürfen denn die Hebammen ihr Zartgefühl abstumpfen, und die Köchinnen und die Schlächterfrauen mit ihrem blutigen Fleisch, und jene Weiber, die an mißduftenden Orten struppige Besen handhabcn?

Ich bin überzeugt, wenn das tägliche Honorar für eine Krankenwärterin 10 Goldstücke betrüge, so würde kein Beruf der Welt für eine Frau weniger geeignet sein, als dieser; keiner würde die Schamhaftigkeit mehr verletzen, den Ekel stärker erregen, und in gewohnter Huld würde man nimmermehr der schwächlichen Frau die ungeheure Last der Krankenpflege aufgebürdet haben! [. . .]

Wenn die Köchin, Herr v. Bischof, vor ihrem zappelnden Huhn oder Fisch keiner Ohnmachtsanwandlungen sich zu unterziehen braucht, um ihre Weiblichkeit zu beweisen, wenn Sie die Hebammen, Schlächterfrauen, Krankenwärterinnen usw. ruhig gewähren lassen, ohne gegen sie zu polemisieren – so verdammen Sie auch die Ärztin nicht, weil sie gesunde Nerven hat, weil sie vermöge ihrer Energie und sittlichen Kraft, möglicherweise auch einfach durch die Macht der Gewohnheit, dahin gelangt ist, gewisse Gefühlserregungen zu überwinden, die weder ihr noch irgendeinem anderen Menschen Nutzen bringen! [...]

Ich meine: *die Frau soll studieren.*

1. Sie soll studieren, weil jeglicher Mensch Anspruch hat auf die individuelle Freiheit, ein seiner Neigung entsprechendes Geschäft zu treiben ... Freiheit in der Berufswahl ist die unerläßlichste Bedingung für individuelles Glück.
2. Sie soll studieren, weil sie, aller Wahrscheinlichkeit nach, eine vom Manne verschiedene geistige Organisation besitzt (verschieden, aber nicht von geringerer Qualität) und deshalb voraussichtlich neue Formen der Erkenntnis, neue Gedankenrichtungen der Wissenschaft zuzuführen imstande sein wird.
3. *Medizin* aber soll die Frau studieren, einmal im Interesse der Moral, und zweitens, um dem weiblichen Geschlecht die verlorene Gesundheit wiederzugewinnen. [...]
4. Die Frau soll studieren, um ihrer Subsistenz [Lebensunterhalt] willen. Niemand hat das Recht, eine Menschenklasse in ihren Subsistenzmitteln zu beschränken, es sei denn, Staat und Gesellschaft übernähmen die Verantwortung für die angemessene Versorgung dieser Klasse.
5. Die Frau soll studieren, weil Wissen und Erkenntnis das höchste und begehrenswerteste Gut der Erde ist. [...]

Ich fasse, was ich fordere, noch einmal zusammen: *Völlige Gleichberechtigung der Geschlechter auf dem Gebiete der Wissenschaft*, in Bezug auf Bildungsmittel und Verwertung der erworbenen Kenntnisse. Und ich schreibe auf meine Fahne den Spruch, den die Könige von Granada in ihrem Banner trugen: „Nicht mehr kann ich fordern, und nicht mit weniger mich begnügen".
Das Auftauchen der Frauenfrage in unserer Zeit hat durchaus nichts Befremdendes. Dieselbe Quelle, aus der alle Freiheitsbestrebungen der modernen Zeit geflossen – ihr entsprang auch die Frauenfrage. Die Bestrebungen der Frau fallen zusammen mit dem Siege der Idee über Vorurteil, Tradition und Gewohnheit, mit dem Lebensprinzip aller sittlichen Entwicklung überhaupt: der Sehnsucht nach Freiheit.

Albumsprüche aus der Kaiserzeit – 1885/86

Halte fest mit weiser Hand
Deines Glückes Zügel;
Schiebe zeitig und gewandt
Vor Verdruß den Riegel.
Viel ist Dir von Gott gegeben,
Steure klug durchs bunte Leben.

Ein Herz voll Frieden wünsch ich Dir,
Und reine Freudenstunden.
Von Himmelsblumen sei schon hier
Das Leben Dir umwunden.

In Deinem Album muß ich sein,
Und käm ich in die Quer' hinein!

Bleibe fest im Glauben,
Was Du liebst, kann niemand Dir rauben.
Der Einen die Sonne scheint warm und hell,
Der Andern kommt's Gute wohl nicht so schnell,
Doch hab aufs Höchste, aufs Beste acht,
Dann wirst auch Du mit Freude bedacht.

Die Harmonie des Alltagslebens, diese höchste und schwerste Aufgabe, wird nicht durch geistige und nicht durch häusliche Vorzüge erreicht, sondern nur durch die Treue und Liebe, mit der jede Kraft ausgebildet, jede, auch die kleinste Pflicht erfüllt wird.

Wer am wolkenlosen Himmel nicht nach den Sternen geschaut, der findet sie schwer, wenn sich der Himmel umzieht.

Über Frauen

Aus: „Calendula. Ein Brevier für Frauen und Jungfrauen“ von M. v. Braunschweig, Nürnberg o. J. [ca. 1880]

Der Mann gibt dem Hause und der Familie Namen und äußere Gestaltung; er vertritt das Haus nach außen. Durch die Frau werden die Sitten des Hauses erst lebendig; so haucht sie in der Tat dem Hause den Odem des Lebens ein. Die eigenste Weise des Hauses, sein individueller Charakter, wird fast immer bestimmt durch die Frau. Die Literatur und Kunst für Frauen und von Frauen wird immer selbständiger. Sie wirkt bereits auf unsere ganze Entwicklung in Wissenschaft und Kunst leise aber sicher zurück. Eine große Gruppe von Frauen übt in Kunst und Literatur auf die Zeitstimmung Einfluß. Ich sage nicht, daß eine Frau überhaupt alle künstlerische und literarische Produktivität sich versagen solle. Aber das massenhafte Aufsteigen weiblicher Berühmtheiten und ihr Hervordrängen in die Öffentlichkeit ist allemal das Wahrzeichen einer krankhaften Nervenstimmung des Zeitalters.

Traurig ist die Familienlosigkeit mancher Frauen. Was nützt aller Beweis, daß der Beruf des Weibes in der Familie gegeben sei, wenn Tausende von Frauen keine Familie mehr finden können, die sie aufnimmt? Die Familie schließt sich, namentlich im wohlhabenden Bürgertum, immer enger ab; lieber mietet der moderne Hausvater drei wildfremde Mägde, als daß er ein einziges armes Bäschen in seine Familie aufnähme.

So sehen sich unzählige Frauen in einen Zustand versetzt, welcher vollkommen dem des sozialen Proletariats entspricht; sie sind beruflos, mittellos, familienlos. Das geht durch alle Stände.

Über die Männer und die Ehe

MARIE VON EBNER-ESCHENBACH

1830–1916, geb. Gräfin Dubsky. Sie brachte die Frauenfrage auf den Punkt (siehe S. 9), ohne selbst eine aktive Frauenrechtlerin zu sein. Ihr Selbstbewußtsein bezog die österreichische Erzählerin aus ihrem überlegenen Verstand, was den folgenden Proben aus ihrem Band „Aphorismen" (1880) unschwer zu entnehmen ist.

Eine gescheite Frau hat Millionen geborener Feinde: – alle dummen Männer.

Wenn der Mann das Amt hat und die Frau den Verstand, dann gibt es eine gute Ehe.

Ehen werden im Himmel geschlossen, aber daß sie gut geraten, darauf wird dort nicht gesehen.

Manche Ehen sind ein Zustand, in dem zwei Leute es weder mit noch ohne einander für längere Zeit aushalten können.

Ein Mann, der sich im Gespräche mit seiner Frau widerlegt fühlt, fängt sogleich an, sie zu überschreien. Er will und kann beweisen, daß ihm immer, auch wenn er falsch singt, die erste Stimme gebührt.

Der Mann ist der Herr des Hauses; im Hause aber soll nur die Frau herrschen.

Weh der Frau, die nicht im Falle der Not ihren Mann zu stellen vermag.

Die Frau, die ihren Mann nicht beeinflussen kann, ist ein Gänschen, die Frau, die ihn nicht beeinflussen will – eine Heilige.

Erziehung zu selbständigem Denken

HELENE LANGE

1848–1930. Lehrerin an einer Höheren Mädchenschule in Berlin und Leiterin der Seminarklasse. – In einer Denkschrift an das Preußische Kultusministerium schrieb Helene Lange 1887: „Solange die Frau nicht um ihrer selbst willen als Mensch und zum Menschen schlechtweg gebildet wird, solange sie ... in Deutschland nur des Mannes wegen erzogen werden soll, solange konsequenterweise die geistig unselbständige Frau die beste ist, da sie am ersten Garantie dafür bietet, den Interessen ihres zukünftigen Mannes, deren Richtung sie ja unmöglich voraussehen kann, ‚Wärme des Gefühls' entgegenzubringen, solange wird es mit der deutschen Frauenbildung nicht anders werden." *Daß* es anders wurde, dafür setzte sich Helene Lange ihr Leben lang ein, durchdrungen von der Überzeugung, das weibliche Geschlecht müsse „die Aufgaben seiner Bildung aus der Hand der Männer in seine eigene nehmen, um seine Bestimmung zu erreichen“. Sie forderte deshalb, daß Lehrerinnen nicht nur in den unteren und mittleren Klassen, sondern auch in den höheren unterrichten sollen, und daß den Mädchen nicht nur eine oberflächliche schöngeistige Bildung, sondern ein fundiertes Wissen, auch in Mathematik und den Naturwissenschaften, vermittelt werde – als „Grundlage zu selbständiger Weiterarbeit“. Logisches Denken sei nicht nur eine Domäne des Mannes. In Mädchenschulen gebühre die Klassen- und Schulleitung der Frau. – 1889 richtete Helene Lange in Berlin Realkurse für Frauen ein, 1890 gründete sie den Allgemeinen Deutschen Lehrerinnenverein, die erste große Berufsorganisation von Frauen, und 1893 wandelte sie, um Frauen den Zugang zum Universitätsstudium zu ermöglichen, die Realkurse in Gymnasialkurse um: Drei Jahre später bestanden alle sechs Schülerinnen die Reifeprüfung mit gutem Erfolg. – Aus ihrer Rede zur Eröffnung der Realkurse, gehalten am 10. Oktober 1889 in der Aula der Charlottenschule zu Berlin:

Wir beginnen unsere Kurse in einzelnen Fächern mit einer recht bescheidenen Anzahl Lernlustiger. Es wäre durchaus falsch, daraus schließen zu wollen, daß unter unseren Frauen und Mädchen kein Bedürfnis nach Fortbildung sei. Nur ist dies Bedürfnis schon in eine andere, und, wie mir scheinen will, wenig zweckentsprechende Richtung gedrängt worden, und es ist immer schwieriger, von einer schon eingeschlagenen Richtung abzulenken, als von vornherein die Richtung zu geben. Als bei den Frauen anderer Nationen das Bildungsbedürfnis erwachte, da wurde ihnen, bei den germanischen Nationen durch die Initiative der Frauen, bei den romanischen durch die der Männer, dieselbe geistige Kost gegeben, die man den Knaben bot. Tüchtige Gedankenarbeit an mathematischen Formeln und grammatischen Konstruktionen wurde von ihnen verlangt, wogegen die ethische Bildung vielleicht zu sehr zurücktrat. Bei uns entstanden aus dem gleichen Fortbildungsbedürfnis die Selekten [ausgewählte Klassen]. Die Bildung, die sie bieten, ist eine vorherrschend ästhetisierende, bei der der Geist im ganzen sich passiv verhält. Sie führt einerseits leicht zur Aneignung fertig formulierter Urteile und erscheint andererseits sehr geeignet, die Mädchen in ihrem Hang zu einseitigem Gefühlsleben zu bestärken, die Stimmung zu steigern, die zu dem spezifisch deutschen „Schwärmen“ führt, für das anderen Sprachen der Ausdruck fehlt. So trägt die hier gebotene Fortbildung wenig dazu bei, Intelligenz und Willen zu entwickeln, worauf doppeltes Gewicht gelegt werden müßte, da es gerade in dieser Hinsicht auch bei der häuslichen Erziehung fehlt.
Ohne Zweifel trägt an der ästhetisierenden Richtung unserer Selekten der Geschmack des Publikums Schuld, von dem sie mit ihrer Existenz abhängig sind. Zu welchen Modetorheiten er oft verführt, zeigt der Umstand, daß für ganz junge, kaum der Schule entwachsene Mädchen das Studium der Kunstgeschichte zu den Tagesnotwendigkeiten gehört. Dieses Studium bietet für ernste Männer und denkende Frauen ohne Zweifel eine nicht nur wünschenswerte, sondern notwendige Ergänzung ihrer Weltanschauung und ist zugleich

die Quelle reichen Genusses, weil es systematisch gliedern und nach einer historischen Entstehung ordnen lehrt, was aus lebendiger, fortgesetzter Anschauung gewonnen ist. Ein solches Bedürfnis nach Gliederung ihrer Anschauungen ist bei ganz jungen Mädchen nicht vorhanden, weil es ihnen eben an Anschauungen fehlt. Darum erst die Sache und dann das Wort! Mag man ihnen Gelegenheit zu guten Einzelanschauungen geben; mag die Weltgeschichte ihnen die historischen Bedingungen klarmachen, aus denen heraus sie solche Einzelanschauungen richtig verstehen und verarbeiten können; mag sich so im Lauf der Jahre zunächst das künstlerische Urteil entwickeln, wenn überhaupt Aussicht dazu vorhanden ist. Dann kann systematisch erfaßt und wirklich verstanden werden, was jetzt nur auswendig gelernt und anempfunden wird.

Wie die Sachen jetzt liegen, begünstigt das verfrühte Studium von Dingen, denen Urteil und Geschmack vielleicht erst ein Jahrzehnt später gewachsen sind, das Spiel mit fertigen Formeln, das den Witz über die „höhere Tochter" entfesselt und mit Recht entfesselt hat. Die Mütter klagen dann wohl, daß ihre Töchter nicht denken können; sollten sie wirklich daran ohne Schuld sein? Brauchten gerade sie doch nur einen heilsamen Einfluß auszuüben, um die Lage der Dinge zu ändern, um auch andere Fächer in Aufnahme zu bringen als die heutigen Selekten in Anpassung an ihren Geschmack bieten können. Wenn statt angelernter Urteilsformeln unsere jungen Mädchen ein scharfes Zergliedern der Begriffe lernten, wenn die unerbittliche Logik der Mathematik ihren Geist an Ordnung und Konsequenz gewöhnte, wenn damit die Kraft zu selbständigem Denken erzogen würde, so könnte, meine ich, Haus und Familie nur gewinnen. Daß unsere jungen Mädchen kein einseitiges Verstandesleben führen werden, dafür sorgt ihre eigene Anlage schon genügend, außerdem bleiben in Literatur und Geschichte Stoffe genug für ihre ethische Weiterbildung, die ich selbst immer für die Hauptsache halte, der aber nur auf diese Weise festes Rückgrat gegeben werden kann.

Wenn wir aber dem Grunde nachgehen, der die Mütter veranlaßt, diese nüchterne Kost zu verschmähen und jene andere für ihre Töchter zu wählen, so ist es ein sehr trauriger. Fast allen Beschäftigungen unserer modernen jungen Mädchen ist eins gemeinsam: billiger Glanz nach außen hin. Alles, was gelernt wird, ist gesellschaftlich verwendbar; von den fertig formulierten Urteilen an bis zu den bemalten Majolikatöpfen und Tellern, bis zu den Salonstücken und den Gesprächen über moderne Kunstrichtungen. Wie leer eine solche Bildung ist, zeigt das völlige Verschwinden all solcher Liebhabereien in der Ehe. Eine wirkliche ernste Neigung zur Kunst und zum Studium kann so nicht enden, sie dauert das Leben hindurch aus und macht es reich; eben darum wissen wir, daß wir nur Spreu vor uns gehabt haben.

Aber ich darf die Mütter nicht weiter erzürnen; müßte ich doch, um gerecht zu sein, auch die Väter, die Männer überhaupt mitanklagen, die die Frauen nicht ernsthaft nehmen wollen und sie lediglich als Zierde der Familie betrachten, ohne Rücksicht auf ihre individuellen Bedürfnisse, ohne Rücksicht auch auf eine oft ungesicherte Zukunft. Dieser deutsche Familienegoismus, den man gern mit schöneren Namen umkleidet, trägt nicht zum kleinsten Teil die Schuld an dem gegenwärtigen Zustand der Dinge; möge man die Angriffe darauf dem lebendigen Wunsche zugute halten, den Ernst in meinem Geschlecht zu fördern, den heiligen Ernst, der das Leben nicht als Spiel, sondern als Aufgabe faßt und der den zukünftigen Erzieherinnen der Menschheit so dringend not tut.

Gymnasialkurse oder Gymnasien für Mädchen wurden gegründet:

1893 in Karlsruhe und Berlin
1894 in Leipzig
1897 in Baden-Baden
1898 in Königsberg/Preußen
1899 in Hannover und Stuttgart
1900 in Breslau, Köln und München
1901 in Frankfurt am Main und Hamburg.

Durch einen Bundesratsbeschluß vom Frühjahr 1899 konnten Frauen in Deutschland zum medizinischen Staatsexamen zugelassen werden. – Als ordentliche Hörerinnen wurden Frauen aufgenommen:

1900 in Heidelberg und an den badischen Universitäten
1903/04 in Bayern
1904 in Württemberg
1906 im Königreich Sachsen
1907 im Großherzogtum Sachsen
1908/09 in Preußen und Hessen
1909/10 in Mecklenburg.

Die Spaltung der Frauenbewegung

Gertrud Bäumer

1873–1954. Sie gehört schon der zweiten Generation der bürgerlichen Frauenbewegung an. Mit 19 Jahren legte sie das Lehrerinnenexamen ab, unterrichtete dann sechs Jahre an einer Mädchenvolksschule und an der privaten höheren Mädchenschule in Magdeburg, studierte anschließend in Berlin, promovierte 1904, schrieb, redigierte, war 1910–1918 Vorsitzende des Bundes Deutscher Frauenvereine und saß als Abgeordnete in der Weimarer Nationalversammlung und im Reichstag. 1933 wurde sie ihres Amtes im Reichsinnenministerium (Ministerialrätin für Schulfragen und Jugendwohlfahrt) enthoben. Entscheidend für ihr Leben war die Begegnung mit Helene Lange, die sie in ihrer Autobiographie „Lebensweg durch eine Zeitenwende“ (1933) als „die Führerin *unseres Anbruchs*“ würdigt. Aus dem 7. Kapitel:

In der Frauenbewegung war damals [1898] die Auseinandersetzung zwischen dem „radikalen“ und dem „gemäßigten“ Flügel auf der ganzen Linie entbrannt. Die Worte drücken nicht ganz das Wesen der bestehenden Gegensätze aus. Es ging nicht um das bescheidenere oder das umfassendere Programm; auch nicht um die schärfere oder die zurückhaltendere Taktik. Es ging um das Wesen der Bewegung selbst. Nachdem der Bund Deutscher Frauenvereine 1894 als Zusammenfassung aller für Frauenbildung und Frauenkultur, für soziale Aufgaben und berufliche Interessen arbeitenden Frauenvereine begründet worden war, wurde er das Forum dieser Auseinandersetzungen. Daß sie entstanden, war nur ein Zeichen für den Ernst der Bewegung. Denn je tiefer man die Triebkräfte der Revolution suchte, die in den Frauen des 19. Jahrhunderts, lange vorbereitet, zum Durchbruch kam, um so schwerer und verantwortungsvoller war die Frage nach Wesen und Ziel, vor allem nach Formung und Einsatz dieser Kräfte. Es lag sehr nahe, die Frauenbewegung wie die Arbeiterbewegung als eine politisch-soziale Bewegung zu deuten und nach ihren Methoden zu führen. Für die Tiefersehenden und Richtigerfühlenden wäre das eine verhängnisvolle Verflachung gewesen. Die Frauen sind keine „Klasse“, und was ihre Bewegung vertreten wollte, waren keine „Interessen“ in dem üblichen Sinne. Es ging darum, für unausgewertete Kräfte in einer verwandelten Volksordnung die organischen Lebensformen zu finden; wenn dies das Ziel war, so mußte das Wachstum der Kräfte in das richtige Verhältnis zu dem ihnen gewährten Spielraum gebracht werden. Die „Rechte“ hatten nur einen Sinn als Anspruch auf eine Tätigkeitssphäre, sie sollten eine Ebenbürtigkeit zum Ausdruck bringen, die sich aber zu bewähren hatte. Darum war die Frage mit den Formeln der Freiheit und Gleichheit nicht beantwortet und das Ziel mit politischen Demonstrationen nicht zu erreichen. Durch Bildung und Leistung – beides nicht in irgendeiner fachlichen Begrenzung, sondern im weitesten und tiefsten Sinne genommen, mußten die Kräfte der Frau erst kulturreif, wirksam und überzeugend werden. Die Propaganda hatte der Bildung den Weg zu baNnen und der Leistung den Spielraum zu erschließen, aber sie mußte in Form und Inhalt etwas anderes sein als die Propaganda des politischen Machtkampfes. Auch alle anderen wesentlichen Gegensätze lagen in dieser Ebene. Für Helene Lange war der Anspruch auf Mitgestaltung der Kultur darin begründet, daß die Frau auf der gleichen Ebene des Menschentums *andere* Wesenszüge in sich durchzuformen und in objektiver Leistung auszuprägen hatte. Das bestimmte für sie sowohl die Idee der Frauenbildung, wie die der Arbeitsteilung der Geschlechter. Vor allem war sie davon durchdrungen, daß in der biologischen Sphäre und in der Familie – wieder auf der Ebene der sittlichen Ebenbürtigkeit – die Verantwortung der Frau eine wesenhaft andere ist als die des Mannes, und daß die Erneuerung der Sexualethik *nicht* im Zeichen gleicher Freiheit, sondern einer der Verantwortung entsprechenden Bindung gesucht werden müsse.

Mir war die gleiche innere Haltung zu diesen Fragen natürlich; wir waren beide davon durchdrungen, weniger theoretisch, als gefühlsmäßig, daß in einer formalistischen Veräußerlichung des Ziels ganz ungeheure Gefahren lagen, und daß es Aufgabe der Führung sei, die „Emanzipation" vor der Verflachung wie vor der Vermassung zu bewahren.

Es war gar nicht leicht, diese Haltung zu vertreten. Die ganze Betrachtungsweise der Zeit war so einseitig auf die wirtschaftlich-soziale Erscheinungsform aller Kulturprobleme eingestellt, stand – bewußt und unbewußt – so stark unter dem Bann rein marxistischer Deutungen, die Anwendung dieser rein wirtschaftlichen Konstruktionen wurde so sehr als „modern" und als die letzterrungene Wahrheit empfunden, daß ihre Vertreter schwer zu entwaffnen waren.

Von diesen beiden Auffassungen her wurde nun um das Programm, vor allem aber um die Taktik und die Arbeitsweise des Bundes Deutscher Frauenvereine gerungen. Die Generationen spielten in dem Konflikt eine gewisse Rolle, obgleich, wie immer in solchen Fällen, auch bei den sogenannten „Radikalen" die ältere wie bei den „Gemäßigten" die junge Generation vertreten war. Aber gefühlsmäßig spielte im Kampf gegen die Führung des Bundes der große Abstand der jüngeren Generation von Auguste Schmidt, der ersten Vorsitzenden, eine Rolle. [...] Und in der Generation von Auguste Schmidt wurde begreiflicherweise die soziale Situation noch nicht so gesehen wie sie war, sondern trotz der aufrichtigsten sozialen Gesinnung eben doch mehr bürgerlich-humanitär. [...]

Auf der Generalversammlung in Hamburg im Herbst 1898 war es zu Auseinandersetzungen auf der ganzen Linie und – innerhalb des Bundes – zur Zusammenfassung der „Radikalen" in einem Verband fortschrittlicher Frauenvereine gekommen. Diese Aufspaltung der Frauenbewegung in zwei Fronten offenbarte deutlicher die Schwierigkeit, in der Loslösung von alten Ordnungen zugleich den Weg zur sinngemäßen neuen Bindung zu finden.

3

Selbständige Schritte und der Rückschlag 1933

Am Ende des 19. Jahrhunderts existierte in Deutschland eine breite Frauenbewegung, allerdings mit sehr unterschiedlichen Strömungen. Die „radikalen" Frauen und Frauenvereine taten sich im Herbst 1899 im „Verband fortschrittlicher Frauenvereine" zusammen und gewannen in den ersten zehn Jahren des 20. Jahrhunderts beachtlichen Einfluß, vor allem bei den jüngeren, also der „zweiten Generation" der Frauen, die sich für die Lösung der Frauenfrage engagierte. Die Forderungen der Radikalen gingen über die sozialen Hilfsmaßnahmen, die Erwerbs- und Bildungsbestrebungen der „gemäßigten" Frauen um Gertrud Bäumer oder Helene Lange hinaus. Sie beschränkten sich nicht mehr auf Bestrebungen, die die Sozialwissenschaftlerin Herrad Schenk einmal „Reparaturarbeiten am bestehenden Gesellschaftssystem" genannt hat. Die Radikalen wollten die volle Gleichberechtigung der Geschlechter. Sie brachten auch die bislang tabuisierte Frage der Sexualmoral vor eine größere Öffentlichkeit; sie forderten eine Veränderung für die Lage der Prostituierten. Wichtigstes Ziel jedoch war die „politische Emanzipation" der Frauen: Sie verlangten die Einführung des Frauenwahlrechts.

Wieder anders waren die Ziele, für die sich die proletarische Frauenbewegung einsetzte, die zu Beginn des „industrialisierten" 20. Jahrhunderts zur Massenbewegung wurde. Im Gegensatz zu den bürgerlichen Frauen besaßen die Frauen der Arbeiterklasse meist nur unzureichende Bildung. Sie waren damit beschäftigt, ihre Familien vor dem Hunger zu bewahren und nahmen deshalb oft neben dem Haushalt und der Kindererziehung noch eine – unterbezahlte – Arbeit in einer Fabrik an. Die proletarische, sozialistische Frauenbewegung setzte sich unter der Führung von Clara Zetkin, Rosa Luxemburg, Lily Braun und Emma Ihrer – um nur einige bekannte Namen zu nennen – für die Arbeiterinnen ein: für gleiche Löhne, für Arbeitsschutzbestimmungen, für ausreichenden Mutterschutz, für die Rechte der Dienstmädchen, und anders als die Frauen der radikalen bürgerlichen Bewegung verlangten sie nicht nur die Gleichberechtigung mit den Männern. Vielmehr kämpften sie mit ihnen gemeinsam für die Emanzipation der gesamten Arbeiterklasse und gegen die Ausbeutung durch das kapitalistische Gesellschaftssystem.

Die unruhige Zeit vor und während des Ersten Weltkrieges bedeutete das vorläufige Ende der bürgerlichen Frauenbewegung: Der größte Teil der Frauen engagierte sich in nationaler Hochstimmung an der „Heimatfront". Sie ersetzten die an der Front kämpfenden Männer an ihren Arbeitsstellen, sie kümmerten sich um die Unterstützung der Witwen und Waisen, sie organisierten die Lebensmittel- und Kleiderversorgung und betreuten Verwundete und Flüchtlinge. Nur einige der radikalen Frauen um Anita Augspurg und Lida Gustava Heymann sowie die Frauen der proletarischen Bewegung setzten sich unermüdlich für die Beendigung des Krieges und für dauerhaften Frieden ein. Sie unterstützten auch gemeinsam die Revolution der Arbeiter und Soldaten im Jahre 1918. Lida Gustava Heymann schrieb in ihren Memoiren: „Uns verband die gleiche Sehnsucht nach Befreiung von jeder Knechtschaft, nach Freiheit und Gerechtigkeit für Mann und Frau." Die Revolution erfüllte den Frauenrechtlerinnen einige ihrer alten Forderungen, vor allem: Sie durften endlich wählen und gewählt werden! Nach der Wahl zur Nationalversammlung 1919 waren dann auch immerhin 10 % der Parlamentarier weiblichen Geschlechts. Allerdings verringerte sich diese Zahl bei den folgenden Wahlen stetig – nach wie vor konnte keine Rede davon sein, daß die Frauen einen entscheidenden Einfluß auf die Politik hätten nehmen können. Zu häufig wurden sie auf frauenspezifische Themen festgelegt. Es gab kaum eine Chance, sich gegen die starken „männlichen" Interessen in Fragen der Finanzen, der Wirtschaft oder Verwaltung durchzusetzen.

Unruhige Jahre folgten nach dem Ende des Ersten Weltkrieges, die alte Ordnung des Kaiserreiches war ungültig geworden. Für die Frauen brachten die Jahre der Weimarer Republik recht unterschiedliche Erfahrungen. Da gab es die mittlerweile akademisch gebildeten Frauen, die sich inzwischen an den Universitäten habilitieren durften, die wissenschaftlich anerkannt arbeiteten, die den Verlauf der Frauenbewegung bereits zum Gegenstand ihrer Forschungen machten. Es gab die etwa drei Millionen Frauen, die ihre Arbeitsplätze der Kriegszeit für die zurückkehrenden Männer räumen mußten und wieder auf Heim und Herd beschränkt wurden. Es gab – vor allem junge – Frauen, die sich die neue, freiere Lebensweise zunutze machen konnten und unabhängig lebten und arbeiteten. Und es gab schließlich die vielen Tausende Frauen der Arbeiterklasse, die nach wie vor in größter Armut lebten. Sie waren von der Arbeitslosigkeit während der wirtschaftlichen Krise der 20er Jahre und von den nach Notverordnungen wieder verschlechterten Arbeitsbedingungen in den Fabriken ganz besonders betroffen. Ihre elenden Lebensbedingungen

hat Käthe Kollwitz in ihren Zeichnungen beeindruckend festgehalten.
Die verschiedenen Strömungen der Frauenbewegung blieben auch in den zwanziger Jahren bestehen: Zwangsläufig beschäftigten sich die jeweiligen Organisationen mit unterschiedlichen Problemen. Der kommunistische „Rote Frauen- und Mädchenbund" zum Beispiel fühlte sich der allgemeinen Arbeiterinnenfrage, dem Erhalt des Friedens und der politischen Aufklärung der Arbeiterfrauen verantwortlich. Auch die radikalen Pazifistinnen waren nach wie vor aktiv. Die konservativen bürgerlichen und konfessionellen Organisationen im „Bund Deutscher Frauenvereine" schließlich kämpften vehement gegen eine „sittliche Verwahrlosung" in den zwanziger Jahren und gegen die von den Proletarierinnen geforderte Abschaffung der Abtreibungsparagraphen. Gertrud Bäumer war überzeugt, daß es dem Wesen der Frau widerstrebe, sich einem „ungehemmten Sexualverkehr" hinzugeben und dessen ungewollte Folgen womöglich durch einen Eingriff beseitigen zu lassen. Die meisten der ungefähr 230 bürgerlichen Frauenorganisationen, die es 1932 in Deutschland gab, arbeiteten unpolitisch und betonten nach wie vor den Wesensunterschied zwischen Mann und Frau. Sie standen zu der traditionellen Rollenverteilung in der Gesellschaft. So fiel es ihnen auch nicht grundsätzlich schwer, sich mit gewissen ideologischen Theorien der Nationalsozialisten zu arrangieren, in denen altbekannte Positionen vertreten wurden. Alfred Rosenberg behauptete zum Beispiel 1932 in seinem Buch „Der Mythus des 20. Jahrhunderts", daß Mann und Frau so gegensätzlich seien wie zwei Pole. Der Mann sei „aktiv, gestaltend und intellektuell", die Frau sei „passiv, behütend und emotional". Es liegt nahe, daß den Nationalsozialisten bei dieser „Bewertung" selbständige oder gar politisch aktive Frauen ein Dorn im Auge waren und sie deshalb die bisherige Frauenbewegung ablehnten und zu unterdrücken suchten. Gleich nach der Machtergreifung 1933 wurden alle bestehenden Frauenorganisationen gezwungen, sich entweder der NS-Frauenschaft, die 1931 aus Mitgliedern verschiedener nationaler Frauengruppen entstanden war, anzugliedern oder sich aufzulösen. Etliche konservative Organisationen folgten der Aufforderung, sich „gleichzuschalten"; auch für den „Bund Deutscher Frauenvereine" empfahl Gertrud Bäumer den Anschluß. Der Bund löste sich jedoch schließlich auf, weil ihm laut Satzung politische Neutralität vorgeschrieben war. Einige der verbliebenen radikalen Frauenverbände leisteten Widerstand gegen die Angliederung, bis sie verboten wurden. Die proletarischen Frauenorganisationen wurden von Anfang an verfolgt. Ein Teil ihrer Führerinnen wurde verhaftet. Andere gingen ins Exil oder arbeiteten im Widerstand.
In der NS-Frauenschaft waren vor allem Hausfrauen und Frauen aus ländlichen Gebieten organisiert, für die Berufstätigen gab es ein „Frauenamt" innerhalb der „Deutschen Arbeitsfront", die Mädchen unter 21 Jahren wurden im „Bund Deutscher Mädel" zusammengebracht. Ihnen allen wurden jetzt wieder die Werte und Ideale des traditionellen Frauenbildes vermittelt: sie sollten – wieder einmal – vom

überlasteten Arbeitsmarkt abgezogen und zurück an den häuslichen Herd geführt werden. Eine das Hausfrau-Sein und die Mutterschaft verherrlichende Propaganda versüßte diesen Rückschritt. Das „Weib" wurde nicht mehr nach seinen geistigen Fähigkeiten bewertet, sondern nur noch nach seinen biologischen: Die Frauen, die „dem Führer" vier Kinder oder mehr gebaren, wurden mit dem Mutterkreuz besonders ausgezeichnet.
Frau-Sein im Dritten Reich: Es konnte unermüdlichen Einsatz für die Familie und – vor allem im Zweiten Weltkrieg – täglichen Kampf ums Überleben, tägliche Sorge um Mann und Kinder bedeuten. Es konnte Anpassung und „Karriere" als regimetreue Nationalsozialistin bedeuten. Es konnte für Jüdinnen und aus anderen Gründen verfolgte Frauen die tägliche Angst vor Inhaftierung und Ermordung bedeuten. Es konnte vor allem auch für intellektuelle Frauen Flucht und Exil bedeuten oder gefahrvolles Leben im Widerstand. Am Schluß des Krieges, nach dem Ende des Nazi-Regimes, bedeutete es schließlich wieder einmal für viele Frauen mit der Beseitigung der Trümmer – der seelischen und der realen – alleine fertig zu werden. Und dennoch: Gleich nach dem Krieg, noch ganz unter dem Eindruck des gerade Erlebten, taten sich viele Frauen für den Erhalt des Friedens, für den Aufbau der Demokratie und gegen Faschismus und Wiederaufrüstung zusammen. Auch einige der Friedensorganisationen, die bereits vor 1933 bestanden hatten, nahmen ihre Arbeit wieder auf. Neue Frauenorganisationen wurden gegründet, so zum Beispiel der „Demokratische Frauenbund Deutschlands", der sich neben der Friedenssicherung noch weitere wichtige Ziele setzte: die Erziehung der Jugend im Geiste der Demokratie, des Humanismus und des Friedens, die Zusammenarbeit mit demokratischen Frauenorganisationen anderer Länder und – die Gleichberechtigung der Frau. Gerade für dieses letzte Ziel gab es nach wie vor viel zu tun. Die Frauen der Nachkriegszeit mußten im Kampf um ihre Rechte nicht von vorne anfangen. Besonders dank des beharrlichen Einsatzes der Parlamentarierin Elisabeth Selbert war in Artikel 3, Absatz 2 des Grundgesetzes der Bundesrepublik festgelegt worden: Männer und Frauen sind gleichberechtigt. Und doch war die Gleichberechtigung, wie Herrad Schenk sagt, in den sechziger Jahren zwar „zur allgemein akzeptierten Idee geworden, aber die Verankerung dieses Grundsatzes in der Verfassung hat keineswegs zu einer angemessenen Vertretung der Frauen in den wirtschaftlichen und politischen Machtpositionen geführt".

„Radikale“ Frauen

Jugendgeschichte einer „Radikalen“

LIDA GUSTAVA HEYMANN

Lida Gustava Heymann (1868–1943) und Anita Augspurg (1857–1943) zählten zu den radikalen Feministinnen innerhalb der bürgerlichen Frauenbewegung um die Jahrhundertwende. Die beiden Frauen trafen sich zum ersten Mal auf dem Internationalen Frauenkongreß 1896 in Berlin. Es entstand eine intensive, dauerhafte Freundschaft. Von kurzen Trennungen abgesehen, lebten und arbeiteten die beiden Frauen bis zu ihrem Tode im Exil miteinander. 1941 schrieb Lida Gustava Heymann ihre Memoiren „Erlebtes – Erschautes“. Sie schildert darin auch ihre eigene Jungmädchenzeit, ihre Ausbildung und Erziehung. Genau wie ihre Freundin Anita war sie durch große Erbschaften bereits früh in der Lage, ein unabhängiges, der Politik und den Frauen-Themen gewidmetes Leben zu führen.

Ostern 1882 fanden einschneidende Veränderungen im Hause statt. Je älter wir Kinder wurden, um so größer gestalteten sich die Schwierigkeiten der Erziehung im Hause. Die älteren Töchter fingen an, der Mutter gegenüber ihren eigenen Willen zu haben, es kam andauernd zu Konflikten zwischen Kindern und Erziehern, Erziehern und Eltern. Religiöse Schwierigkeiten gesellten sich hinzu. Meine Mutter war orthodox, kirchlich fromm, mein Vater Freigeist, wenn es nach ihm gegangen wäre, dann hätte er seine Kinder überhaupt nicht konfirmieren lassen. Letzten Endes gab die Mutter mit ihrer stillen Art in bezug auf die religiöse Seite in der Erziehung den Ausschlag. Die zwei ältesten Töchter waren in das Luisenstift in Loschwitz, eine der orthodoxesten Mädchenerziehungsanstalten Deutschlands, gekommen und die drei jüngsten von 14, 12 und 10 Jahren wurden in die als vornehmste in Hamburg geltende höhere Töchterschule von Fräulein Kreusler geschickt. Sie war die Tochter des orthodoxen Hauptpastors an der Petri-Kirche in Hamburg, und der Religionsunterricht in ihrer Schule wurde in diesem Sinne geleitet. So wanderten wir drei Jüngsten, wenn die Equipage nicht gerade für uns bereitstand, nun täglich, begleitet von der Bonne oder dem Diener, der in einem gewissen Abstand hinter uns ging und die Schulmappe trug, eine gute halbe Stunde Weges zur Stadt in die Schule und wieder zurück.

Ostern 1884 verließ ich die Schule. Bei einem fanatisch orthodoxen Geistlichen sollte ich konfirmiert werden. Vorher kam es innerlich zu den heftigsten Kämpfen und Gewissensbissen. Gab es einen persönlichen Gott? oder gab es keinen? Ich hatte niemand, dem ich mich hätte anvertrauen können, mußte mich allein zurechtfinden. Eines Tages wurde mir klar, daß es eine Feigheit wäre, wenn ich, die ich damals nur glauben konnte, was mein Verstand begriff, mich konfirmieren ließe und das Abendmahl nähme. Ich faßte Mut und sagte es meinem Vater. Ich hoffte, bei ihm Verständnis zu finden, und war nicht wenig erstaunt, als er mir erklärte: „Das kannst du deiner Mutter nicht antun. Nimm doch die äußeren Dinge nicht so wichtig. Laß dich konfirmieren, geh zum Abendmahl, höre dir alles ruhig an, denke und glaube, was du willst." Erst als mein Vater mir das feste Versprechen gab, daß ich nach meiner Konfirmation nicht mehr gezwungen würde, zur Kirche zu gehen und das Abendmahl zu nehmen, willigte ich ein. Der Tag der Konfirmation war einer der unglücklichsten Tage meines Lebens, ich kam mir, obwohl die Aussprache mit meinem Vater mich in mancher Hinsicht beruhigt hatte, doch wie eine Betrügerin vor. Nach meiner Konfirmation habe ich keinen Gottesdienst mehr besucht.

Alsdann wurde ich zur Vollendung meiner Erziehung in eine Pension nach Dresden geschickt, in das „Rosebery House" in der Wienerstraße. Sie wurde von drei Schottinnen, Schwestern, Misses Glendinning, geführt, die alle drei mehr oder weniger pädagogische Talente waren. Die Leitung lag somit ausschließlich in Händen von Frauen. Das machte sich sehr bemerkbar: Gerechtigkeit, Frohsinn, Freiheit der Persönlichkeit stand in schöner Gemeinschaft mit Disziplin und Einordnung in die Allgemeinheit. Wir waren 53 Schülerinnen, darunter drei Deutsche, die übrigen kamen aus Australien, England, Kanada und den Vereinigten Staaten.

Fünfviertel Jahre war ich in „Rosebery House". Im November ließen meine Eltern mich auf acht Tage nach Hamburg kommen zur Hochzeit meiner ältesten Schwester, die einen adligen pommerschen Landjunker heiratete. Die ganze adelige Sippe des neuen Schwagers: Mutter, Bruder, Schwestern usw. rückte an. Es gab einen Polterabend, Trauung und alles, was mit Hochzeitsfeierlichkeiten in der damaligen Zeit noch in Verbindung stand. Ich verhielt mich allen Ereignissen, noch mehr aber der adeligen Sippe gegenüber sehr kritisch; weigerte mich, der Mutter des Schwagers, wie meine Mutter mich bat, die Hand zu küssen und ihn, der mit sehr unsympathisch war, mit Du anzureden. Einmal erklärte er im Scherz, in Preußen gelte noch das Züchtigungsrecht des Mannes der Ehefrau gegenüber. Daß ein Mann es wagte, vor seiner Braut in Gegenwart ihrer Schwestern auf ein solches veraltetes Gesetz anzuspielen, und jene das stillschweigend hinnahmen, empörte mich, und ich erklärte, daß Frauen dann besser täten, überhaupt nicht zu heiraten, solange solche blöden Gesetze bestünden. Meine Empörung reizte ihn sichtlich, er sprach weiter von der Minderwertigkeit der Frau. Das hörte ich damals zum erstenmal. Sechzehnjährig, in vieler Hinsicht noch ein völliges Kind, war ich solcher Unterhaltung nicht gewachsen, der Mann war mir an Jahren und Redefertigkeit überlegen. Ich fühlte einerseits meine Ohnmacht, wußte mich andererseits moralisch im Recht. Es war mir völlig unverständlich, warum unter erwachsenen Menschen der Mann besondere Rechte für sich in Anspruch nahm. Ich überlegte, wie ich mich am besten aus dieser unerquicklichen Lage ziehen konnte. Über das Spucken war ich damals hinaus; kurz entschlossen stand ich auf, verließ das Zimmer und warf die Türe schallend ins Schloß.

Froh, die ganze Familiensippe hinter mir zu lassen, kam ich von dieser „Hochzeitsreise" nach Dresden zurück, kein Heimweh befiel mich wieder: bis zu den Sommerferien blieb ich in der Pension. Als ich dann in das Elternhaus zurückkehrte, war ich innerlich stark gewandelt. Ich war sicherer und selbständiger geworden. Die permanente Aufsicht im Elternhaus ließ nach, immerhin empfand ich sie noch schwer lastend genug, denn die Freiheit reichte doch eben nur bis zum Sonnenuntergang. Kamen wir nach Dunkelwerden heim, erfolgten die unerträglichsten Unstimmigkeiten mit den Eltern; waren wir bei Freunden eingeladen, so wurden wir abends per Wagen oder durch den Diener, der in angemessener Entfernung hinter uns her schritt, abgeholt. Mir war letzteres ganz unerträglich, und ich suchte den Diener durch Unterhaltung an meine Seite zu bringen.

Schaue ich nachträglich auf die nächsten elf Jahre zurück, die ich noch bis zum Tode meines Vaters 1896 im Elternhaus verlebte, so waren es Jahre, in denen ich in stetem Widerspruch zu meiner Umgebung stand; starke Bindungen zu Freunden und zum Vater ließen mich aber den Weg zur Selbständigkeit nicht finden. Es waren die Jahre, wo jeder Mensch, ob Mann oder Frau, aus der Fülle seiner Kraft zu gestalten bestrebt ist, leben und schaffen will. Mir aber waren überall Grenzen gesteckt, und an diesen Grenzen rieb ich mich innerlich wund und krank; ich wußte nicht, wohin mit meiner überschüssigen Kraft, und war zeitweise tief unglücklich. Ich nahm den Kampf auf, so gut das eben ging, gegen Vorurteile und Konventionen, die mir überall den Weg versperrten. Ich setzte meinen Willen bis zu einem gewissen Grade selbst meinem Vater gegenüber durch. Je älter er wurde, um so nachgiebiger wurde er, und ich spürte bald, daß meine Art, einmal von mir als richtig Erkanntes unweigerlich durchzuführen, ihm sympathisch war und ihm schließlich imponierte.

Sobald wir Kinder erwachsen waren, erhielt jedes sein eigenes Zimmer. Das war meine Welt, wo ich mit meinen Gedanken, Büchern und Freunden allein war. Ich versuchte mir im Elternhause ein Eigenleben zu gestalten, es nach drei Seiten hin auszubauen: erstens, mich nutzbringend zu betätigen; zwei-

tens, mich weiterzubilden; drittens, mir einen eigenen Freundeskreis zu schaffen.
Im Herbst 1895 brach mein Vater das rechte Bein oben in der Hüfte und blieb bettlägerig. Meine Mutter, ein Krankenwärter und ich pflegten ihn. Durch das ständige Liegen wurde das Herz geschwächt, und am 13. Februar 1896 entschlief er sanft. Kurz vorher hatte er sein Testament gemacht und hatte Dr. Gieschen, einen Grafen Schwerin und mich zu Vollstreckern seines Testaments ernannt. Als er es mir sagte, waren wir allein. Mich beglückte sein Vertrauen sehr, ich küßte ihm die Hand. Er schaute mich liebevoll an, keiner sagte ein Wort, wir empfanden beide, daß das mehr bedeutete.
Der Tod meines Vaters ging mir sehr nahe. Ich hätte ihn sicher nicht so bald überwunden, wie es geschah, wenn nicht etwas völlig Neues in mein Leben getreten wäre. Bei aller Liebe zu meinem Vater gab es für mich Hemmungen, die letztes Vertrauen ausschlossen. War es die bei aller grenzenlosen Liebe zu seinen Kindern doch immer aufrecht erhaltene Autorität des Vaters, die mir unter erwachsenen freien Menschen immer als etwas Unmögliches erschien? Jedenfalls fühlte ich mich plötzlich frei. Nirgends mehr Hemmnisse und Vorurteile, die nicht von mir hätten überwunden werden können. Eine unaussprechliche Seligkeit kam über mich, wie ich sie nie zuvor gespürt hatte, innerliche Schwere fiel, es war mir, als erlebte ich eine Neugeburt, als begänne ich erst jetzt zu leben. Ich war frei, konnte mein Leben selbst gestalten, arbeiten, schaffen – mich beseelte ein neues Glückgefühl.

Frauenstimmrecht

LIDA GUSTAVA HEYMANN

Die Frauen des gemäßigten Flügels der bürgerlichen Frauenbewegung hatten das Wahlrecht für Frauen lediglich als Fernziel im Kopf. Sie waren der Meinung, daß es einmal die „Belohnung“ sein sollte für alle Mühen und Arbeit, die die Frauen mit ihrer Bildung und Erziehung zu gleichberechtigten Staatsbürgern gehabt hatten. Dagegen erkannten die „Radikalen“, daß nur eine Umkehrung des Gedankengangs sie weiterbringen konnte: Sie wären nur *dann* imstande, allgemeine Forderungen für die Frauen durchzusetzen, wenn ihre Stimmen bei Wahlen als Druckmittel etwas ausrichteten.
Lida Gustava Heymann und Anita Augspurg gründeten am 1. Januar 1902 den „Deutschen Verein für Frauenstimmrecht“. Bewußt wählten die beiden Frauen Hamburg als Sitz des Vereins aus: Sie umgingen damit das preußische Vereinsgesetz, das Frauen immer noch alle politische Tätigkeit verbot und nicht einmal zuließ, daß sie an politischen Versammlungen teilnahmen. Die Bemühungen um die Abschaffung der entsprechenden Paragraphen gehörten natürlich mit zu den Aufgaben, die

sich der Hamburger Verein und alle folgenden Verbände, die in weiteren Großstädten gegründet wurden, gestellt hatten. (Erst im Mai 1908 trat die Vereinsfreiheit für Frauen in Kraft – nun endlich konnten Frauen auch eine Parteimitgliedschaft erwerben.) Die verschiedenen Stimmrechtsvereine freilich waren bald zerstritten über ihre Ziele: Sollte man lediglich für das beschränkte Stimmrecht, das auch für die Männer galt, streiten (Dreiklassenwahlrecht, abhängig vom Besitz), sollte man sich nur um das allgemeine und gleiche Frauenwahlrecht kümmern oder sollte man für das allgemeine und gleiche, aktive und passive Wahlrecht für Männer *und* Frauen eintreten? Es gab viele kritische Stimmen, die der Stimmrechtsbewegung vorwarfen, sich zu verzetteln, nicht aktiv genug zu sein. Zu den herausragenden Aktionen, die zugunsten des Wahlrechts durchgeführt wurden, zählte der „Protest deutscher Frauen bei den Reichstagswahlen 1912“, bei dem die Frauen mit sprachlicher Spitzfindigkeit gegen ihren Ausschluß von den Wahlen vorgingen. Heymann berichtete darüber im September 1912 in der Zeitschrift „Frauenstimmrecht“.

Der Bayerische Verein für Frauenstimmrecht hatte bei den letzten Reichstagswahlen in bayerischen und auswärtigen Vereinen angeregt, gegen den Ausschuß der Frauen in der Weise zu protestieren, daß die Frauen in den Wahlbureaus ihres Bezirks dem Wahlvorsteher folgende Erklärung einhändigten:

> „Ich protestiere gegen meinen Ausschluß von der Reichstagswahl, da ich als deutsche Staatsangehörige über 25 Jahre auf Grund der bestehenden Verfassung wahlberechtigt bin.
> *Alle* Gesetze und Verordnungen, die sich *nur der männlichen* Form bedienen, sind verbindlich für *beide* Geschlechter, sofern nichts anderes bestimmt ist. Eine diesbezügliche Bestimmung liegt in der Verfassung des Deutschen Reiches nicht vor, folglich sind *alle* Staatsangehörigen wahlberechtigt und der Ausschluß der Frauen bedeutet eine Verletzung von Gesetz und Verfassung.
> Wir Frauen wollen nicht nur die *Pflichten* dem Reiche gegenüber erfüllen, nämlich ihm die Bürger schenken, arbeiten und Steuern zahlen, wir fordern als Staatsangehörige auch unsere *Rechte,* nämlich die volle politische Gleichberechtigung.“

Bei der Abgabe dieser Erklärung wurde beantragt, sie zu Protokoll zu nehmen und dem Wahlkommissär zur Weitergabe an die Regierung zu übermitteln. Wie immer in Deutschland, wenn eine neue Idee auftaucht, ängstliche Gemüter unter tausend Wenn und Aber, die Durchführung ablehnen, so war auch in diesem Falle die Beteiligung nicht allgemein. Trotzdem kam man in vielen Städten der Aufforderung nach, so in München, Frankfurt a. M., a. d. Oder, Dortmund, Köln, Bonn, Hof, Nürnberg, Bamberg, Lichtenfels, Fürth, Würzburg usw. Am zahlreichsten beteiligten sich die Frauen Münchens; hier wurden nicht nur von den Mitgliedern des Frauenstimmrechtvereins die Proteste abgegeben, sondern auch die Mitglieder anderer Frauenorganisationen, wie des Künstlerinnenvereins, des Kaufmännischen Vereins für weibliche Angestellte, des Vereins abstinenter Frauen, schlossen sich dem Vorgehen an und Männer unterstützen es, indem sie nach Abgabe ihrer Stimme auch einen Pro-

test gegen den Ausschluß der Frauen von den Wahlen zum Reichstage zu Protokoll gaben, oder indem sie Frauen, ängstliche Seelchen, ins Wahllokal begleiteten, wie es beispielsweise ein Münchener Student mit seiner Wirtin und deren Tochter tat. – Es unterliegt keinem Zweifel, daß das bestehende Reichstagswahlreglement vom 31. Mai 1869 insofern günstig für die Protest erhebenden Frauen ist, als es bestimmt, daß die Wahlhandlung sowie die Ermittlung des Wahlergebnisses öffentlich sind. Jedermann, auch die Frauen, haben Zutritt zum Wahllokal, man konnte ihnen denselben also nicht verwehren. Eine andere Frage war es allerdings, ob die Frauen überhaupt befugt waren, durch ihren Protest die Wahlhandlung zu unterbrechen; die Entscheidung darüber blieb dem Wahlvorsteher anheimgegeben. Wie wurde nun dieser Protest, der in England, wäre er von Suffragettes inszeniert worden, zweifelsohne zu den pöbelhaftesten Auschreitungen seitens der englischen Männer und Behörden geführt hätten, von deutschen Männern aufgenommen? Deutsche Frauen haben leider selten Gelegenheit, das Verhalten ihrer Landsmänner ihnen gegenüber, im Vergleich mit anderen Nationen, lobend hervorzuheben. Mit um so größerer Freude konstatieren sie deshalb, daß es bei diesem Protest, abgesehen von einigen humorvollen Grobheiten, die von den Frauen entsprechend aufgefaßt und erwidert wurden, zu keinen Unannehmlichkeiten kam, daß die Wahlvorsteher den Ernst der Situation begriffen und den Frauen gegenüber das erforderliche Entgegenkommen, das die Sache erheischt, nach jeder Richtung hin wahrten.
Daß einige der Vorsteher sich im ersten Moment vor Verwunderung kaum zu fassen wußten, wenn aus dem bekannten Kasten, dem Schutzmantel einer geheimen Wahl, ihnen anstatt eines männlichen Wählers eine Frau entgegentrat, ist nur begreiflich. Die perplexen Gesichter der Vorsteher und Beisitzer waren in manchen Fällen so überwältigend komisch, daß viele von uns lebhaft bedauert haben, daß es nicht möglich war, durch photographische Aufnahme die Situation der Nachwelt im Bilde zu erhalten.
[...] Der Vorstand der Münchener Ortsgruppe hatte ausdrücklich darauf hingewiesen, daß die Frauen nach Möglichkeit die Morgenstunden zum Besuch des Wahllokals benützen sollten, da der Andrang dann am geringsten ist. Berufsfrauen, die diesem Wunsche nicht entsprechen konnten, haben sich gegen Abend, bei der Häufung von Wählermassen, eine kurze, unhöfliche Abfertigung gefallen lassen müssen. In der Au, einem Vororte Münchens, wo es ganz besonders münchnerisch herzugehen pflegt, kam es zu folgender humoristischer Auseinandersetzung. Als Wahlvorsteher fungierte dort – der Kgl. Herr Hofwerkzeugfabrikant Meiller, und ihm zur Seite saß der „liberale" Herr Armenpflegschaftsrat Berndl. Als nun diese hochehrwürdigen Herren einer Frau im Wahllokal ansichtig wurden, riefen sie im barschen Ton: „Wos wuin denn Sie?"

Unser Frauenstimmrechtsmitglied brachte ihr Anliegen vor und überreichte den Protest. In diesem Moment trat ein Wähler an den Tisch, worauf der Kgl. Herr Hofwerkzeugfabrikant erklärte: „Jetz' warten's, z'erscht werd' der Mann abg'fertigt." Als das geschehen war, begann er den Protest zu verlesen. Der erste Satz genügte, um dieses Kollegium weiser Männer außer aller Fassung zu bringen; sie schauten einander verwundert an und schüttelten die Häupter. Brüsk warf der Vorsitzende den Protest auf den Tisch und schrie: „Weiwa genga uns nix o! Mit de Weiwa hamma nix z'toan! Mir ham bloß mit de Männer z'toan!"
Die Protestierende ließ sich aber nicht verblüffen, sie machte dem Herrn vielmehr klar, daß an dem heutigen Tage in allen Wahllokalen Münchens die politisch interessierten Frauen gegen ihre politische Rechtlosigkeit protestierten und überall ein geneigtes Entgegenkommen gefunden hätten. Jetzt beeilte sich der Herr Armenpflegschaftsrat, seinem bedrängten Kollegen zu Hilfe zu kommen und beide schrien wie aus einem Munde: „Dös geht uns nix o! Mir ham mit de Weiwa nix z'schaffa! Gengas auf's Magistrat und beschwerns Eahna do und stärns uns net länger!" –
Darauf unser Frauenstimmrechtsmitglied: „Wenn Sie die Annahme des Protestes verweigern, dann geben Sie mir wenigstens eine schriftliche Bestätigung, daß ich hier gewesen bin, damit ich mich meiner Organisation gegenüber ausweisen kann."
Diese Zumutung wurde empört zurückgewiesen: „Do ham mir koa Zeit," – hieß es, – „nehmas Eahnan Wisch nur mit und stärns uns nimmer." Da Wähler das Lokal betraten und diese mutige, energische Vertreterin des Frauenstimmrechts wohl mit uns den Eindruck gewonnen hatte, daß hier jeder weitere Versuch einer Verständigung aussichtslos sei, verließ sie das Wahllokal.
Wie schon erwähnt, begegnete man der Anregung des Bayerischen Vereins von vielen Seiten mit Mißtrauen, nach dem günstigen Verlauf in München gaben viele Frauen zu, daß ihnen zu gleichem Vorgehen nur der Mut gefehlt habe, daß sie das Vorgehen an sich aber keineswegs verurteilten, andere hingegen versprachen sich von dem Unternehmen überhaupt keinen Vorteil. Wären alle Frauenstimmrechtsorganisationen wie in München vorgegangen, so wäre der Erfolg ein viel stärkerer gewesen. Erfolg? – Ja, welchen Erfolg hatte denn die Münchener Ortsgruppe? So fragten die Gegner des Protestes, und die Antwort: – Wir hatten in München einen zweifachen Erfolg zu verzeichnen, einen propagandistischen und einen moralischen.
Propagandistisch, – weil eine große Anzahl von Männern zum ersten Male etwas vom Frauenstimmrecht hörten und erfuhren, daß Frauen sich gegen ihre politische Rechtlosigkeit auflehnen, und weil der Regierung wiederum der Beweis erbracht wurde, daß viele Frauen energisch das Stimmrecht für sich fordern.

Moralisch, – weil Frauen die ihnen nur zu häufig anerzogene Ängstlichkeit überwanden, für die Sache des Frauenstimmrechts tatkräftig eintraten und erkannten, *daß Mut nur Willenssache ist.*

Für eine tapfere Frau,

die seit 25 Jahren für fortschrittliche Gedanken zu ihrem Schaden öffentlich gewirkt hat und im Lebenskampfe zusammengebrochen ist, suche ich eine edeldenkende Persönlichkeit, die ihr in schwerer Krankheit einen längeren Aufenthalt in einem Sanatorium und eventuell die Ausbildung ihres noch unversorgten Kindes ermöglicht. Nähere Auskunft zu erfragen unter „Hilfe" durch den Verlag des „Frauenstimmrecht", München, Jägerstraße 17.

Anzeige in der Zeitschrift „Frauenstimmrecht", Jahrgang 1912

„Verloren"

Margarethe Böhme

Große Differenzen zwischen den gemäßigten und den radikalen Frauen zeigten sich auch in ihrer Haltung zur sogenannten „Sittlichkeitsfrage". Die radikalen Frauen wehrten sich gegen die „Doppel-Moral" der Gesellschaft, die den Männern stillschweigend ein anderes sexuelles Bedürfnis als den Frauen zugestand – und damit verbunden auch den außerehelichen Geschlechtsverkehr. Die Prostituierten aber, die sich den Männern zur Verfügung stellten, waren gesellschaftlicher „Abschaum", sittlich „verwahrlost" und „verloren". – Die Schriftstellerin Margarethe Böhme (1869 – 1939) erregte großes Aufsehen, als sie 1905 das „Tagebuch einer Verlorenen – aufgezeichnet von einer Toten" herausgab. Dieses Tagebuch ist der schonungslose Bericht der jungen Thymian, einer „Tochter aus gutem Hause", deren vorübergehende psychische Schwäche von einem Mann sexuell ausgenutzt wird. Das ungewollte Verhältnis bleibt nicht ohne Folgen. Thymian weigert sich, den ungeliebten Mann zu heiraten, wird gezwungen, in einer Großstadt bei einer Hebamme in Pension zu gehen und dort ihr Kind nach der Geburt zur Adoption freizugeben. Von der Familie verstoßen und ohne Vermögen, erliegt sie bald der „Versuchung", sich als Mätresse „feinerer Herren" zumindest zeitweise ein luxuriöses Leben leisten zu können. Thymian philosophiert in ihrem Tagebuch über ihr Leben in der „Halbwelt".

In der halben Welt gibt's genau soviel Kasten und Kreise wie in der ganzen. Die oberen Vierhundert sind diejenigen, die einen reichen Freund haben, der sie aushält. Zu denen sollte ich eigentlich gehören. Ich könnte es so haben, wenn Ludwig nicht auf die verrückte Idee mit der Scheidung und der Heiraterei gekommen und ich nicht so kolossal dumm gewesen wäre, ihm meine

Beichte auf die Nase zu binden. Man ist wirklich manchmal zu klamm. Also von denen, die einen Freund haben und nur für diesen da sind (nach so etwas halte ich Ausschau) führen eine Menge Stufen und Stüfchen hinab zu den Ärmsten der Armen, die sich für eine Mark und noch weniger verkaufen ... Schön ist's nirgends, „da unten aber ist's fürchterlich" ...
Ach Gott, überhaupt die Welt .. Wenn ich das alles so ansehe, da geht mir immer ein Zitat durch den Sinn, das nirgends so angebracht ist wie hier: Der Menschheit ganzer Jammer packt mich an.
Schließlich und am Ende liegt doch über jeder, die einmal auf diese Weide geraten ist, eine schwere, trübe Dunstwolke von Tragik und Unglück. – Gewiß, es sind auch Mädchen darunter, die ganz und *nur* durch Leichtsinn und Schuld dazu gekommen sind, aber ich behaupte, daß keine einzige mit *vollem Wissen und Bewußtsein* sich in diese Tinte hineingeritten hat. Ich kenne jetzt unendlich viele, die nur von der Preisgabe ihres Körpers leben; aber ich weiß ganz sicher und bestimmt, daß sich unter hundert keine fünf befinden, die nicht mit beiden Händen zugriffen, wenn sich ihnen eine Gelegenheit zur Rückkehr in geordnete Verhältnisse böte. Es gibt so viel Wohltätigkeit und Humanität in der Welt, es gibt Kinderkrippen und Altersversorgungen, Fürsorge für Sträflinge und Gott weiß was sonst noch für nützliche Institute, es wird so viel basart, gemimt, getanzt zum Wohl der leidenden Mitwelt, aber in die Welt des tiefsten Elends, der äußersten Finsternis dringt selten ein Strahl barmherziger, werktätiger Nächstenliebe hinab. Wie manche würde sich gern „retten" lassen. Freilich nicht durch Besserungsanstalten und Stadtmissionen, immer von oben herab, von dem Kothurn der überlegenen Moral: ... „Ich danke dir Gott, daß ich nicht bin wie andere –" und so weiter.
– Nee, auf den Schwindel fällt keine herein. – Nein, um hier zu ändern und zu bessern, müßte schon eine neue Weltordnung, eine vollständige Umkrempelung der Begriffe und Verhältnisse vorangehen. Die Menschen müßten ihren alten Adam ausziehen und ihre Vorurteile wie einen Haufen verlauster Wäsche verbrennen. Die Schranken müßten fallen. Die alten Griechen feierten ja sogar ihre Hetären [Prostituierte] und die Phönizier verehrten sie als Priesterinnen. Damals waren es die Besten, Schönsten, Klügsten, Gebildetsten ihres Geschlechts, die der Venus dienten, und diese antiken Völker standen wahrhaftig auf keiner niedrigeren Kulturstufe, als die heutige Zeit. Es sollte doch wahrhaftig jeder unbenommen sein, mit ihrem eigenen Körper zu machen, was sie will. Muß denn da notwendig noch die heilige Feme der öffentlichen Meinung sich aufspielen und den Betreffenden, der es anders macht als die anderen, in einer Stinkflut von Verachtung und Schmähung ersäufen?! Wenn das Gewerbe der Hingabe aufhörte, ein verächtliches Gewerbe zu sein, würde sich das Heer »der Gewerbetreibenden« um vier Fünftel, ja, ich möchte kühn behaupten, um neun Zehntel vermindern. Ich

würde zum Beispiel gern eine Stelle als Gesellschafterin oder Erzieherin annehmen, und ich will verflucht und verdammt sein, wenn ich nicht alles aufbieten würde, meinen Pflichten nachzukommen, wenn ich es mir jemals wieder einfallen ließe, mich mit einem Mann einzulassen. Aber, abgesehen davon, daß es ja wie ein Märchenwunder wäre, wenn unsereins solche Stellung kriegte, hing doch immer das Messer über einem, und sobald die Vergangenheit bekannt würde, flöge man mit einem Fußtritt hinaus und noch tiefer in den Dreck als vorher. Wenn unser Hetärendasein keine Schande wäre und die Rückkehr zu bürgerlichen Berufen uns jederzeit ungehindert freistände, würden die meisten, die nur kurze Zeit das Elend dieses Lebens gekostet hätten, wieder umkehren. So aber sind die Pforten hinter uns abgeschlossen. „Ihr, die ihr hier eintretet, lasset alle Hoffnung draußen."

Sinnlich-seelisches Glück

Helene Stöcker

Einige von denjenigen, die sich gegen die herkömmliche Einstellung zur „Sittlichkeit" auflehnten und die doppelte Moral der Gesellschaft anprangerten, gingen in ihren – damals ungeheuerlichen – Forderungen sogar noch weiter: Als Vertreterinnen einer „Neuen Ethik" stand für sie fest, daß Frauen nicht nur ebensolche sexuellen Bedürfnisse haben wie Männer, sondern daß es ihnen auch erlaubt sein muß, diese Bedürfnisse auszuleben. Helene Stöcker (1869–1943) entwickelte ein Konzept der „Neuen Ethik" und verbreitete damit zum ersten Mal sexuelle Themen in weiteren Bevölkerungskreisen. Plötzlich las und diskutierte man Dinge öffentlich, die bislang zu den intimsten Angelegenheiten jedes Einzelnen gehört hatten und tabuisiert worden waren. Seit der Jahrhundertwende engagierte sich Helene Stöcker in der Frauenbewegung und schrieb – sicherlich beeinflußt durch ihr Verhältnis zu einem verheirateten Mann – Aufsätze über Liebe, Moral und Ehe. Ihre grundsätzliche Theorie war, daß Sexualität nicht zwangsläufig unmoralisch ist, sobald sie außerhalb der Ehe stattfindet. Unabhängig von einer möglichen gesetzlichen Eheschließung sei bei Liebenden eine „Einheit von Seele und Sinnlichkeit" anzustreben; Mann und Frau erreichten *dann* eine erstrebenswerte „höhere Entwicklungsstufe, ein sinnlich-seelisches Glück", wenn sich durch die Liebe ihre Seelen in der Sexualität vereinten. „Liebe" (1922) heißt auch der einzige *Roman,* den Helene Stöcker geschrieben hat – in einer Sprache, deren starkes Pathos und Emotionalität typisch sind für die Werke der „Neuen Ethik".

Irene, eine junge unabhängige Kunststudentin, verliebt sich in einen verheirateten Mann und er sich in sie. Seine Frau verbringt bereits viele Wochen krank in einem Sanatorium, die Ehe gilt als unglücklich und platonisch. Irene vertraut ihrem Tagebuch die Entwicklung ihrer Liebe an. Erst als sie sicher ist, daß ihrer beider Auffassung von Liebe, Vereinigung und Treue identisch sind, sie beide durch ihre Verbindung „erhöht“ werden, gibt sie sich dem Mann auch körperlich hin – während ihrer ersten gemeinsamen Reise, die sie folgerichtig ihre „Hochzeitsreise“ nennt.

Und die Nacht – diese letzte Osternacht – das war dann unsere eigentliche Hochzeitsnacht. Nun erst vollzog sich ganz das Wunder der Vermählung und der Vereinigung – wo keiner mehr weiß, ob er gibt oder nimmt, ob er sich oder dem anderen gehört.
Diese Nacht brachte uns eine so tiefe, intensive, letzte Verschmelzung, in der wir wie ein Mensch, ein einziges, unscheidbares Wesen waren, dessen Teile ohne einander nicht gedacht werden können. Nie hatte ich je sein Gesicht – sein geliebtes, feines Gesicht, dem die Erfahrungen und Enttäuschungen des Lebens schon manchen leisen Zug von Bitterkeit eingeprägt haben –, so jung, so glücklich gesehen.
Alles Zagen, alles Schwanken, alle leisen, uneingestandenen Zweifel, ob es gut so, ob er der „Richtige“ sei, fielen ab vor der tiefen, unzerstörbaren Gewißheit: „Ich will nie einen anderen Mann lieben als ihn – und er soll nie ein anderes Weib lieben als mich.“
Ich bin sein Weib, und die süßeste, unaussprechlichste Sehnsucht: in diesem hohen Glück der Vermählung Mutter zu werden durch ihn – durchbrauste wie ein göttlicher, berauschender Trank mein Blut.
Wir entschliefen in dieser himmlischen Vereinigung – und wenn wir in der Nacht erwachten, fanden wir uns in köstlicher, innigster, unauflöslicher Verstrickung.
Das war Hochzeit – hohe Zeit seligster Wunder – ein Auferstehen aus dem Tode der Vereinzelung – ein Eingehen in ein neues Leben der wundersamen Zweiheit. Ich fühle mich seitdem wie verklärt – auf eine höhere Stufe des Menschlichen gehoben.
Nun erst verstehe ich den tiefen Sinn des Lebens ganz – weiß ich, daß mein froher, angeborener Glaube an das Leben gerechtfertigt ist.
Nichts, was kommt, vermag mir diese unmittelbare Gewißheit zu erschüttern.

Die Abtreibungsparagraphen von 1870/71

§ 218

Eine Schwangere, welche ihre Frucht vorsätzlich abtreibt oder im Mutterleibe tötet, wird mit Zuchthaus bis zu fünf Jahren bestraft.
Sind mildernde Umstände vorhanden, so tritt Gefängnisstrafe nicht unter sechs Monaten ein.
Dieselben Strafvorschriften finden auf denjenigen Anwendung, welcher mit Einwilligung der Schwangeren die Mittel zu der Abtreibung oder Tötung bei ihr angewendet oder ihr beigebracht hat.

§ 219

Mit Zuchthaus bis zu zehn Jahren wird bestraft, wer einer Schwangeren, welche ihre Frucht abgetrieben oder getötet hat, gegen Entgelt die Mittel hierzu verschafft, bei ihr angewendet oder ihr beigebracht hat.

Gegen die Abtreibungsparagraphen

Adele Schreiber-Krieger

Ein Thema, das den Sexualreformerinnen besonders am Herzen lag, war die Abschaffung des Paragraphen 218. Adele Schreiber-Krieger (1872–1957), eine Wortführerin der „Mutterschaftsbewegung", die sich für eine Gleichbehandlung verheirateter und lediger Mütter einsetzte, begründete ihre Ablehnung des Abtreibungsparagraphen mit dem Argument, daß das Selbstbestimmungsrecht der Frauen durch ihn entscheidend eingeschränkt würde. Ganz besonders die Frauen der Arbeiterklasse seien benachteiligt, da sie sich keine professionell durchgeführten Abtreibungen „erkaufen" könnten. Von anderen wurde die Diskussion um den Paragraphen 218 auch unter „rassehygienischen" Gesichtspunkten geführt. Es gelte, die Geburt von Kindern zu verhindern, die aus einer wie auch immer „minderwertigen" Vereinigung zwischen Mann und Frau hervorgehen würden. Solche Überlegungen entstanden aufgrund eines biologischen „Zuchtwahlgedankens" zur „qualitativen Erhöhung" der eigenen „Rasse". – Überlegungen, die von den Nationalsozialisten später konsequent und grausam zu Ende gedacht wurden. –
1912 veröffentlichte Adele Schreiber-Krieger ihr Sammelwerk „Mutterschaft" und schrieb in einem Aufsatz über „Mißbrauchte Mutterschaft" zum Thema § 218:

Juristen, Ärzte, Sozialreformer, auch viele Vertreterinnen der Frauenbewegung haben die Frage erörtert, inwieweit die §§ 218 und 219 des Strafgesetzbuches abgeändert werden sollen, um einer zeitgemäßen menschlicheren Auffassung zu entsprechen. Für die vollständige oder bedingte Straflosigkeit der Fruchtabtreibung haben sich eine Anzahl moderner Kriminalisten erklärt, u. a. Franz von Liszt, Hrehororowicz, Schneickert, Radbruch, Wittels, Lewin. Die beachtenswertesten Argumente haben die Juristen Ehinger und Kimming in ihrer Schrift: Ursprung und Entwicklungsgeschichte der Bestrafung der Fruchtabtreibung (E. Reinhardt, München 1910) zusammengestellt. Es sind die folgenden:

> Die staatlichen Strafandrohungen gegen die Abtreibungshandlungen sind und bleiben so gut wie erfolglos. Es gibt Verhältnisse, mächtiger als jedes Gesetz; hierzu gehören manche der mannigfachen Ursachen des kriminellen Aborts. Diese Ohnmacht des Gesetzes schädigt sein Ansehen und die Autorität des Staates. Die Schwierigkeit, den Kausalzusammenhang zwischen Handlung und Erfolg nachzuweisen, ist bei der Fruchtabtreibung so groß, daß sich jede Verurteilung lediglich auf eine Wahrscheinlichkeit stützt. Die Strafandrohung treibt die Schwangeren in die Hände gewissenloser Pfuscher oder veranlaßt sie zu eigener Tätigkeit, schädigt somit, wo sie nicht gar Tod zur Folge hat, die Gesundheit der Frau selbst, ihre spätere Nachkommenschaft und die Volksgesundheit. Die Strafbarkeit der Fruchtabtreibung führt häufig zu schweren Straftaten, namentlich zum Kindesmord, besonders in der verschleierten Form absichtlicher Vernachlässigung, Verunglückung usw. Sie liefert dem Erpressertum bequeme Waffen, zerstört viel Lebensglück und widerspricht, wenigstens innerhalb der ersten Schwangerschaftsmonate, dem Volksempfinden.

Diesen Argumenten ist hinzuzufügen, daß es weit besser erscheint, die Abtreibung in ihren Quellen zu bekämpfen, anstatt sie durch Gefängnisstrafen zu bedrohen. Diese Quellen sind in erster Linie bei den illegitimen Müttern: Die soziale und wirtschaftliche Notlage, die Angst vor Schande, vor der ungerechtfertigten Ächtung, für deren Beseitigung modernes Frauenempfinden eintreten muß. Jeder Schritt auf dem Wege der Gleichstellung des unehelichen Kindes mit dem ehelichen, des gesetzlichen Schutzes für die Mutter, der Beseitigung ihrer gesellschaftlichen Pariastellung dient der Bekämpfung der Fruchtabtreibung mehr als die strengsten Gesetze. Was die eheliche Mutter anbetrifft, so haben wir die Hauptursache der Abtreibung in der Überlastung mit Geburten, der Angst vor dem Elend bei zu großer Kinderschar, zuweilen auch in der Angst vor den Brutalitäten eines Mannes, der die Frau den durch ihn selbst herbeigeführten Zustand noch durch rohe Mißhandlungen entgelten läßt. In einer kleinen Zahl der Fälle spielt Besorgnis vor siechen oder abnormen Kindern mit. Ausbreitung des Präventivverkehrs gleichzeitig mit sozialen Reformen würde diese Notstände der ehelichen Mütter größtenteils beenden. Berechnungen im Stadt- und Landkreise Krefeld ergeben für ganz Deutschland die Schätzung von mindestens 300 000 Fehlgeburten jährlich!! Der Krefelder Arzt Dr. Josef Rheindorf ist der Ansicht, daß bei vorsichtigster Annahme hiervon mindestens 195 000 krimineller Natur sind! Wer möchte bestreiten, daß es besser wäre, in allen diesen Fällen die Zeugung zu verhüten!

Es wird vielfach eingewendet, daß zahlreiche Abtreibungen weder der moralischen, noch der sozialen Notlage entspringen, sondern lediglich der Genußsucht, Bequemlichkeit und Feigheit. Nun, soweit es sich um solche in ihrem innersten Wesen der Mutterschaft abgeneigte Frauen handelt, erwächst kein Segen daraus, wenn sie zur Fortpflanzung gezwungen werden, denn sie ermangeln der Eigenschaften, die zur Ausübung von Mutterpflichten erforderlich sind; und sicherlich ist auch bei ihnen Verhütung der Empfängnis wünschenswerter als Unterbrechung der Schwangerschaft. Der Vorwurf der Selbstsucht und Bequemlichkeit wird aber vielfach sehr ungerechtfertigt erhoben. Man urteilt oft rein äußerlich über Handlungen, für die das tiefere Verständnis fehlt, weil die feineren und intimeren Vorgänge, die das Tun bestimmten, unbekannt bleiben. Im Grunde müssen wir es jeder Frau selbst überlassen, ob sie Mutter werden will oder nicht, ohne mit dem Strafgesetzbuch in Konflikt zu kommen. Die Erkenntnis, daß in das persönliche Recht der Frau, über die Zahl ihrer Kinder frei zu bestimmen, nicht eingegriffen werden darf, wächst. So meint Wittels: Der Satz „Keine Frau kann zur Austragung ihrer Leibesfrucht gezwungen werden" gehöre ebensowohl in das Staatsgrundgesetz eines aufgeklärten Staates wie z. B. die Gewährleistung der Freizügigkeit.

Die proletarische Frauenbewegung

Der Freiheit Lied

CLARA ZETKIN

Während der Jahrzehnte, in denen die bürgerlichen Frauen versuchten, sich jenseits parteipolitischer Interessen von ihren Beschränkungen im privaten und öffentlichen Bereich zu emanzipieren, wuchs noch eine weitere Bewegung von Frauen, die zu Beginn des 20. Jahrhunderts sogar zur Massenbewegung wurde: die der Proletarierinnen. Die fortschreitende Industrialisierung im Laufe des 19. Jahrhunderts, die technischen Errungenschaften und Erfindungen, der wirtschaftliche Aufschwung nach den Kriegsjahren – dies alles hatte für Millionen neuer Arbeitsplätze in den Fabriken gesorgt. Dort waren plötzlich Frauen der unteren Gesellschaftsschicht als Arbeiterinnen unentbehrlich. Oft verrichteten sie nämlich die gleiche Arbeit wie ihre männlichen Kollegen – nur zu viel geringerem Lohn. Frauen arbeiteten hauptsächlich in der Textil- und Bekleidungsindustrie, daneben auch in der Papier-, Nahrungs- und Genußmittelindustrie. In den 60er Jahren des 19. Jahrhunderts mußten sie täglich durchschnittlich 13 bis 14 Stunden arbeiten, und es gab bis dahin für sie keinerlei Schutzbestimmungen. So war es kein Wunder, daß viele Frauen an Bleichsucht, Tuberkulose und Haltungsschäden erkrankten. Seit 1878 gab es unter dem wachsenden Druck der sozialdemokratischen Bewegung die ersten Schutzbestimmungen für Arbeiterinnen. Danach durften Frauen nicht mehr in Bergwerken und Minen beschäftigt werden, in bestimmten Fällen wurde die Nachtarbeit verboten, für Wöchnerinnen gab es drei Wochen Mutterschutz nach der Entbindung.

Auch die bürgerlichen Frauen kümmerten sich um die Probleme der Arbeiterinnen, vor allem aber unter wohltätigen Gesichtspunkten. Es gab aber auch andere. Clara Eißner (1857–1933), die sich später Clara Zetkin nannte, war viele Jahre lang Führerin und Leitfigur der proletarischen Frauenbewegung. In den 70er Jahren begann sie ein Verhältnis mit Ossip Zetkin; er und andere machten sie mit der Lehre von Karl Marx vertraut. Fortan engagierte sie sich leidenschaftlich für den Sozialismus – und die Frauenfrage. Clara Zetkin versuchte den Arbeiterfrauen klarzumachen, daß es nicht das Ziel der Frauen sein dürfe, lediglich die Gleichberechtigung mit den Männern innerhalb ihrer jeweiligen Klasse zu erreichen. Vielmehr müsse es der Proletarierin darum gehen, die wirkliche Ursache aller Unterdrückung, die Klassengesellschaft selbst abzuschaffen. Bei den in der sozialistischen Bewegung organisierten *Männern* fanden die Arbeiterinnen allerdings zunächst kaum Unterstützung. Der 1863 von Ferdinand Lassalle gegründete „Allgemeine Deutsche Arbeiterverein" lehnte die Frauenarbeit in der Fabrik sogar grundsätzlich ab. Blieben die Frauen zu Hause am Herd und bei den Kindern, so hieß es, könnten die Arbeiter mehr Geld verdienen, da sich die Zahl der Lohnempfänger dann ja entscheidend verringern würde. Im übrigen käme das Familienleben nicht zu Schaden, und die Frauen müßten nicht länger Arbeiten ausführen, die ihrer weiblichen Natur widersprächen. Diese Einstellung änderte sich erst nachhaltig, als Bismarck im Oktober 1878 das „Sozialistengesetz" gegen die „gemeingefährlichen" Bestrebungen der Sozialdemokratie durchsetzte. (Es ermächtigte zum Beispiel die Polizei, sozialdemokratische Vereine und Versammlungen aufzulösen.) Davon waren auch die organisierten Arbeiterinnen betroffen. Während dieser Zeit der politischen Verfolgung wuchs die Solidarität zwischen den Arbeitern und den Arbeiterinnen. – Clara Zetkin gab ab 1892 die Zeitschrift „Die Gleichheit – Zeitschrift für die Interessen der Arbeiterinnen" heraus. In der ersten Nummer des 20. Jahrgangs wurde „Der Freiheit Lied" veröffentlicht:

Ein wundersames Lied klingt durch die Zeit. Es klingt von Klage und Sehnsucht und klingt von Donner und Sturm. Wie märchenhafte Tropfsteinsäulen tönen in ihm geweinte und ungeweinte Tränen, und wie glühende Lava brüllen Flüche in ihm empor. Aber über das Gewirr von Klängen, die das Leid gebar, erhebt sich eine stolze, kühne Melodie, die ganz Kraft und ganz Wille, ganz Freude und Siegeszuversicht ist. Das Lied dringt aus schwülen, lärmvollen Fabriksälen und dumpfigen Werkstätten und Verkaufsläden; es steigt aus der düsteren Nacht der Gruben auf und zieht über die Felder und Wälder; die Wellen der Flüsse singen es, die Mühlräder treiben und elektrische Kraft spenden; es flutet auf den Wogen der Ozeane, die von den Riesendampfern gepflügt werden. Es klingt in vielen Sprachen und ist doch überall gleich. Das ist das Lied der Arbeit, die heute ausgebeutet und geknechtet ist, doch morgen frei sein wird aus eigener Kraft.

Das Lied strömt auch von bebenden, blassen Weibeslippen. Millionen Frauen zinsen der Macht, welche die Arbeit in ihren Trägern, den Arbeitenden, versklavt, der Macht, die sich als deren Herren gebärdet und doch nichts ist als ihr Geschöpf: dem Kapital, dessen Träger die ausbeutenden Klassen sind. Und noch mehr Millionen Frauen empfinden als Gattinnen und Mütter die Auswucherung und Fesselung der Arbeit, die ihre Männer zu Profitmaschinen entwürdigt, die Leiber und Geister ihrer Kinder mit Entbehrungen schlägt und ihre Zukunft bedroht. Was ist des Lebens Erbteil für all diese Ungezählten, welche kommende Geschlechter in ihrem Schoße tragen, sie mit ihrem Blute nähren, mit ihrem Herzen wärmen, mit ihrem Geiste erleuchten sollen?

Schauet die gedrückten, kummervollen Gestalten, die abends mit angstklopfendem Herzen und bitterem Sinn dem Heim zueilen, um zur Erwerbsfron des Tages die häusliche Arbeit in der Nacht zu fügen. Die bei dem Gedanken schaudern, daß die Krise oder eine Zufälligkeit des Marktes, eine Laune des Vorgesetzten das hart ermühte Stück Brot raubt oder schmälert. Die Scheu, mit leerem Magen und in dünnen, häßlichen Gewändern zur Seite stehen,

wenn tagdiebende Herren und Damen in Equipagen vorübersausen, die fremde Arbeit gebaut und bezahlt hat. Die darben und ihre kargen Mußestunden opfern, um ein paar Brocken Wissen zu erraffen und dürftige Strahlen der Naturherrlichkeit, des Kunstgenusses, der Lebensschönheit und Lebensfreude zu erhaschen. Die sich nicht einmal mit den gleichen Waffen wie ihre Brüder gegen Ausbeutung und Knechtschaft wehren können, weil sie Rechtlose sind im Rate der Gemeinde und des Staates.
Millionen unserer Schwestern singen das Lied der Plage; Hunderttausende von ihnen fallen ein, wenn das kampfklirrende hohe Lied der Freiheit ertönt, das „Siegeslied, Triumpheslied, Lied von der Zukunft großem Tag". Was ist's, das sie stolz macht in ihrer Niedrigkeit, hoffnungsfreudig im Elend, mutig zum Kampfe?
Ihr Auge ist sehend geworden für die geschichtlichen Mächte, die am Webstuhl der Zeit das sausende Schifflein der Gesellschaftsentwicklung hin und her fliegen lassen. Sie wissen von den veränderten Bedingungen der Arbeit, der Gütererzeugung, die dazu drängen, daß in der Ära der gebändigten Naturkräfte und erkannten Naturgesetze, daß unter der Herrschaft des maschinellen Großbetriebs der Gemeinschaft gegeben wird, was der Gemeinschaft sein muß: die Produktionsmittel aller Art. Die verbürgen, daß die verhängnisvolle Trennung zwischen Arbeitsmitteln und Arbeitskräften ein Ende nimmt, die Überfluß und Müßiggang an dem einen Pol der Gesellschaft erzeugt, Armut bei Überanstrengung am anderen. Die ein Unterpfand dafür sind, daß niemand mehr mit leerer Hand und leerem Hirn sich von der Tafel des Lebens hinwegstehlen muß, daß Freiheit, Gleichheit, Brüderlichkeit nicht rückwärts in die Nacht und Not der Dürftigkeit und Barbarei führen, sondern vorwärts zur Sonnenhöhe reicher Kultur für alle.
Hunderttausende proletarische Frauen wissen, wollen und kämpfen, Millionen aber sollten es sein. Laßt uns die Stumpfsinnigen aufrütteln, die Ängstlichen mit Vertrauen, die Zagenden mit Mut erfüllen! Das Lied der befreiungssehnsüchtigen, kämpfenden Arbeit klingt im gewaltigen Chor. Der Kapitalismus trägt es mit Sturmesflügeln über Länder und Meere, und von fernen Gebirgen schallt es im Echo zurück. Hören wir sein Brausen! Machen wir bereit, seien wir bereit!

Nur einmal ausschlafen!

Adelheid Popp

„Ich habe selten mit tieferer Regung eine Schrift gelesen als die unserer Genossin! Mit brennenden Farben schildert sie die Not des Lebens, die Entbehrungen und moralischen Mißhandlungen, denen sie als armes Proletarierkind ausgesetzt war . . .“ schrieb August Bebel in seinem Geleitwort zu Adelheid Popps „Die Jugendgeschichte einer Arbeiterin“ (1909). Dieses Buch, das in zehn Sprachen übersetzt wurde, hat vielen Arbeiterfrauen die Grundsätze der Sozialdemokratie nähergebracht. Der folgende Ausschnitt steht stellvertretend für die ganze Kinder- und Jugendzeit der Adelheid Popp (1869–1939) und vieler ihrer Leidensgenossinnen.

Als ich von der Schule mein Übersiedlungszeugnis erhalten hatte, das mich für reif erklärte, in die vierte Volksschulklasse überzutreten, war das meine ganze geistige Ausrüstung für das Leben voll Arbeit, das ich nun zu beginnen hatte. Nie hat jemand Einspruch erhoben, daß ich der gesetzlichen achtjährigen Schulpflicht entzogen wurde. Bei der Polizei war ich gar nicht angemeldet. Da meine Mutter nicht schreiben konnte, mußte ich die Meldezettel ausfüllen. Ich hätte mich selbstverständlich in die Rubrik „Kinder“ einzutragen gehabt, da ich mich aber für kein Kind mehr hielt, ich war ja schon Arbeiterin, so ließ ich diese Rubrik unausgefüllt und blieb polizeilich unangemeldet. Andere Leute beachteten diese Unterlassung auch nicht.

Wir zogen in die Stadt zu einem alten Ehepaare in eine kleine Kammer, wo in einem Bett das Ehepaar, im anderen meine Mutter und ich schliefen. Ich wurde in einer Werkstätte aufgenommen, wo ich Tücher häkeln lernte; bei zwölfstündiger fleißiger Arbeit verdiente ich 20 bis 25 Kreuzer im Tage. Wenn ich noch Arbeit für die Nacht nach Hause mitnahm, so wurden es einige Kreuzer mehr. Wenn ich frühmorgens um 6 Uhr in die Arbeit laufen mußte, dann schliefen andere Kinder meines Alters noch. Und wenn ich um 8 Uhr abends nach Hause eilte, dann gingen die anderen gut genährt und gepflegt zu Bette. Während ich gebückt bei meiner Arbeit saß und Masche an Masche reihte, spielten sie, gingen spazieren oder sie saßen in der Schule. Damals nahm ich mein Los als etwas Selbstverständliches hin, nur ein heißer Wunsch überkam mich immer wieder: *mich nur einmal ausschlafen zu können.* Schlafen wollt ich, bis ich selbst erwachte, das stellte ich mir als das Herrlichste und Schönste vor. Wenn ich dann manchmal das Glück hatte, schlafen zu können, dann war es erst kein Glück, dann war Arbeitslosigkeit oder Krankheit die Veranlassung. Wie oft an kalten Wintertagen, wenn ich abends die Finger schon so erstarrt hatte, daß ich die Nadel nicht mehr führen konnte, ging ich zu Bett mit dem Bewußtsein, daß ich morgens um so früher aufstehen müsse. Da gab mir die Mutter, nachdem sie mich geweckt, einen Stuhl in das Bett, damit ich die

Füße warm halten konnte und ich häkelte weiter, wo ich abends aufgehört hatte. In späteren Jahren überkam mich oft ein Gefühl grenzenloser Erbitterung, daß ich gar nichts, so gar nichts von Kinderfreuden und Jugendglück genossen hatte. –

Die Dienstbotenfrage

Aus der Zeitschrift „Die Gleichheit"

Viele der unverheirateten Frauen aus ländlichen Familien, aus Arbeiter- und Handwerkerfamilien, die plötzlich selbst für ihren Unterhalt sorgen mußten, verdingten sich als Dienstmädchen in einem fremden Haushalt, oft in einer fremden Stadt. Das relativ unabhängige Leben mit eigenem Verdienst auf der einen Seite und der erhoffte lockere Familienanschluß auf der anderen erschien ihnen reizvoll. Die Arbeitsbedingungen aber, die die meisten Dienstmädchen erwarteten, waren denkbar schlecht: Sie lebten zwar bei einer bürgerlichen Familie, wurden aber nie ins Familienleben mit einbezogen. Oft wohnten sie in kleinen dunklen Kammern oder schliefen auf Hängeböden in der Küche, und die hygienischen Verhältnisse waren schlecht. Sie bekamen meist wenig und schlechtes Essen, hatten höchstens alle vierzehn Tage sonntags für ein paar Stunden Ausgang und ansonsten ungeregelte Arbeitszeit – oft bis spät in die Nacht und bei geringem Lohn. Erst gegen Ende des neunzehnten Jahrhunderts wuchs eine sogenannte „Dienstbotenbewegung", vor allem in Berlin, die sich für eine Verbesserung der Lage einsetzte. Viele Dienstmädchen organisierten sich jetzt in Dienstbotenvereinen, die sich zum Beispiel 1907 mit einer Petition um die Aufhebung der veralteten Gesindeordnung an den Reichstag wandten oder Forderungen nach geregelter Arbeitszeit und einem gesicherten freien Sonntag stellten. Die Dienstbotenfrage zu klären, wurde auch Aufgabe der proletarischen Frauenbewegung. Regelmäßig erschienen Artikel zu den Problemen der Dienstmädchen im Clara Zetkins Zeitschrift „Die Gleichheit", so zum Beispiel im Oktober 1909:

Die Lage der Dienstboten in Frankfurt a. M. wurde hell in der Versammlung beleuchtet, mit der die Ortsgruppe des Verbandes der Hausangestellten ihre Winteragitation einleitete. Diese Versammlung, die am 12. September im großen Saale des Gewerkschaftshauses stattfand, war sehr gut besucht. Genossin Rudolph referierte über das Thema: „Wo bleiben die Dienstboten während der Reisezeit?" Sie führte aus, daß mit herannahendem Sommer alles, was sich erholungsbedürftig dünkt und über den nötigen Geldbeutel verfügt, aus den dumpfen, staubigen Städten eilt, um in frischer, reiner Luft neue Kräfte zu sammeln. Diejenigen aber, die die Erholung am nötigsten hätten, die Arbeiter und Arbeiterinnen, müssen auf die Erholung verzichten, sie können keine Reisen machen. Unter ihnen sind es besonders die *Dienstboten*, die das ganze

Jahr für das Behagen anderer sorgen, die selbst die wenigste Ausspannung haben. Morgens die ersten auf, abends die letzten im Bett, leiden sie unter einer unbegrenzten Arbeitszeit. Es gibt kein Gesetz, das ihrer schrankenlosen Ausbeutung Einhalt gebietet. Wird ein Dienstmädchen von der Herrschaft mit in das Bad [Urlaubsort] genommen, hat es oft die doppelte Arbeit zu leisten. Wird es während der Abwesenheit der Familie zu den Eltern oder Verwandten geschickt, fällt es diesen zur Last, weil es gewöhnlich keine oder nur geringe Entschädigung bekommt. Läßt die Herrschaft die Hausangestellte in der Wohnung zurück, so sorgt sie durch Anhäufung außerordentlicher Arbeiten dafür, daß die Dienende keine Langeweile bekommt, wenn sie nicht gar, wie es auch oft geschieht, bei Freunden oder Verwandten der Dienstgeber aushelfen muß. Schließlich wird oft vor der Reise ein Streit vom Zaune gebrochen und das Mädchen, das lange zur Zufriedenheit gedient hat, kurzerhand entlassen, damit die Herrschaft jeder Verpflichtung ledig wird. Den besten Beweis dafür bietet der große Andrang auf den Stellenvermittlungsbureaus nach der Ferienzeit. Angesichts dieser Sachlage sei die oft beklagte „Dienstbotennot" kein Wunder. All diese Mißstände im Beruf der Hausangestellten gilt es zu beseitigen, vor allem muß eine geregelte Arbeitszeit eingeführt werden, damit der schrankenlosen Ausbeutung der Mädchen ein Ziel gesetzt wird. Die Gesindeordnung muß fallen, damit die Dienstboten nicht mehr als Menschen zweiter Ordnung behandelt werden können. Um zu erreichen, daß die Dienenden Einfluß auf die Gesetzgebung erhalten, müssen sie einmütig zusammenhalten und sich in der Organisation zusammenschließen.

Das tägliche Brot

CLARA VIEBIG

Die Schriftstellerin Clara Viebig (1860–1952) lebte seit 1883 mit ihrer Mutter in Berlin und heiratete dort 1896 den Berliner Verlagsbuchhändler Cohn, Mitinhaber des Verlages Fontane & Co. In diesem Verlag erschienen bis 1914 alle ihre Romane und Erzählungen. Clara Viebigs Werke wurden um die Jahrhundertwende häufig gelesen, man lobte ihre Fähigkeit, besonders die einfachen Menschen und ihre Lebensbedingungen zu charakterisieren. Viele ihrer Milieuschilderungen spielen in Berlin, so auch die Geschichte zweier Mädchen aus einem Dorf nahe Schwerin, deren bedrükkendes Berliner Dienstboten-Schicksal im Roman „Das tägliche Brot" (1900) beschrieben wird. Die ausgewählte Textstelle dieses Romans beschreibt den Aufbruch Mine Heinzes von zu Hause und die Erwartungen, die ihre Eltern hinsichtlich zukünftiger finanzieller Unterstützung durch die Tochter haben.

Hinter dem sandigen Hügel hebt sich eben die Sonne empor.
Fahl schimmern in der Dorfgasse die gekalkten Giebel der Hütten, nur die hohen Mauern der Kirche zeigen schon warme Reflexe. Die Kastanienbäume am Portal schütteln sich, daß ein Regen von nachtfeuchten, gelben Blättern niedertrieft; ein herber, bitterlicher Herbstduft steigt auf vom fallenden Laub. Auf Barthel Heinzes Dunghaufen erhebt der Hahn ein durchdringendes Kikeriki; feurig glühn die Firste der niedrigen Strohdächer, die Heinzen stößt die Läden auf – in der Stube wird es hell.
Der Tag ist da.
„Mach der nu uf", sagte der Bauer zur ältesten Tochter und erhob sich schwerfällig hinter'm Tisch, der die Reste des Frühstücks: Brotkrumen, Kartoffelschalen und den geleerten Suppennapf zeigte. „Laß der'sch gutt gehn, un schreib ooch! Halt der brav! Daß de tüchtig was sparst im Dienst! Schick's Geld nur glei heeme, ich thu's in Schwerin uf de Sparkaß. Laß der nich beifallen, daß de's verjuxst! Das sao ich der: Kommste heeme un hast nischt vor der gebracht, kriegste de Hucke voll!"
„Ich wer' schon, Vatter, ich wer' schon," versicherte die Tochter.
„Ei, die Mine is doch en guttes Kind," sagte die Mutter weicher und strich mit der knochigen Hand dem Mädchen die Falten am kornblumenblauen Sonntagskleid herunter. „Was der Stoff sich scheene trägt! Verrujenier nischt, Mine! Ei, Heinze, laß nur, se wird sich schon schicken in Berlin. Arbeiten kann se – ju ju, das hammer se gelehrt. Da is keine Herrschaft nich betrogen. Laß der nischt vormachen, Mine, laß der nich die Butter vom Brot nehmen, ooch von de Herrschaft nich! Kuck, daß de zu was kommst, schick brav heeme un bleib gesund!"
„Ich – wer' – schon!" Nun schluchzte das Mädchen.
Obgleich Wilhelmine Heinze schon zweiundzwanzig Jahre zählte und eine große breitschultrige Person war, die ihren Zentnersack Kartoffeln auf dem Rücken schleppte, so weinte sie doch wie ein Kind. Nun es ernstlich an den Abschied ging, wurde ihr der so schwer, wie sie es nie für möglich gehalten. Mit einem langen Blick sah sie sich im Zimmer um, wo die Kuckucksuhr an der Wand tickte und neben dem Ofen das hochgetürmte Bett der Eltern an der Wand stand.
Sie machte ein paar Schritt nach dem schmalen Türchen hin, das in die Kammer führte, darin sie so lange mit den jüngeren Schwestern gehaust.
Mit einem Schmerzenslaut sank Mine wieder auf ihren Schemel zurück und hielt sich die Hände vor's Gesicht.
„Nu, nu," begütigte die Mutter, „barm nich gar so sehre!" Sie schnüffelte gerührt und wischte sich mit dem Handrücken unter der Nase her. „Hast ja selber partu nach Berlin machen wollen – Mine, sei doch verständig! Denk an, was de verdienen kannst, bares Geld! Ihr seid der Kinder sechse, ju ju."

„Was willste denn ooch derheeme?“ sprach der Vater. „Der Maxe un die Cille sind lang groß genug, de Male wird Ostern eingesägent – wer schaffen unsre Arbeit alleene.“
Mine nickte verständnisinnig – so war's schon recht, eine mußte weg! Das waren der Mäuler gar zu viele für Barthel Heinzes Acker; das Haus war eng, man konnte doch nicht so aufeinander hocken. Wenn nicht der Peter und die Lisa, die nach ihr im Alter kamen, schon als Kinder miteinander im Entenpfuhl ertrunken wären, hätte sie längst fortgemußt. Und hatte sie denn auch nicht selbst den Wunsch, endlich einmal einen Groschen eigen zu haben? Die Mädchen, die nach der Stadt gezogen waren, erzählten Wunderdinge. Zuweilen kam eine zu Besuch nach Haus, dann lief das ganze Dorf zusammen, stellte sich vor der Tür auf oder lugte durch die kleine blasige Scheibe, hinter der die Heimgekehrte in der Pelerine mit Perlenbesatz, in dem großen weißen Strohhut mit Seidenband und langer weißer Feder, stand und sich von den stolzen Eltern bewundern ließ. Selbst recht wohlhabende Bauerntöchter verschmähten es nicht, für ein oder zwei Jahre nach Berlin zu gehen: ‚in Pennßjohn', wie sie sagten.
Mit einem energischen Ruck sprang Mine auf und wischte sich, wie vorhin die Mutter getan, mit dem Handrücken die Nase; dann auch die Augen. Groß und stark stand sie vor den Eltern und reichte ihnen die Hand zum Abschied.
„Adje! Bleib gesund, Vatter! Adje, Mutter! Bleib gesund!“
„Adje, Mine“, sprach der Vater, nahm die Pfeife aus dem Mund und betrachtete sie kritisch. „Scheene is se nich mehr. Kannst mer zu Weihnachten 'ne neue schicken. Geh ooch zur Kirche, Mine!“
„Ju ju“, fiel die Mutter ein.
„Spar fleißig!“
„Un schick's glei heeme!“
„Schreibt bald!“ Nun kamen der Tochter doch wieder die Tränen.
„Schreib du ooch bald!“
Mine reichte den Geschwistern der Reihe nach die Hand, erst den Großen, dann den Kleinen. Emma hing sich ihr an den Hals; sie hatte das Kind, das sie von seiner ersten Stunde an gewartet, immer sehr lieb gehabt, nun küßte sie es schallend auf Mund und Wangen. Immer tiefer bückte sich sich, um ihren Kummer zu verbergen.
„Bist du wehleidig“, lachte Cilla und gab ihr einen freundschaftlichen Klaps auf den Rücken. „Siehste, hättste mir ziehn lassen!“
„Ich geh schon“, murmelte Mine und richtete sich auf. „Adje all zusammen, bleibt gesund! Komm, Maxe, faß an.“
Verdrossen schlorrte der lange hübsche Bursche heran. Sie zogen den Reisekorb aus der Kammer; klein war der nur und nicht schwer, aber funkelnagelneu, für vier Mark funfzig auf dem Schweriner Jahrmarkt erstanden. Mit Stolz ruhte Mines Blick auf ihm.

Alle gaben sie der Scheidenden das Geleit bis zur Tür.
Cilla hatte sich der Schwester an den Arm gehängt und tuschelte ihr noch allerlei in die Ohren.
„Un hörste, Mine, schick mer ooch balde 'ne scheene Schörz, oder sonst was. Ich tu der davor ooch mal wieder en Gefallen."
Mine versprach alles. Wie Schatten glitten an ihrem umflorten Blick die stillen Hütten rechts und links vorüber; noch schliefen die Nachbarn, nur ganz in der Ferne klappten zwei Dreschflegel – klip klap – klip klap. Am allerletzten Haus, wo der Meilenstein an der Chaussee steht – Schwerin a/W. 7,6 Kilometer – nahmen die Geschwister Abschied.
Rüstig schritten Mine und Max, den Korb zwischen sich, über die einsame Chaussee.

Also vollen Familienanschluß

Aus dem „Stettiner Volksboten"

In einer Ausgabe des „Stettiner Volksboten" aus dem Jahre 1909 fand sich das Inserat eines Dienstmädchens, das eine neue Stellung suchte. Bald darauf erhielt sie folgenden Brief:

Liebes Fräulein!

Habe ihre werte Anonce gelesen. Bitte kommen Sie doch sofort zu mir, ich bin ganz alleinstehend und werden wir uns schon gut verstehen. - Reisen Sie bitte sofort nach Empfang dieses ab. Es kostet mit der Bahn 1,60 Mark. Ich habe hier eine kl. Brauerei mit Ausschank. Alles Nähere mündlich.
Bitte um Diskretion.

Herzlichen Gruß
Franz Sommer

Zwar wurde sie wegen des vertraulichen Tons in diesem Brief etwas stutzig, sandte aber trotzdem ein Bewerbungsschreiben samt Photographie an den Brauereibesitzer. Einige Zeit später erhielt sie folgende Antwort:

Liebes Fräulein!

Ihren lieben Brief nebst Bild habe ich dankend empfangen, Daßelbe sagt mir zu und sende ich Ihnen 2 rohabzüge von mir, dieselben habe ich selbst angefertigt. Bitte sehen Sie doch zu das Sie recht bald kommen können, doch möglichst spätestens zum 1. Februar. Ich gebe 12 bis 15 Mark Lohn. Speisebetrieb ist hier gar nicht, auch keine Landwirtschaft. Wier leben hier recht

ruhig. Auch haben Sie hier eine gute Stube Kammer und noch 2 Stuben d. h. die benutzen wir gemeinschaftlich. Also vollen Familienanschluß.
Im Vertrauen und unter strengster Verschwiegenheit teile Ihnen noch ergebenst mit, daß da ich keine Frau habe, wier auch zusammen schlafen und müßten Sie hierzu einverstanden sein. Auch gesund sein. Komen Sie Abends, wen Sie also 7 Uhr od. 9 Uhr abends in Stettin abfahren hohle ich Sie an der Bahn ab am Tage jedoch komen Sie bitte selbst zu mir ich wohne Unterstr. 21. Sie können ja erst Handgebäck mitbringen und lassen sich die großen Sachen nachsenden wie es Ihnen gefällt.
Also, liebes Schätzchen, nun sehen Sie zu das Sie möglichst bald kommen können und erbitte sofortige Antwort.

Inzwischen die herzlichsten Grüße und Küsse.
Ihr Franz Sommer

N. B. Bin ganz allein und muß mir das Essen selbst kochen. Also bitte bald kommen. Zum Reinemachen habe eine Aufwärterin.

D. Fz.

Ganz selbstverständlich scheint der Briefeschreiber anzunehmen, die junge Frau habe ihm zugleich mit ihrer Arbeitskraft auch ihren Körper vermietet. Tatsächlich wurde die Abhängigkeit der Dienstmädchen von ihren „Herren" häufig mißbraucht – die Frauen wurden zu intimen Verhältnissen gezwungen. Manch eine mag sich ein größeres Glück, gar eine Heirat aufgrund dieser Beziehung erträumt haben – in der Realität standen nicht wenige Dienstmädchen bald mit einem unehelichen Kind vor der Wohnung ihres ehemaligen Arbeitgebers. Die Entdeckung einer unehelichen Schwangerschaft bedeutete zumeist die fristlose Kündigung und in vielen Fällen für die Frauen den Abstieg in die Prostitution, da sie keine „anständige" Stellung mehr bekamen.

Kindesmörderin

Aus der Zeitschrift „Die Gleichheit", Dezember 1909

Vor dem Schwurgericht des erzkatholischen frommen Glatz stand am 18. November die 27jährige Dienstmagd Anna Werner aus Steinwitz bei Glatz. Selbst ein uneheliches Kind, hat sie bereits drei uneheliche Kinder geboren, zwei davon jedoch durch den Tod verloren, obwohl sie sie nach Kräften gepflegt hatte. Ihrem Jüngsten aber gab sie mit eigener Hand den Tod, nicht weil es ihr an mütterlicher Empfindung für das arme Würmchen fehlte, sondern weil die „von Gott gewollte Ordnung" es so bestimmte. Weder die Pflegemutter, noch die Großmutter in Glatz wollten das Kind behalten.

Umsonst versucht die arme Mutter das kleine Wesen unterzubringen; niemand will es ihr selbst gegen Bezahlung abnehmen. Und wo sich eine Pflegestelle findet, *dulden die Gemeindevorstände nicht,* daß das Kind dableibt, aus Furcht, es könne der Kommune zur Last fallen. *So hetzten die Gemeindevorsteher verschiedener Dörfer die arme Mutter von Ort zu Ort.* Endlich brachte sie das Kind gegen ein monatliches Pflegegeld von 10 Mark in Glatz unter. Ihr Lohn betrug monatlich 11 Mark 50 Pfennig, und vom Vater des Kindes konnte sie keine Unterstützung erhalten, da er zurzeit im Gefängnis saß. Wie mag nun die Arme erleichtert in dem Bewußtsein aufgeatmet haben, ihr Kindchen endlich versorgt zu wissen! Aber die Ruhe sollte nicht lange dauern. Die *Polizei* forderte, daß das Kind binnen 24 Stunden aus Glatz entfernt würde! Umsonst bittet die Mutter den Vormund, bei dem Bürgermeister Fürsprache für sie einzulegen, umsonst fleht sie selber den Bürgermeister an, das Kind doch in Glatz belassen zu wollen. Aus vier Orten gehetzt wie ein wildes Tier, weiß die Unglückselige nicht mehr, wohin mit ihrem Kinde, sie tötet es. Als das Verbrechen vor Gericht kam, wurde bei der Vernehmung der Zeugen *ein Gemeindevorsteher* befragt, warum denn das Kind abgeschoben worden sei, da der Kommune doch keinerlei Kosten aus seiner Anwesenheit erwachsen wären. Der brave Mann erklärte darauf, ein uneheliches Kind verursache viel *Scherereien, um diesen aus dem Wege zu gehen, schiebe man stets, dem Gesetz entsprechend, Personen ab, von denen man befürchtet, sie könnten unterstützungsbedürftig werden.* Der Waisenrat, an den sich der Vormund des Kindes einmal um Rat gewendet hatte, meinte: *„Man muß es den ledigen Personen nicht so leicht machen,* sonst kommen sie fortwährend mit Kindern!"
Die unglückliche Mutter, die die Erbarmungslosigkeit frommer Leute zur Kindesmörderin gemacht hat, wurde von den Geschworenen zum *Tode verurteilt!* Zwar reichten sie sofort ein Gnadengesuch an den König ein, aber was hilft es der armen, zur verzweifelten Tat getriebenen Mutter, wenn sie hinter Kerkermauern lebenslang dahinsiechen muß? Sie bleibt das Opfer der grauenvollen Barbarei, deren sich heute noch die Frömmsten, und diese gerade am allermeisten, gegen ledige Mütter und ihre Kinder schuldig machen.

Vier Kriegsjahre

Mobilmachung und Frauen-Alltag

1. August 1914: „ICH bestimme hiermit: das deutsche Heer und die Kaiserliche Marine sind nach Maßgabe des Mobilmachungsplans für das deutsche Heer und für die deutsche Marine kriegsbereit aufzustellen. Der 2. August 1914 wird als erster Mobilmachungstag festgestellt."

Wilhelm II.

Berlin, den 1. August 1914

Die freigewordenen Arbeitsstellen der Männer, die an die Front gingen, mußten von den Frauen besetzt werden.
Frauen wurden Straßenbahnschaffnerinnen und Postbotinnen.
Frauen arbeiteten in der Rüstungsindustrie und ihren Zulieferbetrieben, in Maschinenbaufabriken, in Schlossereien, in Munitionsfabriken, in der chemischen Industrie.
Frauen standen an Hobel-, Fräs- und Bohrmaschinen, sie bedienten Kräne und warteten Kessel und Maschinen.
Die Firma Krupp zum Beispiel hatte vor dem Krieg gar keine Frauen beschäftigt, 1914 waren in den Krupp Stahlwerken von 70 000 Arbeitern 11 000 Frauen.
Die Löhne der Frauen lagen überall im Schnitt ¼ bis ½ unter denen der Männer.
10 bis 12 Stunden lange Schichten und monatelange Nachtarbeit waren die Regel.
Die hygienischen Verhältnisse in den Fabriken, die Wohnverhältnisse und die Ernährung waren unzureichend, Bleichsucht, Tuberkulose und Nervenerkrankungen bei den Arbeiterinnen waren die Folge.
Am 4. 8. 1914 setzte das „Notdienstgesetz" die Arbeitsschutzbestimmungen der Reichsgewerbeordnung außer Kraft.
Überlegungen zur Bevölkerungspolitik und besorgniserregender Geburtenrückgang begründeten die Einführung der „Reichswochenhilfe" für schwangere Frauen.
In der ersten Kriegshälfte war der Arbeitseinsatz der Frauen eher improvisiert, ab 1916 (nach verstärkter Mobilmachung) verteilte eine „Frauenarbeitszentrale" die Frauen auf die Stellen in der Industrie.
1918 arbeiteten ca. 75 Prozent der Frauen im erwerbsfähigen Alter.
1918 wurden 944 Frauen tödlich überfahren — in der überwiegenden Mehrheit waren diese Opfer bei der Eisenbahn beschäftigt.
Entsprechend einem Erlaß vom März 1917 wurden Soldatenfrauen die Unterstützung gestrichen, falls sie sich weigerten zu arbeiten.

Frauen aus materiell abgesicherten Schichten wollten *helfen*. In Berlin gab es bald nach Kriegsbeginn 40 000 Anmeldungen zu Samariterkursen. Die bürgerlichen Frauen arbeiteten ehrenamtlich in Waisenhäusern und anderen Wohlfahrtseinrichtungen.
Schon Ende 1914 wurde vielerorts das Brot knapp, 1915 wurde die „Brotkarte" eingeführt, weitere Nahrungsmittel wurden rationiert.
Im Winter 1916/17 kochten die Frauen Steckrüben, „verlängerten" selbstgebackene Brote mit Steckrüben, preßten Öl aus selbstgesammelten Bucheckern. Im Winter 1916/17 stockte die Kohlezufuhr: Stundenlang standen die Frauen mit Kinder- und Puppenwagen als Transportmittel um ein paar Kohlen an.
In den Kriegsjahren fuhren die Frauen entgegen allen Strafandrohungen aufs Land zum „Hamstern", sie erbettelten oder tauschten bei den Bauern ein paar Eier, Brot, ein Stück Wurst.
In den Kriegsjahren kämpften die Frauen für die Überlebenschancen ihrer Kinder.
In den Kriegsjahren strickten die Frauen Strümpfe, Schals und Pulswärmer und schickten sie in Feldpostpaketen an ihre Väter, Männer und Söhne.
In den Kriegsjahren schrieben Millionen von Frauen täglich Feldpostbriefe.
Seit dem Frühjahr 1915 gab es spontane öffentliche Kundgebungen von Kriegsgegnerinnen.
In den Jahren 1916/17 wurden die „Lebensmittelunruhen" zu Massenbewegungen.
Im Januar 1918 mündeten die „Hungerdemonstrationen" in breite Massenstreiks – gegen die Unterversorgung, gegen die miserablen Arbeitsbedingungen, gegen den Krieg – zuerst in den Berliner Munitionsfabriken, später im Ruhrgebiet, in Oberschlesien, in Sachsen.

Nahezu zwei Millionen Männer fielen im Ersten Weltkrieg 1914–1918.
Gleich nach Kriegsende wurde die sogenannte „Demobilmachungsverordnung" bekanntgegeben: Die Frauen sollten ihre Arbeitsplätze für die von der Front zurückkehrenden Männer räumen.

Aus dem Poesie-Album einer „höheren Tochter" 1914–1919

Wenn Dich einst verläßt Dein Hort,
Du im Unglück willst verzagen,
so denk an Kaiser Friedrichs Wort:
„Lerne leiden, ohne zu klagen!"

Zur freundlichen Erinnerung an Dein
Hannchen Peter

Der Mensch gilt soviel als er nützt!

Zum freundlichen Andenken an Deine Freundin
Hedwig Roller

An die deutschen Frauen!

Dem Rufe seines Kaisers folgend, rüstet sich unser Volk zu einem Kampf ohnegleichen, den es nicht heraufbeschworen hat und den es nur zu seiner Verteidigung führt. Wer Waffen zu tragen vermag, wird freudig zu den Fahnen eilen, um mit seinem Blute einzustehen für das Vaterland. Der Kampf aber wird ein ungeheuerer und die Wunden unzählige sein, die zu schliessen sind. Darum rufe ich euch, deutsche Frauen und Jungfrauen und alle, denen es nicht vergönnt ist, für die geliebte Heimat zu kämpfen, zur Hilfe auf. Es trage jeder nach seinen Kräften dazu bei, unseren Gatten, Söhnen und Brüdern den Kampf leicht zu machen. Ich weiss, dass in allen Kreisen unseres Volkes ausnahmslos der Wille besteht, diese hohe Pflicht zu erfüllen. Gott der Herr aber stärke uns zu dem heiligen Liebeswerk, das auch uns Frauen beruft, unsere ganze Kraft dem Vaterlande in seinem Entscheidungskampfe zu weihen. Wegen der Sammlung freiwilliger Hilfskräfte und Gaben aller Art sind weitere Bekanntmachungen von denjenigen Organisationen bereits ergangen, denen diese Aufgabe in erster Linie obliegt und deren Unterstützung vor allem vonnöten ist.

Berlin, den 6. August 1914.

Auguste Victoria.

Botschaft Kaiserin Auguste Victorias „An die deutschen Frauen!“ vom 6. August 1914.

Nationaler Frauendienst

MARIE-ELISABETH LÜDERS

Der euphorische Kriegstaumel im Jahre 1914 ergriff Männer und Frauen. Für Helene Lange gab es in einem Artikel in der Zeitschrift „Die Frau“ auf die Fragen „Krieg oder Stillstand deutscher Entwicklung? Tod oder Knebelung deutschen Lebens?“ nur eine Antwort: „Krieg und Tod!“ Gertrud Bäumer, seit 1910 Vorsitzende des BDF, sah im „Nationalen Frauendienst“ die bedeutendste Aufgabe der Frauenbewegung. Kriegsbegeisterung und „nationale Gesinnung“, überquellende vaterländische Gefühle und Solidarität mit den Männern an der Front beherrschten das allgemeine Klima. Die Welle der Hilfsbereitschaft an der „Heimatfront“ erreichte fast jede (bürgerliche) Frau. – Marie-Elisabeth Lüders (1878–1966) wurde 1914 die Leiterin der Abteilung Kriegsfürsorge in der Wohlfahrtspflege Berlin/Charlottenburg. Zwischen 1916 und 1918 leitete sie die Frauenarbeitszentrale des Kriegsministeriums. Auch sie – die später von den Nationalsozialisten verfolgt wurde, nach dem Zweiten Weltkrieg geachtete Politikerin der FDP war und 1957 Alterspräsidentin des Deutschen Bundestages wurde – erlag dem begeisterten Kriegstaumel. 1936 erschien ihr Buch „Das unbekannte Heer. Frauen kämpfen für Deutschland 1914–1918“, das über den Einsatz des „Nationalen Frauendienstes“ während des Ersten Weltkrieges berichtet.

Krieg!
Dieses Wort, tausendmal gelesen, gesprochen, gehört, war Wirklichkeit geworden. Und doch erst nur unbewußte Wirklichkeit – in seinem alle und alles umklammernden Sinn und Inhalt nicht vorstellbar. Nächste bange Zukunft, noch nicht aber Erlebtes und Erlittenes. Man vermag sich im Frieden den Krieg als Wirklichkeit nicht vorzustellen. Man kann es nicht einmal, nachdem er „erklärt“ ist.
Es war auch keine Zeit, um ein mögliches Schicksal für sich selber auszudenken oder zu fühlen. Alles Denken, Wollen und Handeln hatte nur ein Ziel: Verteidigung des Vaterlandes. Darauf waren alle Willen und Gedanken gestrafft. Auf dieses Ziel hin suchten alle nach Mitteln und Wegen. Die Männer mit der Waffe – und wir – die Frauen?
Wir konnten unser Leben draußen nicht einsetzen. Für uns hatte der oberste Grundsatz allen Staatsbürgertums keine Geltung: „Jeder Deutsche ist wehrfähig.“ Sollten wir wirklich in Zuschauerverdammnis beiseite stehen müssen? Je unabsehbarer die Massen wurden, die selber ruhig, sicher und entschlossenen Sinnes einer ungewissen Zukunft entgegenzogen, umso stärker fühlten wir das Schicksalhafte dieser und aller kommenden Tage. So ungewiß und verhüllt sie auch vor uns lagen, so wußten wir doch, daß in den gegenwärtigen Stunden schon jetzt alle zukünftigen Entscheidungen vorweg genommen wurden, die sich allen Anstrengungen und Berechnungen entziehen müßten unter der Wucht dieses furchtbaren Zusammenpralls der Völker. – Wenn auch waf-

fenlos, so doch ein unlösbarer Teil dieses zur Verteidigung zusammengeschmolzenen Volkes, das um seine Existenz kämpfen sollte, wollten auch wir Frauen sein.

Einheit im nationalen Fühlen, Wollen und Handeln.

Es war für Millionen von uns das erstemal, daß sie sich selber so ganz bewußt als Volk fühlten, aufgenommen in dieses nie erlebte Einswerden eines einzigen nationalen Willens und Wollens zur Erhaltung der Macht und Größe der Heimat. Auch für uns Frauen versanken vor diesem Volkwerden die eigenen Sorgen, das eigene Wünschen – mußten wir doch gleich den ersten und letzten Beweis vollkommener Bereitschaft des Hingegebenseins an die Nation aus sorgenden Händen geben: Männer, Väter, Söhne, Brüder, ohne dabei an „unser" Opfer denken zu dürfen.

Uns Frauen blieb nur eins: Alles einzusetzen, um die Opfer der anderen zu erleichtern. Losgerissen aus aller Vergangenheit, getrennt, vielleicht für immer, von unserem bisherigen Leben, unübersehbaren, niemals erlebten Geschehnissen in nächster und fernster Zukunft gegenübergestellt, mußte sich umso stärker jeder Einzelwille und der gemeinsame Wille auf die Gemeinschaft richten. Gemeinschaft – bisher fast immer nur auf Familie, Stand, Beruf oder Klasse beschränkt, mit irgendwelchen persönlichen oder Gruppeninteressen verbunden – hatte über Nacht diesen ganz neuen, gleich weiten und tiefen Inhalt gewonnen. Er war nichts als der einige Wille, aus einigem Sinn zu einigem Tun! Diese neue Einheit war aus der alle durchdringenden Klarheit über die auch für uns unabweisbare nationale Pflicht erwachsen [. . .]

Der Wille zu diesem „Dienst" hatte schon in der atemlosen Spannung jener Tage zwischen den letzten schicksalsschweren Entscheidungen einen kleinen Kreis von Frauen zu Beratungen zusammengeführt über die Möglichkeit: Wille und Aufgabe in lebendiger Arbeit zusammenzufassen und zu lenken. In diesem kleinen Kreise – wir waren nur sechs – wurden schon, ehe die politischen Würfel gefallen waren, das Arbeitsfeld und die organisatorischen Grundlagen der dann als *Nationaler Frauendienst* über ganz Deutschland gespannten Organisation sozialer Hilfstätigkeit umrissen.

Diese zwei Worte „Nationaler Frauendienst" proklamierten „unsere" Wehrpflicht. Sie wurde nicht weniger ernst und verantwortlich empfunden, und wurde nicht weniger treu erfüllt, weil sie freiwillig war. Mit dem Wort *Dienst* reihte sich unser Wollen und Tun den Bedürfnissen jeder Stunde ein, und den höheren Forderungen des Ganzen unter.

Für den Frieden

Aufruf des „Nationalen Frauenausschusses für dauernden Frieden“

Bereits etliche Jahre vor Ausbruch des Ersten Weltkrieges hatte es international beachtenswerte Einsätze für den Frieden gegeben. Bertha von Suttner (1843–1914) gründete 1891 die österreichische Sektion der „Gesellschaft für Friedensfreunde“, war 1892 die Mitbegründerin der „Deutschen Friedensgesellschaft“ und erhielt 1905 nach dem Erscheinen ihres Romans „Die Waffen nieder!“ den Friedensnobelpreis. – In Kopenhagen verabschiedeten die Teilnehmerinnen der „Zweiten Internationalen Sozialistischen Frauenkonferenz“ 1910 eine Resolution zum „Kampf für den Frieden“.

In Deutschland kamen die meisten Frauen, die sich aktiv für den Frieden einsetzten, aus der proletarischen Frauenbewegung und aus den Reihen der „Radikalen“ der bürgerlichen Frauenbewegung. Lida Gustava Heymann, Anita Augspurg und Helene Stöcker beispielsweise glaubten an die Friedfertigkeit der Frau mit der Begründung, daß sie – als „Lebensspenderin“ – niemals freiwillig Menschenleben für eine Sache opfern würde. Heymann und Augspurg wurden Mitglieder im „Nationalen Frauenausschuß für dauernden Frieden“ (später „Internationale Frauenliga für Frieden und Freiheit“). Er entstand auf dem „Ersten Internationalen Frauenkongreß“, bei dem sich 1915 in Den Haag in Holland 1136 Frauen aus verschiedenen Nationen trafen – allen behördlichen Schwierigkeiten zum Trotz. Nach Abschluß des Kongresses veröffentlichte der Nationale Frauenausschuß folgenden Aufruf:

Vom Internationalen Frauenkongreß, der vom 27. April bis 1. Mai im Haag tagte, sind die Frauen der dort vertreten gewesenen Länder mit dem Auftrag heimgekehrt, in ihrem Vaterlande nach Möglichkeit für die Idee eines dauernden Friedens zu wirken und zu diesem Zwecke Nationale Frauen-Ausschüsse zu gründen, die außerdem die Aufgabe haben, für Verbreitung und Erörterung der auf dem Haager Frauenkongreß gefaßten Beschlüsse Sorge zu tragen, in ihrem Lande die Vorbereitungen zu dem II. Internationalen Frauenkongreß in die Wege zu leiten, der zu gleicher Zeit und am gleichen Orte einberufen wird, wo die Konferenz der Mächte tagt, die den Friedensschluß nach dem Kriege gestaltet, und diesem Kongreß Vorschläge zur Erwägung zu unterbreiten.

Wer der Überzeugung ist, daß internationale Streitigkeiten durch friedliche Mittel zu schlichten sind und daß das politische Wahlrecht auf die Frauen auszudehnen ist, kann sich dem nationalen Frauen-Ausschuß anschließen und solches, ohne dadurch irgendeine andere Verpflichtung zu übernehmen, bei einer der oben angeführten Geschäftsstellen melden. Es wird gebeten, ein Eintrittsgeld nach eigener Einschätzung, jedoch nicht unter 50 Pf. mittelst Postanweisung einzusenden.

Die nationalen Ausschüsse aller Länder treten für die politische Gleichberechtigung der Frauen ein, weil diese eines der Hauptmittel ist, um den festen Willen der Frauen – dauernden Frieden – zur Tat werden zu lassen.

Frauen und Mütter Deutschlands, die Ihr diesen Weltkrieg mit seinen Leiden, Qualen, seiner unaussprechlichen Seelenangst und Pein, seiner kultur- und völkerzerstörenden Gewalt, seiner gewollten oder ungewollten Grausamkeit miterlebt habt, müßt Ihr nicht alle bereit sein, zu tun, was in Euren Kräften steht, die kommenden Geschlechter vor gleichen Katastrophen zu bewahren?
Frauen und Mütter Deutschlands, müßt Ihr nicht alle Anregungen, die darauf hinzielen, der Welt dauernden Frieden zu geben, unterstützen?
Alle Kulturideale sind wandelbar und wandeln sich. Gewalttätige Schlichtung von Interessengegensätzen und Streitigkeiten widerstrebt dem Kulturbegriff, wenn nicht dem der Gegenwart, so doch sicherlich dem der Zukunft. Unsere Aufgabe ist es, ihre Ausmerzung in der Gegenwart anzubahnen.
Frauen aller Nationen kamen im Haag zusammen, Wege zu suchen, Mittel ausfindig zu machen, um künftige Kriege zu vermeiden.
Frauen und Mütter Deutschlands, unterstützt diese Frauen in ihrer Arbeit. Seid mutig und stark, unterstützt sie jetzt, wo sie Eurer bedürfen, wo ihnen die Arbeit durch tausendjährige Vorurteile und Unwissenheit erschwert wird.
Jede einzelne Frau, die sich dem Nationalen Frauen-Ausschuß anschließt, ist von Wert. Stehe keine zurück und denke, auf mich kommt es nicht an; denn jede einzelne Frau kann dazu beitragen, an der Verwirklichung eines dauernden Friedens unter den Völkern mitzuarbeiten.
Könnt Ihr nicht alle Haager Beschlüsse gutheißen, so faßt das grundsätzliche Ziel ins Auge, seht von Einzelheiten ab und laßt Euch nicht davon abhalten, beizutreten.
Bedenkt, noch ist alles im Werden begriffen, um die Beziehungen der Völker untereinander neu zu gestalten!
Frauen und Mütter Deutschlands, Ihr seid die Berufenen, solches Werk zu fördern und mitzugestalten.
Haltet Euch nicht zurück, tretet dem Nationalen Frauen-Ausschuß für dauernden Frieden bei, unterstützt dieses Werk, das zur Verwirklichung eines dauernden Friedens beitragen will.

Der Nationale Frauen-Ausschuß für dauernden Frieden

Anita Augspurg *Lida Gustava Heymann*
Frida Perlen *Elise v. Schlumberger*

Aus dem Poesie-Album einer „höheren Tochter“ 1914–1919

Wer da kämpft, ringt und strebt, der nur lebt.

Zur Erinnerung an Deine Freundin Frieda Rupp

Die Kriegswitwe

Anna Behnisch-Kappstein

Im Jahre 1916 erschien das Buch „Der Beruf der Kriegswitwe“ von Anna Behnisch-Kappstein. In einer Art Tagebuch berichtet die Autorin über die Trauer, die Hilflosigkeit und schließlich die Entwicklung des Selbstbewußtseins einer jungen Frau, die ihren Mann im Krieg verloren hat. Das Buch war kein Nachschlagewerk für „standesgemäße“ Berufe, sondern als Hilfe gedacht für betroffene Frauen, denen Lebensmut und Hoffnung zurückgegeben werden sollten.

Tot . . . ich muß es vor mich hinschreiben, um es erfassen zu können. Tot . . . ich muß das Wort, von meiner eigenen Hand geschrieben, anstarren, daß ich begreife: mich geht's an – dies Ende, wo kaum ein Anfang war.
Georg ist tot . . . ich habe es im Telegramm gelesen, ich hab' es hingeschrieben und lese es wieder und wieder und dennoch bleibt es, wie es dasteht, wesenlos für mich. Meine Vorstellungskraft erfüllt sich nicht damit. Ist er doch für mein Erinnern in seinem Feuer, seiner Frische das Leben selber und zugleich mein Lebensspender . . . denn vorher vegetierte ich. Und soll nun weiter vegetieren? Ich muß lächeln . . . hat er doch so viel Kraft und Willen in mir aufgeweckt, daß ein Leben ohne Schwung und Ziele mir nicht mehr denkbar scheint. Er aber ist mein Schwungrad und mein Wegweiser. Er kann nicht tot sein!
Wie könnt' ich dasitzen und schreiben, wenn ich's anders glaubte? Wie auf diese Weise versuchen, mich zu sammeln und zu klären, wenn – wirklich niemand mehr das wäre, dem ich Ruhe des Gemüts schulde, damit ich ihm heiteren Gruß in seine grausen Tage schicken kann?
Der Glaube ist meine Pflicht. Die Worte vom Tode schrieb ich hin, um mir zu beweisen, daß sie nicht wahr sein können. Denn Mutter und die Schwestern sind bestrebt, mich mit hundert Gründen vom Gegenteil zu überzeugen. Vernunftgründen . . . Dagegen ist man scheinbar machtlos. Aber wie ein Bollwerk stell' ich meinen Glauben, der des Schauens nicht bedarf, gegen die Logik der Tatsachen und wappne mich mit meiner Liebe, die stärker als der Tod ist!

Vierzehn Tage später. Das ist nun überstanden, das Nichtbegreifenkönnen . . . Sie haben mich überzeugt. Das Telegramm mit der amtlichen Mitteilung bleibt etwas Fremdes für mich, reicht nicht an meine Seele, die über den Tod hinaus das warme Leben des Gestorbenen wie eine verströmende Welle spürt. Aber Briefe von Kameraden sind gekommen, die ihn fallen sahen und begruben.
In aller Zertrümmerung meines Lebens scheint mir eins einfach und erreichbar nah: nicht kleiner als mein Held zu sein, der, als er willig unter die Fahnen

trat, die menschliche Bedürftigkeit in sich schon überwunden hatte. Als wir uns trennen mußten, zwei Tage nach der Trauung, da wußten wir: ein Abschied auf Tod und Leben. Und das Bangen war größer als das Hoffen. Heimlich waren wir beide bereit. Die Stunde reifte mich. Trotzdem wurzelte das Hoffen zäh.

Nach drei Wochen. Nun will ich weiter schreiben und das Schreiben soll wie ein Faden sein, an dem ich meine verwirrten Gedanken aufreihe. Sprechen mag ich nicht. Denn alle, zu denen ich rede, versuchen den einen Trost: Millionen von Frauen haben in diesem Krieg das gleiche Schicksal, die Gemeinsamkeit müsse der einzelnen den Verlust erleichtern.– So äußerlich – gewiß. Im Innersten muß jede ihre Not für sich allein durchkämpfen. Das nimmt ihr niemand ab, das soll ihr niemand abnehmen. Es ist ja doch das letzte, was ihr blieb, – das heiligste Vermächtnis der Liebe, die sich vollendet, indem sie glücklos sich bescheidet und doch nicht untergeht.
Eine Erlösung, daß es Brauch ward, die Trauerbesuche zu verbitten! Es gibt Worte – Trostworte nennt man sie –, die so abgegriffen sind, daß sie wie eine Beleidigung wirken. Nicht als Trinkgeld würde man so abgeschabte Geldstücke ausgeben.
Zwar mögen auch unter den Trauernden Almosenempfänger sein, denen noch der Pfennigwert eines Wortes recht ist. Von uns Kriegswitwen dürfte keine zu jenen gehören. Denn wir müssen stolz auf unsere Toten sein. Also darf uns auch das Leid stolz machen: Zu unserem Schutz erlitten sie den Tod und fürchteten sich nicht. Zu ihrer Ehre wahren wir den Stolz und stehen aufrecht.
Und wenn uns nach Niederknien zu Sinn ist in demütigem Nichtverstehn der entsetzlichen Zerstörungen, die über uns brausen, so sollte es in dämmerstillen Tempeln sein, wo man im Schweigen beten darf.
Ich kenne solche Tempel nicht. Das ist vielleicht das Schwerste. Um mich ist immer Alltagsgeräusch. Ich habe keine Welt für mich, nicht 'mal einen Raum, der mir gehört. Aber freilich, – ich bin ja auch gar keine richtige Witwe, wie die anderen, die Haus und Kinder haben, – nur eine kriegsgetraute, und werde am Ende nicht einmal ganz ernst genommen als eine, die mit dem Heiraten nur gespielt hat. „Man war noch nicht zusammengewachsen", sagen die älteren Frauen fast überlegen, „ist noch nicht durch gemeinsame Erlebnisse, vor allem nicht durch gemeinsamen Kummer, – der am festesten verbindet, – geschritten, – ist jung und hat noch eine Zukunft vor sich". Fühlt niemand, daß es eine unbewußte Rohheit ist, die Leidkraft darum anzuzweifeln, weil sie schon in der Jugend geübt werden muß, und einen Menschen, der sein verarmtes Leben ja nur dadurch erträgt, daß er sein bißchen Vergangenheit in einen Altarschrein bettet und hütet, auf die äußeren Zufälle einer leeren Zukunft zu verweisen?

Mutter sagt nicht viel. Sie sorgt nur immer, beobachtet mich auf mein Aussehen, mein Benehmen, treibt mich an, zu essen, zu schlafen, in die Luft zu gehn. Und mir ist doch nur wohl, wenn niemand auf mich achtet. O, ganz wohl in allem Weh tut's, mit geschlossenen Augen dazusitzen und sich auszumalen, halbwach, wie es wäre, wenn wir auch nur ein Vierteljahr vorm Kriege geheiratet hätten, programmäßig, – gemeinsam unseren Hausrat ausgewählt und uns ein Heim gesucht hätten, in dem nun jede Wand mir Widerhall glücklicher Stunden tönte und jeder Gegenstand mir Gruß unserer Zweisamkeit wäre. Und ich ginge durch die Räume, – meine Räume, nicht nur mein Besitz im äußerlichen Sinn, sondern meines, seines Wesens Ausbruch, – in der ruhigen Sicherheit, daß niemand meines Sinnens Kreise stört, solang' ich keinen Einlaß geben will. Wieviel Stetigkeit ließe sich schon dadurch gewinnen, um über die Gestaltung der Zukunft nachzudenken, auf die sie mich alle verweisen. Mutter tut's am wenigsten; sie hat keinen Glauben an die Zukunft, seitdem sie selbst verwitwet ist und ihre fünf Töchter notdürftig durchbringen mußte. Seit ihrer Ältesten nun der Mann gefallen ist, ist sie ganz entmutigt; denn er war ihr mehr als nur der Schwiegersohn, der eine Tochter glücklich macht. Er kam als „einzige männliche Stütze" ins Haus und schien ihr berufen, das ganze Familienleben umzukrempeln. Nun bilden wir wieder einen Weiberstaat.
Natürlich hatten auch die Schwestern ihre Hoffnungen auf ihn gesetzt. Er würde Freunde einführen; wir würden als junges Ehepaar Gesellschaft bitten, – da öffneten sich Heiratsaussichten auch für sie, – ein Blick ins Leben. Obgleich bei Kriegsausbruch unsere Hochzeit noch so fern war, daß nicht einmal die Aussteuer vorbereitet wurde . . . Immerhin bedeutet eine, wenn auch jahrelang, verlobte Tochter in einem töchterreichen Hause schon eine Erleichterung. Nun leb' ich wieder zwischen ihnen, nicht Frau, nicht Mädchen, nicht einmal Verdienerin. Hab ja nichts gelernt als Älteste, die von Kindheit an im Hause mithelfen mußte und dann bestimmt war, selber Hausfrau zu werden. Hätte auch nichts lernen dürfen, was „unter meinem Stande" war. Darauf hielt Mutter als höhere Beamtenwitwe streng. Lene und Sofie sind als Lehrerinnen standesgemäß versorgt. Käte „malt"; sie weiß selber, daß sie kein Talent hat, und erwirbt mit Stundengeben kaum ihr Kleidergeld. Hilde als Nesthäkchen war der Mutter so ans Herz gewachsen, daß sie sie nicht fortgeben mochte zu irgend einer Ausbildung. Allmählich hat sie dann, um sich zu beschäftigen, bei all meinen häuslichen Arbeiten mit angefaßt, und nun ich jetzt, zerschlagen wie ich war, versagte, zeigte sich's, daß, da Mutter noch rüstig ist und auch Lene und Sofie viel freie Zeit haben, alles ohne mich wie am Schnürchen ging. Ich bin also völlig überflüssig und nichts weiter als eine Last, die die Schwestern tragen. Aber wir sind eine viel zu gut erzogene Familie, um uns dergleichen einzugestehen. Nur ich in meiner Pein denke jetzt so scharf nach. Ein anderes wird den Schwestern eher klar werden, – daß ich als Älteste,

Hoffnungslose, zum Verwelken Bestimmte ihnen einfach durch meine Gegenwart unbequem werde, weil meine Nähe kalten Schatten ausbreitet. Sie wollen wieder froh sein, lachen, sich an hübschen Kleidern freuen, – nach dem Kriege auch wieder tanzen – und ich hemme sie dabei in meinem Traueranzug und meiner Entrücktheit auf die andere Seite des Lebens. Darum zerren sie an meinem Schmerz, harmlos und gutwillig, doch voll Ungeduld und möchten alle Tage feststellen, ob ich mich abgefunden habe, ob ich anfange, in ihre Welt zurückzukehren; darum suchen sie unablässig, mich zu „zerstreuen“ und „abzulenken“.

Die junge Frau erhält einen Klagebrief einer nahen Verwandten, die ein ähnliches Schicksal hatte.

Ungefähr folgendes werde ich ihr antworten:
Vor allem, liebe Brigitte: wir wollen nicht rechten, wem das schwerere Teil aufgeladen ist. Damit reißen wir uns gegenseitig unsere Wunden auf. Und wir wollen einander doch helfen. [...]
Es ist das Einzige, was ich denke, Tag und Nacht: *wie schaffen wir Witwen uns im Leben unseren Platz?* Mag sein, daß Ihr anderen, die Ihr als Frauen und Mütter Euren Platz einnahmt, Euch jetzt nicht so entrechtet fühlt wie ich. Ich bin Zeit meines Lebens nur Tochter gewesen, daneben, fast verstohlen, Braut. [...]
Man schont mich ein bißchen wie eine vorübergehend Kranke; aber man kann mich, wie unser Leben einmal eingerichtet ist, ja gar nicht anders brauchen denn als Tochter und Schwester. Darum, Brigitte, zergrüble ich mir den Kopf nach dem Schritt in ein neues Leben. In ein *eigenes Leben,* ein Frauenleben.

Aus dem Poesie-Album einer „höheren Tochter“ 1914–1919

Verzage nicht, wenn auf des Lebens Wegen
Dir oft das Schicksal Dornen streut.
Verzage nicht, wenn auch des Friedens Segen
Mit Blumen nicht den Pfad umsäumt.
Mit Kraft erdulde, was der Himmel schickt,
Er weiß allein, was Dich beglückt.

Zum Andenken an Deine
Karoline L.

Die Zwanziger Jahre

Revolution!

Lida Gustava Heymann

Der Aufstand der Arbeiter und Soldaten, der am 4. November 1918 mit der Meuterei der kriegsmüden Matrosen in Kiel begann, breitete sich in den folgenden Tagen auch auf andere Großstädte aus. Die Novemberrevolution brachte auch viele proletarische Frauen auf die Straße. Sie demonstrierten für den Frieden und gegen Hunger und Not, für politische Gleichberechtigung und gegen die Monarchie. Einzelne Ziele waren für die Frauen durch die Revolution erreicht: Die alte Gesindeordnung wurde abgeschafft, der Acht-Stunden-Tag eingeführt, das Frauenwahlrecht und die freie Berufswahl zugesichert. Dennoch blieb viel zu tun: Frauen wollten größeren Einfluß in der Politik erhalten, sie wollten aktiv in den Arbeiter- und Soldatenräten – die in den Ländern zunächst die politische Führung übernommen hatten – mitarbeiten. „Frauen für die Räte, die Frauen in die Räte!" forderte Clara Zetkin 1919 und bedauerte zugleich, daß am ersten Rätekongreß im Dezember 1918 nur eine einzige Frau teilgenommen hatte. – Bei den Wahlen waren Frauen besonderen Diskriminierungen ausgesetzt, wie ein Bericht von Lida Gustava Heymann über die Kandidatur von Anita Augspurg für den Bayerischen Landtag beweist:

Der „revolutionäre Zentralarbeiterrat" hatte sofort nach dem 8. November [dem Revolutionstag in München] das provisorische Parlament gewählt, dem Anita Augspurg als Vertreterin der Frauenbewegung angehörte. Im Dezember waren [dann] Wahlen für den Bayrischen Landtag ausgeschrieben worden. Augspurg kandidierte. Im katholischen Teil Oberbayerns entfaltete Gertrud Baer eine Wahlkampagne für sie. Versammlungen wurden in Ober- und Unterammergau, Kohlgrub, Pensberg, Peissenberg, Weilheim, Garmisch, Partenkirchen und auf vielen Dörfern abgehalten. Mit Rucksäcken beladen, die das erforderliche Propagandamaterial und eine Glocke enthielten, durchwanderten Frauen die Gegend von Dorf zu Dorf. Mit der Glocke wurde mächtig geklingelt, um die Bevölkerung in Schule oder Wirtshaus zur Versammlung zu laden, als Organ der Amtsgewalt der Vorsitzenden kam sie kaum zur Anwendung. Männer- wie Frauenversammlungen waren überfüllt, aber ihr Verlauf war ein sehr verschiedener. In ersteren herrschte Tabaksqualm, Bierdunst, Lärm, Pfeifen und Schreien; den durch den Krieg verrohten Männern

gebrach es an Selbstbeherrschung, Anstand und dem erforderlichen Denkvermögen. Anders die Frauen. Sie zeigten großes Interesse, richteten sachliche Fragen an die Rednerinnen, über Ehe- und Erziehungsrecht der Frau sowie ihre ökonomische Stellung im neuen Staat. Bei einigen Bäuerinnen zeigte sich das Interesse so lebendig, daß sie sich den Rednerinnen anschlossen, mit ihnen durch hohen Schnee ins nächste Dorf stapften. Sie halfen ihnen, trugen die Rucksäcke, verteilten die Flugblätter, gingen mit der Klingel von Haus zu Haus, holten die Frauen zur Versammlung.
Sofort erregte das die Aufmerksamkeit der katholischen Geistlichkeit: Einfluß von außen konnte nicht geduldet, mußte zum mindesten immunisiert werden! Darauf erschienen katholische Geistliche in den Frauenversammlungen, immer dieselben, auch sie zogen von Dorf zu Dorf, beteiligten sich an der Diskussion, sprachen gegen die Kandidatur einer Anita Augspurg, gebrauchten wieder und wieder die gleichen Argumente: Faselten von der drohenden Gefahr freier Liebe, freier Ehe, dem illegitimen Kinde. In Unterammergau rief nach einer solchen Rede des Geistlichen eine Stallmagd laut und vernehmlich in die Versammlung: „Er hat ja selbst drei Uneheliche!“ Wer konnte wissen, war sie vielleicht eine der Leidtragenden? So ging die Arbeit unter Ernst und Heiterkeit fort.
Die Kandidatur von Anita Augspurg ging nicht durch.

Hätte ich sie auch verraten?

Erika Ruckdäschel

Aus Büchern ist sie mir lebendig geworden,
und nur vom Hörensagen kann ich ihr Bild
ausmalen mit Traurigkeit

wäre ich vierzig Jahre früher geboren
hätte ich sie kennenlernen können
sie die man vor vier Jahrzehnten
im Januar ermordet hat

wenn nur meine Worte fließen würden
statt so zaghaft zu tropfen
wenn sie nur den Wall von Trauer
fortspülen könnten weil er lähmt

die Frau hieß Rosa Luxemburg
sie ist in keinem Bett gestorben
und in niemandes Armen
hier hilft kein Flüstern
laut muß ich das sagen
man hat sie erschlagen wie einen
tollwütigen Hund
viele Männer haben eine Frau erschlagen
in einen Kanal geworfen
damit sie still ist

einige ihrer Mörder
leben noch
gepflegte Mittsiebziger
mit hoher Pension

ich muß mich fragen: wäre ich geblieben
an diesem rauhen Tag an dem Kanal
bei alldem Haßgeschrei, den Kolbenhieben?

ich frag ja nur
was soll ich denn sonst tun
ist tot nicht tot

so frage ich und schlage selber zu
ihr war kalt
sie war blutig
sie war allein
das Wasser endlich wird ihrem Körper
gnädiger gewesen sein als die vielen
die schlugen oder zusahen

was kann ich tun
mit anderen verhindern
daß neue Opfer gefunden werden
für einen anderen Kanal
wegen des gleichen Delikts:
Des Tapferer- und Mutigerseins
des Erbarmens wegen

Die radikale Sozialistin Rosa Luxemburg (1871–1919) war eine enge Freundin von Clara Zetkin. Anders als diese beschäftigte sich Rosa Luxemburg jedoch kaum mit den Frauenfragen innerhalb der Arbeiterbewegung. Selbstbewußt setzte sie sich über Gleichberechtigungsprobleme hinweg und kämpfte für die sozialistische Revolution. Mehrfach entging sie nur mit knapper Not der politischen Verfolgung und Inhaftierung. Sie studierte und promovierte in Zürich im Exil, verschaffte sich durch

eine Scheinehe die preußische Staatsbürgerschaft und arbeitete engagiert für die SPD. 1904 mußte Rosa Luxemburg für 3 Monate wegen Majestätsbeleidigung ins Gefängnis. 1916 gründete sie zusammen mit Karl Liebknecht und Franz Mehring den Spartakusbund innerhalb der SPD, um sich nachdrücklich von der offiziellen SPD-Politik zu distanzieren. (Zu Beginn des Ersten Weltkrieges waren nämlich auch die Sozialdemokraten nationalen Interessen erlegen und hatten dem Reichstag die Kriegskredite bewilligt.) Schutzhaft bis zur Revolution 1918 – auf Betreiben eines SPD-Abgeordneten! – war für Rosa Luxemburg die Folge ihres Widerstandes. Nach dem Ersten Weltkrieg – als sich zeigte, daß sich über kurz oder lang die parlamentarische Demokratie gegen das Konzept einer Arbeiter- und Räterepublik durchsetzen würde – gehörte Rosa Luxemburg zu den Gründern der Kommunistischen Partei Deutschlands. Die Großindustrie reagierte mit Hetzkampagnen gegen die Führer der neuen Partei, auf Plakaten konnte man lesen: „Schlagt ihre Führer tot!"
Am 15. Januar 1919 wurden Rosa Luxemburg und Karl Liebknecht in Berlin von Soldaten und Offizieren der Reichswehr ermordet.

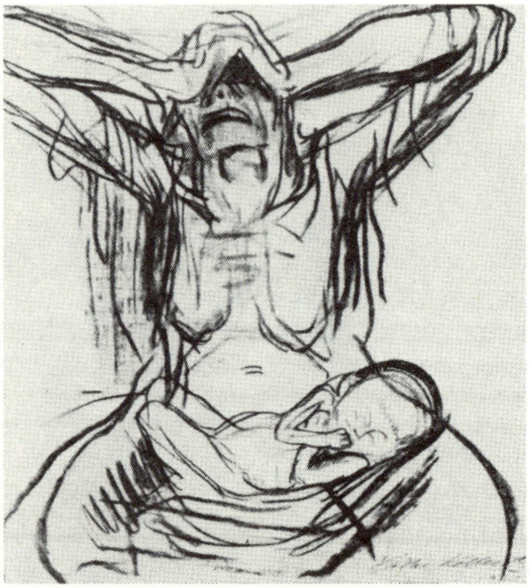

Käthe Kollwitz: „Hunger" (1922).

Die Zeichnerin Käthe Kollwitz (1867–1945) war seit 1891 mit dem Arzt Karl Kollwitz verheiratet, der seine Praxis in einem Arbeiterviertel hatte. Sie sah sich dort immer wieder mit den Problemen konfrontiert, die bald zum Hauptthema ihrer Zeichnungen wurden: Mütter und Kinder, Hunger, Tod, Arbeiterelend. Im Oktober 1914 fiel ihr Sohn Peter im Krieg. Seit diesem Ereignis verarbeitete Käthe Kollwitz nicht nur Verlust und Trauer in ihrem Werk, sondern wurde zur aktiven Kriegsgegnerin in Wort und Bild. Sie malte zum Beispiel Plakate zu den Themen „Hunger" oder „Krieg" und beteiligte sich besonders in den zwanziger Jahren an Hilfsaktionen, die das Elend der Nachkriegsjahre zu lindern suchten.

„Ich möchte gern ein bißchen Leben sehen . . .“

HANS HANNES/HILDE HILDEBRANDT

Berlin – alle Gegensätze der aufgewühlten Zeit nach Krieg und Revolution vereinten sich in dieser Großstadt. Massenarbeitslosigkeit, Wohnungsnot, Hunger, Arbeiterbewegung und Inflationsopfer auf der einen Seite – erstarkte Großindustrie, technischer Fortschritt, neue Villenviertel und Geschäftszeilen im Westen, „moderne“ Kunst und Vergnügungsviertel auf der anderen Seite. „Und wenn Millionen vor Hunger krepieren: Wir woll'n uns mal wieder amüsieren“, lautete ein Spruch von Klabund. „Vamp-Chansons“ nannte man in den mondänen Großstadt-Kabaretts und in den Operetten jene Lieder, deren eindeutig zweideutiger Inhalt von Stars wie Marlene Dietrich, Käthe Erlholz oder Fritzi Massary vorgetragen wurde. Eine besonders eindrucksvolle – und bei den Gästen beliebte – „Verkörperung des Vamp“ war die Sängerin Hilde Hildebrandt. Sie sang im Blauen Saal des Eden-Hotels am Berliner Zoo in der Revue „Es hat geklingelt“ Texte von Hans Hannes nach der Musik von Rudolf Nelson.

Bei uns zu Hause sind aus Plüsch die Möbel
Und Häkeldeckchen liegen stets darauf.
An einer Wand da hängen Ehrensäbel
Und an der andern häng ich mich bald auf.
Bei uns zu Haus verachtet man das Heute,
Wir leben einzig in der Tradition.
Wir sind stinkfeine, angesehne Leute,
Bei uns herrscht noch der gute, alte Ton.
Aber, ich möchte gern, ich möchte gern mal was Gemeines sagen
Und seidne Wäsche tragen.
Ich möchte gern, ich möchte gern mal in die Suppe hauen,
Den ganzen Tisch versauen,
Daß alle trifft der Schlag
Und noch am selben Tag.
Aber ich weiß, daß es nicht geht.
Ich bin verflucht und zugenäht.

Mein Gatte trägt nur hohe, steife Kragen,
Ich trag, weil sich's gehört, stets ein Korsett.
Des Nachts wird nur das lange Hemd getragen,
Pyjamas tragen Schweine nur im Bett.

Mein Gatte hat noch niemals mich betrogen,
Er trat noch niemals in der Ehe fehl.
Und weil ich ganz genau wie er erzogen,
War ich auch ganz genauso ein Kamel.
Aber, ich möchte gern, ich möchte gern es einmal richtig wissen –
einen Gigolo [bezahlter Tänzer] küssen.
Ich möchte gern, ich möchte gern die Tauentzien [Straße in Berlin]
mal ruff gehn
Und mal in einen Puff gehn.
Pfui Deibel, wär das schön,
Würd' mich mein Mann dort sehn.
Aber ich weiß, daß es nicht geht,
Ich bin verflucht und zugenäht.

So vornehm dunkel brennen unsre Lüster,
Sie werden stets zur Hälfte ausgemacht.
Ein einz'ges Mal nur war es gänzlich düster,
Das war, pardon, in unserer Hochzeitsnacht.
Im alten Stile leben wir zusammen,
Bei uns fällt kein frivoles Nachkriegswort,
Und nur der Baum, von dem wir beide stammen,
Den pflanzen wir gemeinsam fort.
Aber, ich möchte gern, ich möchte gern mal einen Menschen finden
für ein paar kleine Sünden.
Ich möchte gern, ich möchte gern ein bißchen Leben sehen
Und nicht daneben stehen.
Ein kleines bißchen nur,
Die allerkleinste Spur.
Aber ich weiß, daß es nicht geht,
Ich bin verflucht und zugenäht.

Frau und Buch

ERIKA MANN

„Bubikopf – Aufbruch in den Zwanzigern. Texte von Frauen" (1988) nannte Anna Rheinsberg ein Buch, in dem sie zahlreiche Veröffentlichungen von Künstlerinnen der „neuen" Generation sammelte. Es sind bekannte Namen darunter – Mascha Kaléko, Marieluise Fleisser, Irmgard Keun – und unbekannte wie Annemarie Schwarzenbach, Polly Tieck oder Else Feldmann. Im Vorwort schrieb Anna Rheinsberg: „Da waren Arbeit, Tanz, Entgrenzung, Reise, Hunger, Travestie, Liebe und ein bis dahin noch nie dagewesenes Vertrauen auf die eigene Stimme, die Schärfe des Blicks und die Aufforderung, das Engagement für und zum Kampf. Der Krieg hatte die Frauen ins Freie gestoßen. Sie froren, sie hatten vielleicht Angst; sie nahmen die Fehde an. Für diese Generation war die Reise/der Aufbruch das eigentlich Entscheidende und Neue in ihrem Leben. Die Frauen jener Generation standen tatsächlich im Leben. Lebendig, mutig und sprachbewußt."
Zu diesen Frauen gehörte auch Erika Mann (1905–1969), die sich zeitlebens für den Frieden und gegen den Faschismus engagierte. Sie schrieb Aufsätze, Kinderbücher und Reportagen – beispielsweise als Kriegsberichterstatterin im Spanischen Bürgerkrieg. Sie war Schauspielerin und Kabarettistin – noch im Januar 1933 eröffnete sie das Cabaret „Die Pfeffermühle" in München, das sie allerdings schon einen Monat später wieder schließen mußte. Im März 1933 emigrierte sie in die Schweiz und ging von dort aus 1937 in die USA.

Es ist kein schlechtes Bild: eine Frau mit einem Buch. Sie sitzt lesend im Garten – sie liest den Kindern vor; während sie liest und sinnt, geht der Mann den unbarmherzigen Geschäften nach. War's nicht so, von alters her? Sie versteht vieles nicht, was die Dichter schreiben, aber sie hat eine Art, es doch zu spüren, sie kann ganz versinken im Buch. Wenn sie ein wenig klüger ist und Verstand für die Sprachen hat, dann kann sie selber Bücher übersetzen. Sie tut es oft besser als die Männer – kraft ihrer Schwäche, ihres Anlehnungsbedürfnisses und -vermögens. Der Mann, vor allem, wenn er selber schreibt oder zu schreiben wünscht, fällt oft in Eigenwilligkeit, sein Stil, der dem Original nicht ähnlich ist, setzt sich hartnäckig durch, der Leser kriegt ein schiefes Bild: die Meinung des einen in der Sprache des anderen.
„Wollen Sie eine reizende Schriftstellerin kennenlernen, dann kommen Sie heute abends ins Romantische Café!" Wer sagt zu solch einer Aufforderung gleich „ja" aus voller Brust? Es scheint eher, daß man „ach" sagt, oder „muß das sein?" oder „reizend?" – Eine Schriftstellerin? Wirklich? – Eine Ahnung von Blaustrumpf und unbefriedigter Intellektualität steigt auf, eine Furcht vor aggressiver Wichtigtuerei und gewinnsüchtiger Betriebsamkeit, die ungerecht ist, bei Gott, sie ist ein bißchen ungerecht, ein kleines bißchen. Es gibt reizende Schriftstellerinnen, und man weiß, daß es sogar gute gibt.

Die Frage, ob die Frau ohne weiteres schreiben soll, gleich Bücher schreiben, wenn sie glaubt, daß sie es könnte, steht offen. Aber sicher sollte sie sich den Entschluß härter ankommen lassen als der Mann. Die Chance, daß es gut, die Chance, daß es menschenmöglich wird, ist geringer. Die Persönlichkeit der Frau hat so viele Wege, sich zu äußern, und sie tut es auf so vielfältige Manier. Aber sie muß sehr stark und sehr konsequent sein, diese Persönlichkeit, wenn sie auf dem Papier sich durchsetzen will.

Seit kurzem gibt es einen neuen Typ Schriftstellerin, der mir für den Augenblick der aussichtsreichste scheint: Die Frau, die Reportage macht, in Aufsätzen, Theaterstücken, Romanen. Sie bekennt nicht, sie schreibt sich nicht die Seele aus dem Leib, ihr eigenes Schicksal steht still beiseite, die Frau berichtet, anstatt zu beichten. Sie kennt die Welt, sie weiß Bescheid, sie hat Humor und Klugheit, und sie hat die Kraft, sich auszuschalten. Fast ist es, als übersetzte sie: das Leben in die Literatur, in keine ungemein hohe Literatur, aber doch in eine brauchbare, anständige, oftmals liebenswerte.

Gestern habe ich auf dem Hohenzollerndamm einen Herrn getroffen, mittelalt. Der Herr war ein Träumer, er schaute in den Himmel, und ich hätte ihn mit dem Auto beinahe umgefahren. Er sagte zu mir: „Weibervolk, verdammtes, schert euch in die Küche." – Diesem Herrn widme ich diesen Aufsatz.

Zopf und Bart

Ilse Reicke

Ein kurzer Frauenhaarschnitt, genannt „Bubikopf“, und eine Frauenmode, die den Körper nicht mehr einengte; erste Jazz-Platten aus Amerika und moderne Tänze; Stunden vor dem neuen Medium Rundfunk und Stunden im Kino bei einer Flut neuer (Ton-)Filme, neue Sportarten auch für Frauen und ein verändertes Körperbewußtsein – vieles davon zum Schrecken der älteren Generation und alles zur Freude der Jungen. Kriegs- und Nachkriegswirren hatten Ordnung, Prinzipien und Moral der alten Kaiserzeit erschüttert; die jungen Leute, die es sich leisten konnten, genossen ein neues, freies Lebensgefühl. Die Geschichte „Zopf und Bart“ entstammt dem Buch „Das junge Mädchen. Ein Buch der Lebensgestaltung“, das 1928 in Berlin erschien. Die Autorin war Ilse Reicke, eine 1893 in Berlin geborene Schriftstellerin, deren Hauptthemen die Frauenfrage und Frauengeschichte waren.

In die alte Schublade der Großmutter, mit ihren altmodischen Schmucksachen, vergilbten Briefen und seltsamen Andenken, kam Besuch. Er, der seit Jahrzehnten, in himmelblaues Seidenpapier eingeschlagen, hier sein Hagestolzdasein führte, witterte sogleich eine Art Verwandtschaft zu dem Bewohner der rosa Seidenpapierhülle, der jetzt zu ihm ins Dunkel der Erinnerung geschlossen wurde.
„Darf ich mich Ihnen vorstellen?“ eröffnete er mit markigem Ton stracks die Unterhaltung. „Ich bin der stattliche blonde Bart, den der Großvater, Gott sei's geklagt, an einem schmählichen Tage abschnitt, um einer weichlichen, albernen Mode zu huldigen. Die Großmutter selber hob mich auf, als ich unter der Schere dahinsank, sie bettete mich in Himmelblau und drückte abschiednehmend mich an ihre Wange. Und doch habe ich mit dem Großvater die Feldzüge von 66 und 70/71 mitgemacht – das waren noch Zeiten! Aber wer sind Sie, wenn ich fragen darf?“
„Ich bin der schöne blonde Zopf Ihrer ältesten Enkeltochter“, stellte der Ankömmling sich vor.
„Oh, hat das arme Kind etwa Typhus gehabt? Daß man ihr die Haare abschneiden mußte?“ fragte voll Teilnahme der Bart.
„O nein“, lächelte der blonde Zopf überlegen, „ich wurde abgeschnitten, um dem sogenannten Bubikopf Platz zu machen. Die Frauen und Mädchen tragen alle ihr Haar kurz –“
„Was? Unmöglich!“ sträubte sich der Bart. „Die Frauen schänden sich freiwillig, opfern freiwillig das schöne anmutige Zeichen ihrer Weiblichkeit? Das die Natur ihnen zum besonderen Schmuck verliehen?“
„Ja, wissen Sie denn so genau, daß von Natur nicht auch den Männern ein solcher Schmuck verliehen war? War es nicht am Ende für das männliche

Haupthaar Naturbestimmung, bis auf die Schultern zu wallen, wie bei den alten Germanen? Auch bei den Chinesen hört man ja von langen Zöpfen."
Der Bart beachtete diese Bedenken nicht und sträubte sich weiter: „Was für eine entsetzliche Zeit! Ich sah den Untergang dieser Menschen schon kommen, als die Männer so weibisch wurden und so verweichlicht, sich den Vollbart, diese schönste Zierde des männlichen Geschlechts, abnehmen zu lassen! Die Köchin des Großvaters, die alte Auguste, bemerkte ebenso weise wie liebevoll, als ich von diesem zweibeinigen Wesen von Metall, dieser Schere, dahingemäht wurde: ein Mann ohne Bart ist wie eine Blume ohne Duft!"
„Ja, so wandeln sich die Zeiten", bemerkte tiefsinnig der Schopf und lockerte dabei sein Geflecht.
„Ist das heutige Männergeschlecht nicht recht weibisch und schwächlich, ist es nicht recht untauglich?" erkundigte sich der Bart.
„Das kann ich nicht sagen", kam die Antwort. „Die Bartlosen sind in einen Krieg gezogen, der vier Jahre dauerte und an Fürchterlichkeit Ihren Feldzügen nicht zu vergleichen war. Bartlose durchfliegen die Luft, ja überkreuzten im Luftschiff die Ozeane und überquerten den Nordpol, Bartlose durchschwammen den Ärmelkanal, und unter ihnen sogar ein junges Mädchen."
„Dacht' ich mir's doch", wetterte der Bart. „Als ich fiel, wußte ich: die eigentliche, rechte Männlichkeit sank mit mir dahin! Daß aber Sie jetzt kommen, zeigt mir an, daß die Weiber auf der Welt männisch wurden. Kurze Haare! Pfui Teufel – Männerköpfe für das schöne, schwache Geschlecht!"
„Es ist halt bequem und hygienisch."
„Bequem, hygienisch", höhnte der Bart. „Werden denn die Weiber immer fauler? Zu meiner Zeit wollten sie durchaus alle eine Nähmaschine haben, bloß weil sie zu bequem wurden, die Hemden hübsch sauber mit der Hand zu säumen! Man sieht ja, was aus diesem Zeitüberfluß für Frauen herauskommt!"
Bescheiden, aber energisch kam die Gegenwehr. „Man will eben Zeit gewinnen für ein wenig Freude am Körper, für Sport und Turnen des Morgens, man will des Abends Zeit behalten für ein Musikstück oder ein Buch, will nicht soundsoviele Tage und Wochen seines Lebens an Haarstrählen, Haarwaschen, Zöpfeflechten, Frisieren verschwenden müssen."
„Alles kein Grund, sich des von der Natur verliehenen Schmuckes zu berauben."
„Hatten die Männer nicht den gleichen Grund, dem Sie zum Opfer fielen? Denken Sie nur an die Zeit und Sorgfalt, die das tägliche Kämmen und Bürsten und Waschen des Bartes erforderte, in dem so viel Staub und Speisereste sich täglich absetzten! Und ich sagte Ihnen ja schon, daß die Sache mit dem männlichen Haupthaar nicht stimmt!"
„Enthaarte Zeiten!"

„Das sagen Sie! Stellen Sie sich einmal Goethe mit einem Vollbart vor oder Napoleon mit einem Knebelbart!"
„Da erkennen Sie eben, verehrtes Fräulein: alles Moden. Auch ich komme wieder! Vorher freilich werden Sie auf die Häupter der Damen zurückkehren, meine Gnädige!"

Maria und der Paragraph

FRANZ KREY

Die Auseinandersetzungen um das Thema Schwangerschaftsabbruch wurden in den 20er und 30er Jahren immer heftiger. Ungewollte Schwangerschaften gab es außerhalb und innerhalb der Ehe: Hier waren es Hunger und Not, das Unvermögen, ein weiteres Kind in der Familie mit durchzufüttern, das eine Frau zum verbotenen Abbruch trieb. Dort war es Unerfahrenheit oder die unerwünschte Folge der Prostitution, der Art von „Erwerbstätigkeit", die viele Frauen als letzten Ausweg aus ihrem materiellen Elend sahen. Ungefähr eine Million Schwangerschaftsabbrüche wurden 1931 vorgenommen; dabei starben weit über 40 000 Frauen an den Folgen, weil sich vor allem die Mittellosen oft in die Hände dilettantischer Engelmacherinnen begeben mußten. Ende Dezember 1930 verurteilte Papst Pius XI. in einer Enzyklika über die christliche Ehe den Schwangerschaftsabbruch. Massenproteste von Frauen waren die Folge, organisiert unter anderem vom „Bund für Mutterschutz" oder von der „Internationalen Frauenliga für Frieden und Freiheit". Die Frauen fanden Mitstreiter unter den „modernen" Schriftstellern und Unterstützung bei vielen Ärzten und Ärztinnen, die bei dem täglich sichtbaren Elend soziale Verantwortung fühlten.
Der Arbeiter Franz Krey schrieb 1931 einen Roman gegen den § 218 mit dem Titel: „Maria und der Paragraph". Er spielt sowohl in Arbeiterhaushalten als auch bei Bürgerlichen und handelt von Erpressern, die sich das Wissen um verbotene Abtreibungen zunutze machen, von Frauen, die an den Folgen unsachgemäßer Abtreibungen erkranken oder sterben, von Familien, die dadurch zerstört und noch tiefer ins Elend gestoßen werden. Gegen Ende des Romans ist aber auch beginnender Widerstand sichtbar. – Als es der Polizei gelingt, eine Engelmacherin zu verhaften und ihrer „Kundenliste" habhaft zu werden, erhebt die Staatsanaltschaft Anklage gegen 300 Frauen wegen „Verbrechen gegen das keimende Leben".

Meier mit „ei"

Die Frau des Lehrers Meier, der an der katholischen Volksschule in der Wiesenstraße unterrichtete, hatte eine polizeiliche Vorladung erhalten. Die Vorladung verheimlichte sie ihrem Manne. Zu der angesetzten Zeit fand sie sich auf dem Polizeibüro ein, wurde aber noch nicht zur Vernehmung zugelassen. Sie mußte warten. Wie sie, warteten mehrere Frauen im Vorraum des Vernehmungszimmers. Die Frauen sahen ängstlich vor sich hin. Wenn eine mit dem

Namen aufgerufen wurde, schrak sie zusammen und ging zögernd, als schleppe sie schwere Gewichte an den Füßen, ins Vernehmungszimmer hinein. Heraus kamen alle Frauen mit verweinten Augen.
Die Frau des Lehrers Meier mußte nahezu zwei Stunden warten, bis sie hereingerufen wurde.
In dem Vernehmungszimmer saßen drei Beamte. Einer von ihnen war der Glatzkopf. Er trat dicht vor sie hin, sagte ganz plötzlich und für die Frau unerwartet: „Wir wissen alles; Sie haben abtreiben lassen!"
„Nein . . . nein!" stammelte die Frau.
„Lügen Sie nicht!" fuhr der Glatzkopf sie an. „Schreiben Sie," sagte er zu dem Beamten, der das Protokoll führte: „Die Frau des Lehrers Meier, Meier mit „ei", gibt zu . . ."
Die Frau unterbrach ihn erschrocken: „Ich habe nichts zugegeben!"
Der Glatzkopf beachtete ihren Einwurf nicht. „Gibt zu," fuhr er fort. Er stand mit dem Rücken der Frau zugewandt. Ganz plötzlich drehte er sich herum und schrie die heftig erschrockene Frau an: „Wieviel Geld haben Sie der Martin für die Abtreibung gegeben?"
„Hundert Mark," sagte die Eingeschüchterte verwirrt.
„Schreiben Sie, gibt zu, hundert Mark an die Martin für eine Abtreibung gezahlt zu haben!"
Der Beamte schrieb. Die Frau weinte leise vor sich hin.
„Unterschreiben Sie," sagte der Glatzkopf.
Die Frau des Lehrers unterschrieb.
„Sie können gehen!"
Die Frau des Lehrers Meier kam weinend, wie die Frauen vor ihr, aus dem Vernehmungszimmer heraus.

„Wo warst du?" fragte der Lehrer seine Frau, als sie nach Hause kam.
Der Junge war im Zimmer. Sie machte eine müde, ablehnende Bewegung.
Der Junge sah sie an und sah, daß sie geweint hatte. Er sagte erstaunt: „Mama, du hast ja geweint! Bist du krank?"
Der Lehrer sah seine Frau aufmerksam an. Sie ging schnell hinaus. Er folgte ihr.
„Was hast du?" drängte er.
„Wenn der Junge zu Bett ist," sagte sie und hatte Mühe, ihr Schluchzen zurückzuhalten, „sage ich dir alles!"
Durch alle Höllen ihrer Beamtenehe jagte die Frau den Lehrer. Er saß schwer atmend in seinem Schreibtischsessel, zusammengesunken, wie von Keulen niedergeschlagen und fragte immer wieder: „Warum? Warum?"
„Warum?" sagte sie; sie war jetzt ganz ruhig, unheimlich ruhig; alle Hemmungen gegenüber dem Mann vor ihr hatte sie abgelegt. „Warum? Weil der Junge

studieren sollte. Weil das dein großer Wunsch ist. Weil aus ihm ein großer Mann werden soll, der du nicht werden konntest. Alles dreht sich nur um den Jungen. Aber in Wirklichkeit geht es ja nicht um den Jungen, sondern um dich. Du willst, daß der Junge, und in Wirklichkeit bist du der Junge! Der Junge will ja gar nicht. Du quälst ihn. Er weint, wenn du nicht da bist. Er ist schon ganz krank. Ist das denn überhaupt noch ein Kind? Immer soll er über den Büchern hocken. Ich habe ja nie etwas sagen dürfen. Du bist der Hausvater. Du bist der Ernährer. Nur du, du, du!" Ihre Anklagen überschwemmten den Lehrer, wie ein Meer, daß die Dämme durchbrochen hat. Unaufhörlich strömt das Wasser, wälzen sich die Wellen heran. Der Lehrer war machtlos.
Den Jungen hatten sie ins Bett geschickt. Er stand im Hemd hinter der Türe und horchte, was die Eltern hatten. Mit vierzehn Jahren ist die Welt voller Geheimnisse. [. . .]
Die Eltern saßen so, daß nur ihre Leiber im Lichtschein der Lampe lagen. Ihre Köpfe ragten in das Dunkel des Zimmers hinein. Sie sahen aus wie Gespenster, denen die Köpfe fehlten und ihn schauderte. Aber er harrte aus am Schlüsselloch, durch das kalt die Luft strich und ihm die Augen entzündete.
Es war, als redeten die Eltern mit den Händen. Wenn ihre Stimmen ertönten, krampften und streckten sich die Finger, hoben und spreizten sich und ballten sich zu Fäusten. Der Vater hatte seine Hände auf die Lehnen seines Stuhles aufgestützt, die Hände der Mutter lagen im Schoße.
Den Vater hatte er so noch nie gesehen. Fast tat er ihm leid.
Der Vater sagte: „Das tut ja doch alles nichts zur Sache. Warum mußtest du das tun?"
„Ich will ja auch, daß aus dem Jungen was wird!"
„Ich begreife gar nicht," sagte der Vater, „es ist so lange gut gegangen und nun mit einem Male . . ."
Die Mutter sagte böse: „Du hast nichts daran getan, daß es gut gegangen ist. Du hast dein ganzes Leben lang darauf gesehen, daß du nicht zu kurz kamst. Wie mir zu Mute war, hast du nie gefragt. Ganz kaputt bin ich geworden!"
„Du bist ungerecht," sagte der Vater. „Habe ich nicht immer für dich und den Jungen gesorgt? Ich habe dir genug Geld gegeben . . ."
„Geld, Geld!" rief die Mutter. „Was ist denn Geld? Gut, du hast mir Geld gegeben, hast aber immer dabei gesagt, sorge gut für den Jungen. Gut, ich habe gesorgt und jetzt ist es auch nicht richtig!"
„Andere Männer gehen an den Stammtisch," fuhr der Vater fort, „machen große Ferienreisen, gehen mit anderen Frauen; ich habe das nie getan. Du bist ungerecht! Kümmern sich andere Väter um ihre Söhne so wie ich um meinen Sohn?"
„Immer der Sohn, immer wieder der Sohn," sagte die Mutter gequält. „Er ist doch auch mein Sohn. Aber kenne ich ihn denn überhaupt noch? Immer muß

er lernen. Er muß der Erste sein in der Schule. Er muß! Wir beide, ich und der Junge, sind ja nur Gegenstände für dich, mit denen du bei den anderen renommierst! Schaut her, was ich für ein Mustermann bin!"
Der Vater machte mit den Händen eine müde Bewegung und sagte: „Aber ich wollte doch nur euer Bestes. Du und der Junge werdet es mir noch einmal danken."
„Danken, Danken!" antwortete die Mutter müde. „Das hat ja keinen Zweck, mit dir zu reden. Wir drehen uns ja immer im Kreis. Der liebe Gott Meier gibt euch zu essen, er gibt euch zu trinken, zu kleiden, er straft euch, wenn es not tut, und ihr habt nur zu danken für soviel Güte!"
„Das ist Sünde, was du redest," sagte der Vater erschrocken. „Nimm nicht das auch noch auf dich! Wie kannst du mich mit Gott vergleichen?"
„Wenn man euch die Wahrheit sagt, dann sündigt man. Das ist eure allerletzte Weisheit. Weiter wißt ihr nichts. Du nicht und der Pfarrer nicht, der in der Kirche gegen die toten Seelen auf der Bettdecke predigt. Stört er sich aber oder der liebe Gott daran, wenn die lebenden Seelen nicht leben können?"
Die stille geduldige Mutter höhnte den Vater. Sie hatte keine Furcht vor ihm. Der Sohn konnte das Geheimnis nicht ergründen. Tote Seelen auf der Bettdecke? Es umfing ihn mit denselben Schauern wie die Heiligenbilder, die tot waren und doch lebendig sein sollten. Man konnte sie verspotten und es erfolgte keine Strafe. Wird er je das Geheimnis ergründen? Er stand im dunkeln Flur, hörte die Uhren im Hause schlagen. Um ihn brodelte die Nacht.
„Du hättest es austragen müssen!" sagte der Vater.
„Und dann?" fragte die Mutter. „Und der Junge? Für beide hätte es nicht gereicht!"
Der Vater zuckte die Schultern. „Er hätte dann eben Geistlicher werden müssen."
„Dazu," sagte die Mutter, „war er mir zu schade!"
„Und was soll jetzt werden?" fragte der Vater verzweifelt. „Sie werden mich doch nicht mehr Lehrer sein lassen und du wirst ins Gefängnis kommen!"
Die Mutter ins Gefängnis? Der Junge schrie auf vor Angst um die Mutter.
„War das nicht der Junge?" fragte die Mutter erschrocken. „Er hat doch geschrien?"
„Ins Gefängnis!" stöhnte der Lehrer. „Was soll dann werden? Die Stellung werde ich verlieren!"
Die Mutter stand auf, der Sohn hörte ihren Stuhl rücken. Er mußte fliehen!
Die Mutter sagte: „Es ist nicht das erste Mal. Meinst du denn, ich wäre ein Faß, in das du an jedem Samstag scheppen kannst, ohne voll zu werden?"
Der Sohn floh durch den dunklen Flur in sein Bett. Die Mutter kam. Er tat, als schliefe er, aber weinte vor Angst um die Mutter. Die Mutter faßte besorgt nach seiner Stirne und fühlte dabei die Tränen. Sie zuckte zusammen und

ahnte, daß er gehorcht hatte. Sie sagte nichts. Sie setzte sich auf sein Bett und hob ihn in ihre Arme. Mit schweren Seufzern schlief er an ihrer Brust ein.

In der Nacht schreckte er auf. Aus der Küche drangen die erregten Stimmen der Eltern. Es roch nach Gas.
„Laß mich!“ stöhnte der Vater. Die Mutter riß die Fenster auf. „Ich laß mir den Jungen nicht vergiften,“ sagte sie. „Mach du meinetwegen was du willst!“
„Was soll denn nur werden?“ fragte der Vater.
Die Mutter sagte: „Für den Jungen werde ich schon sorgen und wenn ich mich totschuften muß!“
„Warum das nur alles,“ sagte der Vater. „Du hättest mit mir darüber sprechen müssen!“
„Du hast dich ja geschämt, darüber zu sprechen!“ antwortete die Mutter. Der Sohn schlief wieder ein und träumte von der Mutter. Aber am Morgen, als sie ihn weckte, wußte er nicht mehr, was es gewesen war.
Beim Frühstück taten die Eltern, als wenn nichts gewesen wäre. Die Mutter beobachtete ihn ängstlich, wenn er sie nicht ansah. Der Mutter zuliebe tat er, als wüßte er nichts. Wenn er daran dachte, daß die Mutter ins Gefängnis kommen sollte, kamen ihm mit aller Gewalt die Tränen in die Augen, aber er schluckte sie mannhaft hinunter ...

Frauen im Dritten Reich

Die Nationalsozialisten gewinnen bei den Frauen an Einfluß

LENE OVERLACH

Lange Zeit wurde behauptet, daß Adolf Hitler hauptsächlich durch die Stimmen der Frauen an die Macht gekommen sei. Diese These ist mittlerweile widerlegt worden – allein ein Blick auf die Statistiken der Reichstagswahlen von 1928 oder 1930 genügt, um festzustellen, daß die Frauen zwar konservative Parteien wählten, die NSDAP jedoch häufiger die Zustimmung der *Männer* fand. Es läßt sich allerdings auch nicht leugnen, daß viele Frauen der Unter- und Mittelschicht, die schwer an den Folgen des Ersten Weltkrieges trugen, sehr empfänglich für die Propaganda der Nationalsozialisten waren, die ihnen die lange entbehrte soziale Sicherheit versprachen. Auch die Kommunistische Partei erkannte diese Gefahr. Die kommunistische Parlamentarierin Lene Overlach schrieb 1930 in einem Artikel über „Die Werbung der Nationalsozialisten unter den proletarischen Frauen in Deutschland":

Die Nationalsozialisten gewinnen unter den Frauen, ja selbst unter den Arbeiterinnen Deutschlands, an Einfluß ...
Dabei ist die Stellung der Nationalsozialisten zur proletarischen Frau absolut *klassenfeindlich und reaktionär.* Die Nazis treten offen in Reden und Schriften gegen die Tarifverträge auf, für „freie" Vereinbarungen mit den Unternehmern, für Gewinnbeteiligung der Arbeiter und Arbeiterinnen, für Leistungslohn, gegen jegliche Festlegung der Arbeitszeit.
Die Nationalsozialisten erklären sich *gegen die Erwerbsarbeit der Frauen.* Der Mann soll verdienen, „die Frau gehört ins Haus", – sagen sie. Das Reaktionäre dieses Standpunktes verstehen sie aber vor der Arbeiterin zu vertuschen, indem sie ihr ein geradezu paradiesisches Zukunftsbild verlockend ausmalen. Sie sagen der Arbeiterin: Verlange von deinem Manne, daß er für dich und dein Kind den Lebenskampf aufnimmt, den Unterhalt verdient. Du mußt zu deinem Manne sagen: „Sie, wie ich müde und abgehetzt aus der Fabrik komme. Schaffe uns ein sonniges Heim, wo ich mit meinem Kinde auf blumiger Wiese spielen und es zu einem echten Deutschen erziehen kann. Kämpfe

gegen den Young-Plan, der uns versklavt und mich zwingt, auf Arbeit zu gehen. Bekämpfe und schlage das jüdische Kapital, es ist an unserer Not schuld. Wenn du das nicht willst, so bist du nicht wert, Weib und Kind zu besitzen. Dann gehe hin und hänge dich auf!"
Die müde, abgehetzte, dreifach belastete Arbeiterin läßt sich von diesen Worten einfangen. *Sie ist selbst gegen die Erwerbsarbeit der verheirateten Frau.* Sie läßt sich zum Kampfe gegen den Mann, ihren Klassengenossen, verleiten, ihn zu immer intensiverer Arbeit anzutreiben. Die allzu abstrakte Propaganda der Kommunisten kann sie noch nicht davon überzeugen, daß die Berufsarbeit der Frau ein gesellschaftlicher Fortschritt ist.

In Hitlers Bann

Eine Ortsgruppenleiterin

Es war nicht der Inhalt seiner Texte, der die Menschen zu blinden Anhängern von Adolf Hitler werden ließ. Eine Faszination, die sich kaum fassen läßt, trieb sie in seinen Bann; besonders nach einer der sorgfältig inszenierten Großveranstaltungen. Jenseits aller Vernunft bildete sich ein kaum zu erschütterndes Gefühl der Zusammengehörigkeit, ja „Hingabe" an den Führer. Davon zeugt auch der Bericht einer Ortsgruppenleiterin, der über eine Wahlkampfveranstaltung Hitlers nichts Inhaltliches aussagt, dafür jedoch voller Emotionen ist.

Zum erstenmale sollen wir den Führer sehen. Die Vorfreude ist unbeschreiblich. Fieberhaft erwarten wir den Tag. – Endlich! Um 1 Uhr sind wir an der Festhalle. Wie eine Mauer stehen die Menschen, niemand kann einen Fuß vor den anderen setzen. Wir stehen, stehen, stehen, 1, 2, 3, 4 Stunden, immer gewaltiger wird der Andrang, bis sich endlich die Tore öffnen. Nun gibt es ein Gewoge, Polizei sperrt ab und läßt immer „schubweise" ein. Da läuft einer, der seinen Schuh verloren hat, ein andrer sucht seinen Hut, dort hat eine Frau keinen Henkel mehr an der Handtasche, wieder eine andre quietscht um ihre Hühneraugen!!! Das alles ficht keinen etwas an, ihr einziger Gedanke ist nur: Den Führer sehen, nur den Führer sehen und hören, für diese Aussicht war kein Opfer zu groß. Als ob die Menschen aus der Erde wüchsen, war innerhalb einer Viertelstunde die Festhalle bis zum letzten Platz gefüllt. Und nun warten wir wieder, Stunde um Stunde, während die Kapellen der SA und SS die Zeit vertreiben.
Erst in den späten Abendstunden erschien der Führer. Unser Führer! Was dann sich abspielte, läßt sich nicht in Worten kleiden. Erlebt muß man es haben. Diese Kundgebung hat uns viel mit auf den Weg gegeben.

An die „Reichsfrauenführerin" Scholtz-Klink

AGNES MIEGEL

Tausende Frauen arbeiteten begeistert und ehrenamtlich in den nationalsozialistischen Frauenorganisationen mit. Sie veranstalteten vornehmlich Kurse für Hausfrauen und Mütter: über Kinderpflege, Erziehung, rationelle Haushaltsführung oder Ernährung. Auch organisierten sie soziale Hilfsdienste, wie zum Beispiel das „Winterhilfswerk". Größeren Einfluß auf die Politik im Männerstaat hatten die Frauen nie, nicht einmal die Reichsfrauenführerin Gertrud Scholtz-Klink. Sie wurde vom Leiter der Volkswohlfahrt kontrolliert und war finanziell vom Parteischatzmeister der NSDAP abhängig. 1934, im Alter von 32 Jahren, war sie als „vorbildliche" Frau zur Obersten Leiterin der NS-Frauenschaft ernannt worden. Ihre Vorbildlichkeit begründete sich recht schnell: Sie hatte viele Kinder und war stets darum bemüht gewesen, die „alte" Frauenbewegung den nationalsozialistischen Frauenorganisationen zuzuführen. Die Schriftstellerin Agnes Miegel (1879–1964) widmete ihr 1939 ein verherrlichendes Gedicht.

Laß mit den andern Schwestern heute mich kommen,
Dir zu danken für diese Jahre des Wirkens,
Dir zu danken, daß Du so weise uns alle
Eingebaut in das Werk, das alle vereinte!
Haus, das der Führer für uns wie ein Vater erbaut hat
Das für uns Frauen dann Du, die Frau, so wohnlich gestaltet
Allen zum Heil und jeder einzeln zum Segen!
Nicht als Jugend mit Jugend – mit Jungen und Alten
Hast Du's gefügt und hast das Schwerste gemeistert.
Die noch nie so Vereinten einmal zu einen,
Daß sie freudig dem großen Gedanken dienen,
Wie Du es vorlebst. Und leicht ist das Lernen,
Wenn Verehrung uns lehrt. Und tief ist die Freude,
Dann zu wissen, wie Du das eigne stille
Walten der Mütter ehrst und ihnen die erste
Würde wiedergegeben, die einst sie besaßen.–
Aber dies danke ich Dir und mit mir die Meinen,
Die Kunstfertigen, die Dichtung und Teppiche weben,
Und die sinnenden, weisen und heilenden Schwestern!
Daß Du Mutter, es fühltest, auch wir sind Mütter,
Glühend danach, für das Leben des Volkes zu leben,
Und zu verströmen dafür und freudig zu dienen,
In dem Werk, das Du für uns alle gefügt hast.

„Die Frau hat die Aufgabe, schön zu sein und Kinder zur Welt zu bringen.“
(Joseph Goebbels)

Anfang der vierziger Jahre war die Steigerung der Geburtenrate eines der wichtigsten Ziele des Nazi-Regimes. Das „Weib“ wurde nicht nach seinen geistigen Fähigkeiten bewertet, sondern nur nach seinen biologischen: Die Frauen, die „dem Führer“ vier oder mehr Kinder gebaren, bekamen zur Belohnung das Mutterkreuz verliehen. Zum einen benötigte man zukünftige Soldaten, zum anderen sollte systematisch „rassisch wertvolles Menschenmaterial“ herangezogen werden, um auf Dauer mit ihm die „Weltherrschaft“ zu erlangen.

Als erste Bemühungen zur Steigerung der Geburtenzahlen nicht den gewünschten Erfolg brachten, versuchten die Nationalsozialisten, immer frauenverachtendere Pläne durchzuführen:

- Verhütungsmittel und Abtreibung waren verboten, die Verweigerung, Mutter zu werden, kam einer „Fahnenflucht“ gleich. Ausnahmen wurden nur dann gemacht, wenn Frauen von sogenannten „rassisch minderwertigen“ Männern schwanger waren; Jüdinnen wurde im März 1939 bekanntgegeben, daß Schwangerschaftsabbrüche bei ihnen „im Interesse des deutschen Volkes“ begrüßt würden ....
- Die Darlehensschulden aus den sogenannten „Ehestandsdarlehen“, die Ehepaaren arischer Abstammung gewährt wurden, verringerten sich nach der Geburt

eines gesunden (!) Kindes um jeweils ein Viertel. Dagegen bestrafte man solche Ehepaare, die nach fünf Jahren Ehe immer noch kinderlos waren, mit einer Sondersteuer.

- 1935 wurde der Muttertag zum nationalen Feiertag erklärt.
- 1935 wurde vorübergehend für die „biologische Ehe" geworben: „geeignete" unverheiratete junge Mädchen sollten sich zur Schwangerschaft außerhalb einer Ehe bereiterklären – ermuntert wurden sie häufig von den Führerinnen ihrer Mädchengruppe.
- Seit Dezember 1935 gab es sogenannte „Lebensborn"-Heime, in denen schwangere Ehefrauen oder Partnerinnen von SS-Männern ihre „reinrassigen" Kinder zur Welt bringen und erziehen lassen sollten.
- Zuletzt diskutierte man lange Zeit den Vorschlag des Führers des Reichsgesundheitsamtes und seiner Frau, die Vorsitzende des Nationalsozialistischen Hebammenverbandes war: In eigens zu diesem Zwecke eingerichteten Instituten sollte das durch den fortschreitenden Krieg entstandene „Männerdefizit" durch die künstliche Befruchtung vieler Frauen ausgeglichen werden. Die Angst vor möglicher Sterilität der Frauen und „Entartung der Nachzucht" hielt Heinrich Himmler davon ab, dem Projekt zuzustimmen.

Aus dem Poesie-Album eines Backfischs – 1942/43

Ein Gedanke erfüllet uns ganz,
Gibt unserem Leben Sinn und Glanz,
Treibt ewig uns zu Taten fort
Und wird Gestalt in seinem Wort:
Deutschland!

Zum freundlichen Gedenken an Deine
Ilse Pflug. Im 4. Kriegsjahr

Kommt es Dir manchmal so vor
Als ächz' Dein Lebenskarren,
So schmier die Räder mit Humor,
Dann hört er auf zu knarren!

Deine Gabi Bergmüller

Soll Deinem ewigen Ziele taugen
die kurz bemessene Erdenfrist:
Blick ruhig und mit hellen Augen
in dieses Leben, wie es ist!

Denke später gern an Deine Dorle Zach

Tagesablauf einer Dienstverpflichteten

Aus: „Meldungen aus dem Reich", 18. Dezember 1939

Widersprüchlich blieb während des Dritten Reiches die Einstellung der Nationalsozialisten zur Berufstätigkeit der Frauen. Einerseits wurden sie fern vom Arbeitsmarkt auf ihre Rolle als Hausfrau und Mutter fixiert. Ehen, in denen beide Partner verdienten, waren verpönt; die Genehmigung des „Ehestandsdarlehens" zum Beispiel war bis 1937 an die Bedingung geknüpft, daß die Frau ihren Beruf aufgab. Andererseits wurde besonders in der Industrie und Landwirtschaft die Arbeitskraft der Frau wie eh und je ausgebeutet – 30 bis 40 Prozent lagen ihre Löhne unter denen ihrer männlichen Kollegen. Als schließlich durch die ungeheuer expandierende Rüstungsindustrie die Vollbeschäftigung erreicht war, ja bald sogar ein Mangel an Arbeitskräften bestand, sprach niemand mehr von eingeschränkter Frauenarbeit. Als die Männer 1939 in den Krieg zogen, wurden noch mehr Stellen frei – zum Beispiel bei der Post oder Bahn und in öffentlichen Dienststellen. Da viele Frauen lieber dort als in der Industrie oder auf dem Land arbeiteten, sahen sich die Machthaber gezwungen, für Frauen zwischen 17 und 25 Jahren ein land- oder hauswirtschaftliches Pflichtjahr einzuführen. Im vierten Kriegsjahr schließlich, nachdem Propagandaminister Goebbels den „totalen Krieg" verkündet hatte und eine erneute Steigerung der Rüstungsproduktion für notwendig erachtet wurde, führte man sogar eine allgemeine Meldepflicht zur Arbeit für 17- bis 45jährige Frauen ein. Allerdings muß erwähnt werden, daß dieser Erlaß zahlreiche „Ausnahmefälle" zugestand und daß besonders Frauen aus dem Bürgertum durch verschiedene „Atteste" oder „Erklärungen" der Meldepflichtverordnung entgehen konnten.

Immer wieder wurden Klagen der zur Pflichtarbeit in der Pulverfabrik I. E. Eisfeld, Silberhütte/Harz, herangezogenen Frauen aus Harzgerode usw. laut. Die verheiratete Frau muß etwa um vier Uhr aufstehen, um vor ihrem ebenfalls berufstätigten Manne bereits die Wohnung zu verlassen. Mit dem gegen fünf Uhr früh aus Harzgerode fahrenden Zug gelangt sie zum Bahnhof Silberhütte, um dann nach einem Fußweg von etwa einer halben Stunde ihren Arbeitsplatz zu erreichen. Gegen 17 Uhr ist die Arbeit beendet. Es folgt ein Fußmarsch bis zum Bahnhof, dort ein längerer Aufenthalt und endlich kommt die Frau mehr oder weniger pünktlich mit dem Zuge der Harzbahn gegen halb sieben Uhr abends in Harzgerode an. Sie stürzt dann in die gerade noch offenen Geschäfte, läuft nach Hause, bereitet das Abendbrot und sinkt nach dem Essen übermüdet ins Bett, um am nächsten Morgen wieder um vier Uhr aufzustehen. An die notwendige Hausarbeit ist gar nicht zu denken. Die Frauen meinen, daß sie das auf die Dauer nicht aushalten können.

Das war eine grausame Zeit

Franziska Mikus

„Zuchtehen“ oder Zwangssterilisierungen aufgrund fanatischer Rassentheorien; Euthanasie, gezieltes Töten von Kranken; medizinische Versuche, vorgenommen an inhaftierten Menschen; schließlich die „Konzentration“ und Ermordung von Millionen von Menschen: die Liste der Greueltaten ist endlos.

„Der Staat muß als Wahrer einer tausendjährigen Zukunft auftreten, der gegenüber der Wunsch und die Eigensucht des einzelnen als nichts erscheinen und sich zu beugen haben. Er hat die modernsten ärztlichen Hilfsmittel in den Dienst dieser Erkenntnis zu stellen. Er hat, was irgendwie ersichtlich krank und erblich belastet und damit weiter belastend ist, zeugungsunfähig zu erklären und dies praktisch auch durchzusetzen.“
(Adolf Hitler, „Mein Kampf“)

Welche grausamen Konsequenzen diese menschenverachtenden Worte hatten, zeigt zum Beispiel der Bericht von Franziska Mikus.

Ich bin von Geburt an taub. Meine Eltern sind auch gehörlos, haben aber noch zwei Kinder, die nicht gehörlos sind. Als ich 18 Jahre alt wurde, habe ich ein Schreiben vom Amtsgericht bekommen, daß ich und meine Mutter sterilisiert werden sollten. Meine Mutter hat beim Gericht Widerspruch eingelegt und beantragt, daß wir nicht sterilisiert werden sollten. Meine Mutter hat zwei kluge Kinder, und ich war in der Schule auch sehr gut mitgekommen. Aber das Gericht hat entschieden, ich müsse sterilisiert werden wegen der Vererbung. Wir hatten einen harten Kampf, meine Mutter wurde schließlich nicht sterilisiert, aber sie hat unterschreiben müssen, kein weiteres Kind zu bekommen, weil es wieder ein taubes Kind sein könnte.
Ich wurde sterilisiert. Das war eine grausame Zeit, ich habe viel mitmachen müssen. Ich wollte nicht mehr leben. Ich wurde von Zimmer zu Zimmer verlegt, weil ich aus dem Fenster springen wollte. Ich mag Kinder sehr gerne, aber es hat alles nichts genützt, ich habe mich sterilisieren lassen müssen. Nach der Sterilisation habe ich kein Krankengeld bekommen, obwohl der Eingriff viel Geld gekostet hat. Ich war bei der Krankenkasse, aber der Beamte sagte mir: „Sie bekommen kein Krankengeld.“ Ich hätte ja jetzt mein Vergnügen und brauche beim Liebesspiel nicht mehr aufzupassen. Darüber waren wir sehr erschüttert. Meine Mutter hatte nicht viel Geld, und ich habe noch nichts verdient. Wir haben viel durchmachen müssen.
1938 bin ich doch schwanger geworden. Meine Mutter war nicht zu Hause. Mein Vater war froh, daß ich doch noch schwanger geworden bin. Aber als meine Mutter aus dem Urlaub zurückkam, sagte sie: „Du bist schwanger, das gibt es nicht, du bist sterilisiert, das kann ein mißgebildetes Kind geben.“ Ich solle zum Frauenarzt gehen. Also ging ich zum Frauenarzt und ließ mich

untersuchen. Der Frauenarzt sagte, daß ich eine wunderbare, natürliche Geburt haben würde und daß das Kind normal sei. Ich war glücklich und der Doktor gratulierte mir. Aber meine Mutter sagte ihm hinterher, daß ich unfruchtbar gemacht worden war. Da war der Doktor sehr erschrocken, unterbrach die Behandlung und sagte zu mir: „Sie müssen in die Frauenklinik, die ist zuständig." Ich war verzweifelt und wurde mißtrauisch, was das bedeuten sollte, erst die Gratulation und dann der Abbruch der Behandlung. Ich habe meine Mama geschimpft, daß sie mit dem Arzt gesprochen hat. Aber früher hatte ich noch nicht so viel Mut zum Sprechen wie jetzt. Wenn ich sprechen gekonnt hätte wie jetzt, wäre vielleicht alles anders geworden.
Ich bin in die Frauenklinik gegangen. Der Professor untersuchte mich und sagte: „Ziehe Dich wieder an." Da wollte ich mich wieder anziehen, aber die Strümpfe und die Hose waren weg. Ich fragte: „Wo sind meine Strümpfe und meine Hose?" – „Sie bleiben da!" Ich fragte: „Warum?" – „Drei Tage Urinuntersuchung." Ich habe ihm Glauben geschenkt. Meine Mama hat viel geweint. Ich habe nicht gewußt, warum meine Mutter weint. Sie hat vorher gewußt, daß ich kein Kind haben durfte. Ich ging in die Klinik hinauf und habe ein Zimmer mit Gittern bekommen, damit ich nicht davonlaufen kann. Ich war so aufgeregt, weil mein Verlobter nichts gewußt hat und ich nicht wußte, wie ich ihm Bescheid sagen sollte. Ich war sehr traurig und habe sehr viel geweint und habe sehr viele Spritzen bekommen. Am nächsten Tag bin ich schnell hinausgelaufen, als die Schwester die Türe aufgesperrt hat und die anderen Patienten versorgte, und habe eine Karte gekauft, die ich meinem Verlobten schreiben wollte. Ich habe diese Karte einer Freundin gegeben, und sie sagte, daß sie die Karte fortbringt. Aber die Oberin hat gesehen, daß ich ihr die Karte gegeben habe. Sie hat die Karte beschlagnahmt, und da bin ich hysterisch geworden.
Ich habe drei Tage lang immer darauf gewartet, daß mein Urin verlangt wird zur Untersuchung. Es ist aber keiner verlangt worden. Nach drei Tagen kam der Doktor zur Visite und sagte nur: „Frau, hast Du immer noch nicht begriffen?" Weil ich noch jung und im Leben nicht sehr erfahren war, fragte ich: „Was denn?" Der Doktor antwortete: „Das Kind darf nicht auf die Welt kommen." Da bin ich hysterisch und beinahe wahnsinnig geworden. Sie haben mir viele Spritzen gegeben und ich bin eingeschlafen. Morgens wurde ich geweckt. Man hat mich weggetragen. Ich war noch nicht betäubt. Im Operationssaal habe ich die Schüssel mit dem Tuch gesehen. Mit allerletzter Kraft habe ich noch geschrien, dann war ich weg. Und nach der Operation, die vier Stunden dauerte, bin ich wieder auf die Intensivstation gekommen. Als ich wach war, sagte ich zur Schwester: „Das Kind ist noch drin. Ich bin froh." Daraufhin sagte die Schwester: „Nein, es ist weg, das sind nur lauter Verbände zum Blutabsaugen." Da war ich wieder hysterisch, und sie haben mir wieder Spritzen gegeben. Die Krankenschwester hat auch geweint und gesagt: „Der Hitler ist

schlecht, aber man muß warten." Dann ist mein Verlobter gekommen. Ich habe gleich als erstes die Frage gestellt: „Bleibst Du auch bei mir, wenn ich das Kind verloren habe?" Er sagte: „Ja, wir stehen unter der Macht, wir können nichts machen." Darauf war ich ein wenig ruhiger.

Nach der Entlassung aus dem Krankenhaus habe ich wieder kein Krankengeld bekommen, obwohl ich berufstätig war und auch Krankenversicherung gezahlt hatte. Meine Mutter war sehr verzweifelt. Wir waren eine vierköpfige Familie, und mein Vater verdiente allein.

Der Doktor hatte mir gesagt: „In zehn Wochen müssen Sie wieder ins Krankenhaus kommen." Ich sollte noch einmal sterilisiert werden. Ich habe nur zum Schein zugesagt. Aber als ich nach Hause kam, war ich verzweifelt. Ich hatte große Angst vor der nächsten Sterilisation. Ich zitterte wie ein Tier, daß man mit den Gehörlosen so umgeht. Ich bin in der Schule immer die Beste in der Klasse gewesen, habe Schülerpreise bekommen, und im Beruf war ich auch gut – warum muß ich sterilisiert sein? Warum durfte ich mein Kind nicht haben? Meine Mutter war doch auch eine gute Mutter für ihre drei Kinder, und meine zwei Geschwister waren gebildete, kluge Kinder. Mein Vater ist auch taub. Aber seine Brüder habe alle gute Berufe ausgeübt. Ich habe meiner Mutter oft vorgeworfen, daß gerade ich leiden müsse. Meine Mutter hat viel geweint. Ich habe früher nicht begriffen, daß die Menschen alle nicht schuldig sind. Als die zehn Wochen vorüber waren, bin ich nicht ins Krankenhaus gegangen.

Als ich meinen Verlobten heiraten wollte, mußten wir zum Standesamt. Der Standesbeamte hat die Akten aufgeschlagen und sagte: „Leider, Fräulein Schwarz, müssen Sie zuerst noch einmal sterilisiert werden, dann können Sie heiraten." Da war ich ganz fassungslos. Aber ich habe mich gefragt, wie kommen die Papiere zum Standesamt? Das geht doch das Standesamt nichts an, nur das Gesundheitsamt. Ich bin aufgestanden und schnell nach Hause gelaufen.

Ein Onkel von mir ist Bankrevisor. Er hat immer über Hitler geschimpft bei Konferenzen und Tagungen. Die Sekretärinnen haben alles an die Gestapo verraten. Mein Onkel ist oft eingesperrt worden, weil er sich für mich eingesetzt hat. Schließlich ist er in Berlin gehenkt worden. Dann habe ich mich mit schwerem Herzen noch einmal sterilisieren lassen. Das war das Grausamste, was ich jemals erleben mußte. Ich kann das nicht vergessen. Auch nach dieser Sterilisation habe ich kein Krankengeld bekommen. Wir mußten uns so gut es ging durchschlagen, das war sehr schlimm. Dann haben wir geheiratet.

Nachdem die Bundesrepublik neue Gesetze eingeführt hat, dachte ich, ich sei berechtigt, einen Antrag auf Entschädigung zu stellen. Ich habe nach Bonn geschrieben, ich habe an den Finanzminister geschrieben. Aber alles kam zurück mit Ausreden wie: „Bin nicht zuständig." Andere sagten: „Ich sei nicht betroffen, da gilt ein anderes Gesetz." Ich fühlte mich verloren. Bis Herr Biesold aus Bremen das gemacht hat. Dafür bin ich sehr dankbar. Aber andere bekommen eine höhere Entschädigung. Gehörlose bekommen nur 5000 DM. Dies sei genug, sagte Bonn. Man hat mir versprochen, daß ich wegen der Abtreibung auch noch Geld bekomme. Aber Bonn hat Sparmaßnahmen beschlossen und ich bekomme nichts. Das ist meine Geschichte.

Frauen im Sturm der Zeit

MARIA LEITNER

Das Schicksal von Maria Leitner steht stellvertretend für das vieler Schriftstellerinnen, die während des Dritten Reiches verfolgt, ins Exil getrieben oder umgebracht wurden. Maria Leitner wurde am 19. Januar 1892 in einem Ort geboren, der damals zu Österreich/Ungarn gehörte. Sie wuchs in einer deutschsprachigen jüdischen Familie auf und besuchte eine Höhere Mädchenschule. Genau wie ihre beiden Brüder war sie schon als junge Frau Mitglied des kommunistischen Jugendverbandes Ungarn und journalistisch tätig. Sie schrieb Artikel für linksgerichtete Zeitungen, bis sie nach dem Sturz der Ungarischen Räterepublik 1919 nach Wien fliehen mußte. Im Auftrag des Ullstein-Verlages bereiste sie von Berlin aus in den zwanziger Jahren die USA und berichtete in Ullsteins verschiedenen Tages- und Monatszeitungen über ihre dortigen Erlebnisse und Eindrücke. In drei Jahren hatte sie „in etwa achtzig verschiedenen Stellungen ... Einblicke in das häusliche Leben des amerikanischen Mittelstandes gewonnen". Darüber schrieb sie in ihrem 1930 in Berlin erschienenen Roman „Hotel Amerika" und in dem 1932 veröffentlichten Reisebericht „Eine Frau reist durch die Welt". 1930 kehrte Maria Leitner zunächst nach Berlin zurück und beobachtete von dort mit wachsender Besorgnis die politische Entwicklung in Deutschland. Sie schrieb jetzt für die „Welt am Abend" über die politische und soziale Situation in Städten und Dörfern „abseits von den großen Verkehrsstraßen" und verband ihre „Entdeckungsfahrten" mit der Agitation für die „Antifaschistische Aktion", einer von der KPD im Mai 1932 ins Leben gerufenen überparteilichen Massenbewegung. Maria Leitners Leben und ihre Arbeit wurden immer stärker gefährdet. Gleich nach der Machtergreifung Hitlers ging Maria Leitner – wie viele andere auch – ins Ausland. Ihre Schriften wurden in Deutschland verboten. Die weiteren Aufenthaltsorte der Schriftstellerin lassen sich nur noch aus Briefen oder nach den Orten rekonstruieren, wo sie ihre journalistischen Texte herausgab. Auch berichteten andere Menschen, die sie in jener Zeit trafen, später in ihren Erinnerungen über sie. In Prag und Paris ist sie gewesen, vermutlich auch einige Male mit gefälschten Papieren nach Deutschland zurückgekehrt, um über das Land unter Hitler zu berichten. 1937 erschien in der „Pariser Tageszeitung" als Fortsetzungsroman „Elisabeth, ein Hitlermädchen". Es ist die Geschichte eines jungen Mädchens, „das blind der neuen Ideologie vertraut, um am Ende getäuscht und verraten seine Verblendung zu erkennen".

1940 wurde Maria Leitner im französischen Frauenlager Camp de Gurs interniert. Von dort konnte sie in einem unbewachten Moment entkommen. Maria Leitner

wurde zuletzt 1941 in Marseille gesehen. Die Vermutung, daß sie im französischen oder belgischen Widerstand ums Leben kam, ist nicht bewiesen. Genauso wahrscheinlich ist, daß sie in einem Konzentrationslager ermordet wurde.
Das letzte, was von Maria Leitner in Deutschland vor dem Krieg erschien, war ihre Artikelfolge „Frauen im Sturm der Zeit“ in der „Welt am Abend“ vom 28. Januar bis 8. Februar 1933. Sie schildert darin den Lebenslauf von acht Berlinerinnen „zwischen Arbeitsstätte, Stempelstelle und Familienheim“. Ein Text berichtet von Adele Lange, einer „Familienerhalterin“:

Adele Lange, einer noch jungen Witwe, Mutter von zwei Kindern – eines zwölfjährigen Mädels und eines Jungen von acht Jahren – widerfährt ein großes Glück. Sie findet eine gutbezahlte Stellung. Sie findet sie dank der Freunde ihres verstorbenen Mannes, der eine gute Position bei einem großen Konzern hatte.
Bei der Anstellung muß sie allerdings einen Revers unterschreiben, ungefähr folgenden Inhalts:
„Ich nehme hiermit zur Kenntnis, daß ich im Falle einer Verehelichung auf meine Stellung bei der Gesellschaft sofort Verzicht leiste, ohne irgendwelche Ansprüche zu stellen.“
„Mit einem Wort: ich verpflichte mich zum Zölibat“, sagt Frau Adele, der ja doch keine Wahl übrigbleibt und die im Augenblick auch gar nicht an eine neue Ehe dachte.
„Aber nein, Frau Lange“, der Personalleiter, ein alter Herr und langjähriger Freund ihres Mannes, war ganz entrüstet. „Begreifen Sie denn nicht, daß wir aus sozialem Standpunkt handeln. Verheiratete Frauen sollen den Unverheirateten eben nicht die Arbeit wegnehmen. Ich wünsche Ihnen von ganzem Herzen, daß Sie recht bald wieder einen guten, tüchtigen Mann finden. Glauben Sie mir, es ist nicht das richtige für eine Frau, sich mit zwei Kindern allein durchs Leben zu schlagen.“
Dann entwickelte er in der blumigen Sprache seiner Jugend ein wunderschönes Bild von der Eiche, die sei der Ehemann, und dem Efeu, der liebenden Gattin, die sich um ihn rankt und Stütze bei ihm finden soll.
Der alte Herr hatte recht, es war nicht leicht, eine Stellung auszufüllen, einen Haushalt zu führen, für die Kinder zu sorgen. Adele guckte sich die Augen nach einer Eiche aus, aber sie fand keine. Sie fand nur Hans Baum, einen Elektromonteur, gegenwärtig ohne Arbeit, einen angenehmen, bescheidenen, hilfsbereiten jungen Mann. Aber was nützt das alles, ein Mann ohne Geld ist doch keine Stütze.
Adele, vereinsamt, von ihren alten Freunden verlassen, die einer anderen Gesellschaftsklasse angehören als sie, die arme Witwe, liebt aber ohne Rücksicht auf Nützlichkeit.

Doch später beginnen sie darüber nachzudenken, wie sie ihr Leben besser einteilen könnten.
Hans wohnt bei seinen Eltern und bekommt sechs Mark Unterstützung. Manchmal wird er bei Bekannten zu kleinen Hilfeleistungen herangezogen, die sein Einkommen erhöhen.
Adele sagt sich, daß Hans in der Kammer, in die sie sonst Sachen unterstellt, wohnen könnte. Wenn er nicht mehr zu Hause ist, erhöht sich auch seine Unterstützung, er bekommt acht Mark. Er kann auch, wenn er nichts weiter zu tun hat, auf die Kinder aufpassen und im Haushalt etwas helfen, sie ist dann nicht mehr so ganz auf die Hilfsbereitschaft der Nachbarinnen angewiesen.
Anfangs geht alles gut. Hans wird als möblierter Herr angemeldet, mit den Kindern steht er auf freundschaftlichem Fuß.
Nur die Ämter, die geben sich nicht so leicht zufrieden, die wollen über alles genau Bescheid wissen. Hans ist Unterstützungsempfänger, dadurch hört sein Privatleben auf, Privatleben zu sein.
Die Behörden geht es etwas an, ob Hans nur in seiner Kammer oder auch in Adeles Bett schläft.
Sind sie so moralisch, ist es Sittenschnüffelei?
Nein, diesmal ist es etwas anderes, sie wollen im Gegenteil, obgleich sie dazu gar nicht aufgefordert wurden, den Bund Adeles und Hans' segnen. Plötzlich wird in ihren Augen eine Ehe auch dann eine, wenn sie standesamtlich *nicht* eingetragen wurde.
Woher kommt diese unerwartete freisinnige Anschauung? Geld läßt auch die sittsamsten Menschen oft ihre Grundsätze vergessen. Warum sollte der kapitalistische Staat darin anders sein? Er möchte an Hans einige Mark *einsparen,* deshalb das väterliche Interesse an Adeles und Hans' Beziehungen.
Aber wodurch wurde es überhaupt geweckt? Durch eine andere Geschichte. Im selben Haus wohnt der Schaffner Klausner mit der früheren Mamsell Hanna Kahle, einer geschiedenen Frau. Als man ihr mit der Begründung, sie lebe mit dem Schaffner in eheähnlichen Beziehungen, die Unterstützung entzog, wehrte sie sich heftig. Unter anderem brachte sie, nur um ihre eigene Lage zu bessern, den Fall Adeles vor:
„In unserem Haus, da wohnt die Witwe Adele Lange, die verdient doppelt soviel wie der Schaffner Klausner, mit dem ich zusammenleben soll. Die hat doch auch einen Mann in ihrer Wohnung, den Hans Baum, und der bekommt die volle Unterstützung ausgezahlt. Wie komme ich dazu, anders behandelt zu werden?"
Wahrscheinlich wurde der Fall der Mamsell auch durch eine aufgeregte Freundin zur Kenntnis der Behörden gebracht.
Jedenfalls kam der Stein ins Rollen. Man begann zu recherchieren, die Hausbewohner über Hans und Adele zu befragen.

Für die Kleinbürgerinnen, die Kino und Theater entbehren, war das gefundenes Fressen. Man munkelte ohnehin schon über die Witwe und ihren Freund. Nun hatte man geradezu ein Recht, ja die staatsbürgerliche Pflicht, auch die Kinder auszufragen.

War Hans ihr Vater? Oder nur der Mann ihrer Mutter? Seit wann kannte Adele Hans? Wo schlief er? Er war doch kein gewöhnlicher Mieter.

Die Kinder hatten sich bis jetzt nie Gedanken über Hans gemacht, er war ein Freund, mit dem man spielen konnte.

Aber die Fragerei erregte die Phantasie der Zwölfjährigen im Pubertätsalter, sie war empört. Die Mutter hatte sie belogen. Ihr hatte sie gesagt, daß Hans bei ihnen ein Zimmer gemietet hatte, in Wirklichkeit war er ihr Mann, nur sie, die Tochter, sollte nichts davon erfahren. Aber die Hausbewohner, die wußten Bescheid.

Die Kleine setzte sich mit ihrem Bruder zusammen, sie beratschlagten. Als Adele abends nach Hause kommt, findet sie einen Brief vor. In richtiger ernsthafter Form, doch mit kindlichen Krix-Krax-Buchstaben geschrieben:

„Sehr geehrte Frau Lange, oder heißen Sie eigentlich Frau Baum? Wie wir erfahren, ist Herr Baum Ihr Mann. Mutti, uns hast du gesagt, er ist ein Mieter. Wenn Herr Baum aber Ihr Mann ist, betrachten wir Sie nicht (das „nicht" unterstrichen) mehr als unsere Mutti — Hochachtungsvoll. Aber Mutti, nicht wahr, das ist doch Lüge?"

Adele ist verzweifelt. Zu allen Schwierigkeiten gesellt sich noch der Konflikt mit den Kindern.

Sie lassen sich nicht durch einige gute Worte und Zärtlichkeiten beruhigen, sie wollen die Wahrheit wissen.

Aber gerade die kann Adele ihnen nicht sagen, der Junge würde sich bestimmt verplappern, und dann verlöre Hans den größten Teil seiner Unterstützung. Die Kinder bleiben mißtrauisch. Sie beobachten auf das schärfste Hans und Adele.

Freunde raten ihr: „Heirate doch Hans, dann ist wenigstens euer Verhältnis klar, und die Kinder würden sich einfach und natürlich darin fügen."

„Wirklich, wie leicht gesagt." Adele muß bitter lachen. Wenn sie heiratet, verliert sie ja sofort ihre Stellung, sie bekäme nicht einmal Unterstützung, sie alle müßten hungern. Wunderbar ist dieses unser Leben eingerichtet.

Aber die amtlichen Fragereien gehen noch weiter. Adele kommt nicht zur Ruhe. Das Leben der kleinen Familie ist zerstört, wegen einiger Mark, die der Staat an ihnen einsparen will. Über viele Ehen und ihr Glück entscheiden heute einige Mark.

Frauen waren nicht nur Opfer

ANGELIKA EBBINGHAUS

1987 erschien das Buch „Opfer und Täterinnen — Frauenbiographien des Nationalsozialismus", herausgegeben von Angelika Ebbinghaus. Die Autorin schreibt im Vorwort zu diesem Buch:

Frauen waren nicht nur Opfer dieser Politik, sondern auch Mitläuferinnen, Profiteurinnen, Akteurinnen und Täterinnen. Frauen waren als Fürsorgerinnen und Krankenschwestern für die Aussonderung und Vernichtung von Menschen, die als lebensunwert klassifiziert wurden, mitverantwortlich. Sie haben als Sozialpolitikerinnen diese Politik mitgeplant und als Forscherinnen zur Aussonderung und Vernichtung von Menschen beigetragen. In den Konzentrations- und Vernichtungslagern haben Frauen andere Frauen besonders grausam behandelt. Frauen waren zwar meist in untergeordneter Position tätig, zeichneten sich aber durch hohe Arbeitsidentifikation und Pflichterfüllung aus.
In der geschichtlichen Aufarbeitung des Nationalsozialismus sind Frauen meist nur als Opfer beschrieben worden. Auch Historikerinnen, die sich der neuen Frauenbewegung verbunden fühlen und sich die Aufgabe gestellt haben, Frauen in der Geschichte und die Geschichte von Frauen sichtbar zu machen, haben das bedrückende Thema der Verfolgung von Frauen durch Frauen bislang ausgespart. Das mag damit zusammenhängen, daß Frauengeschichtsschreibung häufig mit dem Anspruch betrieben wird, zur Identitätsstiftung von Frauen beitragen zu wollen. Dieses Herangehen ist, obwohl psychologisch und politisch verständlich und in bester pädagogischer Absicht gemeint, problematisch, da es Mythologisierungen und Mystifizierungen Vorschub leistet. Da werden Frauen ganz schnell aufgrund ihres Geschlechts zur besseren Hälfte der Menschheit stilisiert . . .

Aus dem Poesie-Album eines Backfischs – 1942/43

Sich selbst bekriegen
Ist der schwerste Krieg;
Sich selbst besiegen
Ist der schönste Sieg.

Dies schrieb Dir, liebe Ina, am 28. Januar 1943
Deine Mitschülerin Ulla

Aussage einer Aufseherin des Konzentrationslagers Ravensbrück

RUTH CLOSIUS

Das Frauenkonzentrationslager Ravensbrück war von 500 männlichen Häftlingen in den Jahren 1938/39 erbaut worden. Dieser Bau war „notwendig" geworden, weil die bisher bestehenden Frauen- und „Jugendschutzhaft"-lager die vielen nach den November-Pogromen 1938 verhafteten Jüdinnen nicht mehr aufnehmen konnten. Außer den jüdischen Frauen wurden nach Ravensbrück verschleppt: Weibliche Mitglieder der KPD, Frauen, die man verdächtigte, Widerstand gegen die Nationalsozialisten geleistet zu haben, Bibelforscherinnen, Zeuginnen Jehovas, Frauen, die dabei gesehen worden waren, wie sie die Gräber Karl Liebknechts und Rosa Luxemburgs schmückten – und immer wieder Polinnen und Jüdinnen. In Ravensbrück gab es 14 Wohn- und zwei Krankenbaracken, darüber hinaus einen Holzbau für die Küche und Waschgelegenheiten. Das Lager war umgeben von einer vier Meter hohen Mauer mit Hochspannungsleitung. Aufgebaut und organisiert war es wie die anderen Konzentrationslager. Aufseherinnen wurden zur Bewachung der inhaftierten Frauen eingesetzt, nicht selten wurde für diese „Aufgabe" durch Zeitungsannoncen unter der Bevölkerung geworben. Zwischen 1942 und 1945 war Ravensbrück Ausbildungslager für Aufseherinnen. Seit 1943 gab es 34 Außenlager; die Frauen, die dort leben mußten, arbeiteten in verschiedenen Rüstungsbetrieben. 1943 kamen 10 000 Frauen nach Ravensbrück, 1944 wurden zwischen 60 000 und 70 000 Frauen eingeliefert.

Am 17. Januar 1945 sah sich die SS wegen der immer näher rückenden russischen Armee gezwungen, die Häftlinge des Konzentrationslagers Auschwitz zu evakuieren. Die Frauen wurden nach Ravensbrück gebracht, wo schon vorher viel zu viele Häftlinge auf engem Raum zusammengelegt worden waren. Nun wurden die Versorgungslage und die hygienischen Verhältnisse endgültig katastrophal. Viele Frauen waren schwer krank und unfähig, einen weiteren Marsch zu überleben – für die SS der Anlaß, auch in Ravensbrück das planmäßige Morden fortzusetzen.

Ich bin gewarnt worden, daß ich nicht gezwungen bin, eine Aussage zu machen, daß aber jede Aussage, die ich mache, vor Gericht als Beweismaterial verwendet werden kann. Ich mache diese Aussage freiwillig, ohne Zwang, Bedrohung, Überredung oder Versprechen einer Belohnung.

Ich bin Ruth Closius, verwitwete Neudeck, geborene Hartmann. Ich bin am 5. Juli 1920 in Breslau geboren, Buchhalterin von Beruf und besitze deutsche Staatsangehörigkeit.

Am 3. Juli 1944 bin ich nach Ravensbrück gekommen. Dann wurde ich als Kommandoführerin zum Außenkommando Barth versetzt, wo ich bis zum 28. April 1945 blieb.

Als das Konzentrationslager Auschwitz aufgelöst wurde, wurde im Lager Ravensbrück ein Außenkommando eingerichtet unter dem Namen Uckermark. Das Lager unterstand dem Kommandanten Schwarzhuber und ich wurde als seine rechte Hand als Lagerführerin dort eingesetzt. Ich hatte noch fünf andere Aufseherinnen unter mir; diese Aufseherinnen waren Mohneke Elfriede, Rabe Margarethe, Kube, Grete Naumann und eine Schultz aus Kudova. Mitte Januar kamen die Häftlinge, insgesamt 4000 aller Nationalitäten.

Die Häftlinge wurden in vier Baracken untergebracht. 400–500 in einer Baracke und zwei Häftlinge in einem Bett, die Betten in drei Etagen übereinander. Jeder Häftling hatte eine Decke, Strohsäcke, die aber nie gewechselt wurden.

Das Essen bestand aus einem Liter Gemüsesuppe, einem Stück Brot und einmal in der Woche gab es ein Stück Margarine und ein Stück Wurst.

Morgens um sieben Uhr wurde Lagerappell abgehalten. Nach dem Essen wurde ein zweiter Appell, der „große Appell" abgehalten. An diesem Appell nahm der Lagerführer Schwarzhuber, ich selbst, die Aufseherinnen Mohneke, Rabe und die anderen teil. Außerdem waren Dr. Trommer und die zwei SS-Leute Rapp und Köhler anwesend. Auf diesen Appellen wurden Aussuchungen für die Gaskammern vorgenommen. Meine Tätigkeit bestand darin, die vom Schutzhaftlagerführer Schwarzhuber und Dr. Trommer ausgesuchten Leute auf eine Liste zu setzen. Diese Appelle fanden bestimmt zwei- bis dreimal wöchentlich statt, und es wurden jedesmal 50 bis 60 Häftlinge ausgesucht. Ich wußte, daß diese Frauen, deren Namen ich auf die Liste setzte, zur Vernichtung in der Gaskammer ausgesucht worden waren. Von diesem Appell wurden die 50 bis 60 ausgesuchten Leute direkt in die Turnhalle geführt, sie durften nicht mehr zur Baracke zurückgehen, da sie mit keinen anderen Häftlingen in Berührung kommen durften. In der Turnhalle waren keine Betten, keine Heizung, kein Wasser, kein Abort. Dort wurden die ausgesuchten Häftlinge eingesperrt. Abends, wenn es dunkel wurde, kamen die Transportautos, um diese Frauen zu den Gaskammern zu bringen. Ich sperrte auf und zählte jede einzelne, daß die Anzahl auch stimmte. Dann wurden diese Frauen auf den Lastwagen verladen. Bei dieser Verladung waren die SS-Männer Rapp und Köhler wie die Aufseherinnen dabei. Ich weiß ganz genau, daß bei diesen Verladungen alle Aufseherinnen, die während dieser Zeit Dienst hatten, anwesend waren. Das betrifft Mohneke, Rabe und alle drei anderen Aufseherinnen. Bei diesen Verladungen mußte geschlagen werden, da die Häftlinge nicht auf das Auto gehen wollten. Wenn jemand zu krank war, um auf den Wagen zu steigen, wurde er von den SS-Männern bei den Händen und Füßen gepackt und hinaufgeschleudert. Auch die anderen Aufseherinnen haben dabei geschlagen. Ich gebe zu, daß ich selbst mit einem Stock auf die Häftlinge eingeschlagen habe. Ich weiß, daß alle anderen Aufseherinnen ganz genau wußten, wo diese Transporte hingingen. Wir haben uns auch darüber unterhalten. Wenn die Autos vollgeladen waren, sind die beiden SS-Leute und ich zum Krematorium gefahren. Dort mußten wir die Häftlinge in einer Holzscheune ausladen und ich als Oberaufseherin gab ihnen den Befehl, sich ganz nackend auszuziehen. In dieser Scheune waren noch andere SS-Leute, an einen kann ich mich besonders erinnern, nämlich an Hundestaffelführer Cott. Wenn alle Frauen entkleidet waren, kam irgendein SS-Mann, der sich mit einem weißen Mantel als Arzt verkleidet hatte und führte diese Frauen einzeln in eine andere Scheune. Wenn die Scheune voll war, wurde zugesperrt. Zwei Männerhäftlinge wurden beauftragt, auf eine Leiter auf das Dach zu steigen. Ich habe dann gesehen, wie sie etwas hineinwarfen. Dann wurde die Dachluke zugeklappt. Wenn die beiden herunterkamen wurden die Automotoren laufen gelassen, damit man das Geschrei der Frauen nicht hören konnte. Dann bin ich immer weggegangen . . .

Widerstand gegen Hitler

Widerstand gegen den Faschismus und gegen den Krieg hat es im Dritten Reich in unterschiedlicher Weise gegeben: Attentatsversuche gegen Hitler; Widerstandsorganisationen; kleiner, „persönlicher" Widerstand Einzelner, die zum Beispiel verfolgte Personen versteckt hielten oder heimlich Flugblätter verteilten. Natürlich waren auch Frauen im Widerstand aktiv. Manche von ihnen hatten politische Erfahrung, andere – vielfach junge Mädchen – kamen neu hinzu. Am bekanntesten von ihnen ist Sophie Scholl, die zusammen mit ihrem Bruder Hans und einem weiteren Mitglied der Widerstandsorganisation „Weiße Rose" am 22. Februar 1943 im Gefängnis München-Stadelheim hingerichtet wurde. Eine andere Gruppe bildete sich um Harro Schulze-Boysen und Arvid Harnack. Hier waren hauptsächlich Künstler und Akademiker vereint, die sich um die Herstellung und den Vertrieb illegaler Schriften kümmerten. Die Bevölkerung sollte über die Gefahr, die Hitler bedeutete, aufgeklärt werden. Plakate wurden entworfen und gedruckt, Studenten und Studentinnen beauftragt, sie heimlich an die Litfaßsäulen zu kleben. In den Jahren 1942 und 1943 wurden viele Mitglieder der Gruppe gefangengenommen und zum Tode verurteilt. Unter ihnen waren etliche Frauen. Eine junge Frau schrieb aus dem Untersuchungsgefängnis Alexanderplatz:

Berlin, Alexanderplatz, 2. März 1943

Meine liebste Mama,

jetzt sind es schon sechs Wochen her seit dem Urteil und ich lebe immer noch. Hätte man mich in den ersten Tagen geholt, wäre ich willig gegangen, aber nun ist der große Lebenswille mit Macht wieder in mir ausgebrochen und fast kann ich es mir nicht mehr vorstellen, daß es morgen, übermorgen oder in ein paar Wochen vielleicht doch aus sein soll. Jetzt sind meine Gedanken so viel hier auf dem Boden und mit Spannung verfolgen wir die Geschehen der Welt und

alles ist von einer großen Hoffnung beseelt. Vielleicht haben wir alle Glück; sei es nun durch Gnadengesuche oder aus sonstigen Anlässen. Du wirst wissen, daß das Urteil am 18. Januar gefällt wurde. Mit welchen Hoffnungen bin ich zur Verhandlung gegangen! Heinz war der erste, der vernommen wurde, und dann kam ich. Es war so aufregend und anstrengend, während der ganzen übrigen Verhandlung dabei zu sein – wir waren vier Frauen und fünf Männer. Heinz und ich kannten nur einen Mann flüchtig und wir beide bildeten einen Komplex für uns, da wir mit den anderen nichts zu tun hatten. Als ich am Abend des ersten Verhandlungstages in meiner Zelle war, wußte ich, daß es viel ernster ist, als ich angenommen hatte, und ich schätzte, daß der Oberst-Kriegsgerichtsrat – der als Staatsanwalt fungierte – vielleicht 10 bis 15 Jahre beantragen würde für mich und daß das Gericht mir 5 bis 8 Jahre geben würde. Ich glaubte sehr, sehr hoch zu schätzen und Du kannst Dir die Überraschung vorstellen, als der Ankläger für uns alle – außer einem 18jährigen Mädchen – die Todesstrafe beantragte. Wir waren alles ganz junge Menschen, ein 19jähriges Mädchen im siebten Monat schwanger, ihr 21jähriger Mann, ein 19jähriger Student, ich 22 Jahre knapp, das andere Mädchen war 26 und ihr Freund, ein Professor für Sprachwissenschaft von der Universität in Marburg, 40 Jahre, und Heinz 27 Jahre.
Wunderbar waren die Schlußworte jedes einzelnen, wir waren alle zutiefst erschüttert.
Traurig ist es nur, daß ich gar nicht weiß, wofür ich sterben soll. Zehn, ja selbst fünf Jahre Zuchthaus wären sinnlos gewesen im Vergleich zur Tat. Aber durch diese hohe Strafe bekommt es irgendwie eine Verklärung und damit tröste ich mich.
Möge dieser Brief eines Tages zu Dir gelangen! Ich wäre dem Vermittler sehr, sehr dankbar. Ich glaube und hoffe weiter bis zuletzt und spüre Deine Liebe und die Liebe aller Lieben, und das gibt mir viel Kraft.

Sei umarmt und geküßt von Deiner
Dodo

Aus dem Poesie-Album eines Backfischs – 1942/43

Himmel und Erde müssen vergehn,
aber die Musika bleibet bestehn.

Zum steten Gedenken an Deine Meta Sindel-Etzel

Gedichte aus dem Exil

Rose Ausländer

Geboren 1901 in Czernowitz/Bukowina. Lyrikerin. Entging den Judendeportationen, indem sie sich in verschiedenen Kellern im Czernowitzer Ghetto versteckte. Emigrierte 1946 in die USA. 1965 kehrte sie in die Bundesrepublik zurück und lebte in Düsseldorf. Gestorben im Januar 1988.

Mein Schlüssel

Mein Schlüssel
hat das Haus verloren

Ich gehe von Haus zu Haus
keines paßt

Den Schlosser
habe ich gefunden
mein Schlüssel paßt
zu seinem Grab

Hilde Domin

Geboren 1912 in Köln. Lyrikerin und Schriftstellerin. Emigrierte 1932 über Italien und Großbritannien nach Lateinamerika. 1961 kehrte sie – nach einigen „Besuchen" – für immer in die Bundesrepublik zurück.

Alternative

Ich lebte auf einer Wolke
einem fliegenden Teller
und las keine Zeitung.

Meine zärtlichen Füße
gingen die Wege nicht mehr
die sie nicht gehen konnten.

Einander tröstend
wie zwei Tauben
wurden sie jeden Tag kleiner.

Gewiß ich war unnütz.

Der Wolkenteller zerbrach
ich fiel in die Welt
eine Welt aus Schmirgelpapier.

Die Handflächen tun mir weh
die Füße hassen einander.
Ich weine.

Ich bin unnütz.

Mascha Kaléko

Geboren 1912 in Schidlow/Galizien. Lyrikerin. Emigrierte 1938 in die USA. Wanderte 1960 nach Israel aus. Besuchte Europa regelmäßig. Gestorben 1975 in Zürich.

Der Fremde

Sie sprechen von mir nur leise
Und weisen auf meinen Schorf.
Sie mischen mir Gift in die Speise.
Ich schnüre mein Bündel zur Reise
Nach uralter Vorväter Weise.
Sie sprechen von mir nur leise.
Ich bleibe der Fremde im Dorf.

Irmgard Keun

Geboren 1910 in Berlin. Schauspielerin und Schriftstellerin. Emigrierte 1935 nach Ostende/Belgien. Lebte während des Überfalls deutscher Truppen auf die Niederlande gerade in Amsterdam und sah sich gezwungen, mit gefälschten Papieren zurück nach Deutschland zu fliehen. Lebte dort illegal bis zum Kriegsende. Gestorben 1982 in Köln.

Die fremde Stadt

Fremde Stadt,
Ich liebe dich um deiner Fremdheit willen.
Du könntest das Verlangen nach Verlorenem mir stillen,
Nach dem, was ich verließ.
Laß mich vollenden, was ich einst verhieß;
Einmal als Kind.
Laß mich noch einmal sein, wie Kinder sind,
Die eines Menschen Fuß noch nicht getreten hat,
Fremde Stadt.
Berge mich hinter deinen Mauern,
Fremde Stadt.
Laß mich in deiner Sicherheit trauern,
Fremde Stadt.
Nur eine Stunde,
Nur eine kurze Zeit.
Hunger und Hunde
Jagen und Leid,

Jage nicht du mich auch, fremde Stadt,
Laß mich ruhn unter deines Himmels Regen,
Fremdes Land.
Gott gab dir den Himmel, mir gab er den Segen,
Für dich, fremdes Land.
Nur eine Stunde, nur kurze Zeit
Wärme uns Arme die Ewigkeit:
Der Himmel über dir, fremdes Land.

Else Lasker-Schüler

Geboren 1869 in Wuppertal-Elberfeld. Lyrikerin. Emigrierte 1933 in die Schweiz. Reiste von dort aus mehrmals nach Jerusalem und blieb 1939 für immer dort. Sie starb 1945.

Mein blaues Klavier

Ich habe zuhause ein blaues Klavier
Und kenne doch keine Note.

Es steht im Dunkel der Kellertür,
Seitdem die Welt verrohte.

Es spielen Sternenhände vier
– Die Mondfrau sang im Boote –
Nun tanzen die Ratten im Geklirr.

Zerbrochen ist die Klaviatür . . .
Ich beweine die blaue Tote.

Ach liebe Engel öffnet mir
– Ich aß vom bitteren Brote –
Mir lebend schon die Himmelstür –
Auch wider dem Verbote.

Nelly Sachs

Geboren 1891 in Berlin. Dichterin. Emigrierte 1940 zusammen mit ihrer Mutter nach Schweden. Nobelpreis 1966. Gestorben im Mai 1970 in Stockholm.

Chor der Geretteten

Wir Geretteten,
Aus deren hohlem Gebein der Tod schon seine Flöten schnitt,
An deren Sehnen der Tod schon seinen Bogen strich –
Unsere Leiber klagen noch nach
Mit ihrer verstümmelten Musik.
Wir Geretteten,
Immer noch hängen die Schlingen für unsere Hälse gedreht
Vor uns in der blauen Luft –
Immer noch füllen sich die Stundenuhren mit unserem tropfenden Blut.

Wir Geretteten,
Immer noch essen an uns die Würmer der Angst.
Unser Gestirn ist vergraben im Staub.
Wir Geretteten
Bitten Euch:
Zeigt uns langsam eure Sonne.
Führt uns von Stern zu Stern im Schritt.
Laßt uns das Leben leise wieder lernen.
Es könnte sonst eines Vogels Lied,
Das Füllen des Eimers am Brunnen
Unseren schlecht versiegelten Schmerz aufbrechen lassen
Und uns wegschäumen –
Wir bitten euch:
Zeigt uns noch nicht einen beißenden Hund –
Es könnte sein, es könnte sein
Daß wir zu Staub zerfallen –
Vor euren Augen zerfallen in Staub.
Was hält denn unsere Webe zusammen?
Wir odemlos gewordene,
Deren Seele zu Ihm floh aus der Mitternacht
Lange bevor man unseren Leib rettete
In die Arche des Augenblicks.
Wir Geretteten,
Wir drücken eure Hand,
Wir erkennen euer Auge –
Aber zusammen hält uns nur noch der Abschied,
Der Abschied im Staub
Hält uns mit euch zusammen.

Nachkriegszeit und Neuanfänge

Einander vergewissern, daß man noch lebt

INGEBORG DREWITZ

Die Schriftstellerin Ingeborg Drewitz (1923–1986) veröffentlichte 1985 das Buch „Hinterm Fenster die Stadt – Aus einem Familienalbum". Darin enthalten ist eine Erinnerung an das Kriegsende:

Einander vergewissern, daß man noch lebt. Die Fußwege durch die toten Straßen. Die Pferdekadaver sind weggeräumt. Die Trampelpfade über Ruinenfelder sind von Brennesseln gesäumt — so schnell wächst das! Auf Gleisen entlanggehen, weil die Eisenbahnbrücken über den Fluß wieder zusammengeflickt sind. Ziegelrote Windböen verkleben die Augen. Wo ein paar Häuser stehengeblieben sind oder ein ganzes Viertel, wimmelndes Leben. Und irgendwann das Haus erreichen, erschöpft hinaufsehen. Die Fenster sind mit Pappe vernagelt, durch die Fensterhöhlen im obersten Stockwerk sind Wolken zu sehen, aber das Frühjahr ist trocken, es regnet noch nicht durch. Sich in einem Zimmer wiederfinden, Gesichter wiedererkennen. Um einen Tisch sitzen auf Stühlen, auf Kisten. Jemand hat Brombeerblätter mitgebracht, jemand Kartoffelplinsen. Tee trinken und essen und erzählen. Ernst hat sich umgebracht, als die Russen mit der Durchsuchung der Häuser begannen, er hat mir auch eine Kapsel gegeben, aber . . . Dabei habe ich meinen Ernst doch gern gehabt, fünfundzwanzig Jahre lang! Und Käte weiß nichts über Franz und die beiden Jungen, siebzehn und sechzehn Jahre alt, Volkssturm, und Ilse hat alles verloren. Gut, daß Mutter das nicht mehr erlebt hat! Und Annemarie von nebenan ist vergewaltigt worden, und stellt euch vor, die Erna hat sich aufgehängt danach, und wir sind jetzt vier Familien in einem Zimmer . . . Bald müssen sich alle wieder auf die langen Wege machen, um vor der Sperrstunde in ihrem Bezirk zu sein, denn danach wird geschossen. Sie umarmen sich, sie reden sich gut zu. Anderes bleibt nicht zu sagen.

Tauschen, hamstern, stehlen

HELENE K.

Anders als nach Beendigung des Ersten Weltkrieges wurde in der ersten Zeit nach 1945 gerade die Arbeitskraft der Frauen dringend benötigt. Vier Millionen Männer waren gefallen und weitere sechs bis sieben Millionen noch in Kriegsgefangenschaft. Die Volkszählung von 1950 ergab, daß nahezu sechs Millionen alleinstehende Frauen im Bundesgebiet und in West-Berlin lebten. Deutschland lag in Schutt und Asche. Besonders in Berlin herrschte in den ersten Nachkriegswochen ein unbeschreibliches Chaos und Elend. Es gab viel zu wenig benutzbaren Wohnraum, keine funktionierenden Wasser- und Gasleitungen, kaum Nahrungsmittel – und täglich erreichten mehr Flüchtlinge die Stadt.
Es lag in den Händen der Frauen, das tägliche Überleben zu sichern, Ordnung zu machen, die Trümmer des Krieges zu beseitigen – und gleichzeitig den Kindern ein Zuhause zu schaffen und sie zu erziehen. Viele Frauen bildeten mit anderen Frauen Wohngemeinschaften, sei es mit Mutter, Schwester, Schwägerin, sei es mit Nachbarinnen oder Bekannten.
Helene K. lebte mit ihrem achtjährigen Sohn Heinz 1945 in Berlin in ihrer zerstörten Wohnung:

Wat sollte ick denn machen. Eines Tages stand da sonne junge Frau vor meiner Tür. Auffen Arm en Baby und an der Hand son kleener Steppke. Hatte nichts mehr, außer wat se auffen Leib hatte. An eine Wohnung war überhaupt nich zu denken. Det war 'n Flüchtling aus Ostpreußen oder so. Ach Gott, da stand se nun, so ganz allein – da hab ick se erst mal reingelassen. Aber, dat hab ick ihr gleich gesacht, nur für 'n paar Tage. Die Tage sind ganz schön lange geworden – aber det war auch gut so. Heinz und ick haben im Wohnzimmer gewohnt und sie mit ihren Kindern im Schlafzimmer. Und in der Küche haben wir dann zusammengelebt. Karla – so hieß se – war richtig ausgemergelt, aber ick hab dann immer zu ihr gesacht: „Karla – Kind, det nützt allet nich, wir müssen wat tun, damit wir unsere Gören durchkriegen."
Zuerst bin ick immer tauschen gefahren in aller Herrgottsfrühe, und dann, als ick nischt mehr hatte, hamstern und klauen. Ja, ick hab geklaut und wie ick geklaut habe, und wenn ick ganz ehrlich bin, bereut hab ick det nich. Denn – eines ist doch wohl mal klar – hätte ick det nich gemacht, wär ick und mein Heinz heute nich am Leben. Und glaubt irgendjemand etwa, daß uns die Reichen wat umsonst gegeben hätten? Und damals, 1945, gab et schon wieder Wohlhabende, ob se det wahrhaben wollen oder nich. Ick habe se doch gesehen, die Weiber mit ihren Pelzmäntel und so. Na, ja, Schwamm drüber – aber ick hab geklaut. Und mein Heinz auch. Eines Tages kommt der und hat Dosen mit Marmelade, Obst und Gemüse. Ich sach zu meinem Jungen: „Mensch, wenn dich der Iwan erwischt hätte!" Da lacht der mich an und sacht, die Rus-

sen hätten geplündert und die Kinder mitgenommen. Wat sollte ick da sagen, wenn der Russe det erlaubt, bitte sehr.
Karla und ick hatten uns die Arbeit eingeteilt. Wenn ick für die Essensbeschaffung zuständig war, mußte sie Wasserholen. Dat hört sich nun nach gar nischt an, aber für zwei Eimer Wasser mußte se oft Stunden anstehn, und dann waren ihre beiden Kinder immer bei Oma Polten. Also haben wir für die mitgesorgt und der wat mitgebracht, und abends, nachdem wir unsere herrliche Wassersuppe mit Aromastoff runtergeschlürft hatten, sind Karla und ick los und haben auf den Trümmern nach Baumaterial gesucht, denn wir sollten unsere Wohnung noch winterfest machen.

Trümmerfrauen

DORA R.

1946 kehrte Dora R. nach Berlin zurück und bekam Arbeit bei einer Firma, die Bauhilfsarbeiterinnen suchte.

An meinem ersten Tag als Trümmerfrau kann ich mich noch sehr gut erinnern. Ich war schon ganz früh wach und lauschte immer noch auf Geräusche wie Autos und Türenschlagen. Diese Geräusche von ankommenden Autos in der Morgendämmerung verhießen nie etwas Gutes. Wie oft kam die Gestapo, um meinen Mann mitzunehmen oder um mich zu verhören. Da hatten Nachbarn meinen Mann angezeigt, als er einmal keinen Judenstern am Mantel trug – weil ich vergessen hatte, den Stern von der Jacke auf den Mantel zu nähen. Ich saß dann immer stunden-, tagelang und wartete, und wenn er dann kam, fiel er immer in sein Bett und weinte. Oder wie oft haben sie mich morgens abgeholt zu Verhören. Stundenlang haben sie auf mich eingehämmert, mich scheiden zu lassen. Es war grauenhaft. Aber an diesem Morgen blieb alles ganz ruhig, und ich sagte mir immer wieder: Dora es ist Frieden, es ist Frieden, und wenn ein Auto kommt, ist das auch egal. Und dann mußte ich lachen, als ich daran dachte, daß ich gleich enttrümmern gehen würde, denn enttrümmert hatte ich schon einmal. Während des Krieges gab es unter der Tarnbezeichnung MI eine Aktion, wo die Arbeitsämter arische Ehefrauen aus jüdischen Mischehen dienstverpflichteten, um den Schutt von den Straßen zu räumen.
Jetzt ging ich also wieder zum Enttrümmern, und wieder nicht ganz freiwillig. Im Dunkeln ging ich los mit einer Tasse Muckefuck und einer Stulle im Magen und in einem Anzug von Herrn Stärke, dem verstorbenen Mann meiner Zimmerwirtin. Um die Beine hatte ich mir Zeitungspapier gewickelt, und darüber

Eine für die Nachkriegszeit typische Frauengemeinschaft auf der Flucht.

trug ich eine lange Unterhose, denn an der fehlenden Kleidung wollte ich als Trümmerfrau nicht scheitern. Wie immer bin ich zu früh losgerannt, denn als ich an meiner zukünftigen Arbeitsstelle ankam, war noch keiner da. Ich stand und bekam schon wieder Angst. Hoffentlich war das überhaupt richtig hier, und wie waren die Kollegen? Während ich dastand und wartete, ärgerte ich mich über meine Angst, die mich in Anfällen immer wieder überfiel. Endlich kamen die ersten Kolleginnen, und ich fühlte mich in meiner Angst bestätigt. „Kiek ma – da steht 'n flotter Vater" und „Komm mir bloß nich an die Wäsche" schrien und lachten die Frauen. Das war zuviel. „Da vergreif' ich mich doch schon lieber an 'ner Ratte", schrie ich zurück und war unheimlich stolz auf mich. Denn ich hatte mir vorgenommen, mit der Rolle der Dulderin, der Schweigerin, war jetzt Schluß. Eine Frau kam auf mich zu, und wir hätten uns fast geprügelt, wenn nicht der Meister dazwischengegangen wäre. Er teilte uns und unsere Arbeit ein, und wir zogen los. In meiner Gruppe waren wir vierzehn Frauen und zwei alte Männer, und wir hatten den Auftrag, Ruinen und Häuser, die nicht mehr aufgebaut werden sollten, leerzuräumen und nach brauchbarem Material zu suchen. Jede hatte Pickel, Schaufel und Eimer. Es war für mich schon eine schlimme Quälerei, obwohl ich ja eine solche Arbeit schon einmal mitgemacht hatte.

Kriegsehe-Probleme

CHARLOTTE W.

Der Mann von Charlotte W. kam 1946 aus der Gefangenschaft zurück. Er war körperlich und seelisch krank. Das Ehepaar wohnte nun mit Mutter und einem kleinen Sohn in einer winzigen Wohnung.

In der Kriegszeit waren wir sowieso getrennt, und dann kamen die Männer spät wieder. Oft wußte man gar nicht, ob sie überhaupt wiederkommen. Wir hatten noch gar nicht richtig angefangen, eine Ehe zu führen. Wir haben ja 1943 geheiratet. Eine sogenannte Kriegshochzeit war das, und '44 kam der Junge. So eine alteingefahrene Ehe war das nicht. Nun waren wir eigentlich zum ersten Mal zusammen. Und dann fehlte es an allen Ecken und Enden, nichts anzuziehen, nichts zum Essen, kaum Platz in der engen Wohnung, nichts zum Tauschen. Wir waren ja total ausgebombt. Wir hatten ja nichts. Es wurde so schlimm zwischen uns, auch weil er nichts tun wollte oder konnte. Er hat sich nicht rausgetraut, ist nicht Hamstern gefahren und nichts. Ich bin arbeiten gegangen und habe meine Arbeit gemacht, die ich als Hausfrau und Mutter zu machen hatte, aber mein Mann wollte seine Arbeit nicht machen, nämlich z. B. Holz ranschaffen. Wenn ich gesagt habe, wir frieren, geh doch ein Stubben [Baumstumpf] roden, dann ist er widerwillig gegangen oder auch nicht. Und das kann ich dann wohl vermerken, wenn ich mich in der schweren Zeit hinstelle und versuche, aus nichts ein Essen zu machen und Kräuter sammle, bloß damit ein bißchen Geschmack rankommt, stundenlang anstehe, die Wohnung sauberhalte, ihn sauberhalte, seine dreckigen Unterhosen wasche, dann kann ich doch erwarten, daß er seine Männerarbeit macht! Da bin ich lieber allein. Ich hab' mich dann scheiden lassen.

Den Frieden beschützen

INTERNATIONALE DEMOKRATISCHE FRAUENFÖDERATION

Auch wenn sich in den ersten Jahren nach dem Krieg keine der westlichen Besatzungsmächte vorstellen konnte, daß es jemals wieder *deutsche* Soldaten geben würde, so änderte sich diese Haltung im Laufe des „Kalten Krieges" mit der Sowjetunion. Die Angst vor den (angeblichen) Expansionsplänen der Sowjets war plötzlich größer als die Ablehnung einer Bewaffnung der Bundesrepublik. So wurden die Pläne zur militärischen Wiederbewaffnung der BRD vorangetrieben, in teilweise hysterischer Angst, daß man in Westdeutschland schon bald sowjetischen Truppen gegenüberstehen würde. – 1945 schon war in Paris unter Beteiligung von Frauen aus 41 Ländern die „Internationale Demokratische Frauenföderation" (IdFF) gegründet worden. Die Delegierten des Gründungskongresses hatten feierlich geschworen, mit all ihrer Kraft dafür zu kämpfen, daß der Welt ein dauerhafter Frieden gesichert würde. Zum 8. März 1951, dem auf Anregung Clara Zetkins seit 1910 gefeierten „Internationalen Frauentag", richtete der Rat der IdFF einen Appell „An die Frauen der Welt":

Der 8. März, der Internationale Frauentag, kommt heran. Laßt uns diesen Tag feiern unter der Parole des Kampfes für die Erfüllung der Beschlüsse des Zweiten Weltfriedenskongresses. An diesem Tage müssen wir alle das Banner des Friedens höher erheben. Der Krieg wütet in vielen Ländern Asiens und droht ein Weltkrieg zu werden.
Die rasenden Kriegstreiber führen in großer Hast eine wahnsinnige Kampagne zur Remilitarisierung Westdeutschlands durch und hoffen, die Tragödie Koreas [Koreakrieg 1950–1953] in Europa wiederholen zu können. Aber der Krieg kann und muß verhindert werden!
Der Zweite Weltfriedenskongreß gab den Menschen das konkrete Aktionsprogramm. Jeder von uns ist verpflichtet, mit ganzer Kraft für die Durchführung dieses Programms zu kämpfen. Wir alle sind vereint in dem leidenschaftlichen Streben, um das, was uns das Kostbarste ist, um das Leben unserer Kinder zu retten.
Laßt alle Frauen am 8. März demonstrieren, damit sie als eine unerschütterliche Mauer im Wege der Kriegsbrandstifter stehen. Im Namen des Lebens, im Namen unserer Zukunft laßt uns verlangen, daß unsere Regierungen Gesetze erlassen, die die Kriegspropaganda verbieten und den Frieden beschützen. Kämpft gegen das Wettrüsten! Es führt immer zum Krieg. Unsere Kinder brauchen Brot, keine Kanonen, sie brauchen Schulen, keine Kasernen, sie brauchen Häuser und nicht Friedhöfe. Verlangt die Herabsetzung der Rüstungsausgaben, denn sie werden Euch teuer zu stehen kommen. Verlangt, daß die Regierungen, die Billionen für dic Rüstung ausgeben, diese für soziale Ausgaben verwenden. Unterstützt die Erklärung des Weltfriedensrates durch energische Aktionen. Verlangt, daß Eure Regierungen den Weg der Abrüstung beschreiten.
Fordert gemeinsam mit allen Friedenskämpfern die sofortige Beendigung des Krieges in Korea und die Zurückziehung aller ausländischen Truppen aus diesem Land, das schon so lange gelitten hat.
Laßt das koreanische Volk sein eigenes Schicksal selbst entscheiden.
Sagt am 8. März den Kriegsbrandstiftern noch lauter, daß ihr den Vätern Eurer Kinder nicht erlauben werdet, die Kinder jener Menschen zu morden, die ihre Freiheit und Unabhängigkeit verteidigen. Verstärkt Euren Kampf gegen die Remilitarisierung Westdeutschlands! Erinnert Euch daran, daß Remilitarisierung die Vorbereitung für einen neuen Krieg ist und daß jede

Frau, die für den Frieden kämpft, die ganze Leidenschaft ihres Mutterherzens, den ganzen Mut und die Erfahrung im Kampf gegen die Remilitarisierung Westdeutschlands aufwenden muß.
Erhebt Eure zornerfüllten Stimmen gegen die Verfolgung der Friedenskämpfer und fordert energisch ihre Befreiung aus den Gefängnissen! Von Eurer Aktivität, Eurer Ausdauer und Entschlossenheit hängt es ab, ob der Krieg ausbrechen wird oder nicht. Wendet Eure ganze Kraft auf! Gebraucht jedes Mittel, damit Eure Männer und Söhne nicht kämpfen und ihr Blut vergießen müssen für die Interessen derer, die sogar am Krieg noch verdienen.
Kämpft noch mutiger in den Reihen der Friedensbewegung, unterstützt und führt die Beschlüsse des Weltfriedenskongresses noch entschlossener durch.
Bezieht alle Frauen in die Friedensbewegung ein, ganz gleich, wo sie leben, welche Sprache sie sprechen, welchen Glauben sie haben.
Laßt uns die Reihen enger schließen! Die dunklen Kräfte der Zerstörung müssen weichen vor den entschlossenen Reihen der Friedenskämpfer.
Wir geben das Leben und müssen es verteidigen!

Rat der Internationalen Demokratischen Frauenförderation

Zum Erscheinen der „Frau von Heute“

Mit der „Frau von Heute“ erscheint zum erstenmal seit 1933 in Westdeutschland eine Zeitschrift für die werktätigen Frauen, für die Frauen, die sich ihr Leben durch ihre Arbeit aufbauen, sei es im eigenen oder fremden Haushalt, sei es in der Fabrik, im Büro, im Laboratorium, im wissenschaftlichen Institut oder in der Nähstube.
Zahlreich sind die Zeitschriften, die an den Zeitungskiosken unserer Städte zu haben sind. Und viele von ihnen geben vor, „für die Frauen“ zu schreiben. Aber „für die Frauen“ schlechthin, gibt es das? Unterscheidet sich nicht das Leben jener Frauen, von denen wir anfangs sprachen, das Leben der Hausfrau beispielsweise, die ihre Kinder versorgt und ihren Haushalt betreut oder das Leben der Textilarbeiterin, der Kriegerwitwe, der Buchhalterin oder der Lehrerin und Ärztin von dem Leben der Frauen, die morgens zum Tennisspiel gehen, nachmittags zu irgendeinem Tanztee und die am Abend die duftigen Gebilde tragen, die uns in den Zeitschriften „für die Frauen“ so verführerisch angepriesen werden? Das, was auf den bunten Seiten jener Zeitschriften schillert, hat mit dem Leben der Mehrzahl unserer Frauen nichts zu tun, denn das Leben der werktätigen Frau sieht ganz, ganz anders aus, als es sich auf den Seiten der Zeitschriften, die vorgeben, „für die Frauen“ zu schreiben,

abspielt. Sehen Sie, deswegen geben wir, Herausgeber und Redaktion der „Frau von Heute“, nicht vor „für die Frau“ schlechthin zu schreiben. „Die Frau von Heute“ ist eine Zeitschrift für die werktätigen Frauen und will es sein. Wir wollen über ihre Sorgen nicht hinwegreden und sie nicht zudecken mit bebildertem Geschwätz über den Fünf-Uhr-Tee im Hotel Soundso, den Sie doch nicht besuchen werden, sondern wollen Ihnen zeigen, wie Sie Ihrer Sorgen Herr werden können. Wir wollen die Beunruhigung, die Sie, wie Millionen Frauen und Mütter in der Welt, über die drohende Kriegsgefahr empfinden, nicht beschwichtigen, indem wir Ihnen erzählen, daß in „Ihren Sternen“ das Glück geschrieben steht. Wir wollen Ihnen die Wahrheit sagen, daß es nur auf uns selbst ankommt, die furchtbare Gefahr zu bannen durch unseren bedingungslosen Eintritt für den Frieden.
Die Frauen, die wir meinen und für die wir schreiben, können nicht an die Riviera fahren, die jetzt, wie in den Zeitschriften „für die Frauen“ lockend verkündet wird, wieder für den Reiseverkehr aus Deutschland geöffnet ist. Aber in den Blättern der „Frau von Heute“ werden diese Frauen vom Leben der Frauen und Mütter in allen Ländern der Welt erfahren. Uns binden die gleichen Sorgen, uns vereint die gleiche Sehnsucht nach Frieden. In der „Frau von Heute“ werden Sie lesen, wie es in anderen Ländern wirklich aussieht. Mit der „Frau von Heute“ werden Sie durch die Welt reisen mit offenen Augen und offenem Sinn. Wir wissen, daß Sie am Abend nach des Tages Arbeit müde sind und nach einer Entspannung suchen. Die „Frau von Heute“ wird Ihnen mit fesselnden Erzählungen, mit einem guten Roman, mit Humor und Rätseln und vielen interessanten Bildern diese Entspannung bieten. Und schließlich wird Ihnen „Die Frau von Heute“ mit ihrem Modeteil und Schnittmusterbogen helfen, Ihre und Ihrer Kinder Kleider nett und geschmackvoll herzustellen.
„Die Frau von Heute“ wird Ihnen stets eine gute Gefährtin sein.

Redaktion und Verlag „Die Frau von Heute“ (1950)

Herausgeber der „Frau von Heute“ war der „Demokratische Frauenbund Deutschlands“, gegründet im März 1947 als überregionale und überparteiliche Frauenorganisation in Berlin und – nach der Teilung Deutschlands – in der Bundesrepublik ab 1950 zunächst auf örtlicher Ebene tätig. Auch für den DFD waren Friedenssicherung und Kampf gegen die Wiederbewaffnung die großen Themen. Daneben setzten sich die Frauen jedoch von Anfang an für die Gleichberechtigung der Geschlechter und die dazu notwendigen demokratischen Verhältnisse ein. So war zum Beispiel die Berufstätigkeit der Frau für die DFD-Mitglieder eine wesentliche Grundbedingung zur Emanzipation.

„Wir sehen die Berufstätigkeit der Frau ... auch unter dem Gesichtspunkt, daß sie entscheidend ist für die Entwicklung der Frau zu einer selbständigen Persönlichkeit. In dem Maße, wie die Frau in das Berufsleben eintritt, wird sie materiell selbständig.

Sie ist nicht mehr vom Manne wirtschaftlich abhängig. Durch ihre Berufsarbeit erhält sie einen geweiteten Horizont, weil sie nicht mehr nur an das Haus gefesselt ist. Damit wird sie selbstbewußt."

Der DFD legte 1954 einen eigenen Gesetzentwurf im Hinblick auf die seit 1949 im Grundgesetz der Bundesrepublik, Artikel 3, Absatz 2, verankerte Gleichberechtigung der Frau vor. Der Frauenbund bemängelte nämlich, daß nirgends die politischen, wirtschaftlichen und beruflichen Rechte der Frauen geregelt seien. In seinem Entwurf forderte der DFD neben gleichem Lohn für gleiche Arbeit unter anderem auch einen Hausarbeitstag im Monat und Arbeitsbedingungen in den Betrieben, die den „physischen Besonderheiten" der Frauen angepaßt seien.
Den konservativen Politikern der BRD waren die Aktivitäten und Ziele des DFD schließlich eine zu große „Bedrohung": Am 10. April 1957 wurde der Demokratische Frauenbund Deutschlands verboten, mit der Begründung, er sei eine „verfassungswidrige, staatsgefährdende, kommunistische Tarnorganisation".

Berufstätigkeit der Frauen

Maria Weber, Deutscher Gewerkschaftsbund

Ungefähr fünf Jahre nach Kriegsende begann sich die Lage in der Bundesrepublik zu entspannen. Die Wohnungsnot verringerte sich, und wirtschaftlicher Aufschwung war in Sicht. Das alltägliche Leben normalisierte sich weitgehend. Bald wurden bei den Konservativen und der katholischen Kirche wieder Stimmen laut, die die traditionelle Struktur von Ehe und Familie priesen und folglich die Frauen am liebsten erneut nur im Haushalt und mit den Kindern beschäftigt sahen. Nur mit großer Sorge nahmen sie den weiteren Anstieg der Frauenarbeit außerhalb des Hauses zu Zeiten des sogenannten „Wirtschaftswunders" zur Kenntnis. Es entstanden heftige Diskussionen über das Für und Wider der Berufstätigkeit von *Müttern,* die Gegner warfen ihnen „Luxussucht" und „übersteigertes Geltungsbedürfnis" vor, und daß sie ihre „Schlüsselkinder" vernachlässigten. Der Deutsche Gewerkschaftsbund, gegründet in der BRD im Mai 1949, hatte in seinem Grundsatzprogramm Forderungen für die erwerbstätige Frau festgelegt. In einer Presseerklärung vom 30. August 1960 bezog Maria Weber von der Hauptabteilung Frauen im Bundesvorstand des DGB deutlich Stellung zu den Forderungen nach einer gleichberechtigten Berufstätigkeit der Frau und zur sozialen Situation der Familie:

Der DGB geht von der Feststellung aus, daß

1. Frauenarbeit heute und in der Zukunft ein unentbehrlicher Faktor für die Wirtschaft ist und bleibt;
2. die Frauenarbeit also kein vorübergehender Zustand mehr ist;
3. trotz zunehmender Automation die Frau als Arbeitskraft gebraucht wird und

4. durch die Erhöhung des Lebensstandards und die Verlängerung der arbeitsfreien Zeit eine Ausweitung der Beschäftigung in den nicht produzierenden Bereichen vor sich geht (Handel, Dienstleistungen usw.), in denen schon immer ein hoher Anteil der Frauenarbeit vorhanden war.

Hinzu kommt, daß durch die allgemeine Wehrpflicht heute ein erheblicher Teil der arbeitsfähigen jungen Männer für ein Jahr dem Arbeitsleben entzogen wird. Frauen treten im Betrieb an ihre Stelle, und darüber hinaus werden bei der Bundeswehr selbst viele Frauen beschäftigt.

Änderungen im Lebenslauf der Frau

Andererseits muß nach gewerkschaftlicher Auffassung auch die sonst noch viel zu wenig beachtete Tatsache berücksichtigt werden, daß durch die längere Lebenserwartung entscheidende Änderungen im Lebenslauf der Frau eingetreten sind. Während um 1900 die mittlere Lebenserwartung bei 48 Jahren lag, beträgt sie heute 68 Jahre. Die Zeit, in der die Frau mit der Erziehung der Kinder ausgefüllt ist, macht daher nur etwa ein Drittel ihrer gesamten Lebensdauer aus. So steht jetzt allgemein nicht nur das heranwachsende Mädchen bis zur Eheschließung oder bis zur Geburt des Kindes im Erwerbsleben, sondern man findet häufig einen Wiedereintritt ins Berufsleben, wenn die Kinder herangewachsen sind, die Mutter sich nicht mehr ausgelastet fühlt und entsprechende Anreize zur Wiederaufnahme der Arbeit vorhanden sind. [....]
Die Gewerkschaften fühlen sich verpflichtet, dafür zur sorgen, daß auch die Frauen den Arbeitsplatz bekommen, den sie sich auf Grund ihrer geistigen Fähigkeiten und handwerklichen Geschicklichkeiten verdienen, und zwar nicht nur in Notzeiten, nicht nur im Notdiensteinsatz und im Katastrophenfall. In diesen Zeiten haben Frauen immer bewiesen, daß sie dazu befähigt sind. Darum beanspruchen wir diese Plätze in normalen Zeiten und für die Dauer des gesamten Arbeitslebens.

Die soziale Situation der Familie

Für die allermeisten Frauen stellt sich allerdings nicht die Frage, ob sie arbeiten wollen. Sie müssen arbeiten und Geld verdienen,
a) weil sie allein stehen,
b) weil sie durch ein besonderes Schicksal der Ernährer ihrer Familien sind,
c) weil das Einkommen des Ehemannes nicht ausreicht,
d) weil die Kinder eine gute Berufsausbildung haben sollen.
Die Gewerkschaften bedauern, daß viele Mütter mit kleinen Kindern aus materieller Not gezwungen sind, zu arbeiten, weil die Betreuung der Kinder durch die Mütter nicht hoch genug bewertet werden kann.
Aber auch die Mütter selbst leiden darunter. Sie erleiden zudem durch doppelte Belastung oft auch gesundheitlichen Schaden. Leichtfertig werden solche Mütter von Außenstehenden abgeurteilt.

Bei einer solchen Verallgemeinerung ist an alleinstehende Mütter überhaupt nicht gedacht. Aber auch in vielen Familien sind die Mütter gezwungen, zum Lebensunterhalt beizutragen, da diese Familien einkommensmäßig auf der Stufe von Fürsorgeempfängern stehen.
Selbstverständlich arbeiten auch Frauen und Mütter in Betrieben und Büros, die nicht aus materieller Not dazu gezwungen werden. Immer sollte aber die persönliche Entscheidung respektiert werden. Kein Außenstehender kann beurteilen, warum eine Frau arbeitet. Es ist zweifellos sehr anerkennenswert, wenn Eltern um der Kinder willen auf viele Dinge, auf die sie auch ein Recht hätten, freiwillig verzichten. Es gibt aber auch Eltern, die, um ihren Kindern mehr geben zu können, beide arbeiten gehen. Sie dürfen deshalb nicht in der Öffentlichkeit diffamiert werden. [...]
Die finanzielle Grundlage der Familie bedeutet sehr viel und entscheidet darüber

- ob von dem Einkommen des Vaters die ganze Familie leben kann, ob die Mütter bzw. die zukünftigen Mütter, wie sie es sich fast alle wünschen, daheim bei ihren Kindern bleiben können, ob die Familie es sich leisten kann, die Kinder etwas lernen zu lassen.

Dabei geht es den Gewerkschaften bei ihrem Kampf um Verbesserungen und Erleichterungen für den arbeitenden Menschen und seine Familie nicht nur um die materiellen Dinge und nicht nur um Tagesfragen. Mit der Schaffung der materiellen Voraussetzungen wollen sie auch Vorsorge treffen, daß der Einzelne und die Familie in der Lage sind, sich geistig so zu entfalten, wie es der Würde des Menschen entspricht.

Das Hauptziel der Gewerkschaften bei ihrem Einsatz für die berufstätigen Frauen war die Abschaffung der „Frauenlohngruppen", nach denen die Arbeiterinnen weniger Geld als ihre männlichen Kollegen bekamen, selbst wenn sie die gleiche Arbeit taten. Sicherlich ist es dem Einsatz der Gewerkschaften zu verdanken, daß die Frauenlohngruppen 1955 schließlich für gesetzeswidrig erklärt wurden. Allerdings gab es jetzt sogenannte „Leichtlohngruppen" für „leichte" und „einfache" Arbeiten, in denen ca. 90 % Frauen „leicht und einfach" einzugruppieren waren ...

Aus dem Album einer Pfadfinderin – 1952/53

Dem Fröhlichen gehört die Welt,
die Sonne und das Himmelszelt.

Denke gern zurück an Deine erste Jungscharfreizeit in Urspring im Juli 1952. Deine Gerda

Manifest des Weltkongresses der Mütter gegen die Atomgefahr

1955

Zum ersten Mal haben wir Frauen und Mütter aus 66 Ländern aller Kontinente uns hier in Lausanne auf einem Weltkongreß der Mütter vom 7. bis 10. Juli 1955 vereint, wir, die wir uns durch unsere Sprache, unsere Lebensgewohnheiten, Glaubensbekenntnisse, Weltanschauungen und sozialen Bedingungen unterscheiden.

Wir sind hierhergekommen, von dem gleichen Willen beseelt, unsere Kinder vor dem Krieg zu schützen und ihnen eine Zukunft des Friedens und des Glückes zu sichern ...

Sprechen wir zu den Herzen und zur Vernunft all jener, die wir noch nicht erreicht haben. Sagen wir denen, die sich der Gefahr noch nicht bewußt sind, daß es nicht genügt, unsere Kinder zu lieben, sondern daß wir sie auch gegen den Krieg schützen müssen.

Wenden wir uns an jene, die auch für den Frieden arbeiten, aber noch nicht gemeinsam handeln wollen. Isoliert oder getrennt vermögen wir nichts, vereint sind wir unbesiegbar.

Frauen aller Länder!

Der Weltkongreß der Mütter bringt Euch diese große Hoffnung der Einheit.

Wir alle, die wir wissen, wieviel Zeit und Mühe es kostet, ein Kind aufzuziehen, einen Menschen aus ihm zu formen, wir wollen nicht, daß man das Leben, das wir geben, vergeudet.

Wir wollen keinen Krieg!

Möge sich unsere Stimme immer lauter erheben. Wir wollen mit Abscheu schon die bloße Vorstellung zurückweisen, daß man je Atomwaffen anwenden könnte. Verlangen wir ihr Verbot und ihre Vernichtung. Wir wollen, daß die Atomenergie nur friedlichen Zwecken dient.

Wir können nicht dulden, daß ungeheure Geldsummen von den Kriegsvorbereitungen verschlungen werden, während unzählige Menschen Hunger leiden. Erzwingen wir die Abrüstung.

Verlangen wir, daß die für die Herstellung von Waffen bestimmten Mittel zum Bau von Wohnhäusern, Krankenhäusern, Schulen und Entbindungsheimen und für ein besseres Leben unserer Kinder verwendet werden.

Alle Hilfsquellen der Erde müssen dazu dienen, das Leben der Menschen zu erleichtern.

Aber es genügt nicht, nur unseren Willen auszudrücken; wir wollen nicht ruhen, bis wir unsere Ziele verwirklicht haben.

Frauen aller Länder!
Wir wollen nicht, daß unsere Söhne einander töten.
Erziehen wir unsere Kinder in der Liebe zu allen Völkern. Lassen wir nicht zu, daß man ihren Geist verdirbt, indem man Überheblichkeit und Rassenvorurteile züchtet.
Alle Kinder, weiße, gelbe und schwarze, sind gleich. Sie haben die gleichen Rechte und müssen alle zusammen geschützt werden.
Unser Kongreß war der tiefe Ausdruck der unzerreißbaren Freundschaft der Frauen der ganzen Welt. Leisten wir den Eid, einig zu bleiben und unsere Begegnungen häufig zu wiederholen
- für die Verteidigung unserer Kinder gegen den Krieg,
- für Abrüstung und Freundschaft zwischen den Völkern.
Reichen wir uns, zu Millionen auf der ganzen Welt, die Hände.
Einstimmig angenommen.

Lausanne, 10. Juli 1955

Die Teilnehmerinnen des Weltkongresses der Mütter

Wirklich gleichberechtigt?

Die Gleichberechtigung der Geschlechter war nun im Grundgesetz der Bundesrepublik verankert – nicht zuletzt aufgrund des Drucks der Frauenorganisationen. Artikel 117 des Grundgesetzes hob die Wirksamkeit des entsprechenden Artikels 3, Absatz 2 jedoch gleich wieder auf – wenn auch befristet bis zum 31. März 1953. Die Gesetzgeber mußten nämlich zunächst die alten Ehe- und Familienrechtsbestimmungen des Bürgerlichen Gesetzbuches von 1896, die noch ganz der patriarchalischen Gesellschaftsordnung entsprachen, dem neuen Grundgesetz und der Gleichberechtigung anpassen! Sie taten sich hierbei denkbar schwer. Die Frist verstrich – zwei Regierungsentwürfe eines Gleichberechtigungsgesetzes aus den Jahren 1952 und 1953 waren an den unterschiedlichen Einsprüchen von Parteien, Kirchen und Frauenorganisationen gescheitert. Das Bundesverfassungsgericht mußte im Dezember 1953 erst einmal Rechtssicherheit schaffen, indem es die Gleichberechtigung von Mann und Frau auch *ohne* entsprechendes BGB-Anpassungsgesetz für wirksam erklärte. Es dauerte schließlich bis zum Mai 1957, daß der Bundestag das „Gesetz über die Gleichberechtigung von Mann und Frau auf dem Gebiet der bürgerlichen Ehrenrechte“ verabschieden konnte. Die Gegenüberstellung einiger alter BGB-Paragraphen und der neuen Gleichberechtigungsgesetz-Paragraphen zeigt, was sich „zugunsten“ der Frauen verändert hatte.

Mutterglück in den fünfziger Jahren.

Bürgerliches Gesetzbuch 1896

§ 1354

Dem Manne steht die Entscheidung in allen das gemeinschaftliche eheliche Leben betreffenden Angelegenheiten zu; er bestimmt insbesondere Wohnort und Wohnung.
Die Frau ist nicht verpflichtet, der Entscheidung des Mannes Folge zu leisten, wenn sich die Entscheidung als Mißbrauch seines Rechtes darstellt.

§ 1356

Die Frau ist, unbeschadet der Vorschriften des § 1354, berechtigt und verpflichtet, das gemeinschaftliche Hauswesen zu leiten.
Zu Arbeiten im Hauswesen und im Geschäfte des Mannes ist die Frau verpflichtet, soweit eine solche Tätigkeit nach den Verhältnissen, in denen die Ehegatten leben, üblich ist.

Gleichberechtigungsgesetz 1957

§ 1354

fällt weg.

§ 1356

Die Frau führt den Haushalt in eigener Verantwortung. Sie ist berechtigt, erwerbstätig zu sein, soweit dies mit ihren Pflichten in Ehe und Familien vereinbar ist.
Jeder Ehegatte ist verpflichtet, im Beruf oder Geschäft des anderen Ehegatten mitzuarbeiten, soweit dies nach den Verhältnissen, in denen die Ehegatten leben, üblich ist.

§ 1357

Die Frau ist berechtigt, innerhalb ihres häuslichen Wirkungskreises die Geschäfte des Mannes für ihn zu besorgen und ihn zu vertreten. Rechtsgeschäfte, die sie innerhalb dieses Wirkungskreises vornimmt, gelten als im Namen des Mannes vorgenommen, wenn nicht aus den Umständen sich ein Anderes ergibt.

Der Mann kann das Recht der Frau beschränken oder ausschließen. Stellt sich die Beschränkung oder die Ausschließung als Mißbrauch des Rechtes des Mannes dar, so kann sie auf Antrag der Frau durch das Vormundschaftsgericht aufgehoben werden.

§ 1357

Die Frau ist berechtigt, Geschäfte, die innerhalb ihres häuslichen Wirkungskreises liegen, mit Wirkung für den Mann zu besorgen. Aus Rechtsgeschäften, die sie innerhalb dieses Wirkungskreises vornimmt, wird der Mann berechtigt und verpflichtet, es sei denn, daß sich aus den Umständen etwas anderes ergibt; ist der Mann nicht zahlungsfähig, so wird auch die Frau verpflichtet.

Der Mann kann die Berechtigung der Frau, Geschäfte mit Wirkung für ihn zu besorgen, beschränken oder ausschließen; besteht für die Beschränkung oder Ausschließung kein ausreichender Grund, so hat das Vormundschaftsgericht sie auf Antrag der Frau aufzuheben.

§ 1360

Der Mann hat der Frau nach Maßgabe seiner Lebensstellung, seines Vermögens und seiner Erwerbsfähigkeit Unterhalt zu gewähren.

Die Frau hat dem Manne, wenn er außer Stande ist, sich selbst zu unterhalten, den seiner Lebensstellung entsprechenden Unterhalt nach Maßgabe ihres Vermögens und ihrer Erwerbsfähigkeit zu gewähren.

Der Unterhalt ist in der durch die eheliche Lebensgemeinschaft gebotenen Weise zu gewähren.

§ 1360

Die Ehegatten sind einander verpflichtet, durch ihre Arbeit und mit ihrem Vermögen die Familie angemessen zu unterhalten.

Die Frau erfüllt ihre Verpflichtung, durch Arbeit zum Unterhalt der Familie beizutragen, in der Regel durch die Führung des Haushalts; zu einer Erwerbstätigkeit ist sie nur verpflichtet, soweit die Arbeitskraft des Mannes und die Einkünfte der Ehegatten zum Unterhalt der Familie nicht ausreichen und es den Verhältnissen der Ehegatten auch nicht entspricht, daß sie den Stamm ihrer Vermögen verwerten.

§ 1360 a

Der angemessene Unterhalt der Familie umfaßt alles, was nach den Verhältnissen der Ehegatten erforderlich ist, um die Kosten des Haushalts zu bestreiten und die persönlichen Bedürfnisse der Ehegatten und den Lebensbedarf der gemeinsamen unterhaltsberechtigten Kinder zu befriedigen.
Der Unterhalt ist in der Weise zu leisten, die durch die eheliche Lebensgemeinschaft geboten ist. Der Mann ist verpflichtet, der Frau seinen Beitrag zum gemeinsamen Unterhalt der Familie für einen angemessenen Zeitraum im voraus zur Verfügung zu stellen.

§ 1627

Der Vater hat kraft der elterlichen Gewalt das Recht und die Pflicht, für die Person und das Vermögen des Kindes zu sorgen.

§ 1627

Die Eltern haben die elterliche Gewalt in eigener Verantwortung und in gegenseitigem Einvernehmen zum Wohle des Kindes auszuüben. Bei Meinungsverschiedenheiten müssen sie versuchen, sich zu einigen.

Erst 1977 wurde das Ehe- und Familienrecht in eine Fassung umgeändert, die heute noch gültig ist und auf eine partnerschaftliche Lebensgemeinschaft ohne Rollenfixierung zielt. Sowohl der Mann als auch die Frau sind gleichermaßen berechtigt, berufstätig zu sein und nach Absprache untereinander den Haushalt zu führen. Bei einer Scheidung wird nicht mehr die Frage nach der „Schuld“ für das Scheitern der Ehe gestellt, sondern die Ehe wird wegen „Zerrüttung“ geschieden. Am 1. Januar 1980 trat das „Gesetz zur Neuregelung der elterlichen Sorge“ in Kraft, das den Begriff „elterliche Gewalt“ (§ 1627) abschaffte.

Sexy muß es sein

Uschi Nerke

Uschi Nerke moderierte sieben Jahre lang für Radio Bremen den Beat-Club, *die* Musiksendung der jungen Leute in den sechziger Jahren. Sie berichtete in dem Buch „Unbekannte Wesen – Frauen in den 60er Jahren" über ihren Ruf als „Mode-Trendsetterin" im Studio:

Nerviger für mich war die Tatsache, daß die „Maske", der einzige Raum im Sendegebäude mit Aussicht auf Ruhe und Entspannung und gleichzeitiger kurzzeitiger Verschönerung abseits vom „Studio" im Hauptgebäude lag.
Um es genauer zu erklären, stelle man sich folgendes vor: Zum abgesprochenen Termin komme ich zur Maskenbildnerin in diese besagte Oase und darf noch gerade zweieinhalb Minuten wirklich ich selbst sein.
Dann beginnt das große Wunder. Die Haare werden aus dem Gesicht gesteckt, die Gesichtshaut mit einer Feuchtigkeitscreme eingerieben. Teintgrundierung wird nach Abdeckschminke aufgetragen, die Nasenflügel, Kinnknochen-Partien etc. dunkler abgedeckt. Nun Augenbrauenstift (Kajal gibt's noch nicht), Lidschatten, und dann das wichtigste, die falschen Wimpern. Wie man heute diese Dinger anklebt, weiß ich nicht.
Damals allerdings waren es echte „Nerzwimpern", die an einem dicken Band aufgereiht waren und sich demnach entsprechend „starr" gegen eine Verarbeitung sträubten. Um diese Dinger der Form des Augenlids anzupassen, mußte man sie mit furchtbar viel Kleber (Mastex) und genausoviel Hartnäckigkeit in gewünschter Weise bearbeiten.
Klebten diese Wunderdinger nun an mir, hatte ich Rouge und Puder im Gesicht, begann der Kampf mit den Haaren, Toupieren war in. Und wie damals toupiert wurde. Ich hatte zwar immer viele Haare, aber was die Maskenbildnerin da mit meiner natürlichen Haarpracht veranstaltete, war sogar für mich faszinierend [. . .]

Ein ganz anderes Problem war z. B. jedesmal die Frage: Und was ziehst du diesmal wieder an?
Wenn ich zu diesem Thema meinen damaligen Regisseur Mike Leckebusch fragte, sagte er jedesmal: Kurz muß es sein, sexy muß es sein, kein Flimmermuster darf es sein, blau darf schon gar nicht dabei sein – na, du weißt doch selber, was ganz Irres muß es sein!
Da saß ich dann jedesmal vor der Sendung allein in meinem Kämmerlein und quälte mich als Ideengeber durch den Playboy. Meistens saß ich noch am Abend vor der Sendung an der Nähmaschine und kreierte aus einem winzigen Fetzen Stoff eine neue ganz „irre" Schöpfung.

Einige Male reichte aber auch die Zeit nicht zur vollständigen Fertigstellung meines Superminigewandes. Dann saß ich eben am nächsten Tag für die Beat-Club-Ansagen höchst dekorativ auf einem Barhocker, und mein „Irres-Etwas“ wurde am Rücken mit Wäscheklammern zusammengehalten.
Hatten wir vor der Sendung noch fünf Minuten mehr Zeit, hat mich die Garderobiere einfach sinnig grinsend „hinten“ zugenäht. Gegenüber der „Wäscheklammerschließmethode“ garantierte diese Art wenigstens Sicherheit über die ganze Sendezeit.

Eine andere Art der Problematik ergab sich aus der Höhe des Rocksaumes. In den ersten Sendungen tat sich diesbezüglich gar nichts. Ich erschien vor der Kamera entweder in Hosen oder in Kleidern, deren Rocksaum brav das Knie bedeckte.
Vor der siebten oder achten Sendung jedoch meinte Mike Leckebusch zu mir, ich solle mich doch mal ein bißchen poppiger nach englischem Vorbild zurechtmachen, denn schließlich sei ich doch für die deutschen Jugendlichen so etwas wie ein „modischer Vorreiter“ und außer als bei uns könne sich die deutsche Jugend doch nirgendwo anders informieren, was „in“ sei. Für die Musikinformation würde er selber sorgen, ich sei für die Mode da!
Gesagt, getan! Wieder saß ich an der Nähmaschine und nähte mir – natürlich wieder nach eigenem Entwurf – ein für damalige Zeiten absolut futuristisches Kleid. Die derzeitige Popmetropole London morste über den Kanal, daß Quadrate und Rhomben das absolute „Non plus ultra“ seien. Also applizierte ich in mühevoller Kleinarbeit derartige Figuren auf meinen ärmellosen Hänger und ließ als i-Tüpfelchen in einem Anfall von waghalsigem Übermut den Rocksaum eine ganze Handbreite *über* dem Knie enden. Welch eine Vermessenheit für Anfang des Jahres 1966! [...]

Der Rocksaum kletterte immer höher. Bald sprach man nicht mehr von Röcken, sondern von breiten Gürteln. Das Bücken war nur in äußersten Notfällen erlaubt, und wenn, dann bitte ganz damenhaft.
Auch sitzen konnte man nicht, wie man wollte. Ewig zog und zerrte man an diesem Stückchen Stoff, obwohl man genau wußte, daß es links fehlte, wenn man rechts zog.
Ganz idiotisch allerdings wurde es im Winter. Oder würden Sie sich heute freiwillig bei minus 20 Grad ab Taille abwärts nur mit solch einem breiten Gürtel, einer Perlonstrumpfhose und hochhackigen Pumps bekleidet für einige Stunden an die frische Winterluft begeben?

Wenn ich an diese manchmal abenteuerliche Zeit zurückdenke, kann ich mir ein leises, schmunzelndes Kopfschütteln kaum verkneifen. Über mich selbst genauso wie über meine tapferen Mitstreiterinnen.
Aber wie groß die uns selbst auferlegten „Unmöglichkeiten“ auch waren, wir ertrugen alles mit wahrer Wonne!

Frauenfunk

MARIE-LUISE KASCHNITZ

Als das Gedicht „Frauenfunk" entstand, war die Autorin bereits älter als 60 Jahre. Es liest sich wie eine Aufforderung an die Frauen, ihr Leben auf den Kopf zu stellen, „auszusteigen", die Welt zu verändern. Allerdings verrät Marie-Luise Kaschnitz (1901–1974) ihre „Rezepte" nur nachts, „wenn niemand mehr zuhört" – die jungen Frauen der „neuen" Frauenbewegung nach 1968 hatten sehr bald Wut und Mut genug, ihre Vorstellungen lautstark und am Tage kundzutun.

Eines Tages sprech ich im Rundfunk
Gegen Morgen wenn niemand mehr zuhört
Meine gewissen Rezepte

Gießt Milch ins Telefon
Laßt Katzen hecken
In der Geschirrspülmaschine
Zerstampft die Uhren im Waschtrog
Tretet aus Euren Schuhen

Würzt den Pfirsich mit Paprika
Und das Beinfleisch mit Honig

Lehrt eure Kinder das Füchsinneneinmaleins
Dreht die Blätter im Garten auf ihre Silberseite
Beredet euch mit dem Kauz

Wenn es Sommer wird zieht euren Pelz an
Trefft die aus den Bergen kommen
Die Dudelsackpfeifer
Tretet aus Euren Schuhen

Seid nicht so sicher
Daß es Abend wird
Nicht so sicher
Daß Gott euch liebt.

4

Die Neuen Frauen

Un-Ruhe-Jahre 1967/68: Massenproteste nach der Tötung des Studenten Benno Ohnesorg während einer Demonstration gegen den Schah-Besuch in Berlin; internationale Demonstrationen gegen den Vietnam-Krieg; der Beginn des Prager Frühlings nach dem Rücktritt Novotnys in der Tschechoslowakei; die Ermordung Martin Luther Kings in Memphis/USA; Protestkundgebungen und Massendemonstrationen in der Bundesrepublik gegen die Politik der Großen Koalition, gegen die Notstandsgesetze, gegen den Springerkonzern. Es bildete sich eine breite „Außerparlamentarische Opposition" (APO), eine engagierte politische Bewegung, die ihre Interessen nicht durch die vorhandenen politischen Institutionen vertreten sah. Diese Oppositionsbewegung wurde vor allem von den Studenten getragen. Selbstverständlich beteiligten sich auch die Student*innen* an den Protesten und Aktionen, jedoch waren sie sehr bald verärgert über das Verhalten ihrer männlichen Kommilitonen. Diese kämpften lautstark gegen die gesellschaftliche Unterdrückung, ohne dabei wahrzunehmen, wie sie selber täglich ihre Genossinnen im privaten wie im politischen Bereich „unterdrückten". Die Frauen wollten es nicht hinnehmen, daß sie wieder einmal in eine wichtige politische Entwicklung nicht einbezogen wurden. Die Männer machten wie eh und je *ihre* Politik, die Frauen wurden wie eh und je in den politischen Diskussionen nicht gleichberechtigt ernst genommen. Die Studentinnen fanden ihre eigene Protestform und bildeten schon 1968 innerhalb des Sozialistischen Deutschen Studentenbundes sogenannte „Weiberräte" an den Universitäten. Auf einer Konferenz hielt eine Studentin ein Referat – nicht etwa allgemein politischen Inhalts, sondern über den Unmut der Frauen, über den „Konflikt zwischen Anspruch und Wirklichkeit" bei den Männern. Als die Kommilitonen am

Ende dieses Beitrags teils belustigt, teils erschrocken, aber ohne weitere Diskussion zur politischen Tagesordnung übergehen wollten, warf eine erboste Studentin mit Tomaten. Damit hatte die „Revolte in der Revolte" begonnen; das dringende Bedürfnis nach Frauensolidarität, nach einer neuen, starken Bewegung von Frauen – zunächst einmal innerhalb der Studentenbewegung – hatte sich gefestigt.

Als die Studentenunruhen nach der Regierungsübernahme der sozialliberalen Koalition in Bonn im Herbst 1969 ihrem Ende entgegengingen, stand die junge Frauenbewegung an einem Scheideweg ihrer weiteren Entwicklung. Schon bald zeigte sich, daß es wiederum verschiedene Strömungen geben würde. Da waren zum einen die Frauen, die sich auf die „alte" proletarische Frauenbewegung und ihre Vordenker/-innen besannen. Sie hofften, durch das Studium der Schriften von Marx und Engels, von Clara Zetkin und Rosa Luxemburg und anderer Frauen einen Weg für den weiteren gesellschaftlichen Emanzipationskampf der Frauen zu finden. Sie setzten sich auch in den siebziger Jahren, als viele ehemalige Genossinnen nicht mehr politisch aktiv waren, für die Rechte der Frauen und gegen die Diskriminierung von Frauen und Frauenarbeit ein. Ein Schwerpunkt bei den Bemühungen der „Demokratischen Fraueninitiative" zum Beispiel, die 1975 gegründet wurde, ist der Kampf für das Recht auf Arbeit, für neue Schutzbestimmungen, für gleiche Löhne bei gleicher Arbeit für Männer und Frauen. In eine andere Richtung entwickelten sich die Frauen, die frustriert und wütend darüber waren, wie wenig ihre Forderungen und Probleme von den linken Genossen beachtet wurden. Sie erkannten folglich in den Männern – jenseits von Politik und Gesellschaftskritik – ihre Hauptwidersacher und begannen einen „Rückzug nach innen". Beeinflußt vom radikalen amerikanischen Feminismus, wollten sie die Befreiung der Frau mit Hilfe von Selbsterfahrungsgruppen, feministischen Projekten und Forschungen und durch die strikte Ausgrenzung der Männer erreichen. Zwar brachten die erneuten Bemühungen um die Abschaffung des Abtreibungsparagraphen 218 im Jahre 1971 die verschiedenen Frauenorganisationen und -vereine noch einmal zusammen. Der Mißerfolg der Aktionen trieb jedoch bei vielen Frauen die Hinwendung zu feministischer Selbstfindung und zu „weiblicher" Lebensgestaltung noch voran. Überall wurden Frauenzentren gegründet, Frauenkneipen und -cafés, es gab und gibt unzählige Frauen-Projekte und Initiativen, Frauenkalender erschienen und die Frauenzeitschriften „Emma" und „Courage". Das Jahr der Frau 1975 brachte den Frauen-Themen eine breite Öffentlichkeit, auch für die Medien war die Beschäftigung mit frauenspezifischen Fragen plötzlich „in". Große Verlage entdeckten die „Marktlücke" Frauenliteratur und richteten ihr eigene Reihen in ihren Verlagsprogrammen ein. Frauen gründeten jedoch auch eigene Verlage und organisierten überregionale Treffen für die vielen Geschlechtsgenossinnen, die sich ihre Geschichten und Erfahrungen vom Leibe schrieben. Die feministische Journalistin und Schriftstellerin Maria Neef-Uthoff erinnert sich: „Nun hatten wir uns zum Thema gemacht. Jetzt würden wir unsere eigenen Texte schreiben, jetzt würden wir nicht mehr die Erfahrungen fremder Männer nachempfinden müssen. Jetzt war eine neue Zeit angesagt. Wir wußten ganz genau, daß wir wichtig waren. Was wir sahen, war wichtig. Was wir erlebten, war wichtig. So gut wie niemand hatte die normalen Erlebnisse normaler Frauen aufgeschrieben. Wir holten das nach. Wir wußten von unserer Beschäftigung mit dem ‚Frauenspezifischen', daß Frauen anders in die Welt gucken als Männer."

Diese frauenspezifische Sichtweise und die weiblichen Erfahrungen setzen Frauen der achtziger Jahre sehr selbstbewußt um. Sie engagieren sich bei allen Themen und Problemen, die ihr Leben betreffen.

Sie kämpfen für den Frieden und gegen atomare Bedrohung. Sie erobern Männerberufe und machen sich selbständig.

Sie suchen nach ihrem (feministischen) Standort in Naturwissenschaft, Ökonomie und Technik und veröffentlichen ihre eigenen Lehrbücher.

Sie organisieren ihren Widerstand gegen die Fortpflanzungstechnologien als „patriarchalische Methoden", pflanzliches, tierisches und menschliches Leben kommerziell zu verwerten.

Sie fordern eine bewußte Auseinandersetzung mit der deutschen Sprache als einer „Männer-Sprache".

Sie kämpfen gegen die nach wie vor vorhandene, tägliche Diskriminierung von Frauen.

Sie versuchen, Frauen-Forderungen in der Männer-Politik durchzusetzen.

Sie ergreifen Partei für andere Frauen: für Berufstätige, für Mütter, für alleinerziehende Mütter, für inhaftierte Frauen, für alte Frauen, für verfolgte, kranke, mißhandelte Frauen.

Die Entwicklung des weiblichen Selbstbewußtseins im Verlauf der neuen Frauenbewegung hat treffend Renate Schmidt, stellvertretende Vorsitzende der SPD-Bundestagsfraktion, ausgedrückt (auch wenn sie 1968 nicht unter den frauenbewegten Studentinnen war):

„1968 war bei mir noch das Bedürfnis, Männern zu gefallen, vorherrschend, 1978 der Kampf darum, besser sein zu wollen als die Männer, 1988 der Wunsch, *als Frau gut zu sein und zu bestehen."*

Erhebt euch!

Frauen erhebt euch und die Welt erlebt euch!

Ingrid Schmidt-Harzbach

1988 erschien das Buch „Mein Kopf gehört mir!“, ein Rückblick auf die vergangenen zwanzig Jahre neue Frauenbewegung, herausgegeben von Hilke Schlaeger. Ingrid Schmidt-Harzbach erinnert sich darin an die Anfänge zu Zeiten der Studentenunruhen Ende der sechziger Jahre:

„Frauen erhebt euch und die Welt erlebt euch“, war ein Spruch, den wir damals im Aktionsrat gedruckt hatten und der über meinem Schreibtisch hing. Dieser Spruch entstand in einer Kommune in der Grunewaldstraße und wurde dann im „Szeneblatt 883“ abgedruckt. Ein Genosse hat damals zu einer Genossin im Aktionsrat gesagt, der Spruch sei gefährlich, weil er so eingängig ist. So drückt diese Parole ein Doppeltes aus: das Lebensgefühl, das viele Frauen im SDS [Sozialistischer Deutscher Studentenbund] damals hatten, und die Angst der Genossen vor dieser Erhebung der Frauen.
Was hat uns damals bewegt, in diese Studentenbewegung zu gehen, in ihr zu leben, uns in ihr zum ersten Mal wohlzufühlen und uns auch zum ersten Mal als Person zu empfinden?
Die Gründe sind sicherlich vielfältig, und ich kann hier nur für mich sprechen. Was für mich die Studentenbewegung damals so reizvoll machte, war, daß sie, wenn auch nur für eine kurze Zeit, eine lebendige Öffentlichkeit darstellte. Eine gesellschaftliche Lebendigkeit, eine Vielfalt von Ideen und von unterschiedlichen Menschen. Zum ersten Mal nach dem Faschismus hatte sich da etwas aufgetan, das es vorher in dieser Weise nicht gegeben hatte. Neugierde, Hunger nach Wissen und nach neuen Erfahrungen, das Bedürfnis, sich auszutauschen, gepaart mit einem Schuß Abenteuertum, waren meine Impulse. Ich hatte das Gefühl, hier endlich Menschen zu finden, die so dachten wie ich, denn es war ja auch eine antifaschistische Bewegung [...]

Dann war – sicher nicht nur für mich – sehr wichtig der Internationalismus, der mich begeisterte: der Kampf des vietnamesischen Volkes, die Revolution in Kuba, die Black-Panther-Bewegung und China und die Kulturrevolution. Ich kann mich erinnern, daß ich damals sehr stolz darauf war, als eine der ersten eine Mao-Plakette zu tragen; die hatte ich mir in der chinesischen Botschaft in Paris besorgt.
Diese Begeisterung für die Befreiungsbewegungen in aller Welt teilte ich mit den Genossen. Che Guevara hing natürlich, wie bei vielen, über meinem Bett, er verkörperte für mich das Erotische in der Revolution. Und natürlich wollte auch ich am liebsten als Guerillakämpferin nach Bolivien; ich weiß noch, daß ich mit Rudi Dutschke darüber geredet habe – er meinte, ein paar von uns müssen ja auch noch hierbleiben.
Das war wie ein Rausch, man kann sich das heute kaum noch vorstellen. Ich habe natürlich kaum studiert, weil die Weltrevolution auf der Tagesordnung stand. Es war wichtig, daß jeder und jede von uns körperlich anwesend waren in dem Karussell der Kampagnen, in dem wir saßen. Die Straßen gehörten uns: dieses Gefühl, vor dem Café Kranzler zu sitzen und den Verkehr lahmzulegen und einfach sitzenzubleiben und zu singen.
Wichtig war das Atmosphärische. Die Lieder der Lotta Continua aus Italien haben wir damals alle gesungen. Jimmy Hendrix und Janis Joplin, und daß wir uns farbenprächtig gekleidet haben, an der Universität und außerhalb eine Provokation waren [. . .]
Bald stellte sich jedoch heraus, daß einige Frauen im SDS die Verweigerung des Leistungs- und Konkurrenzprinzips, die Vorstellung von einer sozialistischen Gesellschaft mit der Maxime, daß das Persönliche politisch sei, ernster und konsequenter sahen als die Genossen. Wir hatten keine Lust mehr, zu Hause zu bleiben, Kindererziehung und Hausarbeit zu machen, die Reden zu tippen, Flugblätter zu verteilen, den Kaffee zu kochen, auf den Versammlungen den theoretischen Höhenflügen der Genossen zu folgen, die Pille täglich in uns reinzustopfen und die Abtreibung zu ertragen. Am meisten betroffen waren die Mütter im SDS, und die ergriffen auch die Initiative zur Gründung des Aktionsrats. Helke Sander, Marianne Herzog und Ludmilla Müller waren die Frauen, die im Januar 1968 den Aktionsrat, den sie als politisches Instrument verstanden, aus der Taufe hoben.
Am Anfang standen aber nicht nur Mütter und Studentinnen, sondern auch Buchhändlerinnen, medizinisch-technische Assistentinnen, freiberufliche Frauen, Hausfrauen. Jeden Mittwoch hatten wir unser Plenum im Republikanischen Club in der Wielandstraße, das war damals das Zentrum der APO [Außerparlamentarische Opposition].
Wenige erinnern sich heute noch daran, daß es Frauen, nämlich diese Mütter im Aktionsrat waren, die als erste autonome Kinderläden gründeten. Die Kin-

derladenbewegung in Westberlin und der Bundesrepublik, auch die ersten Schülerläden gehen auf ihre Initiative zurück [...]

Diese Geschichte mit dem Tomatenwurf, der in die Medien eingegangen ist, der „Aufstand der Bräute der Revolution gegen ihre Väter und Männer", wurde in der Öffentlichkeit behandelt wie ein Ehekrach; die verdutzten Genossen waren plötzlich von Protestformen betroffen, die sie für sich gepachtet hatten. Das Beste, was ich darüber kenne, hat Ulrike Meinhof in „Konkret" geschrieben, unter der Überschrift „Die Frau im SDS – in eigener Sache": „Die Tomaten, die auf der Frankfurter Delegiertenkonferenz des SDS geflogen sind, hatten keinen Symbolcharakter. Die Männer, deren Anzüge, die Frauen wieder reinigen werden, bekleckert wurden, sollten gezwungen werden, über Sachen nachzudenken, über die sie noch nicht nachgedacht hatten. Nicht ein Spektakel für eine alles verschweigende Presse sollte veranstaltet werden, sondern die waren gemeint, die sie an den Kopf gekriegt haben. Und die Frau, die die Tomaten warf, und die, die dazu die Begründung geliefert hatte, die redeten nicht aufgrund entlehnter, mühsam vermittelter Erfahrung. Die sprachen und handelten, indem sie zu unzähligen Frauen sprachen, zu sich selbst, und es scherte sie einen Käse, ob das, was sie zu sagen hatten, das ganz große theoretische Niveau hatte, das sonst im SDS anzutreffen ist, und ob das alles haargenau hinhaut. Und Raimund Reiches Vorschlag für die Frauen, doch einfach den Geschlechtsverkehr zu verweigern, bestätigte Helke Sanders Vorwurf, daß die Männer den Konflikt noch ganz verdrängen. Wollte er ihn doch in jene Privatsphäre zurückverweisen, aus der er eben erst durch Referat mit Tomaten ausgebrochen war. Als die Männer darauf nicht eingehen, kriegten sie Tomaten an den Kopf [...] Es kann jetzt nicht das Interesse der Frauen sein, daß der SDS sich die Frauenfrage zu eigen macht. Wenn er die Frauen unterstützt, gut, aber keine Bevormundung. Die Reaktion der Männer auf der Delegiertenkonferenz und die auch der immer noch wohlwollenden Berichterstatter zeigt, daß noch erst ganze Güterzüge von Tomaten verfeuert werden müssen, bis da etwas dämmert."

Daß diese „Götterdämmerung" auf sich warten ließ, daraus hat später die Neue Frauenbewegung gelernt: Autonomie bedeutete für sie den radikalen Bruch mit jeglicher Männerorganisation.

Die Reaktion der Genossen löste bei den Aktionsratsfrauen nicht nur ernüchternde Resignation aus, sondern führte auch dazu, daß sie sich stärker auf die Arbeit im Aktionsrat konzentrierten, sich auch nicht mehr an den üblichen Aktionen der Linken beteiligten, die sie nun als „überlebt" kritisierten. Und sie brachte neuen Zündstoff für stundenlange Diskussionen zum Thema „Ist der Mann objektiv oder/und subjektiv der Klassenfeind" [...]

Die Schulung im Aktionsrat selbst ging hauptsächlich auf die Initiative von Studentinnen zurück, die in Basisgruppen, im Stadtteil, arbeiteten und die

teilweise die Hochschule verlassen hatten, um in Fabriken Frauenbetriebsgruppen zu bilden. In der Frauenbasisgruppe arbeiteten die Frauen, die jeden Tag in der Fabrik waren, mit den sogenannten Theoretikerinnen zusammen. Die Frauen, die in den Betrieben arbeiteten, mußten nach ihrem Achtstundentag auch noch Bericht erstatten, was in der Fabrik los war.
Die Widersprüche, die sich hier artikulierten, sowie die Polarisierung von theoretischer Schulung auf der einen Seite und praktischer Arbeit auf der anderen Seite begannen den Aktionsrat zu sprengen. Das war im Oktober 1969.
Die zunehmend abstrakten Schulungskonzepte wurden zur Pflichtlektüre des sich herausbildenden „Sozialistischen Frauenbunds", der Frauen zum Nebenwiderspruch degradierte und Ansätze einer feministischen Politik zielstrebig boykottierte. Letztlich führte der Einfluß der entstehenden, extrem frauenfeindlichen, dogmatischen marxistisch-leninistischen Zirkel dazu, daß die „Mütterfraktion" sich nicht durchsetzen konnte, da die nicht-studentischen, arbeitenden Mütter keine „Basis" an der Universität hatten und außerdem nicht die Zeit, den endlosen, zum größten Teil sehr unproduktiven Diskussionen zu folgen. Damit war der ursprüngliche antiautoritäre Impuls und der feministische Ansatz im Aktionsrat gestorben.
Zusammen mit einigen wenigen Frauen, die bis dahin den Aktionsrat mitgetragen hatten, engagierte ich mich erst wieder 1972 im neueröffneten Frauenzentrum.

Mein Bauch gehört mir!

Im Jahre 1971 gab es ein – altbekanntes – Thema, das Frauen fast aller unterschiedlicher Organisationen, politischer Parteien und feministischer Strömungen wieder einmal vereinte: der Kampf um die Abschaffung des Abtreibungsparagraphen 218. Anlaß für die Gründung zahlreicher 218-Gruppen, für Demonstrationen, Unterschriftensammlungen und vieler anderer spektakulärer Aktionen war eine „Selbstbezichtigungsanzeige", die in der Zeitschrift „Stern" im Juni 1971 veröffentlicht wurde.

Um einen runden Couchtisch in Frankfurt-Eschersheim, Fritz-Reuter-Straße 5, saßen am 3. Mai dieses Jahres [1971] sieben Damen, knabberten Käsegebäck und formulierten einen Text, der der Bundesregierung noch zu schaffen machen wird.
Die Frankfurter Damenrunde setzte sich aus Mitgliedern der „Frauenaktion 70" zusammen, die seit vergangenem Jahr Sturm läuft gegen den Paragraphen 218, der Schwangerschaftsunterbrechungen unter Strafe stellt. Rund 50

Frankfurterinnen gehören der „Frauenaktion 70“ an, Lehrerinnen, Studentinnen, Journalistinnen und vor allem Hausfrauen. Ihr Motto: „Mein Bauch gehört mir.“ Jede Frau, so fordern sie, müsse das Recht haben, eine ungewollte Schwangerschaft mit ärztlicher Hilfe zu unterbrechen.
Um ihrer Forderung Nachdruck zu verleihen, griffen die am Abend des 3. Mai zusammensitzenden Frauen eine revolutionäre Idee aus Frankreich auf: Alle Frauen sollten aufgerufen werden, öffentlich zu bekennen: „Ich habe abgetrieben!“ Damit käme auf die deutsche Justiz eine Prozeßlawine zu, vor der Richter und Gesetzgeber kapitulieren müßten. Endziel: Streichung des „Abtreibungs-Paragraphen“.
Die Kalkulation der sieben Frauen war wohlbegründet. Auf eine Million jährlich wird die Zahl der Abtreibungen in der Bundesrepublik geschätzt. Erst nach fünf Jahren ist Selbstabtreibung, die mit Freiheitsstrafe bis zu fünf Jahren bedroht ist, verjährt. „Hätten heute alle Frauen, die in der Bundesrepublik abgetrieben haben, den Mut zur Selbstanzeige“, so errechnete die kaufmännische Angestellte Ingrid Hübner, „würde auf die bundesdeutsche Justiz eine Flut von fünf Millionen Prozessen zurollen.“
In klaren Sätzen formulierten die Frankfurter Frauen den Appell, in dem es unter anderem heißt: „Ich habe abgetrieben. Ich bin gegen den Paragraphen 218 und für Wunschkinder. Wir fordern das Recht auf die von den Krankenkassen getragene Schwangerschaftsunterbrechung!“ Indessen – als das Papier nach zwei Stunden Redigierarbeit auf dem Couchtisch lag, fand sich niemand der Initiatorinnen bereit, die Selbstbezichtigung, abgetrieben zu haben, auch zu unterschreiben.
Kleinlaut gab Renate Scheunemann Lebenserfahrung zum besten: „Deutsche Frauen, die sich selbst bezichtigen? Niemals! Die machen das nie mit, die gehen höchstens artig im Ministerium fragen, ob man das Gesetz nicht ändern will.“
An der Universität München wird der Aufruf von Studentinnen vervielfältigt. In einem Begleitschreiben heißt es: „Unser Appell kann nur sinnvoll sein, wenn er nicht auf wenige Unterschriften beschränkt bleibt. Er muß zur Massenbewegung werden! Im ganzen Land sollten sich Frauen solidarisieren und Unterschriften sammeln.“
Es wird zu einer Massenaktion.
Auf dem Flughafen München-Riem unterschreibt die Schauspielerin Vera Tschechowa. Es folgt ihre Kollegin Helga Anders. Auch die Schauspielerin Hanne Wieder gibt ihre Unterschrift und erinnert sich dabei mit Grausen, wie es ihr als junges Mädchen bei einer illegalen Abtreibung erging: „Diese Angst, die ich ausgestanden habe. Morgens auf dem Tisch und abends auf der Bühne. Und niemand durfte was merken.“

Juli 1971:
86 500 „Solidaritätserklärungen zur Abschaffung des § 218" gehen an den Bundesjustizminister, dazu 3000 Selbstanzeigen.

Juni 1973:
5000 Frauen demonstrieren in Bonn gegen den Paragraphen 218.

März 1974:
329 Mediziner veröffentlichen eine Selbstbezichtigung wegen vorgenommener Abtreibungen.

April 1974:
Der Deutsche Bundestag beschließt die „Fristenregelung" (straffreier Schwangerschaftsabbruch während der ersten drei Monate). Daraufhin klagen die Oppositionsparteien CDU und CSU beim Bundesverfassungsgericht mit der Begründung, daß nach dieser Regelung das Recht auf Leben nicht mehr garantiert sei.

Februar 1975:
Im Jahr der Frau erklärt das Bundesverfassungsgericht die Neufassung des § 218 für verfassungswidrig.

Juni 1976:
Der Paragraph 218 wird erneut abgeändert – in seine heute noch gültige Fassung. Der Schwangerschaftsabbruch bleibt grundsätzlich strafbar. Abtreibungen sind nur in ganz bestimmten Fällen (Indikationsregelung) erlaubt.

Aus Hamburg kommt ein Appell mit der Unterschrift Romy Schneiders. Auch sie hat abgetrieben. Ihr knapper Kommentar am Telefon: „Es wird höchste Zeit, daß wir Frauen uns gegen diesen Paragraphen wehren."
Uschi Glas in München unterschreibt nicht. Warum, erklärt sie zwischen zwei Einstellungen im Filmstudio: „Ich unterschreibe alles gegen diesen Scheiß-Paragraphen. Nur, daß ich abgetrieben hab', das unterschreib' ich nicht. Ich hab's nun mal nicht getan. Und da bin ich abergläubisch."
Auch Anneliese Fleyenschmidt, eine der bekanntesten bayerischen Fernsehsprecherinnen, bedauert, nicht unterschreiben zu können, weil „ich nicht abgetrieben habe, sondern mir im Gegenteil immer vergebens ein Kind gewünscht habe". Frau Fleyenschmidt: „Aber ich kämpfe mit den Frauen gegen den Paragraphen 218 – er ist unmenschlich."
An der Elbe, in Köln, in Düsseldorf, in Berlin spucken Kopiergeräte immer neue Formulare für die „Aktion 218" aus. Die 77jährige Hamburgerin Adele Heldmann ist die älteste, die einen Appell unterschreibt. Am Rand notiert sie:

„Bei der Abtreibung beinahe gestorben.“ In Frankfurt schreibt ein Teenager mit blauem Kugelschreiber auf den Appell seiner Mutter: „Ich würde auch eine unerwünschte Schwangerschaft unterbrechen lassen – Isabel Zollna, 14 Jahre.“
Innerhalb von drei Wochen haben 374 Frauen durch ihre Unterschrift öffentlich bekannt: „Ich habe abgetrieben.“ Ihnen allen droht nun der Paragraph 218, der 1871 ins deutsche Strafrecht aufgenommen wurde, mit Freiheitsstrafen bis zu fünf Jahren.

Wir haben ausgesehn wie Engel ...

GITTA H.

1976. Gitta H. Dreißig Jahre alt, sieben Jahre verheiratet, vier Kinder. Lebt in einer kleinen Industriestadt am Main. Ausbildung: acht Jahre Volksschule. Mit vierzehn arbeitet sie in einer Buchbinderei als Ungelernte und besucht nebenher drei Jahre eine Berufsschule. Zur Zeit „Nur-Hausfrau“. Sozialer Hintergrund der Eheleute H.: Der achtundzwanzigjährige Ehemann ist in der Schleiferei eines Großbetriebes beschäftigt. Die Familie bekommt Sozialhilfe. Herkunft der Gitta H.: aufgewachsen in einer Großstadt. Unehelich geboren, da der Vater im Krieg gefallen ist. Die Mutter muß nach der Wiederverheiratung die Familie ernähren – der zweite Mann, ein ehemaliger Bäcker, ist hundert Prozent arbeitsunfähig. Gutes Verhältnis zum Stiefvater. Konfession: evangelisch. Sexualaufklärung: „Da hat mein Vater mir ein Buch zu lesen gegeben und gesagt, lies es dir mal durch, und was du nicht weißt oder nicht kapierst, da fragst du mich. So haben wir das eben gemacht.“ Erster Sexualkontakt: als Achtzehnjährige mit dem jetzigen Ehemann.

Ich habe 1968 geheiratet. Mein erstes sexuelles Erlebnis, das war, wie ich meinen Mann kennengelernt habe, da war ich achtzehn. Weil es so schön war, da bin ich halt nicht heimgegangen, da sind wir eben immer noch irgendwo geblieben. Geheiratet haben wir fünf Jahre später. Aber wir mußten nicht heiraten.
So schnell habe ich die vier Kinder nicht gewollt. Wir wollten einen Buben oder ein Mädchen, oder nur ein Mädchen. Da sie nun aber hintereinander gekommen sind, mußten wir sie halt nehmen. Also letzten Endes waren sie dann doch Gewollte, wo sie nun mal da sind. Die Pille habe ich nicht vom Arzt verschrieben gekriegt, weil ich so schlimme Beine habe, mit Krampfadern,

und die platzen mir auf. Von Zeit zu Zeit platzen die mir weg, und das geht auch nicht wegen Thrombose.
Und die Spirale und der Ring sind auch nicht hundertprozentig, wie es die Ärzte immer sagen. Außerdem kostet das Geld, und dann muß man auch jedesmal in ein Krankenhaus, wo sie saubergemacht werden, und das kostet dann auch wieder Geld. Das geht nicht auf Krankenschein, weil das ja sozusagen privat ist.
Ich habe mal eine Zeitlang eine Spirale gehabt, die habe ich nicht vertragen, und seit der Zeit kommt in meinen Körper nichts mehr hinein. Weder eine Spirale noch sonst was, das ist ja auch immer ein Fremdkörper. Und das verträgt nicht jeder Körper. Ich habe nichts vertragen, und dadurch habe ich die vier Kinder bekommen. Ich hätte damals nach dem zweiten Kind abgetrieben, wenn es da die Möglichkeit gegeben hätte, legal, nach dem zweiten Kind.
Anfang 1975 habe ich abgetrieben. Die Regel blieb sofort aus, und da ich ja schon vier Kinder hatte, bin ich auch nicht gleich zum Arzt, weil ich das ja schon gewußt habe, wie das geht. Aber ich wollte dann doch noch einmal hundertprozentig sicher sein, daß es soweit ist. Ich hatte mir das auch ausgerechnet, und ich hatte recht, ich war im zweiten Monat. Der Arzt hat mich untersucht und hat das auch festgestellt. Ich habe dem Arzt dann gesagt, daß ich das Kind nicht wollte, und da hat er gesagt, bringen Sie es noch auf die Welt, dann kriegen Sie eine Spirale eingesetzt, das ist dann hundertprozentig, daß dann nichts mehr passiert.
Das ist ein gut katholisches Krankenhaus da bei dem Arzt, die mögen das mit dem Abtreiben nicht. Das geht noch so nach dem Schema: Liebet und vermehret euch, hat doch unser Herrgott gesagt, angeblich. Und ich habe mir einen Spaß daraus gemacht und gesagt: wie die Karnickel. Ich habe dem Arzt gesagt, daß ich kein Kind mehr wollte, wegen meiner Beine, wegen meiner Krampfadern, und da hat mir der Arzt auch noch erklärt, nach jedem Kind wird das sowieso schlimmer mit den Beinen. Er hat mir zwar Tabletten verschrieben für die Beine, und ich habe sie auch eingenommen, aber das Kind sollte ich dann trotzdem austragen.
Ich wollte das Kind aber nicht, erstens wegen meiner Beine. Und dann hatte mir der Arzt vor zwei Jahren gesagt, daß ich einen Herzmuskelschaden habe. Der tritt häufig auf, und dann setzt das Herz aus, und dann falle ich immer um. Und wenn ich dann noch mehr Kinder habe, ist die Belastung ja noch größer.
Ich meine, geldlich gesehn vielleicht auch. Es gibt ein altes Sprichwort: Wo vier sind, können auch fünf sein. Aber wenn einer Mutter was passiert, wo wollen Sie dann heute mit vier Kindern hin? Die kommen dann in ein Heim, der eine ist da, der andere dort usw., oder in Pflege. Die werden dann meist nur wegen des Geldes genommen, und so Kinder haben dann an und für sich

nichts Schönes. Man kann auch die Leute nicht zwingen, vier Kinder auf einmal zu nehmen, es ist schon viel Arbeit und auch ein Risiko dabei.
Ich habe also mit meinem Mann darüber gesprochen, und er hat gesagt, ja. Er war damit einverstanden. Ich habe dann eine Freundin gefragt, und die hat mir eine Adresse gegeben, und da bin ich hingegangen.
Es war eine Frau, die in so einem Frauenverein drin war, die hat mich nach X. geschickt, und dort habe ich mit anderen Frauen gesprochen. Dienstag abend bin ich hier schon abgefahren, weil ich sonst keinen Zug gekriegt hätte. Und Mittwoch morgens sind wir mit dem Bus losgefahren, und dann waren wir so gegen halb eins in Den Haag.
Die Atmosphäre im Bus nach Holland – also man muß schon sagen, die Frauen waren schon ein bißchen bedrückt, weil sie ja nicht wußten, was auf sie zukommt. Verschiedene Frauen haben sich unterhalten, und andere haben wie ein Häufchen Unglück danebengesessen. Da war sogar eine Frau aus Bayern dabei, die hatte auch vier Kinder. Und die wollte auch keine Kinder mehr haben. Und dieser Frau ist das Kind abgegangen im Bus, vor lauter Aufregung. Da hat die ihre Blutung gekriegt.
Wie wir also in Den Haag waren, sind wir gleich zu der Klinik gefahren. Das ist nicht in dem Maße ein Krankenhaus, wie wir uns das hier vorstellen. Aber es ist auch sauber und ordentlich. Es waren Betten aufgestellt, und wir haben ausgesehn wie Engel, wir hatten alle weiße Nachthemden an [. . .]
Als wir fertig waren mit der Abtreiberei und auf dem Bett gelegen haben . . . da gibt es bei einer Frau, na, sagen wir mal, irgendwann einen toten Punkt. Man bereut zwar nichts, aber dann kommen einem die Tränen. Ob das Freudentränen sind, weil man es hinter sich hat? Bereuen tut man das nicht. Ich glaube, die sind dann alle wirklich zufrieden, erleichtert, daß sie es hinter sich haben. Aber es gibt eben einen toten Punkt, da denkt man daran, wenn man mal an einem Kinderwagen vorbeikommt, daß man selbst so ein Kind hätte haben können. Aber das hilft nichts, denn wenn man es hätte, dann wäre das noch eine Belastung mehr.
Wir haben noch eine Stunde in der Klinik gelegen, haben uns wieder angezogen und sind mit dem Bus heimwärts gefahren.

Frauen schreiben

Häutungen

Verena Stefan

Literatur von Frauen seit den siebziger Jahren läßt sich – mit aller Vorsicht – in drei Gruppen aufteilen. An erster Stelle müssen die Werke von anerkannten Schriftstellerinnen wie Ingeborg Bachmann (1926–1973), Christa Wolf, Luise Rinser oder Gabriele Wohmann genannt werden. Diese Autorinnen machen sich zwar auch feministische Ideen zu eigen und verarbeiten sie in ihren Büchern, darüber hinaus schreiben sie jedoch über verschiedene Themen in hoher literarischer Qualität. Aus ihrer Reihe lassen sich Christa Reinig und Karin Struck zu den Feministinnen zählen. Zu einer zweiten Gruppe gehören die Bücher, die mit ihrer Darstellung feministischer Theorien und Erkenntnisse für viele Frauen gewissermaßen zur „Standardliteratur" geworden sind. Autorinnen dieser Frauenliteratur sind beispielsweise Alice Schwarzer mit „Der kleine Unterschied" (1975) und Marielouise Janssen-Jurreit mit „Sexismus" (1976).

Die dritte Gruppe der „Frauenbücher" läßt sich am besten als „Bekenntnisliteratur" oder „Befreiungsliteratur" bezeichnen. Frauen erzählen von ihrem Leben, von ihren Träumen und ihren Ängsten, von Emanzipationsversuchen; sie rechnen ab mit den Eltern und mit den Männern, sie spüren auf, was ihnen für ihr eigenes Leben wichtig ist. Sehr viele Bücher dieser Art gab es plötzlich, und nicht alle hatten literarische Qualität.

Die autobiographischen Aufzeichnungen „Häutungen" von Verena Stefan erschienen 1976. Mit diesem Buch begann dic Entwicklung einer „weiblichen Sprache". Für viele Leserinnen war es der Anstoß, sich mit sich selbst, mit den eigenen Gefühlen und Bedürfnissen auseinanderzusetzen.

Verena Stefan, geboren 1947 in der Schweiz, ging 1968 nach Berlin und arbeitete dort in der Frauengruppe „Brot und Rosen" mit. „Häutungen" ist die Beschreibung ihrer Beziehung zu Männern, die Beschreibung der Trennung von Samuel, ihrer Selbstbewußt-Werdung und schließlich der Hinwendung zu lesbischen Liebesbeziehungen.

Die frau, die sich im koitus mit bewegt
kommt von weit her
schaut sie genau an
die frau, auf der ihr liegt!
hinter ihr tun sich wüsten und abgründe auf.
sie hat lange strecken von vergessen zurück

gelegt, herzbrocken im geröll verstreut, felsen
vor frische wunden geschoben
ihre gefühle sind abgemagert.
jahre auf der eisdecke eurer ängste zugebracht
die zacken der gefühlsarmut gerundet so sanft
so samten so weich.
sie trägt ein meer
von angestauten orgasmen in sich, das sie
zu keinen lebzeiten wird ausgiessen können
die zeit drängt, die gedanken brennen, sie ist
eine ruferin in der wüste, die frau
auf der ihr liegt
schaut sie genau an!
nicht dieser warme körper
unter euch
ist wirklichkeit
was ihr für wirklich haltet, ist nur ein augen
blick, ein innehalten zwischen
vielen wirklichkeiten
davor und
danach

Ich teilte meine wohnung und meine sexualität mit Samuel. ich verdiente mein geld in der klinik. ich dachte, arbeitete, lernte und fühlte mich wohl mit den frauen von ‚Brot ♀ Rosen'. die frauen*sache* kam zu mir durch die frauen selber, war nicht getrennt davon, nicht abgehoben. die frauen zogen mich an, interessierten mich in ihrer ausstrahlung, ihren unterschiedlichen, ausgeprägten leben.
Anfangs war ich aus meinem leben mit Samuel zu einer gruppenbesprechung gegangen und wieder in das leben mit Samuel zurückgekehrt. allmählich verlagerte sich das gewicht. ich kehrte seltener zurück.
„Ich trainiere ein leben ohne dich", sagt Samuel. „jeden morgen, wenn ich allein aufstehe und allein ins bad gehe, sage ich mir, es muss auch ohne sie gehen."
Ich habe mich nicht von ihm getrennt. ich bin umgezogen. eine nach der anderen sind drei frauen aus ihrem bisherigen leben mit einem mann in einer gemeinsamen wohnung eingetroffen.
Ich bin zuversichtlich. umgeben von den frauen der gruppe und den frauen der wohnung, der arbeit in der gruppe, den neuen einfällen und aussichten, tauchen die abnabelungsschmerzen von Samuel erst später auf. wenn ich mich jetzt in einer ecke des bettes zum schlafen einrolle, denke ich, dass ich nicht

viel mehr zum leben brauche, als so eine ungestörte ecke. die einsiedelei ist wohltuend.
Die trennung von Samuel vollzieht sich in jedem unserer gesprächsversuche nach meinem auszug, zäh und sträubend. Samuel hat keine gruppe. er ist einsam, ohne die einsamkeit leben zu wollen und zu können. er hat angst davor, allein alt zu werden.
Ich habe mich mehr als einmal nach ihm umgedreht bei meinem umzug. in den ersten tagen bin ich mehrmals zurückgegangen, und in der ersten woche habe ich mehr nächte in Samuels bett verbracht als in der neuen wohnung.
Ich gebe eine mühsam erworbene vertrautheit auf. sie scheint unersetzbar geworden zu sein. ich löse mich aus einem stück gemeinsamer geschichte. die schrecken der gegenwart sind vertraut, die unbekannte zukunft birgt unberechenbare gefahren. selbst, wenn unsere zerwürfnisse schon unerträglich geworden, scheint das gefühl, daß wir uns nicht fremd sind, mehr zu wiegen als die unerträglichkeit. innerhalb der unerträglichkeit scheint weniger verlassenheit aufzutreten als ausserhalb. ich weiß, dass Samuel an mir hängt . . . (er hat sich doch so verändert! sagt eine bekannte zu mir. jetzt willst du ihn verlassen?) dieses wissen macht meine entscheidung nicht weniger richtig, aber es hemmt die durchführung.
Samuel stützt seinen schweren kopf in die hände.
„Wir trainieren trennung“, sagt er. „du musst mir ständig beweisen, dass du mich nicht brauchst, dass du ohne mich leben kannst. du willst nicht zugeben, dass es dir schlecht geht. ich aber bin auch nur ein mensch und kann nur so und soviel verkraften –“
„Ich will dir nichts beweisen“, entgegne ich heftig. wir haben uns vorgenommen, uns zu verständigen. nach den jahren, in denen wir uns kaum verstehen oder gar erkennen konnten, nur aneinander lehnten und von haut zu haut ein ziehen spürten, wissen wir nicht, wie wir nun eine verständigung herstellen sollen. nach fast drei jahren sind wir an einem punkt angelangt, an dem wir worte nicht einfach übungshalber aus dem mund entlassen können. wir überlegen lange, wägen genau ab. zu viele gescheiterte versuche tragen wir bereits mit uns herum, zuviel wissen um den andern belastet uns.
Vieles steht auf dem spiel.
Samuel will reden, um die hoffnung nicht ganz aufgeben zu müssen, dass ich eines tages doch wieder mit ihm leben will. er glaubt, in meinem kopf ein durcheinander zu sehen. er will herausfinden, was ich eigentlich denke, und warum ich sein leben nicht mehr teilen will.
Ich war dabei umzusiedeln, wollte meine schuhe aus den gleisen neben ihm lösen. als ich merkte, dass sie festgewachsen waren, schlüpfte ich heraus und ging barfuss weiter. lange blieb Samuel neben den leeren schuhen stehen. er begriff nicht, wohin ich mein gesicht gewandt hatte, welche richtung ich eingeschlagen hatte, was ich so angestrengt suchte.

Schreiben

MARIA NEEF-UTHOFF

Maria Neef-Uthoff, geboren 1947, lebt in Berlin und arbeitet heute als Redakteurin im Frauenressort der „tageszeitung“. Das Gedicht entstand im Jahre 1978.

Jeden Tag
gehe ich
auf die Suche
nach mir

Ich wasche mich nicht
ich kämme mich nicht
ich schaue nicht in den Spiegel

Die Hausarbeit
verweigere ich
entschieden

Ich durchwühle
das Chaos in meiner Wohnung
um ein Stückchen
von mir
zu erwischen

Erschöpft
sitze ich an meinem Schreibtisch
und in den Zeilen
meiner Gedichte
finde ich mich endlich wieder

Mir geht es gut

MARGOT SCHROEDER

Die Schriftstellerin, geboren 1937 in Hamburg, veröffentlichte Romane, Hörspiele und Lyrik.

Mir geht es gut.
Er sagt Liebling zu mir
und sonntags essen wir Fleisch.
Ich lebe frei und friedlich
hier in der Bundesrepublik Deutschland
wo ich eingelocht werde
in eine Personalakte
wo ich eingestuft werde
in eine Lohngruppe
wo ich entlassen werde auf ein Girokonto.
Wo die Freizeit das Gaspedal durchdrückt
und ein Stückchen Natur mietet
einen Parkplatz für Zelte.
Ich bin zufrieden.

Er liebt seinen Garten am Stadtrand.
Er gräbt.
Ich liebe Menschen.
Ich spiele Hände aus
ich reize zu hoch.
Ich buche einen Kuß als Vorschuß ab.
Ich amüsiere mich
mit Stellung Nummer 12.
Mein Körper geht ohne Beanstandung
durch die Inspektion.
Liebe wird auf die hohe Kante gelegt
für schlechtere Zeiten.
Namen grüßen mich:
Ich grüße zurück.
Freunde laden mich ein:
Ich bin geladen.
Morgens, wenn Auspuffgase
die Hände der Bäume ergreifen
morgens, wenn ich verschlafen
Brote belege
weiß ich, mir geht es gut:
Meine Lebensversicherung wird
automatisch abgebucht.
Ich lebe ruhig zwischen Schreien:
Bremsschreien
Modeschreien
Eheschweigen.

Manchmal breche ich aus.
Die Kinder weinen mich zurück.
Also bleibe ich,
also verbrenne ich nervös
eine Zigarettenkette.
Wenn im Fernsehraster
napalmgebrannte Kinder
auf meine Salzstangengitter
zulaufen
und ich beiläufig sage:
Das Bild ist unscharf
weiß ich –
ich bin zuhause.

Die Hausfrau

Gabriele Wohmann

Die Schriftstellerin, geboren 1932 in Darmstadt, gilt als eine der besten Erzählerinnen der zeitgenössischen Literatur. Gabriele Wohmann veröffentlichte Romane, Hörspiele, Erzählungen und Gedichte.

Während sie gähnte, lustlos wie üblich
Gegen 12 Uhr 30, erlahmt vom Haushalt
Und nicht freiwillig so aussah wie sie aussah
Keinen richtig gern hatte
– Jetzt war mal wieder das Mittagessen fällig –
Fiel ihr die Kreuzung ein
Die unübersichtliche Markierung
Die schlechte Regelung der Vorfahrt
Alltäglich für ihren Mann
Den sie alltäglich sofort vergaß
Wenn er wegfuhr, dann weg war
Dem sie, in der letzten Zeit sogar häufiger
Das freie Wochenende nicht von Herzen gönnte
Und *ich habe ja nie frei* sagte.
Wie bewußtlos sie sich doch an alles gewöhnt hatte
An ihn und dieses Einerlei
An dieses große Glück, an das Wunder
Daß sie doch immer wieder nicht
Ihren Mann verlor bei einem Unfall.
Da verging der Hausfrau das Gähnen
Sie versuchte *Laß alles beim alten* zu beten
Sie packte seinen Mantel
Sie riß einen Knopf ab
Beim Wiederannähen vom Knopf an den Mantel
Empfand sie das gewöhnliche Glück auf der Kreuzung.

Meine Mutter

URSULA KRECHEL

Ursula Krechel, geboren 1947 in Trier, war seit Ende der sechziger Jahre engagiert in der Frauenbewegung und veröffentlichte 1975 das Buch „Selbsterfahrung und Fremdbestimmung. Berichte aus der neuen Frauenbewegung". Sie schrieb Theaterstücke und Gedichte.

1

Als meine Mutter ein Vierteljahrhundert lang
Mutter gewesen war und Frau, aber das konnte sie
vergessen mit der Zeit, als sie so geworden war
wie eine anständige Frau werden mußte
klüger als die Großmutter, ergebener als die Tanten
sparsamer in der Küche und in der Liebe als eine
der das Glück in den Schoß gefallen war
als sie genug Krümel von der Tischdecke geschnippt
als sie die Hoffnung begraben hatte, einmal eine Dame
im Pelz zu sein wie in den Modeheften vor dem Krieg
die sie immer noch hinten in der Speisekammer hütete
als sie anfing, den Töchtern ins Gesicht zu sehen
auf der Suche nach Spuren, die sie im eigenen Gesicht
nicht fand, als sie nicht mehr vor Angst aufwachte
weil sie vom Bügeleisen geträumt hatte
das nicht ausgeschaltet war, als sie schon manchmal
wagte, die Beine am frühen Nachmittag
übereinanderzuschlagen, fraß sich ein Krebs
in ihre Gebärmutter, wuchs und wucherte
und drängte meine Mutter langsam aus dem Leben.

2

Zehn Tage nach ihrem Tod war sie im Traum plötzlich
wieder da. Als hätte jemand gerufen, zog es mich
zum Fenster der früheren Wohnung. Auf der Straße
winkten vier Typen aus einem zerbeulten VW
einer drückte dabei auf die Hupe. So ungefähr
sahen die Berliner Freunde vor fünf Jahren aus.
Da winkt vom Rücksitz auch eine Frau:
meine Mutter. Zuerst sehe ich sie
halb versteckt hinter ihren neuen Bekannten.

Dann sehe ich nur noch sie
ganz groß wie im Kino, dann ihren mageren weißen Arm
auf dem auch in Nahaufnahme kein einziges Härchen
zu sehen ist. Wenn sie eilig am Gasherd hantierte
hatten ihr die Flammen häufig die Haare versengt.
Am Handgelenk trägt sie den silbernen Armreif
den ihr mein Vater noch vor der Verlobung geschenkt hat.
Mir hat sie ihn vererbt. Ich die gebohnerten Treppen hinab.
An der Haustür höre ich schon ein Kichern: Mama!
rufe ich, der Nachsatz will mir nicht über die Lippen.
Meine Mutter sitzt eingeklemmt zwischen zwei
lachenden Jungen. So fröhlich war sie lange nicht mehr.
Willst du nicht mitfahren? fragt sie. Aber im Auto
ist doch kein Platz, sage ich und blicke
verlegen durch ihre seidige Bluse
so eine trug sie zu Lebzeiten nie
auf ihre junge, noch ganz spitze Mädchenbrust
und denke, ich muß den Vater rufen. Da heult schon
der Motor auf, die klapprige Tür wird von innen
zugeworfen. An der Haustür könnte ich mich ohrfeigen.
Nicht einmal die Autonummer habe ich mir gemerkt.

Lebenstraum

MARIA HAMACHER

> Aus dem „Frauenjahrbuch 1982“: „Gesucht haben wir nach Frauen, die über ihre eigenen Worte verfügen, über Träume, die sie nicht aufgeben wollen, und über Einsichten in ihr Leben und das Leben in dieser Gesellschaft.“

Ich habe immer für meine Tochter gelebt, sie aufgezogen, aufs Gymnasium und die Universität geschickt. Ich war immer für sie da. Ich wollte, daß sie es schafft, daß sie nicht die Sorgen hat, die ich hatte. Und einen guten Mann sollte sie heiraten.
Ich, ich hatte mir das alles gewünscht und ich habe, bis ich sechzig wurde, nicht aufgehört, mir für sie alles zu wünschen, wovon ich mein Leben lang geträumt hatte.
Bis zu ihrem Lehrerinnenexamen hat sie auch alles getan, was ich wollte, aber dann trat sie ihre Stelle nicht an und verreiste. Danach fing sie an, in einem

Frauenbuchladen mitzuarbeiten, dann in einer Gruppe, die Frauen beraten und aufklären wollte über Schwangerschaft. Sie hatte nie Geld, lebte vom Sozialamt. Ich konnte ihr ja auch nicht helfen.
Inzwischen ist ihr Lehrerinnenexamen verfallen. Sie hat nichts außer ihrem Idealismus, ihren Illusionen. Sie ist sehr hartnäckig, aber sie lügt mich auch meist an, um mich zu beruhigen. Obwohl wir uns nicht sehr mögen. Ich glaube sogar, daß sie mich haßt, aber sie will mir keine Sorgen machen.
Sie schlägt sich immer irgendwie durch. Eine Zeitlang hat sie für eine winzige Firma ein Lastentaxi gefahren, dann als freie Übersetzerin gearbeitet. Sie hatte ja Englisch studiert. Sie kann arbeiten, aber sie hat nie begriffen, wovon ich geträumt hatte, daß sie meine ganze Hoffnung war. Oder doch, sie hatte es begriffen, aber sie konnte ja nicht mein Leben leben und ich nicht das ihre begreifen und deshalb hat sie wohl auch gelogen.
In den letzten Jahren, genau seit meinem sechzigsten Geburtstag, seit diesem Tag ist es mir in Erinnerung, habe ich aufgehört, an diesem Lebenstraum festzuhalten und begriffen, daß ich Ina, so wie sie ist, akzeptieren muß, daß sie vielleicht auch recht hat mit dem, was sie tut, daß wenn ich mehr getan hätte, wir alle vielleicht schon einen Schritt weiter wären.
Sie hat mir damals gesagt, daß es nichts mehr werden würde mit ihr. Sie hätte selber Angst vor der Zukunft. Ich habe ihr zum tausendsten Mal gesagt, sie sollte heiraten, und da hat sie mich angeschrien. Sie hat so sehr geschrien, daß ich etwas begriffen habe. Daß Ina nicht mein Leben leben wollte, daß sie es sogar verabscheute. Sie sagte damals das Wort pervers. Sie hat mir dann später erzählt, daß sie mit einer Frau zusammenlebte, daß sie sehr glücklich wäre, aber sie hätten beide nicht gerade Geld und würden alles annehmen, was sich so ergäbe.
Ich war sehr erschrocken und um ehrlich zu sein, konnte ich mir nicht sehr viel darunter vorstellen: Frauen, die zusammenleben. Aber Ina sprach von Liebe, von Hoffnungen. Ich weiß seit damals, daß sie einen so unendlich schweren Weg geht, daß sie so viel ehrlicher ist, als ich es je war, daß sie vielleicht mehr Chancen gehabt hätte, wenn ich sie nicht immer gedrängt hätte, den anderen, einfacheren Weg zu gehen.
Inzwischen vertragen wir drei uns ganz gut, und weil wir alle kein Geld haben, werden bestimmte Dinge im Großeinkauf für alle besorgt. Ina arbeitet im Augenblick als Reiseführerin und das klappt ganz gut, ihre Freundin hat sich eine freie Mitarbeit beim Rundfunk erkämpft.
Was es eben nicht gibt, ist Sicherheit und Anerkennung. Weil – es gibt ja genug Leute, die reden über zwei Frauen. Dazu habe ich nicht gehört, aber nur aus Dummheit. Ich wußte so etwas nicht. Hätte ich es gewußt, hätte ich häßlich darüber geredet.

Am Ende meines Lebens ist mein Traum zerstört, aber so traurig und schmerzlich das war, bin ich andererseits froh darum, denn dieser Traum, an dem ich festgehalten habe, den ich meiner Tochter aufgedrängt habe, war falsch. Er hat weder mir noch Ina Glück gebracht. Es war ein Traum, der schon mir aufgedrängt worden ist.
Ich wäre froh, ich wüßte, wer ihn sich ausgedacht hat. Vielleicht mein Vater, und meine Mutter hat ihn dann gelebt und weitergegeben. Und mein Vater hat nicht einmal gewußt, was er anrichtet.

Aus dem Poesiealbum eines Teenagers – 1981/82

Wenn die Flüsse aufwärts fließen
und die Hasen Jäger schießen,
wenn die Mäuse Katzen fressen,
dann erst will ich Dich vergessen.

Zur Erinnerung an Deine Schulfreundin
Nina Frank

Sei froh – das ist das A und O.

Frank L.

Sollte unsre Freundschaft platzen,
soll Dich gleich das Kätzle kratzen.
Sollte unsre Freundschaft spleißen,
soll Dich gleich das Mäusle beißen!

Denke immer an Deine
Bettine

Liebe Ulla, sei doch schlau,
werde niemals Ehefrau!
Vor der Hochzeit pflückst Du Rosen,
nach der Hochzeit flickst Du Hosen!

Von Deiner Silke

Kolleginnen

Gleiche Arbeit – gleicher Lohn

Im Jahre 1979 strengten die „Heinze-Frauen", Arbeiterinnen der Firma „Foto-Heinze", einen Prozeß gegen ihren Arbeitgeber an, in dem sie um gleiche Entlohnung für Männer und Frauen klagten.

Februar 1979
29 Frauen klagen gegen Foto-Heinze

Sie arbeiten in der gleichen Abteilung an den gleichen Maschinen, mit denen ein Großteil der Filme aller Hobby-Fotografen an Rhein und Ruhr entwickelt werden. Sie erhalten alle den tariflichen Stundenlohn von sechs Mark. Übertarifliche Zulagen gibt's auch, die aber schon nicht mehr für alle. Manche bekommen gar nichts, manche 1,80 DM die Stunde. Bei genauerem Hinsehen lassen sich trotz intensiver Differenzierung zwei Gruppen ausmachen: In einer Gruppe geht's um Unterschiede zwischen 1,20 und 1,80 DM, in der anderen bekommen die meisten nichts oder weniger als 30 Pfennige. Diese anderen, das sind die Frauen in der Abteilung Filmentwicklung bei Foto-Heinze in Gelsenkirchen. 29 dieser Frauen wollen nun versuchen, die Gleichberechtigung sozusagen vom Grundgesetz ins Portemonnaie zu holen: Sie klagen auf gleichen Lohn für gleiche Arbeit.

Mai 1979
Ein Erfolg für alle Frauen

Glücklich waren sie und ausgelassen. Umarmungen gab's, Jubel, ein paar zerquetschte Freudentränen. Am 10. Mai um 17 Uhr floß vor dem Essener Arbeitsgericht sogar ein bißchen Sekt. Die 29 Fotolaborhelferinnen von Foto-Heinze hatten ihren exemplarischen Prozeß um gleichen Lohn für gleiche Arbeit in erster Instanz gewonnen. Sogar der Richter hatte Beifall bekommen vom Publikum im überfüllten Saal, als er feststellte: „Diese Frauen haben Anspruch darauf, auch den Lohn zu bekommen, zu dem Männer überhaupt erst bereit sind, eine Arbeit anzunehmen."

Ein Urteil, das nicht nur dazu führte, daß die Heinze-Kolleginnen nach dem Urteil noch einmal spontan freudestrahlend und singend durch die Einkaufsstraße zogen „und dabei auf mehr Gegenliebe stießen als Schalkefans nach gewonnenem Spiel", sondern das zunehmend Frauen Mut machen wird, auch den Weg vors Gericht nicht zu scheuen.
„Selbst wenn wir verloren hätten, es hätte sich gelohnt." Das war die einhellige Meinung aller direkt Betroffenen. Der Frauen, weil sie inzwischen im Betrieb einen ganz anderen Zusammenhalt haben, weil sie eine gewerkschaftliche Frauengruppe gründen, weil sie rundum an Selbstbewußtsein gewonnen haben.
Des Betriebsrats, der „vor ein paar Jahren noch nicht geglaubt hätte, daß bei uns mal gewerkschaftliche Aktionen möglich werden", der im Betrieb durch den Rückhalt der Belegschaft eine ganz andere Stellung bekommen hat. Und der IG Druck und Papier, die in Sachen Tarifpolitik ganz anders auftrumpfen kann, wenn rundum bekannt ist, daß die Forderung nach Anhebung der unteren Lohngruppen getragen wird durch aktive Kollegen und vor allem auch Kolleginnen in den Betrieben.

Kolleginnen?

ELEONORE ZUZAK

Kollegin Frau

Kollegin Frau steht auf dem Gang, vor ihrem Zimmer, und sieht den Überbringer freundlich an.
Der Überbringer geht ins erste Zimmer links, kommt rasch wieder heraus und fragt enttäuscht: „Wo ist der Herr Doktor?"
„Der Herr Doktor ist auf Urlaub", antwortet Kollegin Frau.
Der Überbringer geht ins sechste Zimmer rechts. Auch von dort kommt er rasch zurück. Der Sekretär ist beim Direktor, ruft ihm Kollegin Frau zu.
Daraufhin will der Überbringer ins vierte Zimmer links zum Prokuristen gehen. Der ist beim Essen, sagt Kollegin Frau zum Überbringer, bevor dieser noch die Schnalle in die Hand nimmt.
Kollegin Frau weiß, was der Überbringer um diese Jahreszeit überbringt, und hält ihn, als dieser den Gang verlassen will, mit einer Frage zurück: Für mich haben Sie keinen Brief?
Kollege Überbringer macht eine Wendung und sagt, ganz beiläufig, schon wieder im Weitergehen: *Sie* bekommen ihn handgeschrieben.

Kollegin Frau schaut dem Überbringer verständnislos nach. Das spürt der Überbringer im Rücken, denn er dreht sich noch einmal um und ruft der Kollegin Frau zu: Der Computer kann nur „Herrn“ schreiben.
Kollegin Frau geht in ihr Zimmer und überlegt, ob sie sich geschmeichelt fühlen oder beleidigt sein soll, daß der Kollege Computer das Wort „Frau“ nicht ausspucken kann.
Jedenfalls wartet Kollegin Frau jetzt schon die vierte Woche auf den handgeschriebenen Brief. Das gibt ihr zu denken.

Kollegin Fräulein

Das ist ihre Anrede. Seit Jahren. Ihr Sohn wird heuer achtzehn. Sie heißt Schneider, Ilse Schneider, aber das wissen wenige, interessiert kaum einen. Sie meldet sich mit dem Firmennamen.
Einmal sagte einer „Gnädige Frau“ zu ihr. Das war ein Irrtum. Er glaubte, schon verbunden zu sein. „Fräulein“, schrie er sie an, „Sie haben mich vergessen.“ „Nein“, sagte sie, „ich habe noch nie jemanden vergessen.“ Da verlangte er ihren Namen, damit er sich über sie beschweren könne.
Der Chef erteilte ihr eine Rüge. Ihr, der Ilse Schneider, nicht dem Fräulein. Nun hatte sie wieder ihren Namen.

Mein Vater sagt ...

Lottemi Doormann

Die Autorin, geboren 1943 in Berlin, arbeitet als freie Journalistin. Sie war unter anderem Mitbegründerin der Demokratischen Fraueninitiative (DFI) und hat zahlreiche Bücher zur Frauenbewegung geschrieben. – Der Text entstand 1977.

Meine Eltern wollen mit mir spazierengehen, aber ich habe zu tun. Termindruck. Nachtarbeit. Habe mich sogar „in Klausur“ begeben, während Mann und Kinder mit der „Schülerladen“-Gruppe auf dem Lande Ferien machen. Mein Vater versteht das nicht, er hat sein Leben lang die Familie versorgt, meine Arbeit wurmt ihn. Er sagt: „Du machst das doch freiwillig, du könntest dir mit den Kindern so ein schönes Leben machen, schließlich verdient dein Mann doch genug. Und ein zweites Auto brauchtet ihr dann auch nicht. Und außerdem – was kommt eigentlich unterm Strich bei deiner Arbeiterei heraus? So was muß sich doch auch in bar auszahlen.“

Was soll ich ihm antworten? Früher wollte ich meinem Vater imponieren. Aber schon damals wußte ich, daß ich dazu eine gutverdienende Sekretärin hätte werden müssen und anschließend eine gute Hausfrau, die ihrem Mann immer zum richtigen Zeitpunkt ein gutes Filetstück zubereitet. Ich hätte ihm so gern imponiert, aber meine Arbeit ist für ihn Hobby, Luxus, eine Zumutung für Mann und Kinder. Wenn ich bei Axel Springer ein anständiges Salär beziehen würde, hätte er vielleicht einen gewissen Respekt; oder wenn mir der Mann davongelaufen wäre und ich mit normaler, unterbezahlter Bürofrauenarbeit die Kinder durchbringen würde, wäre ich eben eine tapfere, tüchtige Frau. Aber so?
Ich rechtfertige mich, sage: „Und wenn Peter arbeitslos wird? Und wenn er's nicht mehr aushält und aussteigen will?“ Mein Vater: „Aber er hat doch eine gute Stellung, sichere Pension, so leicht findet er nichts Besseres. Und gerade in seinem Bereich wird doch immer mehr rationalisiert.“ „Eben“, sage ich, „meine Arbeit erhält ihm den Schlaf und gewisse Spielräume – als Vater, als Mensch, als mein Partner.“ Während ich mir gerade noch verkneife, die optimale Ausnutzung eines zur Zwangsarbeit verurteilten alleinversorgenden Familienoberhauptes durch den Arbeitgeber zu erwähnen, wie ich es bei meinem sich für die Firma aufopfernden Vater erlebt habe, sagt er: „Aber du könntest doch mit deiner Arbeit noch nicht einmal dich selbst ernähren.“ „Doch“, sage ich, „eben deshalb kann ich mir nicht leisten, nach Lust und Laune, nach dem Hobbyprinzip zu arbeiten. Meine Arbeit ist nicht nur für mich selbst wichtig oder deswegen, weil ich versuche, Gedanken und Bewegungen um mich herum, die mir wichtig sind, zu transportieren. Sie ist auch existentiell notwendig, um unsere materielle Basis auf mehr Füße zu stellen.“
Mein Vater schweigt. Solange er im Haus ist, hatte meine Mutter nie nötig zu arbeiten. Was soll er dazu sagen? Wir schweigen. Und verabschieden uns später. Meinem Vater kann ich in seinem Leben nicht mehr imponieren – als Tochter. Wäre ich ein Sohn, er wäre stolz auf mich, auf meine Belastung, den Streß, der für meine Bedeutung sprechen würde. So aber, als Ehefrau und Mutter, kommt für mich Arbeit nur als Hobby oder Not in Frage – alles dazwischen ist ein Frevel an den Familienangehörigen. Damit müssen wir beide fertig werden. Niemand in unserer Gesellschaft denkt daran, die Brücke zwischen uns zu bauen. Anständige Frauen sind für meinen Vater solche, die Arbeit nicht nötig haben. So kommt es, daß ich bei dem, was mir menschenwürdig und wichtig erscheint, die Anerkennung meines Vaters nicht gewinnen kann, sondern nur seine unverhohlene Mißbilligung – die, ohne daß er's weiß, so verdammt der unserer Gesellschaft entspricht.

Körperliche und seelische Gewalt gegen Frauen

Warum Frauenhäuser?

RENATE BRUCKERMANN-KEMPFLER

Am 1. 11. 1976 wurde nach einer langen Vorbereitungsphase, unendlich viel Arbeit und Auseinandersetzungen das 1. Berliner Frauenhaus eröffnet.
Im ersten Jahr nach der Eröffnung suchten 615 Frauen und 730 Kinder Schutz, Hilfe und Beratung. Die meisten Frauen kamen aus den Berliner Bezirken Kreuzberg (17 %), Charlottenburg (13 %), Neukölln (12 %) und Schöneberg (10 %). 4,5 % der mißhandelten Frauen kamen aus Westdeutschland. Diese Zahl hat allerdings in der Zukunft abgenommen, da es in der Bundesrepublik nun auch mehrere Frauenhäuser gibt. Die meisten Frauen kamen ins Frauenhaus, weil sie von ihren Ehemännern mißhandelt wurden (74,7 %), bei 3,6 % waren die geschiedenen Männer die Mißhandler, bei 19 % Freunde. Als besondere Anlässe für die Mißhandlungen wurden genannt: Trunkenheit, Eifersucht und Jähzorn, Schulden und Geldprobleme, Arbeitslosigkeit und Zeiten der Schwangerschaft.
Die Angaben zur Dauer des Aufenthaltes im Frauenhaus lassen sich wie folgt zusammenfassen:

1–3 Tage	45,3 % der betroffenen Frauen
4–17 Tage	19 % der betroffenen Frauen
2–4 Wochen	15 % der betroffenen Frauen
1–3 Monate	16,6 % der betroffenen Frauen
3 Monate und mehr	4,1 % der betroffenen Frauen

Was das Alter der hilfesuchenden Frauen betrifft, so sind die meisten Frauen zwischen 21 und 40 Jahre alt.
Wie kommt eine Frau ins Frauenhaus?
Es gibt viele Wege, die ins Haus führen. Entweder die Frau ruft selber an, oder die Sozialarbeiterin, Krankenhaus, Nachbarn rufen an; sie wird von Polizei, Freundinnen und Verwandten gebracht, oder sie steht einfach mit ihren Kindern in der Tür.

Die Mitarbeiterin, die gerade im Haus Dienst hat, nimmt sich der Neuangekommenen an. Es wird ein erstes Gespräch geführt, in dem die Frau erzählt, warum sie ins Haus gekommen ist und was sie sich von diesem Schritt verspricht. Je nach ihrer persönlichen Verfassung kann die Frau stundenlang reden oder sich nach kurzen Angaben zurückziehen.
Wenn sie schwere Verletzungen aufweist, akute Schmerzen hat, wird sie ins Krankenhaus begleitet, bei „leichteren" Verletzungen behandelt sie eine der Ärztinnen des Hauses und schreibt auch das nachher für das Gericht wichtige Attest.
Die Frau bekommt ein Bett in einem Zimmer, das sie mit 4 bis 5 anderen Frauen teilt; in den ersten Tagen wird sie von den organisatorischen Arbeiten im Haus wie Saubermachen, Telefondienst, Gartenarbeit befreit, weil sie gerade in den ersten Tagen vollauf beschäftigt ist, sich umzumelden, Auskunftssperre zu beantragen, das Sozialamt aufzusuchen, zum Familiengericht zu gehen und ihre Rechtsanwältin zu sehen.
Bei der rechtlichen Beratung von Frauen aus dem Haus steht im Vordergrund, daß sie zunächst umfassend über ihre Rechte aufgeklärt werden. Gerade Frauen, die in einer jahrelangen Mißhandlungsehe erlebt haben, daß sie von Polizei und Justiz oft im Stich gelassen werden, falls sie sich in ihrer Not an sie gewandt haben, gehen von einer großen Rechtlosigkeit der Frau aus. Wenn ihnen dann bewußt wird, daß sie auch Rechte haben, die mit Erfolg vor Gericht durchgesetzt werden können, bestärkt sie das in ihrem Trennungsentschluß.
Nach dieser ausführlichen parteilichen Beratung müssen die notwendigen gerichtlichen Schritte sofort eingeleitet werden, da in vielen Fällen jegliche Verzögerung zum Nachteil der betroffenen Frauen und Kinder geht. Frauen, die ihre Kinder mit ins Frauenhaus gebracht haben, müssen sofort eine einstweilige Verfügung beim Familiengericht erwirken, daß ihnen das Sorgerecht oder zumindest das Aufenthaltsbestimmungsrecht über die Kinder zugesprochen wird.
Viele Männer versuchen, durch Entführung der Kinder die Frauen zur Rückkehr zu bewegen, und solange die Frauen keinen gerichtlichen Beschluß in den Händen haben, können sie gegen diese Erpressung nichts machen, müssen sich der Gewalt des Mannes beugen.

Im Jahre 1988 gab es – laut einem „Bericht der Bundesregierung über die Lage der Frauenhäuser für mißhandelte Frauen und Kinder" – ca. 180 Frauenhäuser in der BRD und West-Berlin. Etwa 100 dieser Häuser werden von Initiativen der autonomen Frauenhausbewegung – z. B. „Frauen helfen Frauen e. V." – getragen, die übrigen unterstehen der Trägerschaft von Wohlfahrtsverbänden. In der praktischen Arbeit gibt es kaum Unterschiede, dagegen in der Konzeption: Die autonomen Frauenhäuser wollen sich selbst verwalten; sie lehnen – im Gegensatz zu den nichtautonomen – die Zusammenarbeit und Beratung mit den (mißhandelnden) Männern ab; sie verweisen auf „gesellschaftliche Zusammenhänge von Gewalt in der Familie“. – Der Bedarf an Frauenhäusern wächst stetig, dennoch ist sogar die Existenz vieler bereits bestehender Häuser u. a. durch finanzielle Probleme bedroht. Bund, Länder und Gemeinden anerkennen zwar ihre Notwendigkeit. Jedoch beklagen sowohl autonome wie auch nicht autonome Frauenhausträger, daß sie bislang noch keinen *Rechtsanspruch* auf finanzielle Förderung haben, es keine bundesgesetzlichen Regelungen für ihre Häuser gibt. Vielmehr sind sie nach wie vor von „Ermessensentscheidungen“ in den einzelnen Bundesländern und Gemeinden abhängig.

Anzeige wegen Vergewaltigung

THERESIA BRECHMANN

Theresia Brechmann, geboren 1955, wurde im September 1978 im Laden des Umweltzentrums Bielefeld, in dem sie mitarbeitete, vergewaltigt. Nach langer Überwindung entschloß sie sich, ihre Erinnerung an diese Gewalttat und alles, was folgte, aufzuschreiben. Es fiel ihr schwer, ihre Empfindungen öffentlich zu machen. Sie wollte jedoch ein Tabu durchbrechen und anderen Frauen mit gleichen grausamen Erfahrungen Mut machen, sich selbstbewußt zu wehren. Theresia Brechmann hatte lange überlegt, ob sie überhaupt Anzeige erstatten sollte. Zu häufig wurden bei entsprechenden Prozessen schließlich die Opfer zu Tätern gemacht. Auch zögerte sie, jemanden, der sicherlich psychologische Hilfe nötig hatte, für Jahre ins Gefängnis zu bringen. Schließlich sah sie jedoch die Anzeige als einzige Möglichkeit, sich zur Wehr zu setzen. Einige Freunde begleiteten sie zur Polizei.

Am Montag (eine Woche nach der Vergewaltigung) marschierten wir zur Polizei, auf den widerlichen Behördenweg. An der Pforte wurden die Personalausweise eingesehen. Dann zu den Sachbearbeitern. Wie es eben so ist, sind das Männer. Sie machten ein erstauntes Gesicht, als wir dort zu viert ankamen. „Wer ist die Betroffene? Aha, gut, Frau Brechmann, dann erzählen Sie mal, was vorgefallen ist.“ Und dann die später oft wiederholte Frage: „Warum zeigen Sie denn erst so spät an?“ Ich versuchte zu erklären, daß ich erst Skrupel gehabt hätte und daß man mich ja dann von Donnerstag ab auf Montag vertröstet habe.

Ich forderte eine Beamtin (Paula hatte mich darauf hingewiesen, daß ich das Recht hätte, mit einer Frau zu sprechen). Etwas erstaunt, weil die Sachmänner ja doch später den Fall bearbeiten würden, erklärten sie sich dann aber doch bereit, eine Kollegin zu holen.

Und dann kam diese Frau mit ungeduldigem Gesicht in den Raum gestürzt. Die Polizeibeamten scheinen wohl in diesen Abteilungen alle überarbeitet zu sein! Die Beamtin fragte: „Wer gibt die Anzeige auf? Aha, Sie! – Na, dann kommen Sie mal mit!“ Wir wollten aber alle mitgehen, was sie energisch ablehnte mit der Begründung: „Wenn wir Kinder wegen eines Diebstahls befragen, spreche ich auch mit ihnen allein, und wenn Sie“ (mit dem Finger auf mich zeigend) „jetzt nicht sofort mitkommen, müssen Sie sehen, wo Sie Ihre Anzeige loswerden. Ich habe schließlich noch mehr zu tun.“ Sprachs und drehte sich in der Tür um, mit der klaren Aufforderung, ihr jetzt zu folgen. Meine Bekannten wurden inzwischen in einem Wartezimmer untergebracht.

Ich folgte also, schon sehr frustriert, dieser hektischen Dame in ihr Büro. Sie war wohl vom Diebstahldezernat und nicht vom Sittendezernat. Da lief keine Frauensolidarität. Sie tippte dann auf ihrer Schreibmaschine los. Name, Anschrift, wo – wie – wann etc. Alles wollte sie genau wissen – und auch was und warum ich im Umweltzentrum arbeitete. Dann folgte die Beschreibung des Täters und der Verlauf der Vergewaltigung. Als ich dann auf die Beschreibung der eigentlichen Vergewaltigung kam, wollte die Beamtin plötzlich nichts Genaues mehr wissen.

Warte, dachte ich, wenn du bis jetzt alles genau wissen wolltest, sollst du dir das auch noch anhören. Als ich dann alles so beschrieb, wie es gewesen war, wurde die Sachfrau sichtlich nervös und atmete auf, als sie den „Geschlechtsakt zu den Akten“ legen konnte. Sie versteckte sich hinter ihrer Beamtenrolle, um nicht Gefühle zeigen zu müssen.

Nach zwei Stunden hatte ich das Protokoll (vier DIN-A-4-Seiten) unterschrieben und sollte nun die Bilderkartei der in Frage kommenden Täter ansehen. Ich fand ein Gesicht, das dem Mann ähnelte, der mich vergewaltigt hatte. Ich hatte einen so starken Widerwillen, daß ich mich nicht richtig konzentrieren konnte. Das war ein ekelhaftes Gefühl, lauter Köpfe, Augen, Schultern, Körper von Männern ansehen zu müssen, die bekannt sind als „Sittenverbrecher“.

Ich war davon überzeugt, daß mein Vergewaltiger ein Profi war und daß er auch schon im Knast gesessen hatte, deshalb war ich sicher, daß man ihn doch finden müßte.

Die Beamten konnten damit aber nicht viel anfangen, zumal mir keine besonderen Merkmale einfielen. Ich stand auch so stark unter dem Schock, daß ich mich nicht richtig konzentrieren konnte.

Die Beamten waren erstaunt, daß meine Bekannten auf mich gewartet hatten. Ich war froh, endlich wieder ihre Gesichter zu sehen.

Ich fuhr nach Hause, um das Beweisstück der Tat, meinen Schlüpfer, zu holen. Wieder bei der Polizei, wurde ich an einen anderen Beamten verwiesen, da meine Sachbearbeiter nicht mehr da waren.

Jetzt begann ein wahres Zeremoniell mit der Unterhose. Der Beamte nahm wieder ein Protokoll auf, fragte mich wieder, warum ich mit der Anzeige erst so spät käme und ließ mich dann das Protokoll unterschreiben. Dann nahm er

feierlich einen großen braunen Briefumschlag, knickte diesen fein säuberlich in der Mitte und stanzte zwecks guter Belüftung meiner Unterhose akkurat einige Löcher in das Kuvert. Dann nahm er vorsichtig mit spitzen Fingern die Unterhose und schob sie sanft in den Umschlag, um sie nach Düsseldorf zu schicken. Dort kann man an Hand des Spermienbefundes untersuchen, welche Blutgruppe der Täter hat.
Als weiteres Beweismittel mußte ich die ärztlichen Atteste ranschleppen. Die Internistin schrieb einen ausführlichen Untersuchungsbericht und händigte ihn mir ohne irgendwelche Schwierigkeiten aus.
Als ich dann zum Frauenarzt kam, erlebte ich das Gegenteil. Er hatte nur ein paar unverbindliche Zeilen geschrieben, dafür sollte ich dann noch 20 DM Bescheinigungsgebühr bar auf den Tisch legen. Als ich mich gegen diese Geldforderung wehrte, fuhr der Arzt mich an, daß ich ja die Bescheinigung dalassen könnte. Wenn ich sie jedoch sofort haben wollte, müsse ich schon 20 DM bezahlen. Also suchte ich mein letztes Geld zusammen und bezahlte dieses nichtssagende Attest.
Der Kripobeamte sagte mir später, daß der Frauenarzt das hätte gar nicht von mir verlangen dürfen. Er hätte mir das Attest kostenlos aushändigen und der Kripo eine Rechnung schicken müssen. Ich erhielt von der Kripo die 20 DM ersetzt. Na – immerhin!
Auch wenn diese Anzeige sehr belastend für mich war, war ich froh, daß ich sie gemacht hatte. Irgendwie fühlte ich mich anschließend erleichtert. So als käme zumindest ein kleiner Stein ins Rollen. Vielleicht auch ein Teil wiedergewonnenes Selbstbewußtsein.

Schluß mit Hexenverbrennungen bei der Fasnacht

Eine Meldung der Deutschen Presseagentur (dpa) vom 22. Februar 1988:

Stuttgart/Bonn(lsw) Die Bundestagsfraktion der Grünen hat gegen die symbolischen „Hexenverbrennungen" der schwäbisch-alemannischen Fasnacht protestiert. Damit werde „ganz wie damals Menschenmißhandlung als Volksbelustigung zur Schau gestellt", erklärten die Abgeordneten Jutta Oesterle-Schwerin und Luise Teubner in einer Pressemitteilung am Montag.
Eine Hexenverbrennung symbolisiere „auf grausamste Weise die Macht der Männer über Frauen" und verharmlose den „von Obrigkeiten verordneten Tod von Millionen unschuldiger Frauen", so die Politikerinnen. Sie verlang-

ten von den Narrenzünften, die staatlichen Zuschüsse für ihre Kulturarbeit „nicht zum symbolischen Morden an Frauen zu verwenden".
Auf Anfrage versicherte dagegen der Vorsitzende der Arbeitsgemeinschaft südwestdeutscher Fastnachtsverbände, Wolfgang Herterich, die Hexenverbrennungen hätten „nichts mit der schrecklichen Inquisition" des christlichen Mittelalters zu tun. Die Hexen seien vielmehr die Verkörperung der „wilden Männer" der heidnischen Sage. Mit ihrer Verbrennung wollten die Narren den Winter und seine Unbilden vertreiben. Der Vorwurf der Grünen entbehre „jeder Grundlage".

„Memminger Hexenverfolgung"

Anklagen wegen illegaler Abtreibung, frauenverachtende Prozesse, inquisitorische Verhöre, spektakuläre Solidaritätsaktionen: auch gegen Ende des 20. Jahrhunderts hat sich in Sachen Abtreibungsparagraph 218 nicht viel verändert. Die „Reform" des Paragraphen im Jahre 1976 brachte lediglich die „Indikationsregelung": Grundsätzlich wird der Abbruch bestraft, nur unter bestimmten, nachzuweisenden Bedingungen (z. B. Vergewaltigung) ist er zulässig.
Beispiel Memmingen: Ein anonymer Hinweis brachte im Jahre 1988 die Staatsanwaltschaft auf die Spur des Memminger Frauenarztes Th.; nach Auswertung seiner Patientinnenkartei wurde gegen 277 seiner Patientinnen wegen illegaler Abtreibung ermittelt, 139 von ihnen wurden rechtskräftig verurteilt. Dr. Th. erhielt eine Anklage wegen illegal vorgenommener Abtreibung in 156 Fällen. Er sagte einmal, daß Abtreibung zum Leben gehöre wie der Tod, und daß er als Arzt das rechtliche Instrumentarium zum Abtreiben haben wolle, ohne „wenn und aber". Der Prozeß gegen den Arzt dauerte acht Monate. Während der gesamten Zeit gab es immer wieder Protest- und Solidaritätsaktionen. Besonders publikumswirksam war erneut eine im „Stern" vom 26. Januar 1989 gestartete Bekenntnis-Kampagne, diesmal bekannten sich betroffene Frauen *und* Männer gemeinsam mit Ärzten zu ihren Abtreibungen. 2½ Jahre Freiheitsstrafe und 3 Jahre Berufsverbot lautete das Urteil wegen Steuerhinterziehung und illegaler Abtreibung für Dr. Th. am 5. Mai 1989. Der bislang spektakulärste Abtreibungsprozeß der Bundesrepublik war zu Ende. Für die 79 Frauen, die als Zeuginnen aussagen mußten, bleibt die Erinnerung an die entwürdigenden Stunden im Gerichtssaal, wo sie von den Richtern über intime und private Dinge ausgefragt wurden, die oft genug nichts mit dem Verhandlungsthema zu tun hatten. Eine heute 25 Jahre alte Frau, die als 17jährige — unverheiratet, mittellos, ohne feste Bindung, dafür mit großer Angst vor ihrem Vater — eine Abtreibung hatte vornehmen lassen, wurde im Memminger Prozeß als Zeugin vernommen.

Sie ist nur Zeugin, und doch fühlt sie sich wie auf der Anklagebank. Jahre nach der Abtreibung sollen die vorgeladenen Frauen ihre damalige seelische oder finanzielle Notlage beweisen.

Die junge Frau, inzwischen alleinerziehende Mutter eines behinderten Kindes, muß Auskunft geben über die Größe ihres Zimmers in der elterlichen Wohnung, ihr Einkommen, das damals 400 Mark betrug, den Lohn des Vaters als Möbelpacker. Sie wird befragt, ob Sparbücher in der Familie vorhanden waren, warum sie den Eltern die Schwangerschaft verheimlichte und warum sie nicht das Kind ausgetragen habe, um es dann zur Adoption freizugeben.
Die Zeugin müht sich, oft den Tränen nahe, alle Fragen zu beantworten: „Damals kümmerte ich mich tagsüber um die zwei kleinen Kinder meiner alleinstehenden Schwestern, die arbeiten gehen mußten. Abends jobbte ich dann als Kellnerin. Wir alle wohnten zusammen mit meinem Vater in einer kleinen Wohnung. Meine Eltern hatten sich kurz zuvor scheiden lassen."
Diana K. ist es peinlich, daß sie Rechenschaft über ihr Liebesleben ablegen muß: Wie lange hatte sie den Mann gekannt, von dem sie schwanger geworden war, bevor sie mit ihm „Geschlechtsverkehr" hatte? Warum wollte sie hinterher nichts mehr von ihm wissen? Weshalb wollte sie mit ihm keine Familie gründen?
Ein paar Wochen hatte sie ihn gekannt, jung war sie gewesen und unerfahren, und er hatte sich aus dem Staub gemacht, nachdem es passiert war.
Zweimal ist sie sprachlos. Als der Richter von ihr hellseherische Fähigkeiten verlangt. Als er wissen will, ob sie damals bereits geahnt hätte, daß ihre Schwestern einmal heiraten und mit ihren Kindern aus der väterlichen Wohnung ausziehen würden. Und als der Staatsanwalt sich erkundigt, ob sie zum Zeitpunkt des Schwangerschaftsabbruchs einen Führerschein gehabt habe. Sie war damals erst siebzehn.
Diana K. stand am Freitag, dem 13. Januar 1989, allein vor den sieben Männern der Großen Strafkammer des Landgerichts Memmingen: drei Richter, zwei Staatsanwälte, zwei Schöffen. Und mußte über ihre heutige Situation berichten. „Die haben doch gar keine Ahnung von meinem Leben mit einem behinderten Kind. Ich mußte denen sogar vorrechnen, wie ich heute mit 595 Mark netto für eine Halbtagsstelle und einem Mietzuschuß von 210 Mark auskomme. Das ist so demütigend. Ich fühlte mich hilflos ausgeliefert und hatte gleichzeitig eine unheimliche Wut."

Mit eigenem Kopf

Frauen für den Frieden

HEIDEMARIE LANGER

Frauen haben großen Anteil an der Friedensbewegung, die vor allem zu Beginn der achtziger Jahre sehr stark war. Organisiert von der Hamburger Initiative „Frauen in die Bundeswehr? Wir sagen NEIN!", kam am 70. Internationalen Frauentag im März 1980 die größte Frauendemonstration zustande, die die Bundesrepublik bis dahin erlebt hatte. Es entstanden überall neue Frauenfriedensgruppen, die sich mit Unterschriftenlisten, Demonstrationen und anderen Aktionen gegen Nachrüstung, Atomsprengköpfe und die Einbeziehung der Frauen in die Bundeswehr wehrten. Neben vielen anderen Publikationen erschien 1982 ein Buch der Berliner „Frauen für den Frieden", mit Gedichten und Reflexionen von Frauen. Daraus:

ich liebe dich großmutter
du hast
märchenhaft märchen erzählt
und wahrhaft wirklichkeiten
nicht vertuscht nicht vermischt nicht verheimlicht

du hast mir die kriege erzählt
die bomben tage die nächte
warten in ängsten todesgewißheit
die menschen im raubtier abgrund gewalt
unwirklich wahrheit deine geschichten –
tötbarkeit allem was lebt

du hast immer gestrickt beim erzählen
und du sagtest du kennst das nicht anders
auch im krieg
stricken für söhne für väter

nur strickzeug in der hand
und dies zittern
ob wärme wirklicher schutz
oder nur beistand am krieg
stricken für mich in mutters bauch
und dein zittern
ob ich kriegsmunition für ein später –
kostbarkeit allem was lebt
ich liebe dich großmutter

du hast auf dem friedhof
meine hand festgehalten
wenn das volk trauerte alten kameraden
und hast mir die blume gegeben
für das grab all der unbekannten
für den mord jeder seite
für die kinder die frauen und männer
hier und dort
jedem land

ich liebe dich großmutter
du hast mir die trauer nicht weggewischt
nicht deine tränen
die kraft deiner fragen
hast deine geschichten laut weitergedacht
hast gefragt wo du gefehlt wo verfehlt hast
stumm an den fenstern winken erstarrt
hast gefragt wo es wege gegeben hätte und ob
zu verhindern zu mahnen
laut gegen mord –
dulden ist stützen
schweigen ist handeln

ich liebe dich großmutter
du hast mir von frauen erzählt
von den vielen die aufstanden
damals und jetzt die
die sich trafen und aussprachen
forderten

was euer herz bewegt mehr als verstand
was euch empört quer allen grenzen
was euch die stimme gab quer allen sprachen –
haß allem krieg – im namen der liebe
und um jeden preis frieden – im namen des lebens
und opfer nur dann – im namen des lebens

ich liebe dich großmutter
du kanntest sie beide und hast
ostern geliebt mehr als karfreitag –
streicheln durch deine trauer
hast von sonne erzählt mitten im regen
hast mir helles licht entdeckt
über den schatten
mir dies licht entzündet liebe zu sehen
und wirkliches leben zu suchen

Muttersprache – Männersprache

LUISE F. PUSCH

„Seit Mitte der siebziger Jahre entdeckt mann mit wachsendem Befremden, wie frau die deutsche Sprache instandbesetzt. Früher fand sie keinen Raum in dieser ‚Herberge', genannt ‚Muttersprache'." Mit diesen Sätzen wird das Buch „Das Deutsche als Männersprache" eingeleitet, das Luise F. Pusch, geboren 1944, 1984 veröffentlichte. Es enthält ihre Aufsätze und Glossen zur feministischen Sprachwissenschaft, die die Diskriminierung von Frauen in unserer alltäglichen Sprache entlarvt.

In meinem Paß steht: „Der Inhaber dieses Passes ist Deutscher." Ich bin aber kein Deutscher. Hätte ich je in einem Deutschaufsatz geschrieben, ich sei „Deutscher", so wäre mir das Maskulinum als Grammatikfehler angestrichen worden.
Ich bin Deutsche. Es müßte also heißen: „Der Inhaber dieses Passes ist Deutsche." Nein, das ist auch falsch. Zwar gilt es nicht als Fehler, wenn ich, obwohl weiblich, über mich sage: „Ich bin der Inhaber dieses Passes." Genauso korrekt ist aber *Inhaberin.* Und zusammen mit *Deutsche* ist nur *Inhaberin* richtig: „Die Inhaberin dieses Passes ist Deutsche."
Im Paß meines Bruders steht derselbe Satz wie in meinem. Er hat sich nie daran gestört. Wieso sollte er auch? Der Satz ist ihm auf den Leib geschnei-

dert. Aber wenn da stünde „Die Inhaberin dieses Passes ist Deutsche“, so wäre das nicht nur falsch, sondern eine Katastrophe. Die Paßbehörden würden sich vor Männerbeschwerden kaum retten können, denn welcher Mann läßt sich schon gern „Inhaberin“ und „Deutsche“ schimpfen?
Weibliche Bezeichnungen sind für Männer genauso untragbar wie weibliche Kleidungsstücke. Und doppelter Papierkrieg ist für Behörden zu aufwendig, also werden uns Frauen die männlichen Bezeichnungen zugemutet. Es ist die einfachste Lösung. Frauen sind erstens geduldig, und zweitens sind männliche Bezeichnungen sowieso viel schöner und kürzer und praktischer und irgendwie edler und überhaupt allgemeiner.
Ich bin Linguistin. Oder bin ich Linguist? Mal bin ich dies, mal jenes; ich habe mich längst daran gewöhnt. Eins aber steht fest: Meine Mutter war Sekretärin und nicht Sekretär. Sie hat den Sekretärinnenberuf ausgeübt und führt jetzt ein Rentnerdasein. Oder ist es ein Rentnerinnendasein? Schließlich führen Rentnerinnen ein ganz anderes Dasein als Rentner. – Meine Mutter ist vielleicht eine Ausnahme; sie ist Studentin der Philosophie – oder auch Student. Mal dies, mal jenes.
Ich stelle fest: Meine Muttersprache ist für Männer bequem, klar und eindeutig. Das Reden über Männer ist völlig problemlos in dieser Männersprache. Schwierig, kompliziert und verwirrend ist nur das Reden über Frauen. Mutter Sprache ist auf meine Existenz etwa so gut vorbereitet wie Vater Staat auf die Existenz von Behinderten. Als „Problemgruppe“ dürfen wir uns mit offenkundigen Behelfslösungen herumschlagen, die als „Grammatik“ nicht weiter diskutiert werden. Denn schließlich: Wer wäre auch für Grammatik verantwortlich zu machen?

Mach mich nicht an!

In Nordrhein-Westfalen wurde 1983 bei einer Änderung der Gemeindeordnung ein Passus eingefügt, der die Verantwortung für die gleichberechtigte Behandlung von Frauen und Männern im öffentlichen Leben in die Hände der Gemeinden legt. Seither fühlten sich in NRW 135 Gemeinden „freiwillig verpflichtet“, sogenannte Gleichstellungsstellen oder Frauenbüros innerhalb ihrer Verwaltung einzurichten. Die Mitarbeiterinnen dieser Büros werden von Frauen mit ganz unterschiedlichen Problemen aufgesucht, sie geben Rat, vermitteln weiter.
Von der Gleichstellungsstelle der Stadt Solingen stammt eine Broschüre mit dem Titel „Mach mich nicht an! – Vorschläge zum konstruktiven Umgang mit alltäglichen Diskriminierungen.“ Zunächst werden Situationen geschildert, mit denen Frauen alltäglich fertig werden müssen. Dazu gibt es dann Tips, wie sie dies ernsthaft, originell oder „schlagkräftig“ schaffen. Zwei Beispiele:

Kochen Sie doch mal Kaffee

Folgende Situation ist weit verbreitet: Ich sitze als einzige Frau in einer Gruppe; an mich ergeht die Aufforderung, „doch mal Kaffee zu kochen". Die einfachste Lösung wäre, hinauszugehen und zu tun, wie mir geheißen.

Meine Reaktion:

Statt dessen könnte ich sagen:
- Herr X, ich weiß, daß Sie einen ganz ausgezeichneten Kaffee kochen. Würden Sie das vielleicht übernehmen.
- Mir ist heute gar nicht nach Kaffeekochen.
- Den Vorschlag wollte ich auch gerade machen. Der Herr hier neben mir ist ohnehin gerade nicht beschäftigt.
- Ich bin sicher, daß Sie genausogut Kaffee kochen können. Vielleicht stellen Sie das einmal unter Beweis.
- Mir ist es lieber, wenn einer von Ihnen das heute macht. Das nächste Mal bin ich dann dran.
- Diese Bitte nütze ich als kleines Einführungsseminar zur Verringerung Ihrer Abhängigkeit von weiblicher Hilfe.
- Ich bin für die Emanzipation aller Männer.
- So eine verantwortungsvolle Aufgabe kann ich als Frau nicht übernehmen.
- Nein, das werde ich nicht tun.

Tatort: Straße und Verkehrsmittel

Ich fahre mit dem Fahrrad und werde an einer Kreuzung von einem Autofahrer angesprochen: „Die Bluse ist aber dünn. Da sieht man ja alles."

Reaktionen:

- So kann ich selbst dem kleinen Mann auf der Straße eine Freude machen.
- Ist das ein Problem für Sie?
- Ganz tief durchatmen!
- Ist es zuviel für Sie?
- Einen schönen Menschen entstellt nichts.
- Interessant, was Sie da sagen. Wir machen gerade eine Untersuchung über „Das Verhalten des kleinen Mannes auf der Straße". Nennen Sie bitte zuerst einmal Ihr Alter ...
- Machen Sie Ihr Fenster zu, sonst zieht's mir.

Mutterglück?

Silke Schulz

Ein wesentliches Thema zu Beginn der neuen Frauenbewegung war die „Kinderfrage“. Junge Frauen lehnten sich dagegen auf, durch ihre kleinen Kinder für lange Zeit an den Haushalt gebunden zu sein und bei Erziehung und Pflege der Kinder oft genug von ihren Männern allein gelassen zu werden. Die Frauen suchten nach neuen Wegen, wie sie Kinder und politische Tätigkeit, Ausbildung oder Studium miteinander vereinen konnten. In dieser Zeit entstanden die ersten „Kinderläden“, in denen die Kinder von frühem Alter an gemeinsam nach antiautoritären Methoden erzogen und betreut wurden. Auf Dauer brachte jedoch auch diese Lösung den jungen Müttern nicht den gewünschten Freiraum – zu vieles blieb zu organisieren und zu verantworten. In den folgenden Jahren war „Kinderkriegen“ außer Mode, Frauen waren mit sich selbst beschäftigt: mit ihrer Abgrenzung von den Männern, mit ihrer feministischen Selbstfindung. Erst in den achtziger Jahren wurden Schwangerschaft, Geburt und das Leben mit Kindern auch für die Frauenbewegung wieder ein Thema. „Mütterlichkeit“ ist plötzlich wieder „in“, Familie, Fürsorglichkeit und intensive Beziehung zu den Kleinen werden gepriesen. Dies alles ist nicht neu. Natürlich unterstützen die konservativen Politiker diese Entwicklung. Sie nehmen gerade angesichts der Arbeitslosenzahlen erfreut die Rückkehr zur klassischen Rollenverteilung innerhalb der Familie zur Kenntnis. Allerdings gibt es nach wie vor viele Frauen, die sich zu Recht dagegen wehren, von einem Arbeitsleben jenseits ihres Haushaltes ausgeschlossen zu sein, nur weil sie Kinder haben. Über diese Frauen und ihre Probleme veröffentlichte Katja Leyrer, selbst Mutter und dauer-berufstätig, 1986 ein Buch mit dem Titel „Rabenmutter – na und?“ Darin erzählt Silke Schulz von ihrem Leben. Sie hat zwei Kinder, die bei ihrem Vater leben.

„Lebenslauf in Stichworten: Erzogen wurde ich zu einem braven, häuslichen Mädchen mit ausgeprägter ‚Begabung‘ für Haushalt, Handarbeit, Wäsche usw. Ich habe als kleines Mädchen viel Anerkennung über diese Arbeit gefunden. Zu den schulischen Leistungen wurde ich mit Liebe gedrängelt. Wenn ich bestimmte Leistungen nicht erbracht hatte (z. B. die Aufnahmeprüfung fürs Gymnasium), tat es mir sehr weh, aber meine Eltern waren stolz auf meinen Versuch.

Ich heiratete mit 18 Jahren meinen Ex-Mann aus lauter Liebe und weil ich schwanger war. Ich hatte damals den Mut zu sagen: Ich heirate nicht, weil ich schwanger bin, sondern aus Liebe.

Ich lebte dann 14 Jahre in dieser Ehe – mit zwei Kindern und meinen -zig Belastungen: Beruf, Haushalt, Organisatorin für alles ...

Psychosomatische Krankheiten brachten mich in Kliniken. Nach therapeutischen Einzelsitzungen, die mir Mut für mich selbst vermittelten, merkte ich plötzlich, daß ich an mir vorbeigelebt hatte, und die Lawine kam ins Rollen. Ganz schnell und mit ganz viel Angst. Ich brach die Therapie selbst ab. Ein erster alleiniger Urlaub in Griechenland machte mir das Zurückkehren in die

‚normale‘ Welt des Funktionierens unmöglich. Chaotische Wochen folgten: bei verschiedenen Freunden schlafen, morgens nicht wissen, auf welcher Seite ich aus dem Bett steigen soll, zu den Kindern fahren, arbeiten (als Kinderpflegerin) ...

All diese Power trieb mich dazu, eine eigene Wohnung zu suchen. Schuldgefühle hatte ich nach kurzer Zeit nicht mehr, da ich mich körperlich immer besser fühlte und alles genoß, was ich für mich tat. Meine Umzugsvorbereitungen erledigte ich während meines Examens und der Abwesenheit der Kinder. Es war für mich ein Hochgefühl, die Einrichtung für mein Zimmer mit meinen Händen zu gestalten.

Am 15. Dezember 1982 hatte ich meine Wohnung, und mir war klar, daß dies ein neues Leben ohne meine damals 12- und 6jährigen Töchter wird.

Wenn ich heute zurückblicke, ergab sich das alles durch mein Gefühl, hinzuhorchen: Was will ich, was sind meine Bedürfnisse?

Ich habe mich bei der Scheidung für eine gemeinsame Sorgerechtsregelung eingesetzt und das auch gerichtlich durchgesetzt. Für die Kinder bin ich zwei- bis dreimal wöchentlich in ihrer Umgebung (der Wohnung des Vaters) da.

Ich lebe heute in einer Wohngemeinschaft.

Mein Leben ohne die Kinder unterscheidet sich ganz stark vom herkömmlichen Denken der Menschen, die mir begegnen. Die Reaktionen gehen von Mitleid bis Ablehnung, und ganz selten erlebe ich Verständnis für das, was ich getan habe. Daher habe ich oft eine Schutzreaktion, nicht über meine Situation zu reden, weil ich keine Lust habe auf die ‚Scheiße‘, die in den Köpfen der anderen rumspukt. (Auch auf der Frauenwoche habe ich manchmal ein beklemmendes Gefühl gehabt: Wenn ich mich zu meiner Situation äußerte, stieß ich oft nur auf Unverständnis.)

Die mütterlichen Bande werden anerzogen, und solange frau glaubt, daß diese angeboren sind, wird sich auch nichts ändern. In dem Stadtteil, in dem ich früher gelebt habe und heute regelmäßig meine Kinder aufsuche, werde ich als ‚Hexe‘, ‚Ungeheuer‘, als etwas Angstauslösendes gesehen. Männer, mit denen ich früher gesprochen habe, fangen an zu stolpern und gucken in die Luft, wenn sie mich sehen.

Atmen und Luftholen kann ich immer erst in meiner Welt, mit neuen Freunden, die wirklich leben und nicht nur funktionieren.

Wichtig zu erwähnen ist auch noch, daß die Kinder trotz meines Aussteigens mich teilweise unterstützt haben. Anfangs wurde ihnen oft ein trauriges Aussehen eingeredet, und ein schlechtes Gewissen, das nicht da war, sollte bei mir geweckt werden. Ich weinte oft, sprach mit meiner großen Tochter ungefähr so: ‚Nun müßt ihr auch traurig sein, wenn die anderen das denken.‘ Wir lachten dann und nahmen uns in die Arme und verstanden uns.

Manchmal ist mir dieses Doppelleben – der bestehende Kontakt zu meinen Kindern – auch noch zuviel, aber ich glaube, daß sich bei mir ständig etwas

verändert hat und sich alles bewegt. Somit horche ich immer wieder genauer hin ...
Mein Leben ohne Kinder gibt mir Zeit für mich. Ich bin keine Feministin. Ich habe durch Selbsterfahrungsgruppen, Bauchtanz und Meditationen eher ein ganz tiefes Gefühl zu mir selbst bekommen, welches mir heute das Wichtigste ist. Mich kotzt es teilweise an, was ich in Lesbenszenen gesehen habe oder auch die Frauenpower, die mir zu einseitig ohne Mann abläuft. Ich glaube, daß ich mit einer Frau oder mit einem Mann eine Beziehung haben kann, aber auf keinen Fall möchte ich in einer gedanklichen Schublade drin sein – Lesbe ist so, Mutter ist so, Frau ist so ... Ich bin Silke, ganz offen, ganz verletzlich, ganz stark ...
Meine Kinder sind heute 14 und 18 Jahre alt und leben bei ihrem Vater. [...] Wenn ich ein schlechtes Gewissen hätte, könnte ich nicht so leben, dann müßte ich mit Krankheiten leben. Ich bin für mein Leben verantwortlich und noch mal für mein Leben! Die Kinder können ganz viel für sich tun und für sich selbst entscheiden, wenn Mutter sie nur läßt.
Die Rabenmutter gibt es für mich nicht, sie wird ‚nur' von außen an mich herangetragen. Ich kann aber nicht alle Leute therapieren und ihre Gedanken wachrütteln ...
Ein trauriges Gefühl überkommt mich schon häufiger; es ist aber nicht ein schlechtes Gewissen, sondern es sind Emotionen, die mich bewegen, z. B. wenn meine jüngere Tochter mit mir herumalbert und das als sehr angenehm empfindet (ich auch!) und sie dies nimmt und daraus den Wunsch äußert: Kannst du nicht wieder hier wohnen?
Ich weiß aber auch, daß beide Kinder keine traurigen sind, sondern lustige, freche, die manchmal die meckerige Mutter bei ihren Freunden verwünschen ... Die neue Mütterlichkeit finde ich zum Kotzen. Stillgruppen und ‚alternative Erziehung' bringen uns um Jahrzehnte zurück. Das gab es alles schon unter einem anderen Namen.
Eine große Rolle spielt bei den Frauen und Müttern das ständige Helfersyndrom. Vielfach hat die eigene Selbstfindung nie stattgefunden. Sie leben nur durch Beziehungen, Gruppen, aber nicht durch ihre eigene Persönlichkeit. Die ewigen Verbesserer und Kämpferinnen kommen oft von ihren eigenen Problemen ganz weit weg ... Ich wünsche mir die Auseinandersetzung mit den Männern und nicht nur von Frauen unter sich. Ich glaube schon, daß das Übel die Mütter sind, die Söhne und Töchter haben und nichts ändern. Veränderungen kann es nur durch Frauen geben, aber gemeinsam mit Männern ...
Grundsätzlich wünsche ich mir wachere Menschen, die nicht nur funktionieren und konsumieren und ihre Normen und Werte aus lauter Angst aufrechterhalten. In den Frauen schlummert ganz viel Kraft ..."

Caféplausch

Ach, sieh mal! Da kommt ja die Monika mit ihrer Klara! Huhu!
.. also heut hat die Klara schon wieder so dünnen Stuhl! Kennt ihr vielleicht nen guten Homöopathen hier? ...
Komm bleib bei Mami!!... Erzähl doch ruhig weiter, Helma
Naja, ich arbeite zur Zeit an ..
... guck bloß mal, wie clever!! Dada entdeckt doch einfach alles! Der wird bestimmt mal Forscher!
Wie Klara!
Läßt dich die böse böse Helma nicht, mein Schatz?!! Na so ein Frust! Komm her, du bist doch bestimmt auch müde!
Ihr müßt mal 10 Minuten ganz ruhig sein! Wenn ich nicht so tue, als ob ich mitschlafe, schläft der Daniel einfach nicht ein!
.. Genau wie bei Klara! Ich muß mich immer mit ins Gitterbett legen, bis sie pennt..
... Laß uns bald mal wieder so gemütlich miteinander schwätze
Ruf doch mal an! Aber nicht nach acht, abends, sonst wacht der Daniel auf!

„Neue“ Armut?

RUTH KÖPPEN

Zum überwiegenden Teil sind Arme und Sozialhilfeempfänger(innen!) Frauen, vor allem *alte* Frauen. Das Schicksal von Maria Maier steht stellvertretend für das Schicksal vieler Frauen, die ihr Leben den Kindern, dem Haushalt, den Kriegen, den Männern und den Arbeitgebern geopfert haben und am Ende ihres Lebens schließlich auf die Unterstützung des Sozialamtes angewiesen sind. 1985 erschien das Buch „Die Armut ist weiblich“ von Ruth Köppen. Sie schildert darin ein Rentnerinnenschicksal:

Maria Maier (die Namen aller Betroffenen sind geändert), 64, hat ein Leben lang hart gearbeitet. Gleich nach der Schule als Hilfe in einer Wirtschaft, dann beim Arbeitsdienst und in der Rüstungsindustrie. Nach dem Krieg fertigte sie Hausschuhe, putzte und half in Privathaushalten, in der Fabrik, in Krankenhäusern und Heimen. Maria Maier hat sich nie geschont; doch heute, im Alter, ist sie auf die Unterstützung des Sozialamtes angewiesen. Gewiß, Maria Maier hat schon ungleich härtere Zeiten erlebt: Vor dem Krieg arbeitete sie ohne einen Pfennig Lohn, ohne Versicherungsbeiträge sechs Jahre lang allein für Kost und Logis. Heute lebt sie immerhin in der dreißig Quadratmeter großen Wohneinheit eines Altenwohnheimes, verfügt über die Annehmlichkeiten eines Fernsehapparates, eines Radios, eines Telefons.
Maria Maier erhält eine Rente von 672 Mark (und dies nur deshalb, weil einer ihrer letzten Arbeitgeber erhebliche Beiträge nachgezahlt hat). Die Miete für ihre Wohneinheit beträgt monatlich 581,10 Mark. Das Sozialamt übernimmt von diesen Kosten 326 Mark. Maria Maier versorgt sich selbst. Nach Abzug der übrigen bescheidenen Ausgaben verbleiben ihr jeden Monat rund 300 Mark zum Leben. Das reicht für das Gulasch am Sonntag, das am Dienstag aufgewärmt wird, für Pfannkuchen oder Brei und bisweilen Gemüse. Über Tage hinweg kocht sich Maria Maier nichts, hält nach dem Frühstück ‚ganz gut durch bis zum Abend‘, wenn es Quark gibt oder Kartoffeln. Obwohl selber krank – sie besitzt nur noch ein Niere –, hilft sie jeden Dienstag bei einer Bekannten für zwei Stunden aus und bekommt dafür 20 Mark.

Einige Daten zur Armut bei Frauen

Aus dem Tagungsbericht des Deutschen Paritätischen Wohlfahrtsverbandes, Landesverband NRW, über die Tagung „Die Armut ist weiblich", Köln, November 1986:

- Der Anteil der Frauen an den Erwerbslosen beträgt 47,4 %.
- Im September 85 bekommen 42 % der arbeitslos gemeldeten Frauen keinerlei Leistungen des Arbeitsamtes (bei den Männern 24 %).
- Von den verheirateten arbeitslos gemeldeten Frauen haben fast 80 % keinen Anspruch auf Arbeitslosengeld oder Arbeitslosenhilfe.
- Die Entscheidung für ein Kind bedeutet fast zwangsläufig den Ausstieg aus der Erwerbsarbeit: In Köln z. B. beträgt die Versorgungsquote mit Krippenplätzen für 1- bis 3jährige Kinder 1,9 %.
- Mehr als die Hälfte aller erwerbstätigen Frauen hat ein Einkommen unter 1400,– DM netto.
- Das durchschnittliche Arbeitslosengeld von Frauen lag 1984 bei 723,– DM und damit ca. 200,– DM unter dem der Männer.
- Wegen der Bedürftigkeitsprüfung und der niedrigen Freibeträge für Ehepartner bekommt eine verheiratete Frau fast nie Arbeitslosenhilfe.
- Unter den Sozialhilfeempfängern ist der Anteil der Frauen besonders hoch; 1986 waren es 70,3 % Frauen, davon waren über 90 % alleinstehend, die meisten mit Kindern. Ein Viertel der Alleinerziehenden leben an der Armutsgrenze.
- Rund 80 % der älteren Sozialhilfeempfänger sind Frauen.
- Zwei Drittel der Jugendlichen ohne Ausbildungsplatz sind Mädchen.

alte frauen

Doris Runge

alte frauen ernten
hinter klagemauern
verspinnen weißes haar
in feinen netzen
fangen sie
den schatten eines liedes
das fest findet woanders statt

Frauen nach Tschernobyl

26. April 1986: Reaktorunglück im sowjetischen Tschernobyl. Wieder einmal waren es die Frauen, die die Folgen einer Katastrophe im praktischen Alltag bewältigen mußten. Viele fühlten sich von den Männern alleingelassen:

- mit ihrer Angst um die Gesundheit des ungeborenen Kindes,
- mit ihrer Sorge um die eigene radioaktive Bestrahlung und die ihrer Kinder,
- bei ihren mühseligen Beschaffungen unverstrahlter Lebensmittel,
- bei der schwierigen Beschaffung zuverlässiger Informationen.

Überall organisierten sich Mütter und Nicht-Mütter, um gemeinsam die Panik zu überwinden, vor allem aber um sich vereint und kompromißlos für die Abschaffung der Kernenergie einzusetzen. Ingrid Strobl schrieb in der „Emma“: „Ich bin sicher, es ist für uns gesünder, gegen die Ursache all dieser Übel zu kämpfen, als auf den Salat zu starren.“ – 1987 erschien eine Broschüre der „Frauen nach Tschernobyl“, in der viele Tschernobyl-Diskussionen und -Aktionen dokumentiert sind.

Es war einmal eine Frauengruppe, die gegen Atomkraftwerke war. Manche der Frauen hatten viel Erfahrung mit Demonstrationen, andere wenig. Sie wollten aber alle zusammen was machen, und das sofort. Sie tranken zusammen ein Glas Wein, und dabei wurde eine hübsche Idee geboren.
Am nächsten Tag (sie hatten sich angemeldet) besuchten sie das Atomkraftwerk in Stade zu einer offiziellen Besichtigung. Sie waren erstaunt zu hören, daß täglich zwei bis drei Gruppen von Leuten allein in diesem Atomkraftwerk mit „Informationen“ gefüttert werden. Von anderen Menschen hatten die Frauen gehört, daß es sehr schwer ist, gegen die geschulten AKW-Menschen zu argumentieren. Um elf Uhr waren sie angemeldet und kamen eine halbe Stunde zu spät. Dann gingen erstmal einige aufs Klo, und als sie endlich alle im Informationspavillon auf den weichen Sesseln saßen und die kredenzten Apfelsäftchen geöffnet hatten, dachte der Public-Relations-Mensch, nun könnte er den Frauen erzählen, wie schön das alles funktioniert im Stader Atomkraftwerk. Konnte er aber nicht! Immer wenn er drei Wörter gesagt hatte, lachten die Frauen ihn aus.
Zuerst dachte er, die sind alle ein bißchen betrunken, vielleicht auf einem Betriebsausflug oder so. Aber was er auch machte, sie lachten ihn aus und klatschten sich auf die Schenkel über seine blöden Erklärungen. Er war ganz verunsichert, stellte einen Dia-Vortrag an und einen Film und wurde ganz weiß um die Nase. Aber die Frauen lachten und lachten und lachten, bis es ihm schließlich zu bunt wurde und er fragte: „Was wollen Sie hier eigentlich?“ Da sagten die Frauen ganz ernst: „Abschalten wollen wir, wo ist hier der Knopf zum Abschalten?“ Das brachte ihn nun ganz aus der Fassung, und er konnte nur noch stammeln: „Das geht nicht, da kommen Sie nicht ran!“

Dann sind die Frauen einfach weggegangen, ohne sich seinen wunderbaren Vortrag und seinen wunderbaren Film und seine wunderbaren Lichtbilder überhaupt anzugucken. Und haben gelacht. Als die Frauen weggingen, riefen sie immer wieder: „Wo ist eigentlich Renate?" Renate? Er hatte keine Renate gesehen, seiner Meinung nach waren genauso viele Frauen wieder rausgegangen wie reingekommen waren. Aber als die Frauen dann am AKW-Zaun standen und „Renate" riefen, und am Haupttor, da wurde er etwas unsicher und sagte vorsichtshalber seinem Vorgesetzten Bescheid. Ja, und als dann nachmittags nochmal ein Anruf kam, der Renate ausrichten ließ, falls sie auftauchte, solle sie nach Hause kommen – da war er verstört. Auch seine Kollegen wurden nervös. So ganz sicher waren sie nämlich nicht, ob die komische „Renate" nun vielleicht übers Gelände streicht . . .

Frauen im Gefängnis

DAGMAR HUCKENBECK

Die Schriftstellerin Luise Rinser, geboren 1911, gab 1987 unter dem Titel „Laßt mich leben" Texte von „Frauen im Knast" heraus. Das Buch widmete sie jenen Leuten, die sich nie „die leisesten Gedanken darüber machten, wie Frauen in Gefängnissen leben und wie sie zwei, drei, fünf, zehn Jahre überleben. Wie sie sich bemühen, den Kopf über Wasser zu halten und ihre Persönlichkeit nicht zu verlieren; wie sie versuchen, sich nicht an den Freiheitsentzug zu gewöhnen, als sei dies das normale Leben; wie sie mit ihrer Erotik und Sexualität umzugehen lernen; wie sie leiden unter der Schuld ihren Kindern gegenüber; wie sie einander stützen, wie sie aber mit der Zeit auch bös werden, aggressiv, rachsüchtig." – Ein Gedicht aus diesem Sammelband:

Was hier alles abgeht . . .
Frauen können besonders schlimm sein,
es ist mir noch nie so extrem
aufgefallen, wie jetzt.
Ich bin völlig am Ende,
ich bekomme einfach
keine Distanz mehr
zu all' den Dingen.
Ich bin eine Bombe,
die kurz vor der Explosion steht.
Alles, alles greift mich an.

Wenn die Neuen so markerschütternd
schreien und heulen,
ihre Zellen zusammenschlagen,
dann bekomme ich das Bedürfnis,
dem Ganzen ein Ende zu machen.
Taub, stumm, blind sein –
bitte nichts mehr hören, sehen
und auch nichts mehr sagen.
Ganz einfach umkippen – Ende,
endlich vollkommen abschalten, ausschalten.

Es ist wie eine Seuche,
die langsam in mir hochkriecht,
die mich aussaugt und
mir meinen ganzen Mut nimmt.
Ich bin so machtlos,
ich bekomme eben keine Distanz mehr,
ich bin leer, so unendlich leer.

Quotierung – das Grüne vom Ei?

MARIELUISE BECK-OBERDORF

Spätestens seit die SPD 1988 die „Quotenregelung" für sich beschloß, ist das Thema in aller Munde. Quotierung bedeutet, daß von allen Arbeitsplätzen und Positionen bis zu 50 % an Frauen vergeben werden sollen, um damit endlich Gleichberechtigung bei der Arbeitsplatzverteilung zu praktizieren. Für die Grünen ist die Quotenregelung schon seit einigen Jahren ein Grundsatz. Marieluise Beck-Oberdorf machte sich für das Buch „Halbe-Halbe – Der Streit um die Quotierung" (1986) Gedanken darüber:

Jetzt wird quotiert, hart oder weich – oder zielorientiert. Im Entwurf eines Antidiskriminierungsgesetzes der GRÜNEN finden wir die ebenso kurze wie bündige Forderung, daß fortan alle Ausbildungs- und Erwerbsarbeitsplätze so lange an Frauen zu vergeben seien, bis sie die Quote von mindestens 50 Prozent erreicht hätten. Als Einstellungsvoraussetzung soll lediglich die *formal gleiche* Qualifikation gelten. Es wurde in diesem Gesetzentwurf bewußt nicht lediglich von der gleichen, sondern von der formal gleichen Qualifikation ausgegangen, weil alle Erfahrungen zeigen, daß in der Konkurrenzsituation letzt-

lich doch dem Mann wegen vermeintlicher Überlegenheit der Vorzug gegeben wird.
Lange bevor es diesen in Gesetzesform gegossenen Vorstoß der GRÜNEN gegeben hatte, wurde in der innerparteilichen Auseinandersetzung bereits darum gerungen, Frauen aus den Alibifunktionen herauszuholen und ihnen einen gleichberechtigten Platz bei der Vergabe von Ämtern und Mandaten zu verschaffen.
Die GRÜNEN haben seit eh und je mit geradezu atemberaubendem Selbstbewußtsein reklamiert, Vertreter der Anti-AKW-, der Friedens- und der Frauenbewegung zu sein. Wenn auch, zumindest in den Anfangszeiten, über die Inhalte von Frauenpolitik wenig gesprochen wurde, so gab es doch sehr früh formal eine – im Verhältnis zu den anderen Parteien – große Bereitschaft, Frauen stark in die politische Arbeit und Repräsentanz miteinzubeziehen.
Schon bei der Aufstellung der Landeslisten zu den Bundestagswahlen 1980 wurden in einigen Bundesländern die Listen so aufgestellt, daß 50 Prozent der Plätze an Frauen gingen. Allerdings gab es dazumal noch keine Festschreibung irgendwelcher Quoten, sondern lediglich einen relativ hohen moralischen Druck auf die Delegierten, Frauen angemessen an den Listen zu beteiligen. Es blieb jedoch bei einigen ehernen Grundsätzen. So waren die ersten Plätze in allen Bundesländern bis auf Bayern mit Männern besetzt, und die Frauen folgten nachgeordnet. Der politische Kopf blieb in der Regel der Mann!
Die erste grüne Fraktion startete alsdann mit zehn Frauen und achtzehn Männern; in der zweiten Hälfte der Legislaturperiode, nach der Rotation, verschlechterte sich dieses Verhältnis sogar noch.
Und dennoch – das erste Sprecher/innen/gremium drängte die Männer in die Minderheit, stand es doch zwei zu eins. Ein Sieg für die Frauen – die Männer als Vize?
Weit gefehlt! Frau mußte erkennen, daß die Besetzung von Posten noch lange nicht Gewähr dafür bietet, daß ihr auch Bedeutung zugesprochen wird. Das Geflecht, aus dem männliche Bedeutsamkeit gestrickt wird, ist weitaus vielfältiger. Da gibt es einmal die männlichen Kollegen der anderen Fraktionen, durchaus erfreut über die nett anzuschauende Bereicherung des tristen Politikeralltags durch das weibliche Geschlecht, aber dennoch selbstverständlich davon überzeugt, daß das eigentlich Wichtige weiterhin unter Männern auszumachen sei. Da gibt es die Herren Journalisten von Presse, Funk und Fernsehen, die sich selbstredend, wenn es um wichtige Themen geht, lieber ein staatsmännisches Statement einholen und kein staatsweibliches, da gibt es die einschlägigen Kneipen, in denen Politik und Politiker gemacht werden und in denen bei spätem Wein und Bier frau oft schon in der Falle liegt. Da gibt es, schwer beweisbar, aber minütlich vorhanden, kleine Gesten und Blicke zwi-

schen Männern, die immer wieder neues Einverständnis begründen, Sekundenphänomene sozusagen, die ein festes Moment in der Begründung kollektiver männlicher Macht sind. [. . .]
Doch gut, Frauen, die den Kopf einziehen und leiden, werden schwerlich den Herren Patriarchen die Sessel unter dem Allerwertesten entziehen. Also hinein in die Kleinarbeit, die Probleme thematisieren, konkrete Situationen ansprechen, Bewußtseinsarbeit leisten, selbstbewußt und bestimmt den Herren Grenzen setzen. Schließlich wußten wir ja immer, daß formale Gleichstellung nicht alles ist.
Bei solch einem Unterfangen wird frau erst richtig erleben, wie zäh die psychosoziale Komponente des Patriarchats wirklich ist. Einmal angesprochen, werden die Herren freundlich reagieren, ungläubig und fast etwas peinlich berührt von den hypersensiblen und ach so überempfindlichen Damen Kollegen. Und so zieht frau bedröppelt ab – sie könnte auch versuchen, Elefanten das Tanzen beizubringen.
Die logische Folgerung aus diesen Erfahrungen war dann auch das Feminat. Es sollte zumindest einmal der Versuch unternommen werden, die Hintertür zu verschließen, durch die auch der letzte noch verbliebene Mann zum Vorsitzenden gemacht wird. Der Erfolg hat diesem Experiment recht gegeben.
Es war mitnichten so, daß die Frauen weniger Konflikte miteinander hatten als Männer, sie waren auch nicht ohne Konkurrenz und Eitelkeit, sie führten nicht durch ihre Weiblichkeit den besseren Stil in die Politik ein. Aber sie dokumentierten mit einem Schlag, daß Frauen auch politisch sind, daß sie Vordenkerinnen sein können, daß sie Führungsqualitäten haben, sie dokumentierten, daß die Überlegenheit der Männer nichts als Ideologie ist.
Der Mythos vom ewig Weiblichen und damit Besseren wird auch von Frauen mißbraucht. Das Feminat war nicht aggressionsfreier, nicht per se harmonischer oder kollegialer.
Und dennoch – Frauen führen andere Formen ein. Sie sind angesichts von Mutter- und Partnerschaft dazu gezwungen, sofern sie diese Rollen auch noch ausfüllen. Der Einzug von Frauen in Beruf und Öffentlichkeit muß andere strukturelle Bedingungen mit sich bringen, denn die doppelt und dreifach Belastete kann in der Regel nicht mit den Leistungsanforderungen mithalten, die von Männern diktiert werden. Verfügbarkeit, Flexibilität und Arbeitseinsatz sind bei vielen Frauen eingeschränkter, und das hat Folgen.
Wie oft waren wohl Otto Schily und Joschka Fischer durch ein krankes Kind in ihrer Arbeitsfähigkeit eingeschränkt? Mußten sie je einen Pressetermin absagen oder an andere delegieren, weil der Babysitter nicht verfügbar war? Verzichteten sie auf die nächtlichen Kungeleien in der Kneipe, weil sie diese Nacht noch zu der Arbeit am Schreibtisch verwenden mußten, um am nächsten Tag möglichst rasch nach Hause fahren zu können, weil das Kind wartete

und das schlechte Gewissen sich regte? Oder verzichteten sie einfach auf diese und jene Gelegenheit zur Imagepflege, die gleichzeitig auch immer Machtausübung bedeutet, weil sie schlichtweg vor Sehnsucht nach der Familie sich verzehrten?

Wenn auch die Frauen im Feminat nicht qua [durch ihr] Geschlecht kollegialer waren als das Sprechergremium zuvor, so hatten doch alle Frauen Kinder und mußten deshalb zwangsläufig die Arbeit (und den Ruhm) unter sich aufteilen, sie mußten delegieren und Absprachen treffen.

Hier liegt das Geheimnis der ungleichen Bedingungen für Männer und Frauen: Selbst wenn die Frauen mittels Quoten zu einem 50-Prozent-Anteil kommen, es bleiben für sie strukturelle Nachteile, sofern sie sich nicht den männlich geprägten Leistungsnormen angepaßt haben.

Früher und noch heute hieß das für die „Karrierefrau", die Wahl zwischen Kind oder Fortkommen zu treffen – eine schmerzliche Alternative. Die Quotierung schafft Schutzräume für Frauen und ist somit eine Voraussetzung für das Aufbrechen männlicher Überlegenheit – gleiche Bedingungen schafft sie deswegen noch lange nicht. So ist denn auch nicht verwunderlich, daß die Quotierungspraxis, die mittlerweile in der Partei festgeschrieben ist, zu neuen Problemen geführt hat.

Frauen können die für sie eingeräumten Quoten nicht ausfüllen. Kreis- und Landesvorstände tun sich schwer, Frauen zu finden, die die Posten ausfüllen wollen, Kommissionen können nur mit Ach und Krach paritätisch besetzt werden und einschlägige Männerdomänen, wie die Wirtschaftsarbeitsgemeinschaften, suchen händeringend nach weiblichen Mitgliedern.

Die Konsequenzen dieser Entwicklung sind absehbar. Es steht zu vermuten, daß die Männer mit stiller Häme diese „Niederlagen" der Frauen beobachten. „Erst schreien sie laut nach Beteiligung, und wenn sie sie haben, dann wollen sie nicht mehr." Wie lange werden die Herren Kollegen sich das anschauen, bis auf der Basis der gesammelten Erfahrungen zum großen roll back ausgeholt und dem Spuk der Quotierung ein Ende bereitet werden wird?

Außerdem bringt der Frauenmangel uns selbst nicht selten in einen mißlichen Zwiespalt. Die geringe Auswahl gibt, erzwingt ab und an eine Solidarität, die mulmige Gefühle hinterläßt. So entsteht die Tendenz, die Debatte über Qualifikation und Eignung zu tabuisieren. Politische Konflikte unter Frauen fallen einer erzwungenen Solidarität zum Opfer, denn im Falle eines Mangels von Bewerberinnen hieße die Ablehnung einer Frau zugleich, einem Mann den Weg zu bereiten.

Der latente Zwang zur Besetzung von durch Quotierung eingeklagten Posten führt jedoch auch zu positiven Entwicklungen. Frauen tun sich zusammen und treffen Absprachen darüber, wie sie als Kollektiv bestimmte Posten ausfüllen wollen. Sie ermuntern sich gegenseitig, Zaghaftigkeit und mangelndes Selbst-

vertrauen zu überwinden, kurz: Frauen fangen an, sich zu trauen. Und so wachsen – schneller als ohne dieses Modell – viel Kompetenz, Selbstvertrauen und Selbstbewußtsein. Diese oder jene Fehlbesetzung, die zweifellos die Quotierung auch mit sich bringt, ist also ein kleiner Preis für diesen Zugewinn an Frauenmacht.
Außerdem: Wer spricht über männliche Fehlbesetzungen? Selbst Frauen tendieren nicht selten dazu, ihren eigenen Geschlechtsgenossinnen Schwachstellen stärker anzurechnen als den Herren der Schöpfung.
Und dennoch bleibt ein Haken: Mag die Quote noch so hart, starr, unverrückbar sein, gequotet wird nur das Amt, das Mandat oder Beruf. Nicht quotierbar sind Familien-, Kinder- und Hausarbeit, nicht qua [über eine/ein] Satzung oder Gesetz jedenfalls. Die Durchsetzung *dieser* Quote fällt in den „Nahkampf"-Bereich im wahrsten Sinne des Wortes fast jeder Frau und schluckt dort, wer kennt das nicht, Unmengen von Kraft und Energie, schürt Konflikte und führt nicht selten in der bittersten Konsequenz zur Trennung. [...]
Quotierung tut not – da gibt es keine Frage. Aber sie kann nur eine Hülle sein, solange sich unser Augenmerk nicht zugleich auch auf die Bedingungen richtet, unter denen heute Politik gemacht wird. Strukturen zu schaffen, in denen Frauen Politik machen können und wollen, heißt viel mehr, als das Vorhandene unter den Geschlechtern aufzuteilen.
Es geht nicht um die Hälfte des Patriarchats – die können die Männer selber behalten.

Windeln, Wut und wilde Träume

CLAUDIA KELLER

Die Autorin, geboren 1944, veröffentlichte 1988 die selbstironischen „Briefe einer verhinderten Emanze" unter dem Titel „Windeln, Wut und wilde Träume". Sie schreibt in der Einleitung, daß die Briefe von Lisbeth es wert sind, aufgehoben „zu werden, denn sie zeigen eine Lisbeth, wie es viele Lisbeths gibt, so eine Art ‚verhinderter Emanzen', die zwar dann und wann an den Stäben ihres Käfigs rütteln, sich jedoch, sobald ihnen jemand den Weg ‚hinaus' weist, erschrocken entschuldigen und beteuern, daß ja alles nicht wirklich ernst gemeint war und es nur am Wetter und/oder langanhaltenden Kreuzschmerzen lag, daß sie sich solchermaßen vergessen konnten. Und die dann versuchen, sich brieflich zu erleichtern, weil sie keine andere Möglichkeit sehen.
Ich meine, unter uns, dieses Hausfrauengewäsch kann man ja kaum noch mitanhören, wenn man sich selbst weiterentwickelt hat, aber ich finde, daß Lisbeth doch hier und da Talent aufblitzen läßt und ihre Situation durchaus analysieren, wenn auch leider nicht verändern kann."

31. Juli

Liebe Paula,
eben kam Dein Brief an, und weil es gerade so schön still ist, schiebe ich das Frühstücksgeschirr zur Seite, um am Küchentisch sitzend einen kleinen Plausch mit Dir zu halten.

Ich habe den Eindruck, daß Du ein wenig pikiert warst, von mir zu erfahren, daß Dein Ehemaliger bei uns zu Gast war und den Blödsinn von Deinem Geliebten mit der Segeljacht „überall herumerzählt". Es tut mir aufrichtig leid, wenn ich Dich mit meinem detaillierten Bericht des betreffenden Abends gelangweilt haben sollte, aber ein kaserniertes Wesen wie ich, das den Anschluß an sämtliche Befreiungsgruppen der Welt mit Erfolg verpaßt hat, einfach deshalb, weil es in entscheidenden Momenten immer ein bißchen zu schwanger war, um auf Barrikaden zu klettern und „Mein Bauch gehört mir" zu rufen (wobei der Umfang besagten Bauches die Worte ja auch Lügen gestraft hätte!!!), eine solche Westentaschenfeministin hat nur wenig Freunde, und wen außer Dir sollte ich mit meinem Alltags- und Seelenmüll belästigen? Frauen, die so denken wie ich, haben keine Zeit, mich zu besuchen, weil sie Vorträge halten oder dicke Bücher schreiben oder doch zumindest über den zweiten Bildungsweg das Abitur nachholen und später die Altenuniversität besuchen, oder sie verlassen Ehemann und Familie und werden nie mehr gesehen, wie meine Freundin Paula es zum Beispiel getan hat!!!

Ich schäme mich, es zuzugeben, aber irgendwie habe ich immer den Anschluß zu jenen Zügen verpaßt, auf die ich gern gesprungen wäre, denn immer schleppte ich Windelpakete und Großpackungen mit Wattestäbchen zum Reinigen von Kinderöhrchen über die Straße anstelle von Werken wie „Die Scham ist vorbei" und „Weib und Macht", die mir beizeiten den richtigen Weg in eine bessere Zukunft gewiesen hätten. Aber sehr lange Zeit, so scheint mir, war Lil ein Kleinkind, und als sie endlich kein Kleinkind mehr war, hatte ich ein neues Kleinkind, und weder beim ersten noch beim zweiten Mal war Benno willens, die Früchte seiner Zeugungskraft zu beaufsichtigen, damit ich mir in Ruhe den Vortrag „Die Kinder dem Erzeuger, den Frauen die Macht" anhören konnte. Er war nur gewillt, den Babysitter zu spielen, wenn ich ihm sagte, daß ich zwecks Gräberpflege zum Friedhof müsse; dies war die einzige aushäusige Betätigung, die er für unumgänglich hielt, und wie Du weißt, schließen Friedhöfe um achtzehn Uhr!

Wenn Du mir zuweilen vorwirfst, daß ich meine „prima ausgebildeten Aggressionen" nicht „rauslasse", dann muß ich Dir gestehen, daß ich es einfach nicht fertigbringe, den vertrauensvoll in diese Welt blickenden Benno II auf einen so unzuverlässigen Schoß zu setzen wie den von Benno I, um außerhalb meines gediegenen Laufstalls die Freiheit zu suchen. Ich habe mich noch immer nicht zu der Einsicht durchgerungen, daß jede Revolution eben ihre Opfer fordert und eines dieser Opfer ausgerechnet Benno II sein soll, weil er eine Mutter hat, die nicht mehr, und einen Vater, der noch nicht für jene Sicherheit aufkommen will, auf die jedes Kind meiner Meinung nach ein Anrecht hat. Zumindest, solange es noch nicht gelungen ist, die Kinder vor ihrem Erscheinen auf dieser Welt vertraulich zu fragen, ob sie überhaupt mitmachen wollen.

Dies nur zu Deiner Bemerkung, daß man Wut durchaus kreativ auswerten kann. (Wenn der Kleine aus dem Gröbsten heraus ist, werde ich ein Buch über Resteverwertung schreiben, das heißt, wenn nicht wieder etwas dazwischenkommt, was auch möglich ist!) Köstlich fand ich übrigens Deinen Hinweis, daß ich die Reihe der Naturalien, welche Dir Werner anstelle eines Stundenlohnes zugeteilt hat, durch zwei Schachteln Kopfschmerzpillen täglich und ein Kilo Verdauungstee pro Woche vervollständigen kann. Was das betrifft, so ist der meine auch nicht kleinlich. Von den oben angeführten Genußmitteln stehen auch mir immer reichliche Mengen zur Verfügung, allerdings passe ich auch wie eine Drogensüchtige darauf auf, daß die Vorräte stets aufgefüllt werden. Rechtzeitig! (Beachte die irreführende Wortwahl: „wie eine . . . “)

Deine Lisbeth

Quellen / Rechte

Die Herkunft eines Textes ist jeweils aus dem Vorspann ersichtlich. Urheberrechtlich nicht mehr geschützte Werke erscheinen hier nur, wenn Neuausgaben herangezogen wurden. – Die Beiträge auf den Seiten 30, 32 f., 38, 64, 78, 88, 108 f., 112, 119, 155, 193, 198, 202, 222, 231, 235, 250, 280 entstammen Originalen in süddeutschem Privatbesitz. – Orthographie und Zeichensetzung der älteren Texte wurden behutsam modernisiert.

Gerade so gescheit wie die Männer

S. 12 J. J. Bodmer / J. J. Breitinger, Schriften zur Literatur, hrsg. v. Volker Meid, Stuttgart 1980 (Reclams Universal-Bibliothek Nr. 9953).

S. 15 Goethes Briefe, Bd. I, hrsg. v. Karl Robert Mandelkow, München 1976.

S. 16 S. v. La Roche, Geschichte des Fräuleins von Sternheim, hrsg. v. Günter Häntzschel, München 1976.

S. 19 H. L. Wagner, Die Kindermörderin. Ein Trauerspiel, hrsg. v. Jörg-Ulrich Fechner, Stuttgart 1983 (Reclams U.-B. Nr. 5698).

S. 20 Zitiert nach: Annette Uphaus-Wehmeier, Zum Nutzen und Vergnügen – Jugendzeitschriften des 18. Jahrhunderts, München 1984 (Dortmunder Beiträge zur Zeitungsforschung, Bd. 38).

S. 22 Zitiert nach: A. Uphaus-Wehmeier. Siehe oben.

Vor dem Ehestand

S. 23 J. Ch. Unzer. Aus: Epochen der deutschen Lyrik, hrsg. v. Walther Killy, Bd. 5, München 1969 (dtv 4019).

S. 24 L. A. V. Kulmus. Aus: Ich bin dein. Liebesbriefe, hrsg. v. Paul Herrmann, Berlin 1940.

S. 25 Mitgift. Aus: Angelika Bischoff-Luithlen, Der Schwabe und sein Häs, Stuttgart 1982.

S. 26 M. E. Milow, Ich will aber nicht murren, hrsg. v. Rita Bake u. Birgit Kiupel, Hamburg 1987.

S. 32 G. Chr. Lichtenberg, Werke, hrsg. v. Peter Plett, Hamburg, o. J.

S. 35 Ich war wohl klug, daß ich dich fand. H. Chr. Boies Briefwechsel mit L. Mejer 1777–1785, hrsg. v. Ilse Schreiber, München 1963.

S. 38 W. und K. von Humboldt. Ein Leben in Briefen, hrsg. v. Herbert Nette, Düsseldorf–Köln 1956.

Geburt und Tod

S. 41 Es sind wunderliche Dinger, meine Briefe. M. Klopstocks Briefwechsel mit F. G. Klopstock und mit ihren Freunden 1751–1758, hrsg. v. Franziska u. Hermann Tiemann, München 1980.

S. 42 H. Chr. Boie. Siehe S. 35.

S. 43 Chr. W. Hufeland. Zitiert nach: Süddeutsche Zeitung, 29./30. 10. 1988.

S. 43 R. Claudius. Aus: Mütter. Dichtung, Briefe, Berichte, hrsg. v. Marianne Fleischhack, Berlin (DDR) 1976.

S. 44 M. Claudius, Sämtliche Werke, München 1968.

S. 45 Frau Rath. Briefwechsel von K. E. Goethe, hrsg. v. Robert Keil, Leipzig 1871.

Gelehrte Frauenzimmer

S. 47 L. A. V. Gottsched, Die Pietisterey im Fischbein-Rocke. Komödie, hrsg. v. Wolfgang Martens, Stuttgart 1968 (Reclams U.-B. Nr. 8579/80).

S. 48 Aus: Heinz Böhm, Zum 250. Geburtstag von Frau Dr. D. Chr. Erxleben, Leipzig 1965.

S. 50 A. L. Karschin, Gedichte und Lebenszeugnisse, hrsg. v. Alfred Anger, Stuttgart 1987 (Reclams U.-B. Nr. 8374).

S. 56 Brief aus: Bürgers Liebe. Dokumente zu E. Hahns und G. A. Bürgers unglücklichem Versuch, eine Ehe zu führen, hrsg. v. Hermann Kinder, Frankfurt/M. 1981 (insel taschenbuch 564).

S. 57 J. G. Seume. Zitiert nach: Die Welt, 29. 10. 1988.

Idealbilder

S. 59 J. W. Goethe. Siehe S. 15.

S. 60 W. v. Humboldt. Siehe S. 38.

S. 62 S. Gontard. Aus: Katja Behrens, Frauenbriefe der Romantik, Frankfurt/M. 1981.

Aufbegehren

S. 65 Zitat aus: Th. Nipperdey, Deutsche Geschichte 1800–1866. Bürgerwelt und starker Staat, Verlag C. H. Beck, München 1983.

Freiheit! Gleichheit! Schwesterlichkeit?

S. 68 Forsters Werke. Bd. 2, Berlin (DDR) u. Weimar 1968. / A. Stollenwerk, Bopparder Frauen; in: Rund um Boppard. Wochenzeitung u. amtl. Bekanntmachungsorgan, 23. Jg. 1976, Nr. 11 u. 12 (gekürzt).

S. 70 Th. G. v. Hippel. Aus: Von deutscher Republik 1775–1795. Texte radikaler Demokraten, hrsg. v. Jost Hermand, Frankfurt/M. 1975 (edition suhrkamp 793).

S. 72 C. Schlegel-Schelling, „Lieber Freund, ich komme weit her schon an diesem frühen Morgen“. Briefe, hrsg. v. Sigrid Damm, Darmstadt 1984 (Sammlung Luchterhand 303).

Romantikerinnen – eigenwillig, unromantisch

S. 75 C. Böhmer-Schlegel. Siehe oben.

S. 78 D. Veit an Friedrich Schleiermacher. Siehe S. 62.

S. 79 S. Brentano[-Mereau], Bunte Reihe kleiner Schriften, Frankfurt/M. 1805.

S. 80 Aus: Requiem für eine romantische Frau. Die Geschichte von A. Bußmann und Cl. Brentano, hrsg. v. Hans Magnus Enzensberger, Berlin 1988.

S. 81 K. v. Günderode, Der Schatten eines Traumes. Gedichte, Prosa, Briefe, Zeugnisse von Zeitgenossen, hrsg. v. Christa Wolf, Berlin (DDR) 1979.

S. 83 B. Brentano. Siehe oben.

S. 86 R. Varnhagen/Pauline Wiesel, Ein jeder macht seine Frau aus mir wie er sie liebte und verlangte. Ein Briefwechsel, hrsg. v. Marlis Gerhardt, Darmstadt u. Neuwied 1978 (Sammlung Luchterhand 708).

S. 89 West-östlicher Divan, Buch Suleika.

Ob ein Weib soll Bücher schreiben?

S. 91 L. Robert. Zitiert nach: Briefwechsel zwischen Justinus Kerner und Ottilie Wildermuth 1853–1862, hrsg. v. Adelheid Wildermuth, Heilbronn 1927.

S. 93 A. Schoppe. Aus: Justinus Kerners Briefwechsel mit seinen Freunden. Bd. 1, hrsg. v. Theobald Kerner, Stuttgart u. Leipzig 1897.

S. 95 A. Schopenhauer, Tagebuch einer Einsamen, hrsg. v. H. H. Houben, München 1985.

S. 101 O. Wildermuth, Der Prinz aus Mohrenland und andere Geschichten aus Schwaben, hrsg. v. Rosemarie Wildermuth, Stuttgart 1981.

S. 104 F. Lewald, Freiheit des Herzens. Lebensgeschichte, Briefe, Erinnerungen, hrsg. v. Gerhard Wolf, Berlin (DDR) 1987.

Broterwerb und Wohltätigkeit

S. 110 Zitiert nach: Frauenemanzipation im deutschen Vormärz. Texte und Dokumente, hrsg. v. Renate Möhrmann, Stuttgart 1978 (Reclams U.-B. Nr. 9903).

S. 113 Zitiert nach: Das andere Tübingen. Kultur und Lebensweise der Unteren Stadt im 19. Jahrhundert, hrsg. im Auftrag der Tübinger Vereinigung für Volkskunde e. V., Tübingen 1978.

S. 115 Reprint 1982, Akademischer Verlag, Stuttgart.

„Hilfe, die Emanzipierten!"

S. 120 Siehe S. 104.

S. 124 Zitiert nach: Die Pfalz am Rhein. Pfälzische Verkehrs- und Heimatzeitschrift, 55. Jg., Heft 3, Neustadt/Weinstraße 1982.

S. 126 Siehe S. 110.

S. 127 L. Otto, Lieder eines deutschen Mädchens, Leipzig 1847. Siehe S. 110.

S. 128 I. Kurz, Hermann Kurz. Ein Beitrag zu seiner Lebensgeschichte, München und Leipzig 1906. © Deutsche Verlags-Anstalt, Stuttgart.

S. 129 M. v. Meysenbug. Siehe S. 110.

S. 129 E. Herwegh. Zitiert nach: 1848–1849. Bürgerkrieg in Baden. Chronik einer verlorenen Revolution, hrsg. v. Wolfgang Dreßen, Berlin 1975 (Wagenbachs Taschenbücherei 3).

S. 133 L. Otto. Aus: Louise Dittmar, Das Wesen der Ehe. Nebst einigen Aufsätzen über die soziale Reform der Frauen, Leipzig 1849.

S. 137 B. v. Arnim. Siehe S. 62.

S. 140 Aufruf. Zitiert nach: Schimpfende Weiber und patriotische Jungfrauen. Frauen im Vormärz und in der Revolution 1848/49, hrsg. v. Carola Lipp, Bühl-Moos 1986.

Die bürgerliche Frauenbewegung

S. 142 L. Büchner. Vollständiger Titel: Die Frauen und ihr Beruf. Ein Buch der weiblichen Erziehung. In zusammenhängenden Aufsätzen niedergeschrieben von Frauenhand, Frankfurt/M. 1856 (L. Büchners Name erschien erst in den folgenden Auflagen auf dem Titelblatt).

S. 145 L. Otto-Peters. Zitiert nach: Margit Twellmann, Die Deutsche Frauenbewegung. Ihre Anfänge und ihre erste Entwicklung. Quellen 1843–1889, Meisenheim am Glan 1972.

S. 150 Reprint 1977. In: Hedwig Dohm, Emanzipation, Ala Verlag, Zürich.
S. 157 H. Lange. Zitiert nach: Frauenbewegung und Frauenbildung. Aus den Schriften von H. Lange, Gertrud Bäumer, Elisabeth Gnauck-Kühne, hrsg. v. Erich Dauzenroth, Bad Heilbrunn 1964.
S. 161 G. Bäumer. © Deutsche Verlags-Anstalt, Stuttgart.

„Radikale" Frauen

S. 167 Erlebtes – Erschautes. L. G. Heymann in Zusammenarbeit mit A. Augspurg, hrsg. v. Margrit Twellmann, A. Hain Verlag, Meisenheim 1977.
S. 171 Zitiert nach: Frauenstimmrecht, München, Jahrgang 1912.
S. 174 Zitiert nach: Frauenstimmrecht, München, Jahrgang 1912.
S. 174 M. Böhme, Tagebuch einer Verlorenen – aufgezeichnet von einer Toten, Berlin 1905.
S. 177 H. Stöcker, Liebe, Berlin 1922.
S. 178 A. Schreiber-Krieger, Mutterschaft – ein Sammelwerk, Albert Langen Verlag, München 1912.

Die proletarische Frauenbewegung

S. 182 Aus: Die Gleichheit – Zeitschrift für die Interessen der Arbeiterinnen, 20. Jahrgang 1912.
S. 184 A. Popp, Jugendgeschichte einer Arbeiterin, Reinhardt Verlag, München 1909.
S. 185 Aus: siehe S. 182, 17. Jahrgang 1909.
S. 187 C. Viebig, Das tägliche Brot, Fontane & Co., Berlin 1901.
S. 189 Zitiert nach: siehe S. 182, 20. Jahrgang 1912.
S. 190 Aus: siehe S. 182, 17. Jahrgang 1909.

Vier Kriegsjahre

S. 192 Zitiert nach: M.-E. Lüders, Das unbekannte Heer. Frauen kämpfen für Deutschland 1914–1918, Mittler Verlag, Berlin 1936.
S. 195 M.-E. Lüders. Siehe S. 192.
S. 197 Aus: Frauen gegen den Krieg, hrsg. v. Gisela Brinker-Gabler, S. Fischer Verlag, Frankfurt 1980.
S. 199 A. Behnisch-Kappstein, Der Beruf der Kriegswitwe, Velhagen & Klasing Verlag, Bielefeld 1916.

Die Zwanziger Jahre

S. 203 Siehe S. 167.
S. 204 Aus: E. Ruckdäschel, Ich frage ja nur, Asso-Verlag, Oberhausen 1977.
S. 207 Aus: Reinhard Hippen, Das Kabarett-Chanson. Typen, Themen, Temperamente, pendo-Verlag, Zürich 1986.
S. 209 Aus: Bubikopf. Aufbruch in den Zwanzigern. Texte von Frauen, gesammelt von Anna Rheinsberg. (Zuerst erschienen in Wiener Neueste Nachrichten) © edition Spangenberg 1989.
S. 211 I. Reicke, Das junge Mädchen. Ein Buch der Lebensgestaltung, R. Mosse Verlag, Berlin 1928.
S. 213 F. Krey, Maria und der Paragraph. Ein Roman um § 218, Internationaler Arbeiterverlag Wien, Berlin, Zürich 1931.

Frauen im Dritten Reich

S. 218 Zitiert nach: Arbeiterbewegung und Frauenemanzipation 1883–1933, hrsg. v. Institut für Marxistische Studien und Forschungen, Verlag Marxistische Blätter Frankfurt/M. 1973

S. 219 Zitiert nach Rita Thalmann, Frausein im Dritten Reich. Redaktion der deutschen Fassung: Nicola Volland. © Carl Hanser Verlag, München, Wien 1984.

S. 220 Zitiert nach: siehe S. 219.

S. 223 Zitiert nach: Annette Kuhn und Valentine Rothe, Frauen im deutschen Faschismus, Bd. 2, Schwann Verlag, Düsseldorf 1982.

S. 224 Aus: Opfer und Täterinnen. Frauenbiographien des Nationalsozialismus, hrsg. v. Angelika Ebbinghaus, Greno Verlag, Nördlingen 1987.

S. 227 Biographie zusammengestellt nach: Renate Wall, verbrannt, verboten, vergessen. Kleines Lexikon deutschsprachiger Schriftstellerinnen 1933–1945, Pahl-Rugenstein Verlag, Köln 1988 und Nachwort aus M. Leitner, Elisabeth, ein Hitlermädchen, Aufbau Verlag, Berlin, Weimar 1985.

S. 228 Aus: M. Leitner, Elisabeth, ein Hitlermädchen. Erzählende Prosa, Reportagen, Berichte, Aufbau Verlag, Berlin, Weimar 1985.

S. 231 Aus: siehe S. 224.

S. 232 Aus: siehe S. 224.

S. 234 Zitiert nach: siehe S. 223.

S. 236 Aus: R. Ausländer, Hügel aus Äther unwiderruflich, Gesammelte Werke in sieben Bänden, © S. Fischer Verlag GmbH, Frankfurt/M. 1984.

S. 236 Aus: H. Domin, Gesammelte Gedichte, © S. Fischer Verlag GmbH, Frankfurt/M. 1987.

S. 237 Aus: dtv 1294, M. Kaléko, In meinen Träumen läutet es Sturm. Gedichte und Epigramme aus dem Nachlaß, hrsg. v. Gisela Zoch-Westphal, Deutscher Taschenbuch Verlag, München 1977.

S. 237 Aus: I. Keun, Wenn wir alle gut wären, Verlag Kiepenheuer und Witsch, Köln 1983.

S. 238 E. Lasker-Schüler, Sämtliche Gedichte, Kösel Verlag, München, 4. Aufl. 1988.

S. 239 Aus: Nachkrieg und Unfrieden. Gedichte als Index 1945–1970, hrsg. v. H. Domin, Luchterhand Verlag, Neuwied, Berlin 1970.

Nachkriegszeit und Neuanfänge

S. 240 I. Drewitz, Hinterm Fenster die Stadt. Aus einem Familienalbum, Claassen Verlag, Düsseldorf 1985.

S. 241 Aus: Gabriele Jenk, Steine gegen Brot, Bastei Lübbe Verlag, Bergisch-Gladbach 1988.

S. 242 Aus: siehe S. 241.

S. 244 Aus: Wie wir das alles geschafft haben, hrsg. v. Sibylle Meyer u. Eva Schulze, Verlag C. H. Beck, München 1984.

S. 245 Zitiert nach: Frauenbewegung und revolutionäre Arbeiterbewegung, hrsg. v. Florence Hervé, Verlag Marxistische Blätter, Frankfurt/M. 1981.

S. 246 Zitiert nach: siehe S. 245.

S. 248 Zitiert nach: dtv 2952, Klaus-Jörg Ruhl, Frauen in der Nachkriegszeit 1945–1963, © Deutscher Taschenbuchverlag, München 1988.

S. 251 Zitiert nach: siehe S. 245.

S. 252 Zitiert nach: siehe S. 248.

S. 256 Aus: Unbekannte Wesen. Frauen in den 60er Jahren, Elefanten Press, Berlin 1987.

S. 258 Aus: M.-L. Kaschnitz, Kein Zauberspruch. Gedichte, Insel Verlag, Frankfurt/M. 1972.

Erhebt euch

S. 262 Aus: Mein Kopf gehört mir. 20 Jahre Frauenbewegung, hrsg. v. Hilke Schlaeger, Verlag Frauenoffensive, München 1988.

S. 265 Zitiert nach: Stern vom 3. 6. 1971, Gruner & Jahr, Hamburg.

S. 268 Aus: Ich habe abgetrieben, hrsg. v. Antje Doutiné, Luchterhand Verlag, Darmstadt, Neuwied 1976.

Frauen schreiben

S. 271 V. Stefan, Häutungen, Verlag Frauenoffensive, München 1975.

S. 274 Aus: Versuche. Saarländische Zeitschrift für Literatur und Graphik 11/1978, B. Schreiber Verlag, Saarbrücken 1978.

S. 274 Aus: M. Schroeder, Die Angst ist baden gegangen. Poem, Wolfgang Fietkau Verlag, Berlin 1976.

S. 276 Aus: G. Wohmann, Grund zur Aufregung. Gedichte, Luchterhand Verlag, Darmstadt, Neuwied 1978.

S. 277 Aus: U. Krechel, Nach Mainz! © Luchterhand Literaturverlag GmbH, Frankfurt/M. 1977.

S. 278 Aus: An meinen Träumen halte ich fest. Frauenjahrbuch 1982, tende-Verlag, Münster 1981.

S. 280 Zitiert nach: Südwest Presse vom 18. 6. 1983.

Kolleginnen

S. 281 Aus: FrauenBilderLeseBuch, hrsg. v. Elefanten Press, Rowohlt Taschenbuchverlag, Reinbek 1980.

S. 282 Aus: Arbeite Frau – die Freude kommt von selbst! Verein Wiener Frauenverlag, Wien 1982.

S. 283 Aus: L. Doormann, Bewegen, was mich bewegt, Weltkreis Verlag, Dortmund 1983.

Körperliche und seelische Gewalt gegen Frauen

S. 285 Aus: siehe S. 281.

S. 287 Th. Brechmann, Jede dritte Frau. Protokoll einer Vergewaltigung, frauen – aktuell 4930 (12137), Rowohlt Taschenbuch Verlag, Reinbek 1981/1987.

S. 289 Zitiert nach: Deutsche Presseagentur (dpa) vom 22. 2. 1988.

S. 290 Zitiert nach: Stern vom 26. 1. 1989, Gruner & Jahr, Hamburg.

Mit eigenem Kopf

S. 292 Aus: Eva Quistorp, Handbuch Leben, Burckhardthaus-Laetare Verlag, Offenbach/M. 1981.

S. 294 L. F. Pusch, Das Deutsche als Männersprache, Suhrkamp Verlag, Frankfurt/M. 1984.

S. 296 Aus: Mach mich nicht an!, hrsg. v. der Gleichstellungsstelle, Frauenbüro der Stadt Solingen 1987.

S. 297 Zitiert nach: K. Leyrer, Rabenmutter – na und? Essays und Interviews, Brandes & Apsel Verlag, Frankfurt/M. 1987.

S. 302 Aus: R. Köppen, Die Armut ist weiblich, Elefanten Press, Berlin 1985.

S. 303 Aus: Tagungsbericht „Die Armut ist weiblich“, hrsg. v. Deutschen Paritätischen Wohlfahrtsverband, Landesverband NRW, Wuppertal 1987.

S. 303 Aus: D. Runge, Jagdlied, Deutsche Verlagsanstalt, Stuttgart 1985.
S. 304 Zitiert nach: Frauen – ein Jahr nach Tschernobyl, hrsg. v. Verein Sozialwissenschaftliche Forschung und Bildung für Frauen, Frankfurt/M. 1987.
S. 305 Aus: L. Rinser, Laßt mich leben. Frauen im Knast, Reiner Padligur Verlag, Hagen 1987.
S. 306 Aus: Mechthild Jansen, Halbe-Halbe. Der Streit um die Quotierung, Elefanten Press, Berlin 1986.
S. 311 C. Keller, Windeln, Wut und wilde Träume. Briefe einer verhinderten Emanze, Fischer Taschenbuch Verlag, Frankfurt/M. 1988.

Bildnachweis

Vernunft und Gefühl

S. 13 Kupferstich von Daniel Chodowiecki, 1779. Aus: Heinke Wunderlich/Gisela Klemt-Kozinowski, Leser und Lektüre. Bilder und Texte aus zwei Jahrhunderten, Dortmund 1985 (Die bibliophilen Taschenbücher Nr. 473).
S. 18 S. v. La Roche, Kupferstich 1799. Aus: Gärten in Wielands Welt. Bearbeitet v. Heinrich Bock u. Hans Radspieler, Marbacher Magazin 40/1986.
S. 32 Aus: Horst Kunze, Lieblings-Bücher von Dazumal, München 1965.
S. 52 Aus: Baden-Württembergische Portraits. Gestalten aus dem 19. und 20. Jahrhundert, hrsg. v. Hans Schumann, Stuttgart 1988.
S. 54 Aus: Scherenschnitte von Luise Duttenhofer, hrsg. v. Hans Rühl u. Gertrud Fiege, Aarau-Stuttgart 1978.
S. 61 Aufnahme um 1930. Landesbildstelle Berlin.
S. 63 Aus: Friedrich Schiller, Das Lied von der Glocke. Mit neun Bildern von Ludwig Richter, Marbach a. N. 1949 (Turmhahnbücherei 2).

Aufbegehren

S. 69 Kupferstich 1689. Aus: Südwest Presse, 3. 12. 1988.
S. 71 Aus dem Katalog: Deutschland und die Französische Revolution 1789/1989, Schwäbisch Hall 1989.
S. 79 S. Mereau. Getuschte Silhouette, um 1795. Aus dem Katalog: Baden und Württemberg im Zeitalter Napoleons. Bd. 1.2, Stuttgart 1987.
S. 90 Aus: Ottilie Wildermuth 1817–1877. Bearbeitet von Rosemarie Wildermuth, Marbacher Magazin 37/1986.
S. 96 Aus: vgl. Quellen S. 95.
S. 100 Titelblatt der 3. Auflage, Berlin ca. 1855.
S. 107 Aus: siehe S. 79.
S. 114 Aus: Gar ewiglich lieb ich dich. Bilderbogen aus dem Biedermeier, hrsg. v. Günter Böhmer, München 1961.
S. 124 Aus dem Katalog: Georg Büchner 1813–1837. Revolutionär Dichter Wissenschaftler, Darmstadt 1987.
S. 125 Aus: siehe S. 124.
S. 132 Aus: Franz X. Vollmer, Der Traum von der Freiheit. Vormärz und 48er Revolution in Süddeutschland in zeitgenössischen Bildern, Stuttgart 1983.
S. 136 Aus: Südwest Presse, 21. 11. 1987.
S. 156 Aus: Calendula, Nürnberg ca. 1880.

Selbständige Schritte und der Rückschlag 1933

S. 194 Aus: Daniela Weiland, Hermes Handlexikon. Geschichte der Frauenemanzipation in Deutschland und Österreich, Düsseldorf 1983.

S. 206 Käthe Kollwitz, „Hunger", 1922. Aus: Käthe Kollwitz, Die Handzeichnungen, Stuttgart 1980, © Arne Kollwitz, Berlin (West).

S. 221 Aus dem Katalog: Vater Mutter Kind, Bilder und Zeugnisse aus zwei Jahrhunderten, herausgegeben vom Münchener Stadtmuseum, München 1987.

S. 243 Foto: Pisarek, Mai 1945. Bildarchiv Preußischer Kulturbesitz, Berlin.

S. 253 Foto: Privatbesitz.

Die Neuen Frauen

S. 300/301 Franziska Becker, „Caféplausch". Aus: Franzika Becker, Mein feministischer Alltag 2, Köln 1982, © Emma-Verlag 1982.

Autoren und Rechtsinhaber, die trotz Bemühungen des Verlages nicht erreicht werden konnten, werden gebeten, sich wegen der Honorierung mit dem Verlag in Verbindung zu setzen.